de Gruyter Lehrbuch

Grundzüge des Sozialrechts

erläutert durch praktische Fälle

von

Norbert Henke

herausgegeben vom
Institut für Sozialrecht der Ruhr-Universität
Bochum

1977

Walter de Gruyter · Berlin · New York

Dr. Norbert Henke
wissenschaftlicher Mitarbeiter am Institut für Sozialrecht der Ruhr-Universität Bochum

CIP-Kurztitelaufnahme der Deutschen Bibliothek

Henke, Norbert
Grundzüge des Sozialrechts : erl. durch prakt. Fälle / hrsg. vom Inst. für Sozialrecht d. Ruhr-Univ. Bochum. – 1. Aufl. – Berlin, New York : de Gruyter, 1977.
ISBN 3-11-007251-3

Satz und Druck: Saladruck, 1 Berlin 36
Bindearbeiten: Berliner Buchbinderei Wübben & Co, 1 Berlin 42

Geleitwort

Mit den „Grundzügen des Sozialrechts" legt das Institut für Sozialrecht der Ruhr-Universität Bochum ein Buch vor, das sich an Studenten, Fachhochschüler, Praktiker, kurz an alle richtet, die an Bestand und Fortentwicklung des deutschen Sozialrechts interessiert sind. Dabei kann es nicht darum gehen, auf alle sozialrechtlichen Fragen und Anliegen eine Antwort zu geben; dafür ist das deutsche Sozialrecht zu komplex und in der Entwicklung begriffen. Es geht ausschließlich darum, das an den Hochschulen bislang vernachlässigte Sozialrecht interessierten Kreisen zu erschließen, seine Bedeutung der Bevölkerung klarzumachen und ihm längerfristig den Stellenwert zu vermitteln, der ihm für das Wohlergehen der Gemeinschaft zukommt.

Methodisch wurden aus den verschiedenen Sozialrechtsbereichen Grundfälle – meist solche der Rechtsprechung – gewählt, die in schulmäßiger Gedankenführung einer dem gegenwärtigen Recht entsprechenden Lösung zugeführt werden. Hierdurch wird dem Leser ein guter Überblick über den gegenwärtigen Stand des Sozialrechts gegeben. Weiter kann er Hintergründe, Zusammenhänge und Zweck des historisch aus verschiedenen Wurzeln gewachsenen und deshalb kompliziert anmutenden Sozialrechts durchschauen, zu eigenem Nachdenken und zum Nachschlagen und Durchdenken nicht behandelter Rechtsfragen angeregt werden.

Die „Grundzüge des Sozialrechts" sind das Ergebnis mehrjähriger Erfahrung bei der Durchführung der Wahlfachgruppe „Übungen zum Sozialrecht" an der Ruhr-Universität Bochum. Das ermöglichte, die spezifischen Anliegen von Studierenden (Schwerpunktbildung, Aufbauprobleme und Parallelen der Rechtswegeröffnung sowie Klagearten) in besonderer Weise zu berücksichtigen.

Im Hinblick auf die Bedeutung des Sozialrechts für den Fortbestand unserer freiheitlichen Gesellschaft ist zu wünschen, daß an den deutschen Universitäten aus dem Wahlfach Sozialrecht längerfristig ein Pflichtfach wird. Vielleicht können die „Grundzüge des Sozialrechts" einen Beitrag zur Entwicklung in diese Richtung liefern.

Als derzeitiger Geschäftsführender Direktor des Institus für Sozialrecht bleibt mir der Wunsch, daß den mit viel Mühe und didaktisch geschickt angelegten „Grundzügen des Sozialrechts" der ihnen zugedachte Erfolg beschieden sei.

Bochum, 15. 6. 1977 *Wilhelm Wertenbruch*

Vorwort

Sozialrecht ist – auf eine vereinfachte Formel gebracht – jener Teilbereich des Rechts, dem im Interesse eines Ausgleichs sozialer Gegensätze in besonderer Weise die Beseitigung von Defiziten einzelner oder bestimmter Bevölkerungsgruppen an materieller Absicherung, Chancengleichheit und Entfaltungsmöglichkeit obliegt[1]. Dieser Teilbereich des öffentlichen Rechts ist durch den am 1. 1. 1976 in Kraft getretenen Teil des Sozialgesetzbuchs (AT-SGB)[2] wesentlich transparenter geworden. Seine Zusammenfassung zu einem einheitlichen Sozialgesetzbuch freilich steht noch aus. Dieses soll sich wie folgt gliedern[3]:

I. Buch: Allgemeiner Teil
II. Buch: Ausbildungsförderung
III. Buch: Arbeitsförderung
IV. Buch: Sozialversicherung
V. Buch: Soziales Entschädigungsrecht
VI. Buch: Wohngeld
VII. Buch: Kindergeld
VIII. Buch: Jugendhilfe
IX. Buch: Sozialhilfe
X. Buch: Verfahren und Beziehungen der Leistungsträger zueinander und zu Dritten

Diese Gliederung, aus der die dem Sozialrecht zuzuordnenden Leistungsbereiche zu ersehen sind, bestimmt auch den Aufbau der „Grundzüge des Sozialrechts". Dabei fällt auf, daß die Aufnahme des Lastenausgleichsrechts, dem in besonderer Weise die Beseitigung von Defiziten einzelner oder bestimmter Bevölkerungsgruppen an materieller Absicherung, Chancengleichheit und Entfaltungsmöglichkeit obliegt, in das Sozialgesetzbuch nicht vorgesehen ist. Diese Entscheidung ist jedoch gerechtfertigt, da es sich beim Lastenausgleichsrecht um eine allmählich auslaufende Materie handelt, der längerfristig nicht die Bedeutung wie den anderen Leistungsbereichen des Sozialrechts zukommt.

Da das Sozialrecht besonderes Verwaltungsrecht ist, lehnt sich der Aufbau sozialrechtlicher Fälle im Prinzip an den Aufbau anderer verwaltungs-

[1] *Wertenbruch*, Sozialverwaltungsrecht, in: v. Münch, Besonderes Verwaltungsrecht, 4. Aufl., S. 346.

[2] BGBl. I (1975), S. 3015.

[3] Es handelt sich um eine vorläufige, noch unverbindliche Gliederung.

rechtlicher Fälle an. Allerdings ergeben sich Besonderheiten. Das gilt zunächst für die Zulässigkeit einer Klage. In ihrem Rahmen ist zu beachten, daß der Rechtsweg für die Realisierung sozialrechtlicher Ansprüche doppelgleisig ist. Ein Teil sozialrechtlicher Streitigkeiten geht vor die Sozialgerichte; dazu gehören Streitigkeiten aus den Bereichen der Arbeitsförderung, der Sozialversicherung, der sozialen Entschädigung[4], des Kindergeldes. Ein Teil geht vor die allgemeinen Verwaltungsgerichte; dazu zählen Streitigkeiten aus den Gebieten der Ausbildungsförderung, des Wohngeldrechts, der Jugendhilfe, der Sozialhilfe. Hinzu kommen Unterschiede in den beiden Gerichtszweigen u. a. bei Klageart, Vorverfahren, Klagebefugnis. Grundsätzlich wäre es zwar nicht erforderlich, das Prozeßrecht der Sozialgerichtsbarkeit anders zu regeln als das Prozeßrecht der allgemeinen Verwaltungsgerichtsbarkeit[5]. Faktisch muß sich der am Sozialrecht Interessierte mit diesen Unterschieden der Prozeßordnungen jedoch auseinandersetzen. Es muß deshalb auf sie im konkreten Fall hingewiesen werden. Zur Erleichterung des prozessualen Verständnisses ist als XI. Abschnitt ein Überblick über die wichtigsten Fragen des Rechtsschutzes im Sozialrecht angefügt.

Für die Begründetheit einer Klage läßt sich – anders als auf anderen Gebieten des Verwaltungsrechts – ein Schema nur schwer aufstellen. So stellt sich der Aufbau eines Anspruchs aus dem Recht der gesetzlichen Unfallversicherung völlig anders dar als der Aufbau etwa eines Anspruchs aus dem Recht der Sozialhilfe. Diese Situation ließ es angebracht erscheinen, etwaige Aufbauschemen zur Begründetheit einer Klage bei dem jeweils zu behandelnden Sozialleistungsbereich zu bringen. Erhebliche Schwierigkeiten bereitet im Sozialrecht erfahrungsgemäß die Vielfalt von Parallelbestimmungen. Insoweit wurde zur Erleichterung des Verständnisses im Anhang eine Übersicht über die wesentlichen inhaltlich vergleichbaren Sozialleistungen angefügt.

Fragen der Mittelaufbringung, aktuell vor allem im Bereich der Sozialversicherungen und des AFG, wurden bewußt ausgeklammert. Ihre Behandlung muß einer eventuellen späteren Auflage vorbehalten bleiben.

Methodische Hinweise, die dieses Buch enthält, wären mißverstanden, wenn sie als Selbstzweck angesehen würden. Sie sind lediglich Mittel zu dem Zweck, dem am Sozialrecht Interessierten den Einstieg in das komplexe Gebiet des Sozialrechts und in eine Fallbearbeitung zu erleichtern. Entscheidend ist nicht, einen sozialrechtlichen Fall, hinter dem meist ein bewegendes Schicksal steht, einem formellen Gerüst zu unterwerfen. Es kann nur darauf ankommen, unter Beachtung bestimmter rechtlicher und logischer Vorgegebenheiten zu einem materiell vertretbaren und gerechten

[4] Vgl. aber § 51 II 2 SGG.
[5] Vgl. dazu *Haueisen*, NJW 1957, 10 ff.; *Ule*, SGb 1975, S. 473 ff.

Ergebnis zu kommen. Die in den „Grundzügen des Sozialrechts" gemachten Aufbauvorschläge sind daher nur Entscheidungshilfen, die den Blick für innere Zusammenhänge schärfen, das Interesse für parallele oder ähnliche Probleme wecken und befähigen sollen, neue sozialrechtliche Fragestellungen einer angemessenen Lösung zuzuführen. An neuen sozialrechtlichen Problemen wird es künftig nicht fehlen.

Zu Dank verbunden bin ich Herrn Jörn Schreyer für enge Zusammenarbeit und intensiven Gedankenaustausch bei den Abschnitten IV und X sowie der Übersicht im Anhang. Mein Dank gilt ebenfalls Frau Ursula Weber für die Hilfe bei der Literaturbeschaffung, Frau Gisela Ludwig für die umfangreichen Schreibarbeiten sowie Herrn Horst Dickmann, Herrn Friedhelm Gerlach und Herrn Ulrich Löhrmann für Korrekturlesen.

Norbert Henke

Anregungen und Verbesserungsvorschläge werden an den Autor erbeten (Anschrift: Institut für Sozialrecht der Ruhr-Universität Bochum, Postfach, Universitätsstraße 150, 463 Bochum).

Inhaltsübersicht

Abkürzungsverzeichnis

A	Anordnung
a. A.	anderer Ansicht
AAF	Amt für Ausbildungsförderung
A Ausb.	Anordnung des Verwaltungsrates der Bundesanstalt für Arbeit über die individuelle Förderung der beruflichen Ausbildung
ABA	Arbeit, Beruf und Arbeitslosenhilfe – das Arbeitsamt
Änd. Anordn.	Änderungsanordnung
a. F.	alter Fassung
AFG	Arbeitsförderungsgesetz
Afö	Ausbildungsförderung
AFuU	Anordnung des Verwaltungsrates der Bundesanstalt für Arbeit über die individuelle Förderung der beruflichen Fortbildung und Umschulung
AG	Arbeitgeber, Aktiengesellschaft
AG-JWG	Gesetz zur Ausführung des Gesetzes für Jugendwohlfahrt
AG VwGO NW	Gesetz zur Ausführung der Verwaltungsgerichtsordnung vom 21. 6. 1960 (BGBl. I S. 17) im Lande Nordrhein-Westfalen
AlG	Arbeitslosengeld
AlH	Arbeitslosenhilfe
AN	Amtliche Nachrichten des Reichsversicherungsamtes, Arbeitnehmer
ANBA	Amtliche Nachrichten der Bundesanstalt für Arbeit
AngV	Die Angestelltenversicherung (Zeitschrift)
Anm.	Anmerkung
AOK	Allgemeine Ortskrankenkasse
ArbA	Arbeitsamt
ArbÄ	Arbeitsämter
ArbuSozR	Arbeits- und Sozialrecht (Zeitschrift)
Art.	Artikel
ASt.	Antragsteller
AT-SGB	Allgemeiner Teil des Sozialgesetzbuchs
Aufl.	Auflage
AuR	Arbeit und Recht (Zeitschrift)
AVAVG	Gesetz über die Arbeitsvermittlung und Arbeitslosenversicherung
AVG	Angestelltenversicherungsgesetz

BA	Bundesanstalt für Arbeit
BABl.	Bundesarbeitsblatt (Zeitschrift)
BAföG	Bundesausbildungsförderungsgesetz
BAG	Bundesarbeitsgericht
BAGE	Entscheidungen des Bundesarbeitsgerichts
BAnz.	Bundesanzeiger
bay.	bayerisch
Bay. VG	Bayerisches Verwaltungsgericht München
BB	Der Betriebsberater (Zeitschrift)
BBG	Bundesbeamtengesetz
BBiG	Berufsbildungsgesetz
Bd.	Band
BEG	Bundesentschädigungsgesetz
BehVersG	Gesetz über die Sozialversicherung Behinderter in geschützten Einrichtungen
ber.	berichtigt
BetrÄG	Gesetz über Betriebsärzte und Fachkräfte für Arbeitssicherung
BfAEG	Gesetz über die Errichtung der Bundesversicherungsanstalt für Angestellte
BG	Berufsgenossenschaft; Die Berufsgenossenschaft (Zeitschrift)
BGB	Bürgerliches Gesetzbuch
BGH	Bundesgerichtshof
BGBl.	Bundesgesetzblatt
BGHSt.	Entscheidungen des Bundesgerichtshofes in Strafsachen
BGHZ	Entscheidungen des Bundesgerichtshofes in Zivilsachen
BGSG	Bundesgrenzschutzgesetz
BKGG	Bundeskindergeldgesetz
BKK	Die Betriebskrankenkasse (Zeitschrift)
BKVO	Berufskrankheiten-Verordnung
BlStSozArbR	Blätter für Steuerrecht, Sozialversicherung und Arbeitsrecht (Zeitschrift)
BlWohlPfl.	Blätter der Wohlfahrtspflege (Zeitschrift)
BPfV	Bundespflegesatzverordnung
BR-Drucks.	Bundesrat-Drucksache
BRRG	Beamtenrechtsrahmengesetz
BRTV Bau	Bundesrahmentarif für das Baugewerbe
BSeuchG	Bundes-Seuchengesetz
BSG	Bundessozialgericht
BSGE	Entscheidungen des Bundessozialgerichts
BSHG	Bundessozialhilfegesetz
BT-Drucks.	Bundestags-Drucksache
BVerfG	Bundesverfassungsgericht
BVerfGE	Entscheidungen des Bundesverfassungsgerichts
BVerwG	Bundesverwaltungsgericht
BVerwGE	Entscheidungen des Bundesverwaltungsgerichts
BVG	Bundesversorgungsgesetz

bw.	baden-württembergisch
DA	Durchgangsarzt
ders.	derselbe
Diss.	Dissertation
DJT	Deutscher Juristentag
DOK	Die Ortskrankenkasse (Zeitschrift)
DÖV	Die öffentliche Verwaltung (Zeitschrift)
DRiZ	Deutsche Richterzeitung (Zeitschrift)
DRV	Deutsche Rentenversicherung (Zeitschrift)
DVBl.	Deutsches Verwaltungsblatt (Zeitschrift)
EG	Europäische Gemeinschaft
EntschVO	Entschädigungsverordnung
ErsK	Die Ersatzkasse (Zeitschrift)
EStG	Einkommensteuergesetz
EuM	Entscheidungen und Mitteilungen des Reichsversicherungsamts
EzStHG	Entwurf zum Staatshaftungsgesetz
FamRZ	Zeitschrift für das gesamte Familienrecht
FdA-Anordnung	Anordnung des Verwaltungsrates der Bundesanstalt für Arbeit zur Förderung der Arbeitsaufnahme
FEVS	Fürsorgerechtliche Entscheidungen der Verwaltungs- und Sozialgerichte
FS	Festschrift
Fußn.	Fußnote
G	Gesetz
GAL	Gesetz über eine Altenhilfe für Landwirte
GewO	Gewerbeordnung
GFG	Graduiertenförderungsgesetz
GFV	Verordnung über die Durchführung der Graduiertenförderung
GG	Grundgesetz
GK-AFG	Gemeinschaftskommentar zum AFG
GKV	Gesetzliche Krankenversicherung
GO	Gemeindeordnung
GRV	Gesetzliche Rentenversicherung
GUV	Gesetzliche Unfallversicherung
GVBl.	Gesetz- und Verordnungsblatt
GVG	Gerichtsverfassungsgesetz
GV NW	Gesetz- und Verordnungsblatt des Landes Nordrhein-Westfalen
Halbb.	Halbband
Halbs.	Halbsatz
HGB	Handelsgesetzbuch
HStrukG	Haushaltsstrukturgesetz
he.	hessisch
HHG	Häftlingshilfegesetz
Hrsg.	Herausgeber

hrsg.	herausgegeben
HwVG	Handwerkerversicherungsgesetz
i. d. F.	in der Fassung
i. H. v.	in Höhe von
i. V. m.	in Verbindung mit
IKK	Innungskrankenkasse
JHG	Jugendhilfegesetz
JuS	Juristische Schulung (Zeitschrift)
JWG	Jugendwohlfahrtsgesetz
JZ	Juristenzeitung (Zeitschrift)
KauG	Konkursausfallgeld
KB	Kommissionsbericht
KBKOV	Gesetz über die Errichtung der Verwaltungsbehörden in der Kriegsopferversorgung
KG	Kommanditgesellschaft
KHG	Krankenhausfinanzierungsgesetz
KO	Konkursordnung
KOV	Die Kriegsopferversorgung
KOVVfG	Gesetz über das Verwaltungsverfahren der Kriegsopferversorgung
KrV	Die Krankenversicherung (Zeitschrift)
KuG	Kurzarbeitergeld
KV	Konkursverwalter
KVA	Krankenversicherung der Arbeiter
KVdR	Krankenversicherung der Rentner
KVLG	Gesetz über die Krankenversicherung der Landwirte
KVSG	Gesetz über die Krankenversicherung der Studenten
KV-Träger	Krankenversicherungsträger
KWahlG	Kommunalwahlgesetz (Nordrhein-Westfalen)
LAAF	Landesamt für Ausbildungsförderung
LArbA	Landesarbeitsamt
LArbÄ	Landesarbeitsämter
LBG	Landesbeamtengesetz
LFZG	Lohnfortzahlungsgesetz
LG	Landgericht
Losebl.-Slg.	Loseblattsammlung
LSG	Landessozialgericht
LVA	Landesversicherungsanstalt
LVersA	Landesversorgungsamt
MdE	Minderung der Erwerbsfähigkeit
MDR	Monatsschrift für Deutsches Recht (Zeitschrift)
MuSchG	Mutterschutzgesetz
m. w. N.	mit weiteren Nachweisen
NDV	Nachrichtendienst des Deutschen Vereins für öffentliche und private Fürsorge (Zeitschrift)
NJW	Neue Juristische Wochenschrift (Zeitschrift)
Nr.	Nummer

ns.	niedersächsisch
NW	Nordrhein-Westfalen
OBG	Ordnungsbehördengesetz
OEG	Gesetz über die Entschädigung für Opfer von Gewalttaten
OLG	Oberlandesgericht
OVG	Oberverwaltungsgericht
PflVG	Gesetz über die Pflichtversicherung für Kraftfahrzeughalter
RAM	Reichsarbeitsminister
RdA	Recht der Arbeit (Zeitschrift)
RGBl.	Reichsgesetzblatt
RGZ	Entscheidungen des Reichsgerichts in Zivilsachen
RKG	Reichsknappschaftsgesetz
RSpDienst.	Rechtsprechungsdienst
RVA	Reichsversicherungsamt
RVO	Reichsversicherungsordnung
RV-Träger	Rentenversicherungsträger
S.	Satz, Seite
SchbG	Schwerbehindertengesetz
SG	Sozialgericht
SGB	Sozialgesetzbuch
SGb	Die Sozialgerichtsbarkeit (Zeitschrift)
SGG	Sozialgerichtsgesetz
SHTr.	Sozialhilfeträger
SozR	Sozialrecht
SozSich.	Soziale Sicherheit (Zeitschrift)
SozVers.	Die Sozialversicherung, Zeitschrift für alle Angelegenheiten der Renten-, Kranken- und Unfallversicherung
SS	Sommersemester
StGB	Strafgesetzbuch
StVG	Straßenverkehrsgesetz
SVG	Soldatenversorgungsgesetz
SVwG	Selbstverwaltungsgesetz
SWG	Schlechtwettergeld
SZS	Schweizerische Zeitschrift für Sozialversicherung
Tb.	Tuberkulose
TrSH	Träger der Sozialhilfe
u. a.	unter anderem, und andere
USK	Urteilssammlung für die gesetzliche Krankenversicherung
u. U.	unter Umständen
UvD	Unteroffizier vom Dienst
UV-Träger	Unfallversicherungsträger
V	Verordnung
VA	Verwaltungsakt
VdK	Verband der Kriegsbeschädigten, Kriegshinterbliebenen und Sozialrentner Deutschlands
VersA	Versorgungsamt
VersR	Versicherungsrecht (Zeitschrift)

VerwArch.	Verwaltungsarchiv (Zeitschrift)
VerwR	Verwaltungsrecht
VerwRspr.	Verwaltungsrechtsprechung in Deutschland (Zeitschrift)
VG	Verwaltungsgericht
VGH	Verwaltungsgerichtshof
vgl.	vergleiche
VO	Verordnung
Vorbem.	Vorbemerkung
VSSR	Vierteljahresschrift für Sozialrecht (Zeitschrift)
VVDStRL	Veröffentlichung der Vereinigung der Deutschen Staatsrechtslehrer (Zeitschrift)
VVG	Versicherungsvertragsgesetz
VwGO	Verwaltungsgerichtsordnung
VwVfG	Verwaltungsverfahrensgesetz
WBG-Amt	Wehrbereichsgebührnisamt
WDO	Wehrdisziplinarordnung
WfB	Werkstatt für Behinderte
WM	Wertpapiermitteilungen
WoGG	Wohngeldgesetz
WoGV	Wohngeldverordnung
WRV	Weimarer Reichsverfassung
WS	Wintersemester
WzS	Wege zur Sozialversicherung (Zeitschrift)
ZblJugR	Zentralblatt für Jugendrecht und Jugendwohlfahrt (Zeitschrift)
ZDG	Zivildienstgesetz
ZfF	Zeitschrift für das Fürsorgewesen
ZfS	Zentralblatt für Sozialversicherung, Sozialhilfe und Versorgung (Zeitschrift)
ZfSH	Zeitschrift für Sozialhilfe
ZPO	Zivilprozeßordnung
ZRP	Zeitschrift für Rechtspolitik
ZSR	Zeitschrift für Sozialreform
ZStW	Zeitschrift für die gesamte Strafrechtswissenschaft

I. Allgemeiner Teil des Sozialgesetzbuchs

Gesetzliche Grundlage

Sozialgesetzbuch – SGB – vom 11. 12. 1975 (BGBl. I S. 3015)

Literatur

a) Kommentare und Lehrbücher

Wertenbruch, Sozialverfassung – Sozialverwaltung, 1974
Burdenski/v. Maydell/Schellhorn, Kommentar zum AT-SGB, 1976
Dembowski/Schroeder-Printzen, Allgemeiner Teil (SGB-AT), 1976
Giese, AT-SGB, 1976 ff. (Losebl.-Slg.)
Hauck/Haines, SGB I, 1976 ff. (Losebl.-Slg.)
Jahn/Figge/Menard, Kommentar zum SGB, 1976 ff. (Losebl.-Slg.)
Peters, Sozialgesetzbuch, Allgemeiner Teil, 1976 ff. (Losebl.-Slg.)
Zacher, Sozialgesetzbuch, 1976 ff. (Losebl.-Slg.)
Wertenbruch, Sozialverwaltungsrecht, in: *v. Münch,* Besonderes Verwaltungsrecht, 4. Aufl., 1976, S. 344 ff., 379 ff.
Gesamtkommentar, AT-SGB, 1976 ff. (Losebl.-Slg.)
Bochumer Kommentar, 1977 ff. (Losebl.-Slg.)

b) Weitere Literatur

Erdmann, Die Entwicklung der Deutschen Sozialgesetzgebung, 2. Aufl., 1957
Sozialenquête, Soziale Sicherung in der Bundesrepublik Deutschland, Bericht der Sozialenquête-Kommission, 1966
v. Maydell, Sach- und Kollisionsnormen im internationalen Sozialversicherungsrecht, 1967
Kaufmann, Die sozialpsychologische Bedeutung der Vereinfachung und Vereinheitlichung des Sozialversicherungsrechts, in: Möglichkeiten und Grenzen der Vereinfachung und Vereinheitlichung des Sozialversicherungsrechts, 1970, S. 19 ff.
Horst Peters, Auf dem Wege zu einem Sozialgesetzbuch, DRiZ 1971, 305 ff.
derselbe, Sozialrecht im sozialen Rechtsstaat, in: Die Fortbildung (VWA-Nachrichten) 1971, 45 ff.
derselbe, Zum Allgemeinen Teil eines neuen Sozialgesetzbuchs, DOK 1971, 824 ff.
Casselmann, Gedanken zum Reformentwurf eines Allgemeinen Teils eines Sozialgesetzbuchs, SGb 1972, 202 ff.
Färber, Zum Entwurf eines Sozialgesetzbuchs, ZSR 1972, 141 ff.
Forsthoff, Freiheit, soziale Sicherheit und Gerechtigkeit, in: Freiheit und Bindung im Recht der sozialen Sicherheit, 1972, S. 20 ff.

Haines, Das Sozialgesetzbuch und sein Allgemeiner Teil, ErsK 1972, 368 ff.
Hauck, Das neue Sozialgesetzbuch – Werdegang, Gesamtgliederung und Allgemeiner Teil, in: Das neue Sozialgesetzbuch, 1972, S. 9 ff.
derselbe, Der Allgemeine Teil und die Gesamtplanung des Sozialgesetzbuchs, Der Kompaß 1972, 203 ff.
Jantz/Hauck, Der Allgemeine Teil des Sozialgesetzbuchs – Erster Schritt zur Kodifikation und zur Vereinfachung des Sozialrechts, BABl. 1972, 489 ff.
Kapschick, Das neue Sozialgesetzbuch, Arbeit, Beruf und Arbeitslosenhilfe – das Arbeitsamt 1972, 216 ff.
Knopp, Die Kodifikation des Sozialrechts, Bundesanzeiger 1972, Nr. 112, S. 13 ff.
v. Maydell, Gedanken zur Formulierung von Kollisionsnormen im geplanten Sozialgesetzbuch, ZSR 1972, 264 ff.
Rohwer-Kahlmann/Frentzel, Internationale Kollisionsnormen für das Sozialgesetzbuch, in: Das neue Sozialgesetzbuch, 1972, S. 75 ff.
Wertenbruch, Rehabilitation, in: Das neue Sozialgesetzbuch, 1972, S. 131 ff.
Gitter, Probleme bei der Kodifizierung des Deutschen Sozialrechts, in: Festschrift für Erich Fechner, 1973, S. 223 ff.
v. Maydell, Auf dem Wege zu einem besseren Sozialrecht, ZRP 1973, 115 ff.
Merten, Veröffentlichungen zum Entwurf eines Sozialgesetzbuchs, VSSR 1 (1973), 255 ff.
Horst Peters, Die Geschichte der sozialen Versicherung, 2. Aufl., 1973
Stier, Die finale Struktur sozialrechtlicher Leistungen und deren Problematik im Entwurf eines Sozialgesetzbuchs, ZSR 1973, 257 ff.
Gitter, Die Kumulierung sozialer Leistungen, Referat auf dem 7. Praktikerseminar des Instituts für Sozialrecht der Ruhr-Universität Bochum, ZSR 1974, 456 ff.
Hauck, Stand der Gesetzgebung und der öffentlichen Diskussion zum Sozialgesetzbuch, BABl. 1974, 71 ff.
Lindgen, Entwurf zum Allgemeinen Teil eines Sozialgesetzbuchs, Der öffentliche Dienst 1974, 196 ff.
Merten, Die Vereinheitlichung des Sozialrechts und die Kodifikation des Sozialgesetzbuchs, VSSR 2 (1974), 324 ff.
Zacher, Materialien zum Sozialgesetzbuch, 1974
Maier, Das Sozialrecht in einem Gesetzbuch? AngV 1975, 373 ff.
Maier/Hannemann, Schadensersatz aus dem Versicherungsverhältnis, AngV 1975, 347 ff.
Bley, Die rechtsdogmatische Konzeption des Allgemeinen Teils des Sozialgesetzbuchs (AT-SGB), ZSR 1976, 69 ff.
Freitag, Zum Inkrafttreten des Sozialgesetzbuches, KrV 1976, 8 ff.
Haines, Der Allgemeine Teil als erste Stufe des Sozialgesetzbuchs, BKK 1976, 2 ff.
derselbe, Der Allgemeine Teil des Sozialgesetzbuches, ZSR 1976, 1 ff.
Maier/Hanemann/Laufer u. a., Sozialgesetzbuch 1976
Hauck, Vereinfachung des Rechts, BABl. 1976, 87 ff.
Rohwer-Kahlmann, Der Allgemeine Teil des Sozialgesetzbuchs, ein entscheidender Schritt zu einer notwendigen Sozialreform, SGb 1976, 41 ff.

Der Allgemeine Teil des Sozialgesetzbuchs (AT-SGB), dessen Inhalt hier nur schwerpunktmäßig skizziert werden kann, gliedert sich in drei Abschnitte:

Der erste Abschnitt beschreibt die „Aufgaben des Sozialgesetzbuchs" (SGB) sowie die „sozialen Rechte" und zeigt die Leitvorstellungen des Gesetzgebers auf, die den Bestimmungen der besonderen Bücher zugrundegelegt werden sollen.

Der zweite Abschnitt enthält die „Einweisungsvorschriften", d. h. die Regelungen, die dem Bürger den Zugang zum Sozialrecht und zu den Sozialleistungen erleichtern sollen. Hier erfährt der Bürger, welche Sozialleistungen generell gewährt werden und bei welchen Leistungsträgern ein entsprechender Antrag zu stellen ist.

Der dritte Abschnitt enthält „Gemeinsame Vorschriften für alle Sozialleistungsbereiche". Hier ist festgelegt, nach welchen allgemeinen Kriterien sozialrechtliche Rechte und Pflichten begründet und aufgehoben werden können.

1. Aufgaben des Sozialgesetzbuchs und soziale Rechte

a) Aufgaben des Sozialgesetzbuchs

In § 1 AT-SGB legt der Gesetzgeber ein Bekenntnis zum sozialen Rechtsstaat ab und konkretisiert es in drei Stufen. In der ersten formuliert er das Hauptanliegen des Sozialrechts dahingehend, daß durch das Recht des SGB soziale Gerechtigkeit und soziale Sicherheit verwirklicht werden sollen (§ 1 I 1 AT-SGB)[1]. Auf der zweiten Stufe hebt er hervor, daß das SGB dazu beitragen soll,

— ein menschenwürdiges Dasein zu sichern
— gleiche Voraussetzungen für die freie Entfaltung der Persönlichkeit, insbesondere für junge Menschen zu schaffen
— die Familie zu schützen und zu fördern
— den Erwerb des Lebensunterhalts durch eine frei gewählte Tätigkeit zu ermöglichen und
— besondere Belastungen des Lebens, auch durch Hilfe zur Selbsthilfe, abzuwenden oder auszugleichen[2].

Auf dieser Stufe geht es nicht nur um Konkretisierung des Bekenntnisses zum sozialen Rechtsstaat, sondern auch um Konkretisierung seiner Wertordnungen, insbesondere der Art. 1 bis 3, 6, 12, 14 sowie der Grundsatzentscheidung des Art. 103 GG. Dabei fällt auf, daß die individuelle Funktion des Sozialrechts akzentuiert wird. Daraus darf jedoch nicht gefolgert

[1] Wobei soziale und erzieherische Hilfen ausdrücklich eingeschlossen werden.

[2] Dazu, daß es sich bei dieser Aufzählung nicht um eine abgeschlossene Aufzählung handelt, vgl. *Rohwer-Kahlmann*, SGb 1976, 41 (44).

werden, daß der Gesetzgeber die Individualfunktion über die Gemeinwohlfunktion gestellt hat. Daraus, daß er auf der ersten Stufe soziale Gerechtigkeit und soziale Sicherheit zu erklärten Zielen gemacht hat, ist vielmehr herzuleiten, daß er davon ausgeht, daß Sozialrecht dem Wohle aller zu dienen hat; eine vernünftige Auslegung kann also nur dahin gehen, daß sich der Staat, indem er Defizite einzelner an materieller Absicherung, Chancengleichheit und Entfaltungsmöglichkeit ausgleichen will, zugleich präventiv vor sozialen Spannungen und sonstigen gemeinwohlgefährdenden Lagen schützen will[3]. Der Gesetzgeber geht weiter davon aus, daß die auf der 2. Stufe beschriebenen Aufgaben von institutionellen Voraussetzungen abhängig sind. Deshalb heißt es in § 1 II AT-SGB: Das Recht des SGB soll dazu beitragen, daß die zur Erfüllung der in § 1 I AT-SGB genannten Aufgaben erforderlichen Dienste und Einrichtungen rechtzeitig und ausreichend zur Verfügung stehen.

Die 3. Stufe der Konkretisierung des sozialen Rechtsstaats bilden die sozialen Rechte (§§ 2 ff. AT-SGB). Die Vorschrift des § 2 AT-SGB definiert diese Rechte allgemein; die §§ 3 ff. AT-SGB konkretisieren sie, so das Recht auf Bildungs- und Berufsförderung (§ 3 AT-SGB), auf Sozialversicherung (§ 4 AT-SGB), auf soziale Entschädigung bei Gesundheitsschäden (§ 5 AT-SGB), auf Minderung des Familienaufwands (§ 6 AT-SGB), auf Zuschuß für eine angemessene Wohnung (§ 7 AT-SGB), auf Jugendhilfe (§ 8 AT-SGB), auf Sozialhilfe (§ 9 AT-SGB), auf Eingliederung Behinderter (§ 10 AT-SGB). Den Abschluß dieser Normenkette bilden die Einweisungsvorschriften der §§ 18 bis 29 AT-SGB, die dem einzelnen die Orientierung in den besonderen Teilen des SGB erleichtern[4]. Ohne schon hier eine Aussage zum rechtspolitischen Wert der sozialen Rechte treffen zu wollen, sei hervorgehoben, daß die Unterscheidung in „Aufgaben des Sozialgesetzbuchs" einerseits (§ 1 AT-SGB) und „soziale Rechte" andererseits (§§ 2 bis 10 AT-SGB) ihren guten Sinn hat. Die bloße Umschreibung von Aufgaben würde die Gefahr in sich tragen, diese Aufgaben zu abstrakt und losgelöst von den wirklichen sozialen Bedürfnissen der Betroffenen zu sehen; sie ist daher nur angebracht, soweit – wie in § 1 AT-SGB – allgemeine Grundsätze und Leitvorstellungen artikuliert werden, die nicht die Rechtsstellung des einzelnen berühren, sondern das Gerüst für deren Ordnung bilden. Je mehr dagegen Leitvorstellungen auf die Lösung echter Probleme des einzelnen ausgerichtet sind, desto mehr bietet es sich an, diese Leitvorstellungen aus der Sicht der Betroffenen darzustellen und als „soziale Rechte" zu formulieren. Eine solche sprachliche Bezugnahme auf den einzelnen macht zugleich deutlich, daß die innere Begründung für das Sozialrecht nicht in abstrakten Zielvorstellungen liegt, sondern in der Ver-

[3] *Wertenbruch*, Sozialverwaltungsrecht, S. 344 ff.
[4] *Rohwer-Kahlmann*, SGb 1976, 41 (44).

antwortung des Staates und seiner Organe für das Wohlergehen des einzelnen wie der Gemeinschaft[5].

Trotz Betonung der Individualfunktion mißt der Gesetzgeber dem Sozialrecht also eine hohe Gemeinwohlfunktion zu, was u. a. in der Zielvorstellung „Verwirklichung von sozialer Gerechtigkeit und sozialer Sicherheit" zum Ausdruck kommt. Nachdem in der Vergangenheit die individuellen Rechte Vorrang hatten, findet sich nunmehr in der Aufgabenstellung des AT-SGB ein beachtenswerter Ansatz in dem Sinne, daß das Verhältnis von Individual- und Allgemeininteresse neu überdacht und beide in ein ausgewogenes Verhältnis gebracht werden. Dabei handelt es sich um eine Frage von grundsätzlicher Bedeutung, auf die im Rahmen der Mitwirkungspflichten zurückzukommen sein wird[6].

b) Soziale Rechte

Literatur

Van der Ven, Soziale Grundrechte, Köln 1963
Tomandl, Der Einbau sozialer Grundrechte in das positive Recht, 1967
Daum, Soziale Grundrechte, RdA 1968, 81 ff.
Huber, Soziale Verfassungsrechte? in: Rechtsstaatlichkeit und Sozialstaatlichkeit, 1968
Schambeck, Grundrechte und Sozialordnung, 1969
Wengler, Die Unanwendbarkeit der Europäischen Sozialcharta im Staat, 1969
Brunner, Die Problematik der sozialen Grundrechte, 1971
Scheuner, Die Funktion der Grundrechte im Sozialstaat, DÖV 1971, 505 ff.
Haines, Soziale Rechte in: Das neue Sozialgesetzbuch, 1972, S. 51 ff.
Martens, Grundrechte im Leistungsstaat, VVdStRL 30 (1972), S. 7 ff.
Schnapp/Meyer, Zur Entwicklung von sozialen Rechten in der Sozialgesetzgebung, DRV 1973, 66 ff.
Reuter, Soziales Grundrecht auf Bildung? DVBl. 1974, 7 ff.
Merten, Zur Problematik der Aufnahme sozialer Rechte in das Sozialgesetzbuch, BlStSozArbR 1975, 357 ff.
Henke, Plädoyer für soziale Rechte, ZSR 1976, 429 ff.
v. Maydell, Die „sozialen Rechte" im Allgemeinen Teil des Sozialgesetzbuchs, DVBl. 1976, 1 ff.
Widekamp, Soziale Grundrechte für die Bürger, ErsK 1976, 231 ff.

Eine ausgewogene Beurteilung der rechtspolitischen Bedeutung der in den §§ 2 ff. AT-SGB verankerten sozialen Rechte verlangt, daß man – was bislang nicht genügend gesehen wurde – auf die Unterscheidung zwischen objektivem und subjektivem Recht zurückgreift. Das objektive Recht kann zwar auch im Interesse des einzelnen liegen. Das bloße Bestehen von Nor-

[5] *Haines*, BKK 1976, 2 (3 f.).
[6] Vgl. dazu unten 3 g) sowie *Henke*, VSSR 4 (1976), 199 ff.

men zugunsten des einzelnen gibt aber noch keineswegs die Befugnis, seinen Willen persönlich zu betätigen oder durchzusetzen. Subjektives Recht liegt dagegen vor, wenn dieses dem einzelnen vom Gesetzgeber ausdrücklich oder stillschweigend zuerkannt wird. Wer durch Normen geschützt wird, ist also noch nicht berechtigt; Normenschutz und subjektives Recht sind nicht identisch. Die Verkennung dieses Unterschieds ist eine der Hauptursachen von Mißverständnissen[7] und eine der Hauptursachen für die negative Kritik an den sozialen Rechten, die von „keinerlei normativer Bindung" bis zur Kennzeichnung als „Selbsttäuschung oder Fremdtäuschung" reicht[8].

Daß die sozialen Rechte vom Gesetzgeber als objektives Recht konzipiert wurden, ergibt sich aus § 2 I 2 AT-SGB. Darin ist klargestellt, daß aus den sozialen Rechten Ansprüche nur insoweit geltend gemacht oder hergeleitet werden können, als deren Voraussetzungen und Inhalt durch die Vorschriften der besonderen Teile des SGB[9] im einzelnen bestimmt sind. Anspruchsgrundlage gegen den Staat und seine Institutionen kann also nur die transformierende und explizierende Einzelnorm sein[10]. Mit dieser Aussage steht die Vorschrift des § 2 I 2 AT-SGB auf realem Hintergrund: Anders als die Freiheitsrechte, die vom Staat den Verzicht auf Eindringen in die Rechtssphäre des einzelnen verlangen, sind soziale Rechte auf Teilhabe an bestimmten, im volkswirtschaftlichen Sinn zumeist „knappen" Gütern gerichtet; sie verpflichten den Staat und seine Institutionen zu einem Verhalten, das nicht unbeschränkt, sondern nur im Rahmen vorhandener Möglichkeiten geleistet werden kann[11]; sie benötigen deshalb zu ihrer Verwirklichung eine Fülle rechtlicher Einzelregelungen, die von genauen Bestimmungen über Anspruchsvoraussetzungen bis zu Vorschriften über ihre Finanzierung reichen.

Ein anschauliches Beispiel dafür liefert das soziale Recht auf Arbeitsförderung, unabhängig davon, ob es in § 3 II AT-SGB Platz gefunden hat oder im Grundgesetz verankert worden wäre. Um dieses soziale Recht so in Funktion zu setzen, daß sich die Rechtsposition eines Arbeitswilligen nennenswert verbessert, bedarf es eines großen Instrumentariums an Gesetzen und Anordnungen[12]. Aus sich heraus sind soziale Rechte – anders als Freiheitsrechte – nicht realisierbar; sie bedürfen wegen ihres umfassenden Ge-

[7] Vgl. dazu *Enneccerus/Nipperdey,* Allgemeiner Teil des Bürgerlichen Rechts, 1. Halbb., 15. Aufl., 1959, § 72 Fußn. 8, S. 431.

[8] Nachweise bei *Henke,* ZSR 1976, 429 (431).

[9] Vgl. dazu Art. II § 1 AT-SGB.

[10] *Tomandl,* Der Einbau sozialer Grundrechte in das positive Recht, 1967, S. 36 f.; *Hauck/Haines,* Kommentar, § 2 Rdnr. 5.

[11] *Brunner,* Die Problematik der sozialen Grundrechte, 1971, S. 16 f.

[12] Vgl. *Luber,* Deutsche Sozialgesetze, Nr. 630 ff.

halts, den der einzelne ohne weitere rechtliche Eingrenzung uferlos ausschöpfen könnte, einer speziellen gesetzlichen Grundlage[13].

Ordnet man die sozialen Rechte, wie sie der Gesetzgeber in § 2 I 2 AT-SGB klarer nicht hätte vorzeichnen können, dem objektiven Recht zu, bleibt die an ihnen geübte Kritik weitgehend auf den Gebrauch des Begriffs „Rechte" beschränkt; in der Sache erledigt sich die Kritik. Statt von „sozialen Rechten" sollte man daher, um Mißverständnisse zu vermeiden, von „Leitideen" oder „Leitvorstellungen" des Gesetzgebers sprechen. Die rechtspolitische Bedeutung dieser gesetzgeberischen Leitvorstellungen ist u. a. in folgendem zu sehen:

Dadurch, daß der Gesetzgeber seine Leitvorstellungen zum Sozialrecht in einem eigenen Abschnitt umschreibt, hat er das Sozialrecht – was nach der Verfassung keineswegs selbstverständlich ist – aus seiner bisherigen Verwurzelung in den klassischen Kompetenznormen der „Fürsorge" (Art. 74 Nr. 7 GG), der „Versorgung" (Art. 74 Nr. 10 GG) und der „Versicherung" (Art. 74 Nr. 12 GG) losgelöst und maßgeblich auf den Gedanken sozialer Rechtsstaatlichkeit gestützt (Art. 20 I, 28 I 1 GG)[14]. Während bislang umstritten war, was unter Sozialrecht zu verstehen ist, kann man heute sagen: Sozialrecht im formellen Sinn sind die Materien, die in enumerativer Aufzählung vom geplanten SGB erfaßt werden[15], wobei zu beachten ist, daß einige Materien wegen ihres auslaufenden Charakters keine Aufnahme in das SGG finden werden[16]. Materielles Sozialrecht ist – wie erwähnt – jener Teilbereich des Rechts, dem im Interesse eines Ausgleichs sozialer Gegensätze in besonderer Weise die Beseitigung von Defiziten einzelner oder bestimmter Bevölkerungsgruppen an materieller Absicherung, Chancengleichheit und Entfaltungsmöglichkeit obliegt[17]. Übereinstimmung in dem, was Sozialrecht formell und materiell ist, verschafft dem Sozialrecht erhöhte Durchschlagskraft, ein rechtspolitischer Effekt, der ohne eine – wenn auch unvollkommene – Skizzierung der Leitvorstellungen des Gesetzgebers in Form der sozialen Rechte kaum erzielt worden wäre[18].

Wie sich aus § 2 II AT-SGB ergibt, geht der Gesetzgeber davon aus, daß den sozialen Rechten eine bestimmte Wirkungskraft für die Auslegung der Vorschriften des SGB und die Ausübung von Ermessen zukommt; der Rechtsanwender hat sogar – wie der Gesetzgeber formuliert – „sicherzustellen, daß die sozialen Rechte möglichst weitgehend verwirklicht wer-

13 *Gitter*, Festschrift Fechner, S. 236.
14 *Haines*, ZSR 1976, 1 (4); *ders.*, BKK 1976, 2.
15 Vgl. Fußn. 9.
16 Etwa das Lastenausgleichsrecht.
17 Vgl. Einführung.
18 *Henke*, ZSR 1976, 429 (439).

den" (§ 2 II Halbs. 2 AT-SGB). Wirkungskraft in diesem Sinne wird längerfristig mit Wahrscheinlichkeit etwa das soziale Recht der Behinderten auf Eingliederung in die Gemeinschaft entfalten (§ 10 AT-SGB). Der Bereich der Rehabilitation gehört zwar zu den Gebieten des Sozialrechts, die noch wissenschaftlicher Durchdringung bedürfen. Noch steht nicht einmal fest, ob es zu einer Zusammenfassung der in zahlreichen Gesetzen verstreuten Rehabilitationsbestimmungen in einem einheitlichen Buch innerhalb des SGB kommen wird[19]. Aber selbst wenn es dazu nicht kommen sollte – und die besseren Gründe sprechen dafür, daß darauf verzichtet wird[20] –, behält § 10 AT-SGB eine entscheidende Funktion. Durch diese Vorschrift wird nicht nur daran erinnert, daß die Bestimmungen über die Eingliederung Behinderter in sich eine funktionale Einheit bilden[21]; es macht einen erheblichen Unterschied, ob sich ein Behinderter für seine spezifischen Anliegen auf eine der zahlreichen Vorschriften zur Rehabilitation berufen muß oder ob er sich zusätzlich auf eine Norm stützen kann, die dafür plädiert, daß das soziale Recht auf Eingliederung möglichst weitgehend verwirklicht wird[22]. Wenn nur wenigen, insbesondere den Behinderten, und jenen, die in der Bundesrepublik unterhalb der Armutsgrenze leben müssen[23], in einer Weise geholfen wird, wie es vor Schaffung des AT-SGB nicht möglich war, dann haben die sozialen Rechte bereits ihre Rechtfertigung erhalten[24].

Die sozialen Rechte haben aber nicht nur dort eine wichtige Aufgabe zu erfüllen, wo bei der Auslegung des geltenden Sozialrechts und bei der Ausfüllung von Gesetzeslücken Zweifelsfragen auftreten, zu deren sachgerechter Lösung es eines Rückbezuges auf sozialpolitische Zusammenhänge und Leitvorstellungen bedarf. Den sozialen Rechten kommt auch ein faktisches

[19] Die Zahl der in den einzelnen Gesetzen verstreuten Rehabilitationsbestimmungen läßt sich nur schätzen; sie dürfte bei mindestens 350 liegen.

[20] Sonderrolle und Diskriminierung sind nicht weit voneinander entfernt.

[21] *Haines*, ZSR 1976, 1 (5).

[22] *Henke*, ZSR 1976, 429 (436 f.).

[23] Vgl. die sozialstatistischen Untersuchungen von *Roth*, Armut in der Bundesrepublik – Über psychische und materielle Verelendung, 1974, S. 10 und 75 f.

[24] Weitere grundlegende Literatur zur Rehabilitation: *Institut für Sozialrecht* der Ruhr-Universität Bochum, Die Werkstatt für Behinderte, Bochum 1972; *dass.*, Sozialrechtliche Probleme der Rehabilitation psychisch Kranker und geistig Behinderter unter besonderer Berücksichtigung der „Teilarbeitsfähigkeit", Bochum 1974; *dass.*, Richtlinien für die Errichtung von Wohnstätten für erwachsene geistig Behinderte, Bochum 1975; *Wertenbruch*, Rehabilitation, in: Das neue Sozialgesetzbuch, 1972, S. 131 ff.; *ders.*, Sozialverfassung-Sozialverwaltung, S. 105 ff., 141 f.; *Henke*, Blätter der Wohlfahrtspflege 1976, 104 ff.; *ders.*, Sozialer Fortschritt 1976, 91 ff.; *ders.*, Die Rehabilitation 1976, 90 ff.; *ders.*, ZSR 1976, 171 ff.; *ders.*, Leitfaden zur Ausgestaltung des Lebensraumes erwachsener geistig Behinderter, 1976.

Eigengewicht zu. Obwohl sie keinen Verfassungsrang besitzen, wird der Gesetzgeber im Zuge der weiteren Ausgestaltung des Sozialleistungssystems nicht umhin kommen, der Öffentlichkeit von Zeit zu Zeit Rechenschaft darüber abzulegen, ob die von ihm niedergelegten Leitvorstellungen angemessen realisiert werden; er muß sich rechtspolitisch daran messen lassen, ob er den durch die sozialen Rechte intendierten sozialrechtlichen Schutz bestmöglich verwirklichte[25]. Eine Bestandsprobe dafür könnte etwa § 6 AT-SGB liefern[26]. Das soziale Recht auf Minderung des Familienaufwands läßt es dem Gesetzgeber zwar unbenommen, die gegenwärtige Kindergeldregelung so zu belassen, wie sie ist. Faktisch hat er sich jedoch in einen Zugzwang gesetzt: Wenn er die in ihn gesetzten Erwartungen erfüllen will, muß er die schon heute von namhaften Stimmen[27] als ungenügend empfundene Kindergeldregelung in angemessener Zeit einer umfassenden Reform unterziehen, bei der neben sozialrechtlichen auch steuerrechtliche Aspekte zu berücksichtigen sind[28].

Zu den Hauptpunkten der Kritik an den sozialen Rechten zählt der Vorwurf, der gedankliche Einwirkungsbereich der sozialen Rechte sei wesentlich weiter abgesteckt als der Gegenstandbereich des im SGB erfaßten Sozialrechts[29]. Die Idee sozialer Rechtsstaatlichkeit und die auf ihr aufbauenden Leitlinien und Leitvorstellungen leben aber von der Diskrepanz zwischen Ideal und Wirklichkeit. Man kann der Idee des sozialen Rechtsstaats immer nur einen Schritt näher kommen, sie aber wohl nie voll verwirklichen. Inkongruenz zwischen sozialen Rechten und Sozialrecht braucht deshalb für die Fortentwicklung des Sozialrechts kein Hemmnis zu sein; sie kann im Gegenteil zur Triebfeder für sozialen Fortschritt werden. Das ist für jene, die derzeitig noch unterhalb der Armutsgrenze leben[30], zwar ein schwacher Trost; er eröffnet aber auch für sie neue Hoffnungen.

Trotz ihrer begrifflichen Überziehung enthalten die sozialen Rechte ein beachtliches Stück Wegweisung für den einzelnen. Selbst wenn mancher am Sozialrecht Interessierte nach Durchsicht der sozialen Rechte enttäuscht zu der Erkenntnis gelangt, daß sich seine hohen Erwartungen nicht erfüllen, so haben die sozialrechtlichen Leitvorstellungen, die die vom Gesetzgeber beabsichtigte Marschroute markieren, die Funktion, daß sich der einzelne schneller als vor Schaffung des AT-SGB im Sozialrecht zurechtfindet. Nach Durchsicht der Vorschriften über die Aufgaben des SGB und

[25] *Gitter*, Festschrift Fechner, S. 236 f.
[26] Vgl. dazu unten VI.
[27] Vgl. z. B. *Müller*, ZblJugR 63 (1976), 151 ff.
[28] *Wertenbruch*, Sozialverfassung-Sozialverwaltung, S. 170.
[29] Vgl. *v. Maydell*, DVBl. 1976, 1 (6).
[30] Vgl. Fußn. 23.

über die sozialen Rechte[31] und nach weiterer Durchsicht der Bestimmungen über die einzelnen Sozialleistungen und zuständigen Sozialleistungsträger[32] wird er bald auf die besonderen Teile des SGB[33] und die speziellen, für ihn wichtigen Anspruchsvoraussetzungen stoßen. Man mag darüber streiten, ob es wirksamere Möglichkeiten der Wegweisung gegeben hätte. Daß der Abschnitt über die Aufgaben und die sozialen Rechte – die erste der insgesamt drei Stufen zur Auffindung der Anspruchsvoraussetzungen – die Transparenz des SGB für alle erheblich erleichtert, läßt sich nicht bestreiten.

Mit der im AT-SGB getroffenen Offenlegung der Leitidee und Leitvorstellungen zur weiteren Ausgestaltung des Sozialrechts wurden schließlich günstige Voraussetzungen für eine Gegenüberstellung und einen Vergleich der sozialen Systeme innerhalb Europas geschaffen. Es kann nicht darum gehen, in einem zusammenrückenden Europa anderen Partnern das eigene soziale Gedankengut aufzudrängen; Kompromisse auf europäischer Ebene sind auch im sozialen Bereich unabdingbar. Das mit Hilfe der sozialen Rechte auf Dynamik angelegte deutsche Sozialrecht ist aber „europafreundlicher" und damit gegenüber anderen europäischen Sozialrechtssystemen „wettbewerbsfähiger" geworden. Wenn das deutsche Sozialrecht durch die Offenlegung der gesetzgeberischen Leitvorstellungen anderen europäischen Partnern verständlicher wird und rechtspolitischen Wert über die Bundesrepublik hinaus erfährt, dann ist auch das auf der Plusseite der sozialen Rechte zu verbuchen[34].

2. Einweisungsvorschriften

Der zweite Abschnitt des AT-SGB enthält in seinem ersten Titel „Allgemeines über Sozialleistungen und Leistungsträger" (§§ 11 ff. AT-SGB). Der zweite Abschnitt über „Einzelne Sozialleistungen und zuständige Leistungsträger" dient der Information der Rechtssuchenden wie der in der Praxis des sozialen Leistungsrechts tätigen Personen[35].

a) „Aufklärung", „Beratung", „Auskunft"

Literatur

Merten, Auskunftsanspruch und Auskunftsbescheid im Sozialrecht, VSSR 1 (1973), 66 ff.

Schellhorn, Aufklärung, Beratung und Auskunft nach dem Sozialgesetzbuch, BlStSozArbR 1975, 362 ff.

[31] §§ 1 ff. AT-SGB.
[32] §§ 18 ff. AT-SGB.
[33] Art. II § 1 AT-SGB.
[34] *Henke,* ZSR 1976, 429 (443).
[35] *Haines,* BKK 1976, 2 (7).

Brackmann, Aufklärung, Auskunft und Beratung nach dem AT-SGB, BKK 1976, 301 ff.
Rohrlach, Aufklärung, Beratung und Auskunft aus der Sicht der Rentenversicherung, AngV 1976, 301 ff.
Institut für Sozialrecht der Ruhr-Universität Bochum, 10. Praktikerseminar, ZSR 1977, Nr. 8

Schwerpunkt des ersten Titels sind die Rechtsinstitute der „Aufklärung" (§ 13 AT-SGB), „Beratung" (§ 14 AT-SGB) und „Auskunft" (§ 15 AT-SGB). Zu Recht ist in der dritten Lesung des AT-SGB darauf hingewiesen worden, daß diese den Leistungsträgern (§ 12 AT-SGB) obliegenden Verpflichtungen wichtige „Dienstleistungen" seien (§ 11 AT-SGB)[36]. Der deutsche Bundestag hat die Bedeutung der §§ 13 bis 15 AT-SGB dadurch hervorgehoben, daß er die Bundesregierung ersuchte, bis Ende 1978 einen Bericht über die Erfahrungen mit diesen Bestimmungen vorzulegen. Damit ist die rechtspolitische Bedeutung der Vorschriften der §§ 13 bis 15 AT-SGB angedeutet. Sie liegt neben einer beträchtlichen Verbesserung gegenüber dem früheren Rechtszustand[37] in der begrifflichen Abgrenzung von „Aufklärung", „Beratung" und „Auskunft".

aa) „Aufklärung" (§ 13 AT-SGB) bedeutet allgemeine und abstrakte Unterrichtung einer Vielzahl von Personen, die möglicherweise sozialrechtlich betroffen sind; Aufklärung durch Ansprechen einzelner Berechtigter oder Verpflichteter ist nur in Ausnahmefällen der geeignete Weg, etwa wenn der Kreis der in Betracht kommenden Personen bekannt und verhältnismäßig klein ist und die Aufklärung nur sachgerecht erfolgen kann, indem sie die individuellen Umstände und Bedürfnisse berücksichtigt[38]. Als Mittel der Aufklärung kommen Informationen durch Fernsehen und Rundfunk, Informationsschriften, Merkblätter, Plakate, Zeitungsartikel, Informationsveranstaltungen (Presseseminare, Vorträge, Tage der „offenen Tür"), Filme, Werbespots und dergleichen in Betracht[39].

Zur Aufklärung verpflichtet sind die Leistungsträger, ihre Verbände sowie die sonstigen im SGB genannten öffentlich-rechtlichen Vereinigungen. Leistungsträger sind gemäß § 12 AT-SGB die in den §§ 18 bis 29

[36] Bericht über die 181. Sitzung des Deutschen Bundestages am 19. 6. 1975, S. 12703.

[37] *Giese/Melzer,* Die Beratung in der sozialen Arbeit, Heft 52 der Kleineren Schriften des Deutschen Vereins, S. 29 f.; *Schellhorn,* BlStSozArbR 1975, 362. A. A. *Leßner,* SGb 1974, 492 (496).

[38] Was z. B. im Rahmen der sozialen Entschädigung, der Jugendhilfe und der Sozialhilfe in Betracht kommen könnte.

[39] *Hauck/Haines,* Kommentar, § 13 Rdnr. 5; *Schellhorn,* BlStSozArbR 1975, 362 (363).

AT-SGB genannten Körperschaften, Anstalten und Behörden, denen nach den besonderen Teilen des SGB die Erbringung von Sozialleistungen obliegt. Welche Verbände unter die Aufklärungspflicht des § 13 AT-SGB fallen, ist aus dem Gesetz nicht abzulesen. Aus dem Zusammenhang der §§ 12 und 13 AT-SGB wird man jedoch folgern dürfen, daß sich die Aufklärungspflicht nur auf öffentlich-rechtliche Verbände bezieht. Zu den in § 13 AT-SGB genannten öffentlich-rechtlichen Vereinigungen schließlich zählen etwa die Kassenärztlichen Vereinigungen. In allen Fällen bedeutet die Verpflichtung zur Aufklärung nicht, daß die vom Gesetzgeber angesprochenen Stellen die Aufklärung selbst vorzunehmen hätten. Sie können zur Erfüllung ihrer Verpflichtung Dritte einschalten, etwa ihre privatrechtlich organisierten Spitzenverbände oder Werbebüros. Auch bei Beauftragung dritter Stellen bleibt die Verantwortung für ordnungsgemäße Durchführung der Aufklärung bei den vom Gesetzgeber bezeichneten Stellen.

Die Verpflichtung der öffentlich-rechtlichen Leistungsträger, Verbände und sonstigen Vereinigungen erstreckt sich nicht auf eine Aufklärung über allgemeine Lebensprobleme, ebensowenig auf Rechtsgebiete, die – wie das Lastenausgleichsrecht – in das SGB keine Aufnahme gefunden haben. Sie beschränkt sich auf die Rechte und Pflichten, die der einzelne nach dem SGB hat, ohne daß ein Anspruch auf Aufklärung bestünde; zur Erfüllung dieser Pflicht kann die verpflichtete Stelle nur im Aufsichtsweg angehalten werden. Allerdings müssen die nach § 13 AT-SGB zu vermittelnden Informationen zutreffend sein. Sind sie unrichtig und erleidet jemand dadurch Schaden, so ist die für die Information verantwortliche öffentlich-rechtliche Stelle zum Schadensersatz nach § 839 BGB, Art. 34 GG verpflichtet[40]. Dagegen besteht keine Haftung nach diesen Vorschriften, wenn die Aufklärung in einer bestimmten Frage den einzelnen nicht erreicht; das ist schon deshalb so, weil Aufklärung ihren Zweck nur dann erreicht, wenn der Empfänger entsprechende Aufnahmebereitschaft zeigt. Unterlassene Aufklärung nach § 13 AT-SGB kann daher nur zur Haftung führen, wo Informationen in wichtigen Punkten unvollständig und dadurch unrichtig sind[41].

Da der Aufklärungspflicht der vom Gesetzgeber angesprochenen Stellen kein Anspruch des einzelnen auf Aufklärung entspricht, daher eine „Aufklärungsgarantie" fehlt, ist die Aufklärung ein rechtspolitisch beachtenswertes, aber nicht unbedingt wirksames Rechtsinstitut. Die rechtspolitische Bedeutung hängt letztlich vom Willen und von den finanziellen Möglichkeiten der angesprochenen Stellen ab. Immerhin verdient der Versuch des Gesetzgebers Aufmerksamkeit, im Rahmen der Bemühungen um

[40] Z. B. bei Angabe einer falschen Ausschlußfrist für die Nachentrichtung von Beiträgen. Beispiel bei *Schellhorn,* BlStSozArbR 1975, 362 (363).

[41] *Hauck/Haines,* Kommentar, § 13, Rdnr. 9.

Transparenz des Systems der sozialen Sicherung die Leistungsträger zur Unterrichtung der Bevölkerung zu aktivieren. Größeres rechtspolitisches Gewicht als der Aufklärung kommt den Rechtsinstituten der „Beratung" und „Auskunft" zu.

bb) Unter „Beratung" (§ 14 AT-SGB) ist die individuelle Unterrichtung des einzelnen über die von ihm wahrzunehmenden Rechte und zu erfüllenden Pflichten nach dem SGB zu verstehen. Im Gegensatz zur Aufklärung hat der einzelne einen klagbaren Anspruch auf richtige und vollständige Beratung. Adressat des Beratungsanspruchs sind die Leistungsträger, denen gegenüber die im SGB vorgesehenen Rechte geltend zu machen oder die Pflichten zu erfüllen sind. Anders als das Rechtsinstitut der Auskunft (§ 15 AT-SGB), das die Träger der gesetzlichen Krankenkassen sowie die nach Landesrecht zuständigen Stellen verpflichtet, folgt das Rechtsinstitut der Beratung streng der Zuständigkeitsverteilung für die im Sozialleistungsrecht zu erfüllenden Aufgaben.

Inhaltlich zielt der Beratungsanspruch darauf ab, dem einzelnen Kenntnisse und Entscheidungsgrundlagen zu vermitteln, die er zur Wahrnehmung seiner Rechte und zur konkreten Erfüllung seiner Pflichten benötigt[42]. Das kann im einzelnen bedeuten[43]:

— Unterrichtung über die Rechtslage und, soweit Entscheidungsspielräume bestehen, über die Verwaltungspraxis des Leistungsträgers
— Unterrichtung über Umstände tatsächlicher Art, die dem Leistungsträger bekannt sind, z. B. über gezahlte Beiträge, das Ergebnis ärztlicher Untersuchungen oder die Möglichkeiten, die bestimmte Einrichtungen für die Eingliederung Behinderter bieten[44]
— Ratschläge über rechtmäßiges und zweckmäßiges Verhalten des einzelnen, z. B. über die Auswirkungen einer früheren oder späteren Beantragung des Altersruhegeldes.

Auf Vorschlag des Ausschusses für Arbeit und Sozialordnung hatte der Deutsche Bundestag beschlossen, den Anspruch auf Beratung dahingehend zu konkretisieren, daß eine mündliche Beratung schriftlich zu bestätigen sei, wenn hieran ein berechtigtes Interesse bestehe und der Betroffene dies unverzüglich verlange. Der vom Bundesrat angerufene Vermittlungsausschuß hat diesen Vorschlag jedoch gestrichen. Der Bundesrat begründete

[42] Der Beratungsanspruch erstreckt sich nicht auf Informationen und Ratschläge für Situationen, die auf den Beratungswilligen nicht zutreffen können.

[43] *Hauck/Haines*, Kommentar, § 14 Rdnr. 5.

[44] Zu Rechtsfragen im Rahmen der Eingliederung von Behinderten vgl. *Institut für Sozialrecht*, Die Werkstatt für Behinderte, 1972; *dass.*, Sozialrechtliche Probleme der Rehabilitation psychisch Kranker und geistig Behinderter unter besonderer Berücksichtigung der „Teilarbeitsfähigkeit", 1974; *dass.*, Richtlinien für die Errichtung von Wohnstätten für erwachsene geistig Behinderte, 1975.

seinen Wunsch nach Streichung mit dem Hinweis, daß die bisher praktizierte mündliche Beratung und Auskunftserteilung den Bedürfnissen der ratsuchenden Bürger in ausreichender Weise Rechnung trage und daß die Einführung einer generellen Pflicht zur schriftlichen Bestätigung zu erheblichem Verwaltungsaufwand mit noch nicht überschaubaren Kostenauswirkungen führe[45]. Aus dem Wegfall der schriftlichen Bestätigung muß geschlossen werden, daß ein Anspruch des Ratsuchenden auf schriftliche Bestätigung der mündlichen Beratung nicht besteht. Auf der anderen Seite ist der Leistungsträger nicht gehindert, eine schriftliche Bestätigung nach pflichtgemäßem Ermessen zu erteilen. Das kann angebracht sein, wenn bei dem Beratungsgespräch der Eindruck entsteht, daß der Ratsuchende die mündlich gegebenen Informationen nicht voll erfaßt, oder wenn in der Beratung eine gewisse Vorentscheidung für die spätere Entscheidung liegt (z. B. Auslegung von Ermessensvorschriften)[46].

Die Beratung selbst ist tatsächliches Verwaltungshandeln mit der Folge, daß bei fehlerhafter oder unvollständiger Beratung keine Anfechtung des „Beratungsergebnisses", sondern allenfalls eine Klage auf bessere Beratung oder eine Schadensersatzklage (§ 839 BGB, Art. 34 GG) in Betracht kommt. Obwohl ein Folgenbeseitigungsanspruch im Sozialrecht bislang nicht uneingeschränkt anerkannt ist, ist zusätzlich daran zu denken, den durch eine unrichtige Beratung Betroffenen im Wege der Folgenbeseitigung so zu stellen, als ob die Beratung korrekt erfolgt wäre. Dagegen ist die Entscheidung des Leistungsträgers darüber, ob er eine gewünschte Beratung erteilt oder nicht, ein Verwaltungsakt mit der Folge, daß im Fall der verweigerten Beratung Verpflichtungsklage[47] die richtige Klageart ist.

In einer Beratung kann im Einzelfall eine Zusage liegen, die den Leistungsträger hinsichtlich der später zu treffenden Entscheidung bindet. Das kann eintreten, wenn bei der Beratung eine bestimmte Anwendung unbestimmter Rechtsbegriffe oder eine bestimmte Ermessensausübung in Aussicht gestellt wurde. In solchen Fällen wird man – wenn das Rechtsinstitut der Beratung nicht in rechtlichen Unverbindlichkeiten stecken bleiben soll – eine verbindliche Beratung in Form der Zusage erblicken können, wie sie nach den Gesetzesmaterialien auch den Vorstellungen der gesetzgeberischen Körperschaften entsprach[48].

Um ihren Beratungspflichten faktisch nachkommen zu können, müssen die Leistungsträger eine ausreichende Zahl von Fachkräften bereitstellen. Neben der fachlichen Qualifikation dieses Personals ist es unerläßlich, daß die Leistungsträger die für eine Beratung notwendigen Räume zur Verfü-

[45] BT-Drucks. 7/3883, S. 2.
[46] *Schellhorn*, BlStSozArbR 1975, 362 (364).
[47] § 42 I VwGO; § 54 I SGG.
[48] BT-Drucks. 7/868, S. 25.

gung stellen; ein Gespräch etwa in der Schalterhalle eines Versicherungsträgers kann schon aus räumlichen Gründen nicht dem Anspruch gerecht werden, „Beratungsgespräch" zu sein[49].

Im Ausbau eines umfassenden und angemessenen Beratungssystems liegen Schwierigkeiten, aber auch Chancen. Je umfassender und einzelfallgerechter das Beratungssystem ausgestaltet wird, desto stärker wird das gesamte Sozialleistungssystem von der Bevölkerung mitgetragen werden. Das wiederum ist Voraussetzung für langfristiges Bestehen unseres freiheitlichen Gemeinwesens.

cc) In zahlreichen Fällen kann der einzelne nicht überblicken, welche Sozialleistungen für ihn in Betracht kommen und an welchen Leistungsträger er sich zu wenden hat. Damit er nicht von einer Stelle zur anderen verwiesen wird, sind Auskunftstellen notwendig, die engen Kontakt zum einzelnen ermöglichen und zugleich der Aufgabe gewachsen sind, über alle sozialen Angelegenheiten Auskunft zu geben. Demgemäß hat das vom Gesetzgeber in § 15 AT-SGB vorgesehene Rechtsinstitut der „Auskunft" in erster Linie „Wegweiserfunktion"; mit seiner Hilfe soll der einzelne Aufschluß darüber erhalten, welcher Leistungsträger zur Erfüllung seines Leistungsbegehrens zuständig ist[50].

Der Regierungsentwurf hatte als Auskunftstellen neben den Trägern der gesetzlichen Krankenversicherung auch die Kreise und die kreisfreien Städte vorgesehen sowie die Möglichkeit, durch Landesrecht zusätzlich die Gemeinden mit Aufgaben der Auskunft zu betrauen. Dahinter stand das Anliegen, eine bundeseinheitliche Regelung zu erzielen und sicherzustellen, daß sich der einzelne – auch nach Überschreiten der Landesgrenze – in allen sozialen Angelegenheiten jeweils an die gleichen Stellen wenden könne. Obwohl die Regelung von den Kommunalen Spitzenverbänden gutgeheißen worden war, hatte der Bundesrat verfassungsrechtliche Bedenken gegen die Bestimmung und setzte im Vermittlungsverfahren die jetzige Regelung durch, wonach neben den Trägern der gesetzlichen Krankenversicherung durch Landesrecht zu benennende bzw. zu schaffende Stellen zur Auskunfterteilung verpflichtet sind.

Trotz abweichender Formulierung unterscheidet sich die Auskunft (§ 15 AT-SGB) von der Beratung (§ 14 AT-SGB) nicht in der Art, sondern nur im Umfang der Unterrichtung. Zur Auskunft, die in jedem Fall erbracht werden muß, gehört die Benennung der für die Sozialleistungen zuständigen Leistungsträger (§ 15 II AT-SGB); es muß der konkrete Leistungsträger (mit Namen und Adresse) bezeichnet werden, der für das individuelle Anliegen des Auskunftsuchenden zuständig ist. Kann die Aus-

[49] *Schellhorn*, BlStSozArbR 1975, 362 (364).

[50] Grundlegend zum Auskunftsanspruch und Auskunftsbescheid im Sozialrecht *Merten*, VSSR 1 (1973), 66 ff.

kunftstelle dies nicht aus eigener Kenntnis tun, so hat sie sich selbst mit den in Betracht kommenden Leistungsträgern in Verbindung zu setzen; jedenfalls darf sie es nicht bei allgemeinen Hinweisen belassen und damit letztlich dem Ratsuchenden überlassen, ob er den zuständigen Leistungsträger ermittelt. Die Benennung des zuständigen Leistungsträgers muß auch zutreffend sein; wird ein unzuständiger Leistungsträger benannt, kann der Auskunftsuchende von der Auskunftstelle für den ihm aus der unrichtigen Auskunft entstehenden Schaden (z. B. Fahrtkosten, Verdienstausfall) Ersatz verlangen[51]. Der Gesetzgeber ist bestrebt, daß Auskünfte nach § 15 AT-SGB möglichst umfassend erfolgen und einer Beratung i. S. d. § 14 AT-SGB nahekommen; dem einzelnen wie dem zur Beratung verpflichteten Leistungsträger sollen doppelte Beratungen möglichst erspart bleiben. Aus diesem Grunde ist in § 15 II AT-SGB angeordnet: Soweit die Auskunftstelle dazu in der Lage ist, hat sie alle Sach- und Rechtsfragen zu beantworten, die für den Auskunftsuchenden von Bedeutung sein können. Um dieser Zielsetzung möglichst nahezukommen, hat der Gesetzgeber die Auskunftstellen verpflichtet, untereinander und mit anderen Leistungsträgern zusammenzuarbeiten, um eine möglichst umfassende Auskunfterteilung durch eine Stelle sicherzustellen (§ 15 III AT-SGB).

Auch für die Auskunft hatte der Bundestag den Zusatz vorgesehen, daß eine mündliche Auskunft schriftlich zu bestätigen sei, wenn der Betroffene hieran ein berechtigtes Interesse habe und die Schriftlichkeit der Auskunfterteilung unverzüglich verlange. Der vom Bundesrat angerufene Vermittlungsausschuß hat diese Vorschrift gleichfalls gestrichen.

Da der Anspruch über den für das Leistungsbegehren zuständigen Leistungsträger beschränkt und nicht auf Auskunft in sonstigen Sach- und Rechtsfragen gerichtet ist, haften auch die Träger der Auskunftstellen nur insoweit wegen unvollständiger oder falscher Auskünfte[52], als ein Anspruch auf Auskunft gegeben ist. Da die Vorschrift über die schriftliche Bestätigung der Auskunft gestrichen wurde, ist eine Beweisführung für den Auskunftsuchenden insoweit nicht einfach. Aus der Eigenständigkeit der Auskunftsfunktion ergibt sich schließlich, daß die Auskunftstelle eine verbindliche Zusage für eine bestimmte Entscheidung des zuständigen Leistungsträgers selbst dann nicht geben kann, wenn ihr Träger mit dem zuständigen Leistungsträger identisch sein sollte[53].

dd) Zusammenfassend läßt sich zu den Rechtsinstituten der „Aufklärung", „Beratung" und „Auskunft" sagen: Sie erfordern, wenn sie die ihnen zugedachte Wirkungskraft entfalten sollen, einen hohen Aufwand an persönlichen und sachlichen Mitteln sowie ein hohes Maß an gutem Willen

[51] *Hauck/Haines,* Kommentar, § 15 Rdnr. 9.
[52] Nach Amtshaftungsgrundsätzen.
[53] *Schellhorn,* BlStSozArbR 1975, 362 (365).

auf seiten der angesprochenen Stellen. Darin liegen die Schwierigkeiten, aber auch die Chancen dieser Rechtsinstitute. Je überzeugender sie in die Tat umgesetzt werden, desto größer wird die Gewähr dafür sein, daß sich die Bevölkerung mit „ihrem" Sozialleistungssystem identifiziert. Das wiederum ist Voraussetzung dafür, daß unser System der sozialen Sicherung sowie unsere gesamte freiheitlich-demokratische Ordnung langfristig Bestand behalten[54].

b) Einzelne Sozialleistungen und zuständige Leistungsträger

Die Vorschriften des zweiten Titels (Einzelne Sozialleistungen und zuständige Leistungsträger) stehen mit den §§ 13–15 AT-SGB in engem Zusammenhang und sollen wie diese dazu beitragen, jedem Bürger eine möglichst genaue Kenntnis des Sozialleistungssystems und der in Betracht kommenden Sozialleistungsansprüche zu verschaffen. Dabei ist zu beachten, daß die Einweisungsvorschriften der §§ 18 ff. AT-SGB nicht abschließenden Charakter haben[55]. Sie sollen einen Überblick über die wichtigsten im SGB geregelten Sozialleistungen sowie über die dafür zuständigen Leistungsträger gewähren. Der einzelne soll in den Stand gesetzt werden, bedeutsame, ihn betreffende oder interessierende Regelungen im Gesetz aufzufinden bzw. selbst den Leistungsträger ausfindig zu machen, der für seine Anliegen in Frage kommt; welcher Leistungsträger im konkreten Fall zuständig ist, ergibt sich jeweils aus Abs. II der §§ 18 ff. AT-SGB. Die Einweisungsvorschrift des § 29 AT-SGB über Leistungen zur Eingliederung Behinderter schließlich – vergleichbar dem sozialen Recht Behinderter auf Eingliederung in die Gemeinschaft (§ 10 AT-SGB) – soll die in den §§ 19 bis 24 und 28 AT-SGB gegebenen Hinweise auf Rehabilitationsleistungen noch konkretisieren[56].

3. Gemeinsame Vorschriften für alle Sozialleistungsbereiche

Auf die Vorschriften, die für alle Sozialleistungsbereiche gelten und im dritten Abschnitt des AT-SGB Platz gefunden haben, ist im vorliegenden Zusammenhang nur schwerpunktmäßig einzugehen. Von besonderer Bedeutung sind: a) der Vorbehalt des Gesetzes; b) die Handlungsfähigkeit; c) die vorläufigen Leistungen; d) die Verzinsung; e) die Pfändung, Übertragung, Verpfändung, Aufrechnung und Verrechnung; f) die Sonderrechtsnachfolge und Vererbung; g) die Mitwirkung des Leistungsberechtigten; h) die Geheimhaltung der Leistungsträger.

[54] Weitere Einzelheiten: *Brackmann,* BKK 1976, 301 ff.; *Rohrlach,* AngV 1976, 301 ff.

[55] *Haines,* BKK 1976, 2 (7).

[56] *Hauck/Haines,* Kommentar, §§ 18 bis 29 Rdnr. 3.

a) Vorbehalt des Gesetzes

Literatur

Jesch, Gesetz und Verwaltung, 1961
Friauf, Zur Rolle der Grundrechte im Interventions- und Leistungsstaat, DVBl. 1971, 674 ff.
Krebs, Vorbehalt des Gesetzes und Grundrechte, 1975
Rupp, Die „Verwaltungsvorschriften" im grundgesetzlichen Normensystem, JuS 1975, 609 ff.
Henke, Gedanken zum Vorbehalt des Gesetzes – Ein Beitrag aus sozialrechtlicher Sicht –, AöR 101 (1976), 576 ff.
Henke, Zur Bedeutung des Gesetzesvorbehalts nach § 31 AT-SGB, DÖV 1977, 47 ff.
Schenke, Gesetzesvorbehalt und Pressesubvention, Der Staat 15 (1976), 553 ff.

„Rechte und Pflichten in den Sozialleistungsbereichen dieses Gesetzbuchs dürfen nur begründet, festgestellt, geändert oder aufgehoben werden", heißt es in § 31 AT-SGB, „soweit ein Gesetz es vorschreibt oder zuläßt". Eine erschöpfende Aussage zu dieser für das Sozialrecht fundamentalen Bestimmung ist hier nicht möglich. Hingewiesen sei jedoch auf folgendes:

Die Vorschrift des § 31 AT-SGB stellt der Eingriffsermächtigung die Leistungsermächtigung gleich. Um auf dem Gebiet des Sozialrechts – sei es eingreifend, sei es leistend – den individuellen Rechtskreis regeln zu können, bedürfen der Staat und seine Institution also eines Gesetzes im formellen Sinn; dabei braucht es sich nicht um ein sozialrechtliches Gesetz zu handeln; ausreichend sind die Gesetze anderer Rechtsmaterien[57].

Mit der Gleichstellung von Leistungs- und Eingriffsermächtigung in § 31 AT-SGB wurden keine neuen verfassungsrechtlichen Grundsätze geschaffen. Andererseits trägt § 31 AT-SGB jedoch der zunehmenden Erkenntnis Rechnung, daß die Beteiligung an staatlichen Leistungen notwendige Voraussetzung für die Verwirklichung von Grundrechten ist[58] und deshalb für die Leistungsermächtigung nicht grundsätzlich andere Maßstäbe gelten dürfen als für die Eingriffsermächtigung. In dieser Gleichsetzung liegt ein rechtspolitischer Schwerpunkt, dem Ausstrahlungskraft auf weitere Gebiete zukommen könnte[59].

Durch den in § 31 AT-SGB verankerten Vorbehalt des Gesetzes hat der Gesetzgeber den an Bedeutung wohl noch zunehmenden Bereich des Sozialrechts[60] für die Zukunft an sich gebunden und gleichzeitig einer zu großzügigen Bewegungsfreiheit von Verwaltung wie Rechtsprechung ei-

[57] BT-Drucks. 7/868, S. 27 (§ 31).
[58] BVerfG, NJW 1976, 34.
[59] *Henke,* DÖV 1977, 41 ff.
[60] Schon im Jahre 1975 entfielen bei einem Bruttosozialprodukt von 1,04 Billionen

nen Riegel vorgeschoben. In dieser Bindung von Macht auf einem der künftig wichtigsten Gebiete liegt eine bedeutsame, wenn nicht überhaupt die bedeutsamste rechtspolitische Aussage des § 31 AT-SGB. In anderen Funktionsbereichen mögen Rechtsprechung und vollziehende Gewalt, vor allem die Regierung gegenüber der Legislative an Boden gewonnen haben; in bezug auf das System der Sozialleistungen hat eine Gewichtsverlagerung zugunsten der Legislative stattgefunden.

Der in § 31 AT-SGB niedergelegte Gesetzesvorbehalt steht in Einklang mit der jüngsten Rechtsprechung des BVerfG, die eine Neigung zur Anerkennung eines von der Verfassung vorausgesetzten Allgemeinvorbehalts erkennen läßt[61]. Danach liefern die grundrechtlichen Regelungsvorbehalte, die sich – nachdem die Beteiligung des einzelnen an staatlichen Leistungen als notwendige Voraussetzung für die Verwirklichung der Grundrechte anerkannt ist – zu allgemeinen grundrechtsbezogenen Gesetzesvorbehalten erweiterten[62], nicht Argumente gegen, sondern „konkretisierende, weiterführende Anhaltspunkte" für die Anerkennung eines Allgemeinvorbehalts. Schließt man sich dieser Auffassung an, so stehen allgemeiner und grundrechtlicher Vorbehalt zueinander in einer Art Stufenverhältnis[63]. Die verfassungsrechtliche Verantwortung des Gesetzgebers setzt – bei eingreifender wie bei leistungsgewährender Verwaltung im herkömmlichen Sinn – ein, sobald es um Entscheidungen grundsätzlicher Fragen geht. In dem Maß, wie grundrechtlich zu schützende Positionen ins Blickfeld rücken, verringert sich der Spielraum der Verwaltung, und die Verantwortung des Gesetzgebers zu eigenständiger und umfassender Regelung nimmt zu. Vor allem die Grenzen der Grundrechte wie die Zuerkennung von Leistungs- und Förderungsansprüchen dem Grunde nach sind regelmäßig durch den Gesetzgeber zu bestimmen.

Anerkennung eines abgestuft zu handhabenden Gesetzesvorbehalts verurteilt die Verwaltung nicht – wie vielfach befürchtet – zur Untätigkeit. Wie sich an Beispielen gerade aus dem Sozialrecht nachweisen läßt, verbleiben der Verwaltung zu Form und Maß der zu lösenden Ordnungsaufgaben (Frage des „Wie") weitgehende Befugnisse. Daß bei grundlegenden Entscheidungen die Frage des „Ob" verstärkt in die Hände des Gesetzgebers gelegt wird, entspricht dem Grundsatz der Gewaltengliederung, wonach die Gesetzgebung „anleitende", die Verwaltung „angeleitete" Funktionen ausübt.

DM auf soziale Leistungen knapp 335 Milliarden DM. Vgl. Sozialbericht 1976.

61 BVerfG, NJW 1976, 34.

62 *Rupp*, JuS 1975, 609 (616). Vgl. auch *Krebs*, Vorbehalt des Gesetzes und Grundrechte, 1975.

63 Vgl. dazu *Erichsen*, VerwArch. 67 (1976) 93 ff.

Mit Anerkennung eines abgestuft zu handhabenden Vorbehalts des Gesetzes vollzieht sich eine Problemverlagerung: Wie in entsprechenden Vorschriften des Sozialrechts, insbesondere denen über die Mitwirkung des Leistungsberechtigten (§§ 60 ff. AT-SGB) deutlich wird, geht es heute nicht mehr in erster Linie um Ausdehnung des Gesetzesvorbehalts auf den Bereich der Leistungsverwaltung. Wichtiger ist die Frage, wie Rechte und verstärkt herauszuarbeitende Pflichten des einzelnen gegenüber der Gemeinschaft in ein ausgewogenes Verhältnis gebracht und funktionsgerecht abgesteckt werden können[64].

b) Handlungsfähigkeit

Zu den Grundsatznormen, die die Stellung des einzelnen im Sozialrecht bestimmen, gehört die Regelung, von welchem Alter an der einzelne ohne Mitwirkung seines gesetzlichen Vertreters Sozialleistungen in Anspruch nehmen kann. Der Gesetzgeber hat sich dafür entschieden, daß ein Minderjähriger Anträge auf Sozialleistungen mit Vollendung des 15. Lebensjahres stellen kann. Das ist sinnvoll, weil Minderjährige vielfach in diesem Lebensalter in das Arbeitsleben eintreten und die damit zusammenhängenden sozialrechtlichen Pflichten zu erfüllen haben (Beiträge zur Kranken-, Renten-, Arbeitslosenversicherung).

In § 36 II AT-SGB wird klargestellt, daß für den Minderjährigen sein gesetzlicher Vertreter handeln kann oder muß, wenn er das für angebracht oder notwendig hält; um dem gesetzlichen Vertreter ein Eingreifen zu ermöglichen, verpflichtet § 36 I 2 AT-SGB den Leistungsträger zur Unterrichtung, soweit diese nach Lage der Dinge möglich ist. Teilt der gesetzliche Vertreter dem Leistungsträger mit, in welcher Weise er die Befugnisse des Minderjährigen eingeschränkt sehen möchte, hat sich der Leistungsträger vom Eingang der Mitteilung an danach zu richten. Will der Minderjährige einen Antrag zurücknehmen, bedarf dies immer der Zustimmung des gesetzlichen Vertreters, um Nachteile, die für den Minderjährigen durch einen eventuellen Fristablauf entstehen können, nach Möglichkeit zu vermeiden; entsprechendes gilt für den Verzicht auf Sozialleistungen – auch im Zusammenhang mit Kapitalabfindungen – und für die Entgegennahme von Darlehen[65].

c) Vorläufige Leistungen

Literatur

Barnewitz, Der Begriff des Vorschusses, SozVers. 1963, 297 ff.
Schellhorn, Vorschüsse und vorläufige Leistungen nach dem Entwurf eines AT-SGB, BlStSozArbR 1974, 321 ff.

[64] *Bley,* ZSR 1976, 69 ff.; *Henke,* DÖV 1977, 41 ff.
[65] BT-Drucks. 7/868, S. 28 (§ 36).

Die Bestimmung des § 43 AT-SGB gehört zu den Regelungen, die dazu beitragen sollen, die Nachteile auszugleichen, die sich aus der institutionellen Gliederung für den einzelnen ergeben können: Wenn der Anspruch eines Leistungsberechtigten auf eine bestimmte Sozialleistung feststeht und lediglich ungeklärt ist, gegen welchen Leistungsträger er sich richtet, hat von den Leistungsträgern, deren Zuständigkeit in Betracht kommt, der zuerst angegangene vorläufige Leistungen zu erbringen (auch Dienst- und Sachleistungen).

Leistet eine andere Stelle der Sozialverwaltung als jene, die sich nach Klärung von Zweifelsfragen als zuständig herausstellt, so ist vom Gesetzgeber vorgesehen, daß die Abwicklung soweit wie möglich nur zwischen den beteiligten Leistungsträgern vorgenommen wird, wobei nach den für den vorleistenden Leistungsträger geltenden Rechtsvorschriften zu beurteilen ist, ob und in welchem Umfang ein Erstattungsanspruch besteht (§ 43 III AT-SGB). Der Leistungsempfänger soll nur dann in Anspruch genommen werden, wenn er höhere als die ihm zustehenden Leistungen erhalten hat. Ein evtl. Erstattungsanspruch steht nur dem zur Leistung verpflichteten Leistungsträger gegen den Empfänger zu (§ 43 II AT-SGB). Das ist sinnvoll, weil er die Gründe für eine Erstattung besser beurteilen kann als die vorleistende Stelle[66].

d) Verzinsung

Literatur

Burdenski, Verzinsung von rückständigen Leistungen im Sozialrecht, Problemstellung und Neuregelung: § 44 SGB-AT, BlStSozArbR 1975, 365 ff.
Mehrtens, Die Fälligkeit eines Anspruchs auf Rentenleistung und seine Verzinsung nach der Neuregelung im Sozialgesetzbuch, BG 1976, 357 ff.
Wolber, Zur Verzinsung von Geldleistungen nach dem AT-SGB, SozVers. 1976, 174 ff.

Da bei Vorliegen der gesetzlichen Voraussetzungen Anspruch auf entsprechende Sozialleistungen besteht, ist es auch gerechtfertigt, daß § 44 AT-SGB etwaige Nachteile des Leistungsberechtigten mittels Verzinsung auszugleichen versucht. Wegen der besonderen Aufgabe und Funktion von Sozialleistungen hat eine solche Regelung – wie es in der amtlichen Begründung heißt – zwar „keine präjudizielle Wirkung für das Steuerrecht oder andere Bereiche"[67]. Faktisch könnte ihr für andere Bereiche des Verwaltungsrechts gleichwohl schrittmachende Bedeutung zukommen[68].

[66] BT-Drucks. 7/868, S. 30 (§ 43).
[67] BT-Drucks. 7/868, S. 30 (§ 44).
[68] *Wertenbruch,* Sozialverwaltungsrecht, S. 381.

Die Fälligkeit als Ausgangspunkt für eine Verzinsung von Ansprüchen auf Geldleistungen ist gegeben, wenn die Ansprüche sowohl dem Grunde als auch der Höhe nach endgültig feststehen. Muß die Höhe einer Geldleistung – z. B. im Wege einer medizinischen Begutachtung – erst geklärt werden, kann der Berechtigte die Leistung vom Zeitpunkt der – ggf. zurückdatierten – Feststellung der Beeinträchtigung an fordern; von diesem Zeitpunkt an ist der Anspruch konkretisiert und somit fällig.

Durch frühzeitig gezahlte und der Höhe nach richtig geschätzte Vorschüsse kann die Pflicht zur Verzinsung eingegrenzt werden. Die Leistungsträger sollten deshalb von dem ihnen in § 42 I 1 AT-SGB eingeräumten Entschließungsermessen umfassend Gebrauch machen[69].

e) Pfändung, Übertragung, Verpfändung, Aufrechnung, Verrechnung

Literatur

Hauck/Haines, Kommentar, §§ 51 ff.
Ricke, Aufrechnung im Sozialversicherungsrecht und Erbgang, SozVers. 1968, 321 ff.
Casselmann, Abtretung, Verpfändung und Pfändung sozialversicherungsrechtlicher Ansprüche im Entwurf des Allgemeinen Teils eines Sozialgesetzbuches, DRV 1972, 19 ff.
Quedenfeld, Grenzen des Pfändungsschutzes bei der Kontenpfändung, ArbuSozR 1973, 668.
Darleder, Sozialer Rückschritt beim Pfändungsschutz für Arbeitseinkommen infolge bargeldloser Zahlung?, AuR 1975, 75 ff.
Harbeck, Pfändung, Übertragung, Verpfändung, Aufrechnung und Verrechnung von Sozialleistungsansprüchen nach dem Entwurf eines AT-SGB, BlStSozArbR 1975, 215 ff., 375 ff.
Liesecke, Das Bankguthaben in Gesetzgebung und Rechtsprechung, WM 1975, 317
Stöber, Forderungspfändung, 4. Aufl., 1975
Ostermann, Die Pfändung von Sozialleistungen, BlStSozArbR 1976, 215 ff.
Strässer, Die Auszahlung von Geldleistungen, die Übertragung, Verpfändung und Pfändung der Ansprüche auf Geldleistungen nach den §§ 48–50, 53–55 AT-SGB im Recht der Kriegsopferversorgung, ZfS 1976, 135 ff., 165 ff.
Schreiber, Die Pfändung von Sozialleistungsansprüchen, NJW 1977, 279 ff.

aa) Vor Inkrafttreten des AT-SGB waren Ansprüche auf Sozialleistungen schlechthin unpfändbar. Da heute auf Sozialleistungen ein Anspruch besteht (§ 38 AT-SGB) und die Sozialleistungen in ihrer Höhe mehr als das Existenzminimum abdecken, hat der AT-SGB das früher bestehende generelle Pfändungsverbot aufgelockert. Diese Neuregelung bringt für den Leistungsberechtigten Vorteile mit sich. Während ihm früher eine Darlehens-

[69] *Wolber*, SozVers. 1976, 174 (176).

aufnahme möglicherweise deshalb erschwert war, weil er zur Sicherung der Rückzahlung einen Anspruch auf Sozialleistung nicht abtreten oder verpfänden konnte, hat der AT-SGB Ansprüche auf Sozialleistungen dem Rechtsverkehr weitgehend zugänglich gemacht.

Das trifft allerdings nur auf Geldleistungen zu (§ 11 AT-SGB). Ansprüche auf Dienst- und Sachleistungen sind der Pfändung nicht unterworfen (§ 54 I AT-SGB). Das ist von der Sache her gerechtfertigt, weil sozialrechtliche Dienst- und Sachleistungen auf die persönlichen Bedürfnisse des Leistungsberechtigten zugeschnitten sind und ihren Zweck verlieren würden, wenn sie an Dritte erbracht würden.

Bei der Pfändung von Geldleistungen ist zwischen einmaligen und laufenden Geldleistungen zu unterscheiden (§ 54 II, III AT-SGB). Wie diese beiden Arten von Geldleistungen abzugrenzen sind, ist noch ungeklärt. Die überwiegende Meinung stellt auf den Auszahlungsmodus ab. Danach stellt eine Rentenabfindung eine einmalige Geldleistung dar. Gegen dies Ergebnis bestehen Bedenken. Überzeugender ist es, auf den *Rechtsgrund* der Geldleistung abzustellen. Das entspricht nicht nur der zu den entsprechenden Vorschriften der ZPO vordringenden Auffassung, sondern führt auch zu klareren Ergebnissen ohne Möglichkeit der „Beeinflussung". Nach der hier vertretenen Auffassung ist eine Rentenabfindung daher eine „laufende" Geldleistung. Das Abstellen auf den Rechtsgrund ist nicht ohne rechtliche Bedeutung:

Die Pfändung von Ansprüchen auf einmalige Geldleistungen richtet sich nach § 54 II AT-SGB: Die Pfändung muß vor allem der Billigkeit entsprechen. Dabei sind die Einkommens- und Vermögensverhältnisse des Leistungsberechtigten, die Art des beizutreibenden Anspruchs sowie die Höhe und Zweckbestimmung der Leistung zu berücksichtigen. Andererseits sind die Verhältnisse des Gläubigers mit in Betracht zu ziehen. So wird es häufig zu einer Abwägung zwischen dem Interesse des Gläubigers an der Beitreibung seines Anspruchs einerseits und dem Interesse des Schuldners an der ungekürzten Gewährung der Sozialleistung andererseits kommen. Die Pfändung von Sterbegeld etwa wird man als unbillig ansehen müssen, wenn dadurch die Bestreitung der Bestattungskosten gefährdet würde[70].

Ansprüche auf laufende Geldleistungen können nach § 54 III AT-SGB unter folgenden Voraussetzungen gepfändet werden:

— Es sind die Pfändungsbeschränkungen zu beachten, die für Arbeitseinkommen gelten

Der Hinweis auf die für Arbeitseinkommen geltenden Pfändungsvorschriften bedeutet u. a., daß die Pfändungsgrenzen nach § 850 c ZPO zu beachten sind (Pfändungstabellen). Die Vorschrift des § 850 f ZPO

[70] *Ostermann*, BlStSozArbR 1976, 215.

sieht darüber hinaus vor, daß das Vollstreckungsgericht den unpfändbaren Betrag in Ausnahmefällen anders festsetzen kann, z. B. wegen besonderer Bedürfnisse des Schuldners. Da durch die Berücksichtigung des notwendigen Lebensunterhalts i. S. d. Sozialhilfe weitgehend derselbe Effekt erreicht wird, dürfte § 850 f ZPO in der Praxis keine große Bedeutung gewinnen.

In zahlreichen Fällen erhält ein Leistungsberechtigter – neben dem Arbeitseinkommen – mehrere Sozialleistungen, z. B. Kindergeld und Wohngeld. In solchen Fällen hat das Vollstreckungsgericht auf Antrag des Gläubigers das Arbeitseinkommen und die Ansprüche auf Sozialleistungen zusammenzurechnen (§ 850 e Nr. 2 ZPO). Dabei ist der unpfändbare Grundbetrag (§ 850 c I ZPO) bei dem Einkommen zu berücksichtigen, das die wesentliche Grundlage der Lebenshaltung des Schuldners bildet.

— Die Pfändung muß der Billigkeit entsprechen

Die Frage der Billigkeit ist nach denselben Gesichtspunkten zu prüfen wie bei einmaligen Geldleistungen.

— Der Leistungsberechtigte darf nicht hilfsbedürftig i. S. d. Vorschriften des BSHG über die Hilfe zum Lebensunterhalt werden.

Das Einkommen eines Sozialleistungsberechtigten kann sich durch eine Pfändung so verringern, daß er seinen notwendigen Lebensunterhalt nicht mehr decken kann und deshalb Sozialhilfe in Anspruch nehmen muß; der Gläubiger würde sich auf Kosten des zuständigen Sozialhilfeträgers und damit auf Kosten der Gemeinschaft befriedigen. Der Gesetzgeber beugt dem zu Recht dadurch vor, daß er bestimmt, daß der Leistungsberechtigte nicht hilfsbedürftig i. S. d. BSHG über die Hilfe zum Lebensunterhalt wird.

Für die Pfändung laufender Geldleistungen wegen gesetzlicher Unterhaltsansprüche gelten weniger harte Anforderungen. Sie können – ohne weitere Voraussetzungen – wie Arbeitseinkommen gepfändet werden. Das bedeutet, daß der unpfändbare Betrag abweichend von der Pfändungstabelle festgesetzt werden kann (§ 850 d ZPO). Die Prüfung sowohl der Billigkeit wie der Nichtbedürftigkeit i. S. d. Vorschriften des BSHG über die Hilfe zum Lebensunterhalt entfällt. Dem Gesichtspunkt der Sicherung des notwendigen Lebensunterhalts wird dadurch Rechnung getragen, daß nach § 850 d I 2 ZPO dem Schuldner so viel zu belassen ist, als er für seinen notwendigen Lebensunterhalt und zur Erfüllung seiner laufenden gesetzlichen Unterhaltspflichten gegenüber dem Gläubiger vorgehenden Berechtigten oder zur gleichmäßigen Befriedigung der dem Gläubiger gleichstehenden Berechtigten bedarf[71].

[71] *Ostermann*, BlStSozArbR 1976, 215 (216) mit praktischen Beispielen.

Zum Schutz des Leistungsberechtigten ist in § 55 I AT-SGB festgelegt, daß bei der Überweisung von Sozialleistungen an ein Geldinstitut die Gutschrift für die Dauer von 7 Tagen nicht pfändbar ist. Eine Pfändung des Guthabens erfaßt während dieses Zeitraumes nicht die Forderung auf die überwiesene Sozialleistung. Nach § 55 II AT-SGB ist das Geldinstitut dem Leistungsberechtigten innerhalb der 7 Tage-Frist verpflichtet, das nicht pfändbare Guthaben auszuzahlen, wenn jener nachweist oder dem Geldinstitut bekannt ist, daß dieses Guthaben von der Pfändung aufgrund des § 55 I AT-SGB nicht erfaßt ist. In § 55 III AT-SGB ist sichergestellt, daß Leistungen, die das Geldinstitut innerhalb jener Frist von dem unpfändbaren Guthaben an Gläubiger bewirkt, dem Leistungsberechtigten gegenüber – selbst im Fall einer Hinterlegung – unwirksam sind. In § 55 IV AT-SGB schließlich ist geregelt, daß bei laufenden Geldleistungen die in § 55 I AT-SGB genannten Forderungen nach Ablauf von 7 Tagen nach der Gutschrift sowie Bargeld der Pfändung insoweit nicht unterworfen sind, als ihr Betrag dem unpfändbaren Teil der Leistung für die Zeit von der Pfändung bis zum nächsten Zahlungstermin entspricht.

bb) Ebensowenig wie Ansprüche auf Dienst- und Sachleistungen gepfändet werden können, können sie übertragen oder verpfändet werden (§ 53 I AT-SGB). Anderes wiederum gilt für Geldleistungen (§ 53 II, III AT-SGB). Der Gesetzgeber versucht, auch hier eine differenzierte Lösung zu treffen, die einerseits den notwendigen sozialen Schutz des Leistungsberechtigten, andererseits den Rechtsverkehr hinsichtlich dieser Sozialleistungen, auf die ein Anspruch besteht, nicht über Gebühr berührt. Die Vorschrift des § 53 II AT-SGB legt fest, daß Ansprüche auf Geldleistungen übertragen und verpfändet werden können,

— wenn sie zur Erfüllung oder zur Sicherung von Ansprüchen auf Rückzahlung von Darlehen und auf Erstattung von Aufwendungen, die im Vorgriff auf fällig gewordene Sozialleistungen zu einer angemessenen Lebensführung gegeben oder gemacht worden sind, verwendet werden, oder
— wenn der zuständige Leistungsträger feststellt, daß die Übertragung oder Verpfändung im wohlverstandenen Interesse des Berechtigten liegt.

Die Vorschrift des § 53 III AT-SGB stellt klar, daß Ansprüche auf laufende Geldleistungen, die zur Sicherung des Lebensunterhalts bestimmt sind, auch in anderen als den in § 53 II AT-SGB genannten Fällen übertragen oder verpfändet werden können, soweit sie den für Arbeitseinkommen geltenden unpfändbaren Betrag übersteigen. Zum Schutz des Leistungsberechtigten sind demnach zur Erfüllung und Sicherung gesetzlicher Unterhaltsansprüche die in § 850 d ZPO und im übrigen die in § 850 c ZPO aufgeführten Grenzen einzuhalten[72].

cc) Voraussetzungen für eine Aufrechnung sind, wie im bürgerlichen Recht: Gleichartigkeit, Gegenseitigkeit (Identität der beiderseitigen Gläubiger und Schuldner) und Fälligkeit. Gleichartigkeit liegt nicht bei Aufrechnung von Sachleistungsansprüchen gegen Geldansprüche vor. Gegenseitigkeit bedeutet: Ein Leistungsträger darf nur mit solchen Forderungen aufrechnen, die ihm unmittelbar zustehen. Danach könnte eine Krankenkasse als Einzugsstelle nicht – auch nicht im Rahmen der Pfändungsgrenzen – mit einer Forderung auf Beiträge zur Kranken-, Arbeitslosen- und Rentenversicherung gegen Krankengeld aufrechnen, das einem ehemaligen Arbeitgeber zusteht[73]. Ferner wäre es unzulässig, daß sich ein Sozialleistungsträger die Forderung eines anderen Trägers abtreten läßt, um durch Aufrechnung eine Begleichung einer sonst nicht eintreibbaren Forderung zu erreichen. Da nicht von einer Einheit der Krankenkassen oder der Rentenversicherungsträger gesprochen werden kann, könnte schließlich die Bundesanstalt für Angestellte nicht mit einer Forderung der LVA und eine AOK nicht mit der Forderung einer Ersatzkasse aufrechnen[74].

dd) Dieses für die Aufrechnung an sich unverzichtbare Erfordernis der Gegenseitigkeit wird durch das in den AT-SGB neu aufgenommene Rechtsinstitut der Verrechnung aufgehoben (§ 52 AT-SGB). Die Einführung der Möglichkeit der Verrechnung beruht auf der Erwägung, daß im Sozialrecht angesichts der einheitlichen Zielsetzung aller Sozialleistungen, der Verpflichtung aller Sozialleistungsträger zu enger Zusammenarbeit und des Strebens nach Verwaltungsvereinfachung auf das Moment der Gegenseitigkeit verzichtet werden kann. Gegenseitigkeit im Rahmen von Aufrechnung wird im Sozialrecht also ersetzt durch „Ermächtigung zur Verrechnung". Der ermächtigende Leistungsträger erhält gegen den verrechnenden Leistungsträger in Höhe des verrechneten Betrages einen Erstattungsanspruch[75]. Bedenken gegen das Rechtsinstitut der Verrechnung ergeben sich insoweit, als damit der normalerweise überschaubare und sachlich begrenzte Kreis der miteinander aufrechenbaren Forderungen verlassen wird. Auf der anderen Seite hält sich das Rechtsinstitut der Verrech-

[72] BT-Drucks. 7/868, S. 32 (§ 53); BR-Drucks. 305/72, S. 27.

[73] BSGE 15, 36; *Brackmann*, Handbuch, S. 446; *Harbeck*, BlStSozArbR 1975, 215 (217).

[74] Eine Ausnahme ist jedoch insoweit zu machen, als alle LVAen als Einheit anzusehen sind und deshalb etwa die LVA Freie und Hansestadt Hamburg gegenüber einem Rentenbezieher mit einer Forderung der LVA Oberbayern aufrechnen könnte. BSG, SozR RVO § 1299 Nr. 12 Bl. A a 15.

[75] BT-Drucks. 7/868, S. 32 (§ 52).

nung jedoch – indem es die Grenzen der Aufrechnung übernimmt – im Rahmen des Zumutbaren.

ee) Insgesamt tragen die Rechtsinstitute der Pfändung, Übertragung, Verpfändung, Aufrechnung und Verrechnung zu einer positiven Weiterentwicklung in Richtung auf ein in sich ausgewogenes Sozialrecht bei. Da für viele Entscheidungen eine Abwägung gegenläufiger Interessen von Gläubiger und Schuldner (Leistungsberechtigtem) vorzunehmen ist, werden sie für die Praxis allerdings erhebliche Mehrarbeit mit sich bringen. Auch die Gerichte werden sich verstärkt mit diesen Rechtsinstituten befassen müssen. Wie bei kaum einer anderen sozialrechtlichen Materie zeigt sich hier, wie sehr es im Interesse einer einheitlichen Handhabung wünschenswert wäre, daß die Streitigkeiten über alle Sozialleistungsansprüche in die Zuständigkeit der Sozialgerichtsbarkeit fallen[76].

f) Sonderrechtsnachfolge und Vererbung

Literatur

Bültmann, Rechtsnachfolge in sozialrechtliche Ansprüche, Schriften zum Öffentlichen Recht, Band 164, 1971
v. Maydell, Die Regelung der Rechtsnachfolge im AT-SGB, BlStSozArbR 1975, 371 ff.

Während bei Dienst- und Sachleistungen wegen ihres persönlichen Charakters eine Rechtsnachfolge in Ansprüche verstorbener Berechtigter nicht sinnvoll ist, gilt für Geldleistungen: Ansprüche des Leistungsberechtigten, die im Zeitpunkt seines Todes bestehen und noch nicht erfüllt sind, gehen nicht unter. Das gilt jedoch nur insoweit, als die Leistungen bereits festgestellt oder vom Berechtigten beantragt worden sind oder das Feststellungsverfahren zu Lebzeiten des Berechtigten von Amts wegen eingeleitet worden ist (§ 59 AT-SGB). Diese Einschränkung rechtfertigt sich, wie es in der amtlichen Begründung heißt, „aus rechtssystematischen und verwaltungspraktischen Gründen"[77].

Werden Ansprüche auf laufende Geldleistungen nicht rechtzeitig erfüllt[78], beschränkt das in der Regel die Lebensführung nicht nur des Leistungsberechtigten, sondern aller Familienangehörigen, die mit ihm in einem gemeinsamen Haushalt leben. Um die dadurch entstandene Benachteiligung auszugleichen, sieht § 56 AT-SGB in Abweichung vom Erbrecht, aber in Übereinstimmung mit dem Grundgesetz (Art. 14 I 2 GG) und der

[76] *Harbeck*, BlStSozArbR 1975, 215 (218).
[77] BT-Drucks. 7/868, S. 33 (§§ 56 bis 59).
[78] Auch hier zeigt sich, daß es sinnvoll ist, die Frage der einmaligen oder laufenden Geldleistungen nicht vom Auszahlungsmodus, sondern vom Rechtsgrund abhängig zu machen.

Funktion der Sozialleistungen eine Sonderrechtsnachfolge vor. Berechtigt zur Geltendmachung der Leistungen sind nacheinander der Ehegatte, die Kinder und die Eltern des Verstorbenen, wenn sie mit ihm zur Zeit seines Todes in einem gemeinsamen Haushalt gelebt haben oder von ihm wesentlich unterhalten worden sind. Verzicht und Haftung des Sonderrechtsnachfolgers sind in § 57 AT-SGB geregelt.

Ist kein Sonderrechtsnachfolger vorhanden oder handelt es sich um andere als laufende Geldleistungen, richtet sich die Rechtsnachfolge nach dem Erbrecht (§ 58 AT-SGB). Jedoch kann der Fiskus als Erbe Ansprüche nicht geltend machen. Auch diese Regelung ist sinnvoll, weil dadurch Zahlungen zwischen verschiedenen öffentlichen Haushalten vermieden werden[79].

g) Mitwirkung des Leistungsberechtigten

Literatur

Haueisen, Untersuchungsgrundsatz und Mitwirkungspflicht der Beteiligten, NJW 1966, 764 f.
Schlegel, Das Problem der Zumutbarkeit im Sozialrecht, SozSich. 1969, 291 ff.
Burdenski, Mitwirkungspflichten des Leistungsberechtigten und Geheimhaltung – zum Entwurf eines AT-SGB (I), BlStSozArbR 1974, 273 ff.
Dickmann, Mitwirkungspflichten des Leistungsberechtigten im Entwurf des AT-SGB, SGb 1975, 168 ff.
Brackmann, Die Mitwirkung des Leistungsberechtigten nach dem AT-SGB, DOK 1976, 794 ff.
Henke, Mitwirkung des Leistungsberechtigten und Geheimhaltung der Leistungsträger nach dem AT-SGB, VSSR 4 (1976), 41 ff.
Schroeter, Grundsätze des Leistungsrechts und Mitwirkung des Leistungsberechtigten im AT-SGB, DRV 1976, 23 ff.

In der Vergangenheit wurden die *Rechte* des einzelnen stark hervorgehoben. Ein Musterbeispiel dafür liefert das Grundgesetz; dem darin herausgestellten Grundrechtskatalog steht kein entsprechender Katalog von Grundpflichten gegenüber[80]. Daß ein Gemeinwesen, soll es funktionsfähig sein, ohne ausgeprägte Pflichten des einzelnen gegenüber der Allgemeinheit nicht auskommt, wird mehr und mehr empfunden. Dieser Tendenz trägt der AT-SGB Rechnung. Er stellt den im ersten Abschnitt niedergelegten sozialen Rechten (§§ 2 ff. AT-SGB) im dritten Titel des dritten Abschnitts die „Mitwirkung des Leistungsberechtigten" gegenüber (§§ 60 ff. AT-SGB).

[79] BT-Drucks. 7/868, S. 33 (§§ 56–59).
[80] Anders insoweit Art. 109 ff. WRV. Vgl. auch §§ 35 ff. BRRG, 52 ff. BBG, 55 ff. LBG NW einerseits und §§ 48 ff. BRRG, 79 ff. BBG, 85 ff. LBG NW andererseits.

Im einzelnen kennt der AT-SGB 6 Arten von Mitwirkungspflichten: die Pflicht zur Angabe aller entscheidungserheblichen Tatsachen, Tatsachenänderungen und Beweismittel (§ 60 I AT-SGB); die Pflicht zur Benutzung vorgesehener Vordrucke (§ 60 II AT-SGB); die Pflicht zum persönlichen Erscheinen, soweit das zur Entscheidung über die Sozialleistungen notwendig ist (§ 61 AT-SGB); die Pflicht zur Duldung von Untersuchungen, wenn entscheidungserhebliche Tatsachen nicht in anderer Weise, etwa durch ärztliche Atteste geklärt werden können (§ 62 AT-SGB); die Pflicht zu erfolgversprechender Heilbehandlung (§ 63 AT-SGB) sowie die Pflicht zur Teilnahme an berufsfördernden Maßnahmen (§ 64 AT-SGB). Aus dem Vorbehalt des Gesetzes (§ 31 AT-SGB) ergibt sich, daß diese Mitwirkungspflichten abschließenden Charakter haben. Weitere Pflichten können dem einzelnen nur auferlegt werden, wenn die Leistungsträger dazu vom Gesetzgeber formell legitimiert werden.

Neben diesen 6 Arten lassen sich 2 Formen von Mitwirkungspflichten unterscheiden: Die „Hat"-Bestimmung des § 60 I AT-SGB und die 5 „Soll"-Bestimmungen der §§ 60 II, 61–64 AT-SGB. Die Verwendung der Begriffe „Hat" und „Soll" könnte darauf hindeuten, daß der Gesetzgeber für den Fall der Nichtbefolgung der beiden Formen von Pflichten unterschiedliche Rechtsfolgen bereithält. Das trifft jedoch nicht zu. Wer den Mitwirkungspflichten nach den §§ 60–64 AT-SGB nicht nachkommt, hat – unter bestimmten weiteren Voraussetzungen – damit zu rechnen, daß ihm die Leistung ganz oder teilweise versagt oder entzogen wird, ohne Rücksicht darauf, um welche Form von Mitwirkungspflicht es sich handelt. Allerdings muß der Leistungsberechtigte auf diese Folge schriftlich hingewiesen worden sein (§ 66 III AT-SGB). Nach der amtlichen Begründung will die unterschiedliche Formulierung „Hat" und „Soll" deutlich machen, daß die Pflichten zum persönlichen Erscheinen, zu Untersuchungen, zur Heilbehandlung sowie zur Teilnahme an berufsfördernden Maßnahmen nicht „erzwungen" werden können[81]. Ob daraus der Umkehrschluß gezogen werden kann, die Pflicht zur Angabe entscheidungserheblicher Tatsachen, Tatsachenänderungen und Beweismittel sei – etwa im Klageweg – erzwingbar, erscheint allerdings fraglich. Der Leistungsträger hat, wie sich am Rechtscharakter der Mitwirkungspflichten erweist, einen einfacheren und schnelleren Weg, zum Ziel zu kommen als durch Klage.

Allerdings hat sich zum Rechtscharakter der Mitwirkungspflichten des Leistungsberechtigten bislang keine feste Meinung herausgebildet. Dennoch lassen sich bereits folgende Aussagen treffen. Daraus, daß der Gesetzgeber dem Leistungsträger das Recht einräumt, die Leistung „bis zur Nachholung" der Mitwirkung ganz oder teilweise zu versagen oder zu entziehen (§ 66 AT-SGB), läßt sich folgern, daß er mit dem Rechtsinstitut der

[81] BT-Drucks. 7/868, S. 33 (§ 61).

Mitwirkung keine Strafe für Unterlassung verhängen wollte[82]; eher stellte er dem Leistungsträger ein „Beugemittel" zur Verfügung, um ein bestimmtes zukünftiges Verhalten des Leistungsberechtigten herbeizuführen[83]. Weiter läßt sich sagen, daß der Pflicht des Leistungsberechtigten zur Mitwirkung zwar das Recht des Leistungsträgers entspricht, im Fall der Nichterfüllung die Leistung „ganz oder teilweise zu versagen oder zu entziehen" (§ 66 AT-SGB), nicht aber ein Recht im Sinne eines durchsetzbaren Anspruchs. Das trifft auf jeden Fall auf die Rechte des Leistungsträgers zu, die auf „Soll"-Bestimmungen beruhen[84]. Damit sollte kenntlich gemacht werden, daß die Mitwirkungspflichten nicht im Wege der Verwaltungsvollstreckung erzwingbar sind[85]. Man sollte deshalb von einem Zurückbehaltungsrecht[86] oder – besser – von einem Leistungsverweigerungsrecht sprechen. Zweifelhaft kann lediglich sein, ob der Mitwirkungspflicht des Leistungsberechtigten nach § 60 I AT-SGB ein Anspruch des Leistungsträgers auf Angabe von entscheidungserheblichen Tatsachen, Tatsachenänderungen und Beweismitteln gegenübersteht. Auch das wird zu verneinen sein: Hätte der Gesetzgeber dem Leistungsträger insoweit einen einklagbaren Anspruch einräumen wollen, so hätte er das – wenn er schon die Folgen fehlender Mitwirkung regelt – deutlicher zum Ausdruck gebracht. Hinzu kommt, daß der Leistungsträger an der Durchsetzung kein eigenständiges Interesse hat. Durch Leistungsverweigerung kommt er einfacher und schneller zum Ziel als durch Anspruchsverfolgung. Auch läge eine „Überziehung" seiner Betreuungspflicht vor, wollte man ihm abverlangen, Tatsachen, die der Leistungsberechtigte nicht freiwillig angibt, im Wege der Klage herauszufinden, um dann nach einem etwaigen erfolgreichen Gerichts-, gegebenenfalls auch Vollstreckungsverfahren, den nicht mitwirkungswilligen Leistungsberechtigten mit der ihm nun zustehenden Sozialleistung zu „belohnen"[87]. Selbst wenn man der Vorschrift des § 60 I AT-SGB Anspruchscharakter zuerkennen würde, müßte man im Rahmen der Zulässigkeitsprüfung einer Klage wohl das Rechtsschutzbedürfnis verneinen, denn mit Rücksicht auf die Möglichkeit der „Leistungsverweigerung" gäbe es für den Leistungsträger einen einfacheren und schnelleren Weg, um zum Erfolg zu kommen. Trotz gleicher Rechtsfolgen behält die Unterscheidung zwischen der „Hat"-Bestimmung des § 60 I AT-SGB und

[82] *Hauck/Haines,* Kommentar, § 66, Rdnr. 6.
[83] BSG, NJW 1975, 800.
[84] §§ 60 II, 61–64 AT-SGB.
[85] BT-Drucks. 7/868, S. 33 (§ 61); *Wertenbruch,* Sozialverfassung-Sozialverwaltung, S. 95.
[86] *Hauck/Haines,* Kommentar, § 66 Rdnr. 20.
[87] Im Ergebnis ebenso, wenn auch mit anderer Begründung, *v. Maydell,* ErsK 1973, 474 (479).

den „Soll"-Bestimmungen der §§ 60 II, 61 ff. AT-SGB ihren Sinn: Im Fall des § 60 I AT-SGB hat der Antragsteller oder Leistungsberechtigte die erforderlichen Angaben zu machen, auch wenn der Leistungsträger das nicht ausdrücklich verlangt[88]; unterläßt er es, kann Betrug vorliegen (§ 263 StGB)[89]. Für die übrigen Fälle weist der Gesetzgeber durch die Formulierung „Soll" darauf hin, daß der Erfüllung der Pflicht triftige Gründe entgegenstehen können. Zugleich wird dem Leistungsträger durch die unterschiedlichen Wendungen „Hat" und „Soll" vom Gesetzgeber eine Richtlinie für die Handhabung des Leistungsverweigerungsrechts an die Hand gegeben; im Fall der Nichtbefolgung einer „Soll"-Bestimmung müssen weniger harte, im Fall der Nichtbefolgung einer „Hat"-Bestimmung können höhere Maßstäbe für eine Leistungsverweigerung zugrundegelegt werden.

Ob sich die Vorschriften über die Mitwirkungspflichten des Leistungsberechtigten (§§ 60 ff. AT-SGB) bewähren werden, läßt sich abschließend nicht sagen. Feststellen darf man jedoch: Nach Anerkennung eines einheitlichen Gesetzesvorbehalts sowohl für die eingreifende wie die leistungsgewährende Verwaltung (§ 31 AT-SGB) hat sich für den Bereich des Sozialrechts der Weg für neue, fruchtbare Fragestellungen geöffnet. Im Sozialrecht steht nicht mehr die Frage im Mittelpunkt, wie Leistungen und Eingriffe dogmatisch zu rechtfertigen sind. Die Fragestellungen konzentrieren sich vielmehr darauf, wie die im Grundsatz anzuerkennenden Rechte und Pflichten innerhalb eines sozialen Rechtsverhältnisses in eine sinnvolle Relation gebracht, d. h. funktionsgerecht abgesteckt werden können. Es geht darum, im Rahmen der an Bedeutung zunehmenden sozialen Rechtsverhältnisse die Grenzen von Rechten und Pflichten immer neu zu überdenken und zeitgemäß festzulegen. In dem Versuch, zu einem Gleichgewicht zwischen Rechten und Pflichten zu kommen, liegt eine wichtige, vielleicht die bedeutsamste rechtspolitische Aussage der §§ 60 ff. AT-SGB. Mehr vielleicht noch als andere Rechtsinstitute des AT-SGB könnte das Rechtsinstitut der Mitwirkung des Leistungsberechtigten für andere Gebiete des besonderen Verwaltungsrechts Ausstrahlungskraft bekommen.

h) Geheimhaltung der Leistungsträger

Literatur

Burdenski, Mitwirkungspflichten des Leistungsberechtigten und Geheimhaltung – Zum Entwurf eines AT-SGB, BlStSozArbR 1974, 337 ff.
Henke, Mitwirkung des Leistungsberechtigten und Geheimhaltung der Leistungsträger nach dem AT-SGB, VSSR 4 (1976), 41 (52 ff.)
Neumann-Duesberg, Geheimhaltung nach § 35 SGB in der Praxis, BKK 1977, 62 ff.

[88] *Hauck/Haines,* Kommentar, § 60 Rdnr. 11.
[89] *Wertenbruch,* Sozialverfassung-Sozialverwaltung, S. 95.

Zur Verwirklichung des Anspruchs auf Sozialleistungen muß der einzelne den Sozialleistungsträgern in besonderer Weise Geheimnisse anvertrauen. Zum Schutz seines Vertrauens in die Sozialverwaltung muß daher sichergestellt sein, daß die Tatsachen, an deren Geheimhaltung er ein schutzwürdiges Interesse hat, von der Verwaltung nicht unbefugt offenbart werden[90]. Je intensiver nämlich die Mitwirkungspflichten des einzelnen ausgestaltet sind, desto stärker ist auch sein Bedürfnis nach Schutz vor unbefugtem Offenbaren seiner Geheimnisse. Demnach wäre anzunehmen, daß der Gesetzgeber im Einklang mit den Mitwirkungspflichten der §§ 60 bis 65 AT-SGB auch den Geheimnisschutz umfassend geregelt hat. Ob ihm das gelungen ist, erscheint jedoch zweifelhaft.

Während der Gesetzgeber dem Rechtsinstitut der Mitwirkung des Leistungsberechtigten einen eigenen Titel mit 8 Bestimmungen gewidmet hat, hat er auf das Rechtsinstitut der Geheimhaltung eine einzige Bestimmung verwandt, die im ersten Titel des Dritten Abschnitts neben 7 weiteren allgemeinen Grundsatzbestimmungen Platz gefunden hat. Danach läßt sich nicht sagen, daß ein Gleichgewicht beider Rechtsinstitute sichtbar geworden sei. Da ein möglichst weitgehender und intensiver Geheimnisschutz in Korrespondenz zu den Mitwirkungspflichten der §§ 60 bis 65 AT-SGB unumgänglich ist, wäre es sachgerechter und überzeugender gewesen, diese Vorschrift nicht in den „Allgemeinen Grundsätzen" – zwischen den Vorschriften über die „Anhörung Beteiligter" (§ 34 AT-SGB) und die „Handlungsfähigkeit" (§ 36 AT-SGB) – unterzubringen, sondern sie unmittelbar mit den Mitwirkungspflichten in einem besonderen Abschnitt zusammenzufassen und die „Geheimhaltung" in der Überschrift dieses Abschnittes zu erwähnen[91].

Seinem Inhalt nach gibt § 35 I 1 AT-SGB, dessen Formulierung sich an § 203 II StGB anlehnt, jedem einen Anspruch darauf, daß seine Geheimnisse, insbesondere die zum persönlichen Lebensbereich gehörenden sowie die Betriebs- und Geschäftsgeheimnisse von den Leistungsträgern, ihren Verbänden, den sonstigen in diesem Gesetzbuch genannten öffentlichrechtlichen Vereinigungen und den Aufsichtsbehörden nicht unbefugt offenbart werden. Diese Vorschrift ist inhaltlich so gehalten, daß sie fast mehr Fragen aufwirft als löst. Problematisch ist vor allem die Frage, wann im konkreten Fall ein unbefugtes Offenbaren anzunehmen ist: Vorliegen dürfte es z. B., wenn eine BG Dritten über die Höhe der Entgelte Mitteilung macht, die bei ihren Mitgliedsunternehmen gezahlt werden und über die sie aufgrund der Lohnnachweise Kenntnis erlangt hat. Zurückhaltung der Leistungsträger dürfte auch gegenüber dem Ersuchen Dritter um Aus-

[90] BT-Drucks. 7/868, S. 28 (§ 35).

[91] *Burdenski,* BlStSozArbR 1975, 337.

kunft über den Gesundheitszustand eines Versicherten bzw. um Übersendung von Akten geboten sein, in denen sich ärztliche Gutachten über den Gesundheitszustand eines Versicherten befinden. Ebenso haben die Leistungsträger bei der Mitteilung über die ihnen bekanntgewordenen betrieblichen Geheimnisse Vorsicht walten zu lassen. Gleiches gilt schließlich gegenüber entsprechenden Ersuchen seitens der Zivilgerichte. Da das zivilgerichtliche Verfahren es mit sich bringt, daß die Akten den Parteien bzw. ihren Prozeßbevollmächtigten zur Einsicht überlassen werden und ihr Inhalt u. U. in der mündlichen Verhandlung vorgetragen wird[92], muß damit gerechnet werden, daß nicht nur das Gericht, sondern auch Dritte von den in der Akte enthaltenen Berichten über den Gesundheitszustand des Versicherten Kenntnis erlangen. Deshalb sollten den Zivilgerichten Renten- und Heilverfahrensakten sowie vertrauensärztliche Unterlagen nur dann überlassen werden, wenn sich der Versicherte ausdrücklich damit einverstanden erklärt. Andernfalls kann unbefugtes Offenbaren eines Geheimnisses vorliegen[93].

Welche Rechtsfolge eintritt, wenn ein Leistungsträger ein Geheimnis unbefugt offenbart, ist in § 35 AT-SGB nicht geregelt. Gerade diese Frage ist für den Betroffenen aber von Bedeutung. Daß die Strafvorschrift des § 203 StGB sowie zivilrechtliche Schadensersatzansprüche eingreifen können, versteht sich. Mit beiden Rechtsinstituten ist dem Betroffenen jedoch wenig gedient. Mit einer etwaigen Strafsanktion, die nur bei Namhaftmachung des „Geheimnisbrechers" und bei Nachweis seines Verschuldens Platz greift, ist der Geheimnisbruch nicht aus der Welt geschafft. Einen Schadensersatzprozeß zu führen, in dessen Rahmen dem Betroffenen in allen Punkten die Beweislast obliegt, ist in den meisten Fällen mit einem solchen Risiko verbunden, daß der Betroffene, wenn er gut beraten ist, davon Abstand nimmt. Alles zielt deshalb auf die Frage, ob dem Betroffenen gegen den Leistungsträger, durch den ein Geheimnis unbefugt offenbart wurde, ein Folgenbeseitigungsanspruch zusteht[94]. Die Rechtsprechung der Sozialgerichte hat bislang gezögert, einen solchen Anspruch generell im Rahmen des Sozialrechts zu berücksichtigen. Inzwischen hat sich seine Anwendung jedoch auch hier als notwendig herausgestellt[95]. Ungeklärt ist allerdings, wie er dogmatisch zu begründen ist. Am überzeugendsten ist

[92] Vgl. §§ 299, 760 ZPO.

[93] *Burdenski*, BlStSozArbR 1974, 337 (340).

[94] Allgemein zum Folgenbeseitigungsanspruch: BVerwGE 28, 155 (163); 38, 337 (347 f.); 44, 235 (243); *Walter Schmidt*, JuS 1969, 166 ff.; *Bachof*, DÖV 1971, 859; *Erichsen*, VerwArch. 63 (1972), 217; *Hoffmann-Becking*, JuS 1972, 509; *Grave*, DVBl. 1972, 231; *Papier*, DÖV 1972, 845 ff.; *Rupp*, DVBl. 1972, 232; *Haueisen*, DVBl. 1973, 739 ff.; *Mangoldt*, DVBl. 1974, 825 ff.

[95] BSGE 34, 124 (126) = NJW 1974, 1389; SG Itzehoe, Breithaupt 1974, 790.

wohl die Begründung aus der „Funktion des verletzten Rechts"[96]. Da jedes Recht den Zweck hat, Beeinträchtigungen des geschützten Bereichs abzufangen, muß für den Fall der Beeinträchtigung des betreffenden Rechts ein Abwehranspruch gegeben sein. Zur Verdeutlichung eine Parallele aus dem Zivilrecht: Anerkennung von Eigentum hat nur deshalb Sinn, weil gleichzeitig Ansprüche aus §§ 985 und 1004 BGB gewährt werden; wenn der Eigentümer einer Sache diese von einem Dritten nicht herausverlangen könnte oder im Fall der Störung keinen Abwehranspruch hätte, hätte sein Eigentum wenig Wert. Nichts anderes gilt für ein im öffentlichen Bereich anerkanntes Recht: Rechtswidriges hoheitliches Handeln der Verwaltung, das zu fortdauernder Rechtsbeeinträchtigung führt, löst einen Folgenbeseitigungsanspruch aus. Dabei kommt es entscheidend darauf an, daß die fortdauernde Rechtsbeeinträchtigung, d. h. die Folge des Verwaltungshandelns, rechtswidrig ist, wobei allerdings von der Rechtswidrigkeit des Verwaltungshandelns auf die Rechtswidrigkeit der fortdauernden Rechtsbeeinträchtigung geschlossen werden kann.

Was für das öffentliche Recht zutrifft, gilt für das Sozialrecht, das öffentliches Recht ist. Durch § 35 I 1 AT-SGB hat der Gesetzgeber dem einzelnen ein Recht vor unbefugtem Offenbaren seiner Geheimnisse eingeräumt. Die Rechtsfolge, die für den Fall rechtswidriger Verletzung eintritt, hat er zwar nicht ausdrücklich bezeichnet. Indem er aber eine solche Rechtsposition schuf, gab er konkludent zu verstehen, daß für den Fall rechtswidriger Verletzung die Möglichkeit zur Beseitigung der Störung gegeben sein sollte; andernfalls wäre das Recht vor unbefugtem Offenbaren eines Geheimnisses sinnlos. Beseitigung der Störung wird aber allein durch den Folgenbeseitigungsanspruch gewährleistet. Zum selben Ergebnis kommt man mit Hilfe folgender Überlegung: Die h. M. anerkennt, daß ein Anspruch auf Folgenbeseitigung besteht, wenn ein Leistungsträger eine in wesentlichen Punkten unzutreffende Auskunft erteilt hat; es ist der Zustand herzustellen, der vor Erteilung der unrichtigen Auskunft bestanden hat; der Anspruch ist auf Widerruf der Auskunft gerichtet[97]. Wenn ein Folgenbeseitigungsanspruch für den Fall der Erteilung einer unrichtigen Auskunft anerkannt ist, muß er erst recht gegeben sein, wenn der Gesetzgeber die Erteilung einer Auskunft, hier das unbefugte Offenbaren eines Geheimnisses, schlechthin untersagt.

So wird die Vorschrift des § 35 AT-SGB, die die zwischen dem Rechtsinstitut der Mitwirkung des Leistungsberechtigten und dem der Geheim-

[96] *Hoffmann-Becking*, JuS 1972, 509 (512).

[97] Im Fall des BVerwGE 38, 336 gingen die vorinstanzlichen Urteile dahin, daß die Rechtswidrigkeit der Auskunft festgestellt und der Beklagte verurteilt wurde, dies dem Empfänger der Auskunft mitzuteilen. Ob für eine solche Feststellungsklage ein Rechtsschutzbedürfnis angenommen werden konnte, ist fraglich.

haltung des Leistungsträgers notwendige Balance nur recht unvollkommen absichert, durch den zwar nicht gesetzlich fixierten, aber rechtlich anzuerkennenden Folgenbeseitigungsanspruch ergänzt[98]. Es liegt im Interesse eines ausgewogenen sozialen Rechtsverhältnisses mit Rechten und Pflichten für den einzelnen wie für den Leistungsträger, daß die Rechtsprechung von der Möglichkeit des Folgenbeseitigungsanspruches dort angemessen Gebrauch macht, wo es zu unbefugtem Offenbaren von Geheimnissen kommen sollte, insbesondere solcher, die zum persönlichen Lebensbereich der Leistungsberechtigten gehören. Das ist ein sozialer Rechtsstaat seinen Bürgern schuldig.

II. Ausbildungsförderung

Gesetzliche Grundlagen

Bundesausbildungsförderungsgesetz – BAföG – vom 26. 8. 1971 (BGBl. I S. 1409) i. d. F. vom 9. 4. 1976 (BGBl. I S. 989)
Verordnung über die örtliche Zuständigkeit für Ausbildungsförderung außerhalb des Geltungsbereichs des Bundesausbildungsförderungsgesetzes – ZuständigkeitsV – vom 27. 10. 1971 (BGBl. I S. 1699)
Verordnung über die Leistung von Zuschlägen zu dem Bedarf bei einer Ausbildung außerhalb des Geltungsbereichs des Bundesausbildungsförderungsgesetzes – ZuschlagsV – vom 18. 11. 1971 (BGBl. I S. 1826)
Verordnung über die Förderungshöchstdauer für den Besuch von höheren Fachschulen, Akademien und Hochschulen – FörderungshöchstdauerV – vom 9. 11. 1972 (BGBl. I S. 2076)
Verordnung über die Einziehung der nach dem Bundesausbildungsförderungsgesetz geleisteten Darlehen – DarlehensV – vom 31. 5. 1974 (BGBl. I S. 1260)
Verordnung zur Bezeichnung der als Einkommen geltenden sonstigen Einnahmen nach § 21 Abs. 3 Nr. 4 des Bundesausbildungsförderungsgesetzes – EinkommensV – vom 21. 8. 1974 (BGBl. I S. 2078)
Verordnung über Zusatzleistungen in Härtefällen nach dem Bundesausbildungsförderungsgesetz – HärteV – vom 15. 7. 1974 (BGBl. I S. 1449)
Bürgerliches Gesetzbuch – BGB – vom 18. 8. 1896 (RGBl. S. 195), zuletzt geändert durch Gesetz vom 29. 7. 1976 (BGBl. I S. 2034), §§ 1601 ff.
Einkommenssteuergesetz – EStG – i. d. F. vom 15. 8. 1974 (BGBl. I S. 1994)
Haushaltsstrukturgesetz – HStruktG – vom 18. 12. 1975 (BGBl. I S. 3091)

[98] Daß unter bestimmten Voraussetzungen auch ein Unterlassungsanspruch gegeben sein kann, braucht nicht hervorgehoben zu werden.

Graduiertenförderungsgesetz – GFG – vom 2. 9. 1971 (BGBl. I S. 1465) i. d. F. vom 22. 1. 1976 (BGBl. I S. 207)
Verordnung über die Durchführung der Graduiertenförderung (Graduiertenförderungsverordnung) – GFV – vom 3. 11. 1971 (BGBl. I S. 1751) i. d. F. vom 22. 1. 1976 (BGBl. I S. 211)

Literatur

a) Kommentare und Lehrbücher

Jason/Knudsen/Lenze/Seipp/Thauer, Die gesamte Ausbildungsförderung in der Bundesrepublik Deutschland – AFG, 1971 ff. (Losebl.-Slg.)
Rothe/Blanke, Bundesausbildungsförderungsgesetz, 2. Aufl., 1971 ff. (Losebl.-Slg.)
Wertenbruch, Sozialverfassungs-Sozialverwaltung, 1974, S. 97 ff.
Bley, Sozialrecht, 1975, S. 257 ff.
Schieckel, Bundesausbildungsförderungsgesetz, 1975 ff. (Losebl.-Slg.)
Wertenbruch, Sozialverwaltungsrecht, in: *v. Münch,* Besonderes Verwaltungsrecht, 4. Aufl., 1976, S. 361 f., 382 f.

b) Weitere Literatur

Vogt, Neuordnung der Ausbildungsförderung, FamRZ 1974, 575 ff.
ders., Weiterentwicklung des Bundesausbildungsförderungsgesetzes, FamRZ 1976, 323 ff.
Der Bundesminister für Arbeit und Sozialordnung (Hrsg.), Übersicht über die soziale Sicherung, 1975, S. 235 ff.
Menke, Die Rechtsansprüche auf Bildungsförderung nach dem Bundesausbildungsförderungsgesetz, 1975
Kießling, Personelle und organisatorische Probleme in der Ausbildungsförderung, ZfF 1976, 169 ff.
Schoppe, Die Bedarfssätze nach dem Bundesausbildungsförderungsgesetz und ihre Anwendung in der Praxis, ZfF 1976, 171 ff.
Schwikardi, Bundesausbildungsförderungsgesetz mit Nebenbestimmungen und einer Einführung, 4. Aufl., 1976
Schwitzke, Die einstweilige Anordnung auf Leistung von Ausbildungsförderung, ZfSH 1976, 262 f.
Henke, Ist die Ausbildungsförderung noch „Sozial"recht?, ZSR 1977, 188 ff.

1. Überblick

Ausgangspunkt für einen Anspruch auf Ausbildungsförderung ist § 1 BAföG: „Auf individuelle Ausbildungsförderung besteht für eine der Neigung, Eignung und Leistung entsprechende Ausbildung ein Rechtsanspruch nach Maßgabe dieses Gesetzes, wenn dem Auszubildenden die für seinen Lebensunterhalt und seine Ausbildung erforderlichen Mittel anderweitig nicht zur Verfügung stehen". In dieser Bestimmung, die allerdings ebensowenig wie § 3 I AT-SGB Anspruchsgrundlage ist, kommen die beiden wichtigsten Grundvoraussetzungen zum Ausdruck, unter denen die in den weiteren Vorschriften des BAföG etwas verwirrenden Einzelvoraussetzungen für einen Anspruch auf Ausbildungsförderung (Afö) zusammengefaßt werden können, nämlich Förderungsfähigkeit und Förderungsbedürftigkeit. Darüber hinaus sind für einen Förderungsanspruch die Förderungsart sowie das Verhältnis zu anderen Förderungsmöglichkeiten von Bedeutung.

a) Förderungsfähigkeit

Die Förderungsfähigkeit hängt u. a. von Staatsangehörigkeit, Ausbildungsstätte, Alter, Eignung und Leistung sowie von der Förderungshöchstdauer ab.

Anspruch auf Afö haben: Deutsche i. S. d. Art. 116 GG; heimatlose Ausländer i. S. d. Gesetzes über die Rechtsstellung heimatloser Ausländer im Bundesgebiet[1]; Ausländer, die ihren gewöhnlichen Aufenthalt im Geltungsbereich dieses Gesetzes haben und als Asylberechtigte nach § 28 des Ausländergesetzes[2] anerkannt sind; Ausländer, die ihren ständigen Wohnsitz im Geltungsbereich des Gesetzs haben, wenn ein Elternteil Deutscher i. S. d. Grundgesetzes ist; ausländische Auszubildende, denen als Familienangehörigen nach dem Recht der EG Freizügigkeit gewährt wird oder die ein Verbleiberecht im Bundesgebiet haben. Für andere Ausländer ist Afö vorgesehen, wenn sie sich selbst in den letzten 5 Jahren vor Beginn der Ausbildung (oder zumindest ein Elternteil in den letzten 3 Jahren vor Beginn des Bewilligungszeitraumes) im Bundesgebiet rechtmäßig aufgehalten haben und erwerbstätig waren (§ 8 II BAföG). Weiter wird solchen Deutschen Afö geleistet, die täglich von ihrem ständigen Wohnsitz im Bundesgebiet aus eine außerhalb des Bundesgebietes gelegene Ausbildungsstätte besuchen (§ 5 I 1 BAföG). Schließlich können Deutsche, die ihren ständigen Wohnsitz in einem ausländischen Staat haben und dort eine Ausbildungsstätte besuchen, Förderung erhalten, „wenn die besonderen Umstände des Einzelfalles dies rechtfertigen" (§ 6 BAföG).

Afö wird für den Besuch bestimmter Ausbildungsstätten geleistet. Dazu gehören: weiterführende allgemeinbildende Schulen und Fachoberschulen, Abendhauptschulen, Berufsaufbauschulen, Abendrealgymnasien, Abendgymnasien[3], Kollegs und vergleichbare Einrichtungen, Berufsfachschulen und Fachschulen, Höhere Fachschulen und Akademien sowie Hochschulen (§ 2 I BAföG). Nach § 3 BAföG wird auch der Fernunterricht gefördert

[1] Abgedruckt u. a. in *Sartorius* I Nr. 563.

[2] Abgedruckt u. a. in *Sartorius* I Nr. 565.

[3] Zur Förderung des Besuchs von Abendgymnasien vgl. BVerwG, FamRZ 1976, 242.

dert. Dazu muß u. a. nachgewiesen werden, daß nach erfolgreicher Teilnahme in den dem Bewilligungszeitraum vorausgegangenen 9 Monaten die Vorbereitung auf den Ausbildungsabschluß in längstens 6 Monaten beendet werden kann; diese letzten 6 Monate können gefördert werden (§ 3 III BAföG).

Das Alter ist insofern von Bedeutung, als Afö über das 35. Lebensjahr hinaus nur geleistet wird, wenn die Art der Ausbildung oder die Lage des Einzelfalles die Überschreitung der Altersgrenze rechtfertigt (§ 10 III BAföG). Die Art der Ausbildung rechtfertigt ein Überschreiten der Altersgrenze, wenn eine Ausbildung dieser Art häufig erst in höherem Lebensalter begonnen wird. Das ist z. B. bei der Ausbildung für soziale oder kirchliche Berufe der Fall. Die Lage des Einzelfalles rechtfertigt die Überschreitung der Altersgrenze, wenn der Auszubildende aus in seiner Person oder seinen familiären Pflichten liegenden Gründen (z. B. Erkrankung, Schwangerschaft, Kindererziehung) das Studium nicht rechtzeitig beginnen konnte. Eine Überschreitung der Altersgrenze ist auch gerechtfertigt, wenn unvorhergesehene erhebliche Veränderungen der individuellen Lebensverhältnisse ein Studium notwendig machen.

Da die Afö keine Begabtenförderung ist, sondern Defizite an materieller Absicherung, Chancengleichheit und Entfaltungsmöglichkeit ausgleichen will, werden an Eignung und Leistung nur geringe Anforderungen gestellt. Die Ausbildung wird schon gefördert, wenn die Leistungen des Auszubildenden erwarten lassen, daß er das angestrebte Ausbildungsziel erreicht (§ 9 I BAföG). Dies wird in der Regel angenommen, solange der Auszubildende eine Ausbildungsstätte besucht oder an einem Praktikum teilnimmt; dieser Grundsatz gilt für Höhere Fachschulen, Akademien und Hochschulen mit der Einschränkung, daß vor dem 5. Semester, in Ausnahmefällen auch vorher, eine Bescheinigung der Ausbildungsstätte über die Eignung vorzulegen ist (§§ 9 II, 48 I BAföG). Dafür genügt alternativ ein Zwischenprüfungszeugnis (§ 48 I Nr. 1 BAföG) oder eine Leistungsbescheinigung (§ 48 I Nr. 2 BAföG), d. h. ein Auszubildender kann den erforderlichen Leistungsstand durch ein Zwischenprüfungszeugnis nachweisen, muß es aber nicht, sondern kann sich stattdessen auch für die Vorlage einer Leistungsbescheinigung entscheiden. Auch bei einem erstmaligen Scheitern in einer Zwischenprüfung ist die Möglichkeit, durch eine Leistungsbescheinigung nach § 48 I Nr. 2 BAföG Förderung zu erhalten, nicht grundsätzlich ausgeschlossen. Das Amt für Ausbildungsförderung (AAF) kann die Vorlage der Leistungsbescheinigung zu einem späteren Zeitpunkt zulassen, wenn Tatsachen vorliegen, die eine Überschreitung der Förderungshöchstdauer rechtfertigen (§ 48 II BAföG). Solche Tatsachen sind etwa eine die Ausbildung behindernde Krankheit, Mitwirkung in Organen einer Universität oder einer studentischen Selbstverwaltung.

Afö wird für die Dauer des Studiums, nicht jedoch über die Förderungshöchstdauer hinaus geleistet, die für die Ausbildung an Höheren Fachschulen, Akademien, Hochschulen sowie an gleichwertig angesehenen Ausbildungsstätten durch Verordnung geregelt ist (§ 15 IV BAföG i. V. m. der FörderungshöchstdauerV)[4]. Die Förderungshöchstdauer verlängert sich auch dann nicht, wenn der Antrag erst im 2. oder 3. Semester gestellt wird. Beispiel: Ein Jurastudent stellt im 3. Semester Antrag auf Afö. Da für Juristen die Förderungshöchstdauer 9 Semester beträgt (§ 15 IV BAföG i. V. m. § 5 Nr. 52 FörderungshöchstdauerV), erhält er Förderung für weitere 6 Semester.

Über die Förderungshöchstdauer hinaus wird Afö für eine angemessene Zeit geleistet, wenn sie aus einem der folgenden Gründe überschritten worden ist (§ 15 III BAföG):

— schwerwiegende Gründe (u. a. erstmaliges Nichtbestehen der Zwischenprüfung, unvorhergesehene, vom Auszubildenden nicht zu vertretende Verlängerung der Examenszeit)
— Studium im Ausland (§ 5 II, III BAföG)
— Mitwirkung in gesetzlich oder satzungsmäßig vorgesehenen Gremien und Organen
— erstmaliges Nichtbestehen der Abschlußprüfung.

Als angemessen gilt die Zeit, die dem Zeitverlust entspricht, der durch den die Überschreitung der Förderungshöchstdauer rechtfertigenden Grund entstanden ist. Zu dem Antrag auf Weiterförderung über die Höchstdauer hinaus nimmt der Förderungsausschuß durch Gutachten Stellung. Erfolgt die Weiterförderung aufgrund eines erstmaligen Nichtbestehens der Abschlußprüfung, so wird die Förderung nur als Darlehen geleistet (§ 17 III Nr. 5 BAföG).

Beim Wechsel der Universität ist eine Anmeldung beim neuen AAF erforderlich. Dieses fordert dann die Akten vom bisher zuständigen Amt an. Solange das neue AAF die Förderung nicht fortsetzen kann, zahlt das bisher zuständige Amt weiter. Eine Abmeldung beim bisher zuständigen Amt ist nicht erforderlich.

Von einem Studienabbruch spricht man, wenn der Auszubildende die Universität verläßt (Exmatrikulation) und sich nicht an einer anderen Hochschule neu immatrikuliert. Er ist verpflichtet, den Studienabbruch dem AAF mitzuteilen. Die Förderung wird dann mit dem Monat, in dem der Abbruch erfolgt, eingestellt. Eine Rückzahlungspflicht für die bereits geförderte Zeit besteht außer für den Darlehensanteil nicht.

Ist der Auszubildende infolge einer Krankheit gehindert, die Universität zu besuchen, so wird die Förderung bis zu 3 Monaten weitergezahlt (sofern er nicht beurlaubt ist). Dauert die Krankheit länger als 3 Monate und sind

[4] Abgedruckt u. a. in *Luber*, Deutsche Sozialgesetze, Nr. 263 g.

über diesen Zeitraum hinaus Zahlungen erfolgt, da die Krankheit dem AAF nicht mitgeteilt wurde, so ist mit einer Rückforderung zuviel gezahlter Beträge zu rechnen. Dabei ist zu beachten, daß nach § 20 I BAföG eine Rückzahlungspflicht nur dann besteht, wenn die Voraussetzungen für die Leistung der Afö „an keinem Tag des Kalendermonats" vorgelegen haben, d. h. hat der Auszubildende während seiner Krankheit auch nur 1 Tag in jedem Kalendermonat studieren können, so ist ihm die Afö zu Recht gezahlt worden.

Hat der Auszubildende aus „wichtigem Grund" die Ausbildung abgebrochen oder die Fachrichtung gewechselt, so wird Afö für eine neue Ausbildung geleistet (§ 7 III BAföG). Wichtige Gründe sind:

— mangelnde intellektuelle, psychische oder körperliche Eignung für die bisherige Berufsausbildung oder Berufsausübung
— ein ernsthafter Wandel der Neigung oder – bei weltanschaulich gebundenen Berufen – der Weltanschauung oder der Konfession.

Eine wesentliche Verschlechterung der künftigen beruflichen Arbeits- und Verdienstmöglichkeiten sowie eine Veränderung der für die künftigen Arbeitsmöglichkeiten maßgeblichen Lebensverhältnisse können ins Gewicht fallen, geben aber nicht ohne weiteres einen „wichtigen Grund" ab. Als wichtige Gründe werden nur Tatsachen anerkannt, die dem Auszubildenden vor Aufnahme der Ausbildung nicht bekannt oder in ihrer Bedeutung nicht bewußt waren. Erfolgt der Abbruch der Ausbildung oder der Wechsel der Fachrichtung nach dem Ende des 2. Semesters, so wird Afö nur noch als Darlehen geleistet (§ 17 III Nr. 3 BAföG). Das gilt nicht, wenn der Abbruch oder der Wechsel aus unabweisbarem Grund erfolgt (etwa bei infolge Unfalls eingetretener Behinderung, die die Ausübung des bisher angestrebten Berufes unmöglich macht) oder unverzüglich nach einer Zwischenprüfung, durch die der Zugang zu der anderen Ausbildung eröffnet worden ist (§ 17 III letzter Halbs. BAföG).

Eine erste Ausbildung wird bis zu deren berufsqualifizierenden Abschluß gefördert. In bestimmten Fällen wird darüber hinaus Afö für eine weitere Ausbildung geleistet:

— **Fachhochschulabsolventen**
Eine weitere Ausbildung an einer Hochschule wird gefördert, wenn im Zusammenhang mit der Abschlußprüfung der ersten Ausbildung die Hochschulzugangsberechtigung erworben wurde. Somit wird Auszubildenden, die zunächst an einer Fachhochschule studiert haben und dort durch die Abschluß- oder Zwischenprüfung die allgemeine Hochschulreife erlangt haben, ein anschließendes Hochschulstudium gefördert. Voraussetzung ist, daß nicht schon vorher die Hochschulreife vorhanden war (dann Zweitstudium), und bei denen, die die Hochschul-

reife durch eine Zwischenprüfung erlangt haben, daß das Studium an der Fachhochschule nicht fortgesetzt wird. Die Förderung wird als unverzinsliches Darlehen geleistet.

— **Zweiter Bildungsweg**
Wer seine Hochschulzugangsberechtigung an einem Abendgymnasium oder Kolleg erworben hat, erhält Afö für ein Hochschulstudium. Die Afö wird als Zuschuß geleistet. Sie ist – anders als am Abendgymnasium oder Kolleg – abhängig vom Einkommen der Eltern und des Ehegatten, sofern nicht die Voraussetzungen für eine elternunabhängige Förderung erfüllt werden[5].

— **Aufbaustudium**
Ein Aufbaustudium, das die erste Ausbildung in derselben Fachrichtung weiterführt, wird nach dem BAföG gefördert. Es müssen an einer gleich- oder höherrangigen Ausbildungsstätte ergänzende Kenntnisse und/oder Fertigkeiten vermittelt werden. Das Aufbaustudium muß mindestens 1 Semester dauern. Promotionen werden hiernach nicht gefördert. Die Afö wird als Darlehen gewährt.

— **Zweitstudium**
Ein Zweitstudium, d. h. ein Vollstudium nach einem abgeschlossenen Erststudium wird gefördert, wenn die besonderen Umstände des Einzelfalles, insbesondere das angestrebte Ausbildungsziel dies rechtfertigen. Besondere Umstände des Einzelfalles liegen vor, wenn die weitere Ausbildung zusammen mit der früheren die Ausübung des Berufes erst ermöglicht oder wesentlich erleichtert (z. B. Gerichtsmedizin) oder wenn ein wichtiger Grund die Ausübung des bisherigen Berufes behindert, zu dem die frühere Ausbildung qualifizierte. Der Förderungsausschuß nimmt gutachterlich Stellung, ob das Zweitstudium gefördert werden kann. Ggf. erfolgt die Förderung als unverzinsliches Darlehen.

b) Förderungsbedürftigkeit

Im Rahmen der Förderungsbedürftigkeit kommt es auf den Bedarf an. Auf den Bedarf sind nach § 11 II 1 BAföG nicht nur Einkommen und Vermögen des Auszubildenden, sondern – was zu unerfreulichen Situationen führt – auch Einkommen und Vermögen des Ehegatten und der Eltern anzurechnen (sog. familienabhängige Afö)[6]. Allerdings bleiben vom Einkommen und Vermögen des Auszubildenden, seines Ehegatten und seiner

[5] Dazu unter b).
[6] Vgl. dazu BVerwG, FamRZ 1976, 386.

Eltern bestimmte Beträge anrechnungsfrei (§§ 21 ff., 26 ff. BAföG), die wie die Bedarfssätze alle 2 Jahre zu überprüfen und ggf. neu festzusetzen sind (§ 35 BAföG).

Eine angemessene Anpassung der Bedarfssätze und Freibeträge an die allgemeinen Lebenshaltungskosten hat bislang nicht immer stattgefunden. Auszubildende sind davon in doppelter Weise betroffen: Zum einen wirken sich die steigenden Lebenshaltungskosten zwangsläufig nachteilig für sie aus; zum anderen verringert eine nominelle Einkommenserhöhung bei den Ehegatten bzw. den Eltern die Höhe des Förderungsbetrages. So besteht ständig Gefahr, daß die Förderungsbeträge in ihrem realen Wert absinken. Unter diesem Gesichtspunkt sollten Forderungen der Auszubildenden nach angemessener Erhöhung der Freibeträge und Bedarfssätze wohlwollend beurteilt werden. Berechtigten Anliegen im sozialen Bereich ist mit Verständnis zu begegnen.

Vom Grundsatz der elternabhängigen Förderung sieht das BAföG lediglich einige engumrissene Ausnahmen vor. So erhöhen sich die Freibeträge vom Einkommen der Eltern um 100 % (§ 25 a I BAföG), wenn der Auszubildende

— bei Beginn des Bewilligungszeitraumes das 30. Lebensjahr vollendet hat
— bei Beginn des Ausbildungsabschnitts das 27. Lebensjahr vollendet hat
— bei Beginn des Ausbildungsabschnitts nach Abschluß einer früheren berufsqualifizierenden Ausbildung 3 Jahre erwerbstätig und in diesen Jahren in der Lage war, sich aus dem Ertrag seiner Erwerbstätigkeit selbst zu unterhalten
— Ausbildungsförderung für eine weitere Ausbildung nach § 7 II 2 BAföG erhält.

Dem Förderungsfall gleichgestellt ist der Vorausleistungsfall (§ 36 BAföG); die Förderungsbedürftigkeit besteht deshalb, weil die Eltern den anzurechnenden Unterhaltsbetrag nicht erbringen. Das AAF führt – wovon aus wichtigem Grund abgesehen werden kann (§ 36 III BAföG) – eine Anhörung der Eltern durch. Stellt es fest, daß die Eltern die Zahlung zu Unrecht verweigern, so zahlt es dem Auszubildenden die volle Förderungssumme und klagt – nach entsprechender Überleitungsanzeige – den Teil, den die Eltern zu tragen hätten, im eigenen Namen bei den Eltern ein (§ 37 BAföG)[7].

Die Überleitungsanzeige ist ein privatrechtsgestaltender VA, der das Land an die Stelle des Auszubildenden in die Gläubigerstellung versetzt. Adressat des VA sind allein die Eltern, nicht der Auszubildende; diesem fehlt die Aktivlegitimation, sich gegen die Überleitung zur Wehr zu set-

[7] Zum Verfahren nach § 37 BAföG vgl. BVerwG, DÖV 1976, 492 mit Anm. *Hennecke*.

zen[8]. Der Überleitungsbescheid hat nicht zum Inhalt, daß die Eltern kraft Hoheitsaktes zur Zahlung herangezogen werden; hierfür fehlt es an einer gesetzlichen Grundlage; Höhe und Bestand eines übergeleiteten Anspruchs müssen vielmehr von den Zivilgerichten nach bürgerlichem Recht (§§ 1601 ff., 1610 II BGB) festgestellt werden[9]. Im Rahmen einer solchen Klage können, von der Rechtsprechung allerdings bislang nicht abschließend geklärt, folgende Umstände von Bedeutung sein:

— Lebensalter und Familienstand des Auszubildenden
— ob der Auszubildende nach Abschluß einer ersten Ausbildung in der Lage wäre, in diesem Beruf seinen Lebensunterhalt zu verdienen
— Ausbildungsstand der Eltern
— ihre wirtschaftliche Leistungsfähigkeit
— Finanzierung einer früheren berufsqualifizierenden Ausbildung durch die Eltern.

Die Tendenz der Gerichte geht dahin, die Unterhaltsverpflichtung der Eltern in der Regel auf eine erste berufsqualifizierende Ausbildung zu beschränken und damit die Unterhaltsverpflichtung wesentlich enger auszulegen, als das im BAföG geschieht.

Daß das BAföG Auseinandersetzungen und Streitigkeiten zwischen Auszubildenden und Eltern und damit Konflikte innerhalb der Familie hervorrufen kann, gehört zu den Schattenseiten dieses im übrigen begrüßenswerten Gesetzes[10]. Dieser Mangel ist längerfristig wohl nur dadurch zu beheben, daß Afö – wie das inzwischen in einigen anderen Ländern der Fall ist – elternunabhängig gewährt wird. Zugleich ist darauf zu achten, daß verheiratete Auszubildende – im Fall des Doppelstudiums – nicht schlechter dastehen als nichtverheiratete. Elternunabhängige, angemessene Afö für alle geeigneten Antragsteller ist auch von der Sache her gerechtfertigt: Während die Gemeinschaft bei den älteren Mitbürgern mit Rücksicht auf ihre Verdienste – in Form der Renten – „nachleistet", hat sie für die jüngere Generation „vorzuleisten" in der berechtigten Erwartung, daß diese Vorausleistungen zu einer Investition für das Gesamtwohl werden.

c) Förderungsarten

Der Anspruch auf Ausbildungsförderung ist – nach der Formulierung des Gesetzes – in der Regel auf Gewährung eines Zuschusses, d. h. eines Sti-

[8] BVerwG, DÖV 1976, 490.
[9] Gegen die Überleitung selbst können die Eltern mit Aussicht auf Erfolg nur im Fall der sog. Negativ-Evidenz vorgehen, d. h. wenn ein Unterhaltsanspruch offensichtlich nicht in Betracht kommt.
[10] *Tervooren,* KrV 1976, 157 (158).

pendiums (§ 17 I BAföG), im Ausnahmefall auf Gewährung eines Darlehens gerichtet (§ 17 II, III BAföG). Praktisch ist die Darlehensgewährung in den letzten Jahren immer mehr ausgeweitet worden. In folgenden Fällen wird der gesamte Förderungsbetrag nur noch als Darlehen gewährt (§ 17 III BAföG):

— bei weiterer Ausbildung nach § 7 II BAföG, es sei denn, die Voraussetzungen des § 7 II Nr. 3 liegen vor
— bei einer anderen Ausbildung nach § 7 III BAföG, wenn der Abbruch der Ausbildung oder der Wechsel der Fachrichtung nach dem Ende des 2. Semesters erfolgt
— bei einer anderen Ausbildung nach § 7 III BAföG, wenn die Förderungshöchstdauer abzüglich der Semester in einer früheren, nicht abgeschlossenen Ausbildung überschritten wird
— bei Überschreiten der Förderungshöchstdauer infolge des erstmaligen Nichtbestehens der Abschlußprüfung
— bei Anschaffung von Lern- und Arbeitsmitteln sowie für die Durchführung von Familienheimfahrten an einen außerhalb des Geltungsbereiches des Gesetzes gelegenen Ort.

d) Verhältnis zu anderen Förderungsmöglichkeiten

Stipendienzahlungen[11] werden ohne Abzug von Freibeträgen voll auf den Bedarf des Auszubildenden angerechnet. Die Leistungen nach dem Graduiertenförderungsgesetz (GFG)[12] sowie nach dem Bundesversorgungsgesetz (BVG) sind gegenüber dem BAföG vorrangig (§ 65 II BAföG). Ist die Förderung nach dem BVG niedriger, so kann der Differenzbetrag nach dem BAföG gezahlt werden. Werden die Anträge auf Förderung nach dem BAföG und dem BVG gleichzeitig gestellt, so wird Förderung nach dem BAföG unter dem Vorbehalt der Rückforderung geleistet, bis die BVG-Berechnung, die in der Regel erheblich länger dauert als die Bearbeitung des BAföG-Antrages, durchgeführt worden ist. Das AAF verrechnet ggf. die Zahlungen mit der Hauptfürsorgestelle, und diese führt die Förderung weiter. Vom AAF wird dann nur der Aufstockungsbetrag gezahlt. Ist der Auszubildende Kriegswaise oder Kriegshalbwaise, so ist er selbst BVG-antragsberechtigt. Ist er Kind eines Kriegsbeschädigten oder Kriegsversehrten, so sind die Eltern die Zahlungsempfänger für die Erziehungsbeihilfe nach dem BVG. Diese wird ohne Abzug von Freibeträgen voll auf den Bedarf des Auszubildenden angerechnet. Weigern sich die Eltern, die Erziehungsbeihilfe an den Auszubildenden weiterzugeben, so erfolgt auf Antrag Förderung nach dem BAföG, und die Zahlung der Beihilfe wird eingestellt.

[11] Z. B. Studienstiftung des deutschen Volkes; Cusanuswerk; Evangelisches Studienwerk Villigst e. V.; Konrad-Adenauer-Stiftung; Friedrich-Ebert-Stiftung.

[12] Abgedruckt u. a. in *Luber*, Deutsche Sozialgesetze, Nr. 269.

Wer nach dem BAföG gefördert wird, erhält nur in Ausnahmefällen Wohngeld, im Normalfall einen Mietzuschuß von höchstens 45 DM (§ 9 I HärteV). Wohngeld nach dem 2. WoGG erhält, wer nicht nur vorübergehend vom elterlichen Haushalt abwesend ist. Das wird u. a. dann angenommen, wenn der Auszubildende

— verheiratet ist
— im elterlichen Haushalt keinen eigenen Wohnraum zur Verfügung hat
— eine abgeschlossene Berufsausbildung hat
— mehr als 2 Jahre (einschließlich Wehrübungen) bei der Bundeswehr war oder
— als Gegenleistung für ein Stipendium eine Anstellungsverpflichtung bei einer Firma eingegangen ist.

Weist der Auszubildende nach, daß er auf Dauer vom elterlichen Haushalt abwesend ist, so erhält er Wohngeld, sofern ihm nicht bereits gleichartige Leistungen gewährt werden (z. B. Afö) und nicht weitere Personen zum Haushalt gehören (§§ 4 II 2, 21, 22 Nr. 2 2. WoGG).

Ausbildungshilfe nach dem BSHG wird nicht gewährt, wenn die Ausbildung im Rahmen des BAföG oder des AFG dem Grunde nach förderungsfähig ist (§ 31 IV BSHG). Dagegen kommt Hilfe zum Lebensunterhalt in Betracht (§§ 11 ff. BSHG), wenn ein Auszubildender unmittelbar vor dem Examen steht, Afö nicht mehr bezieht und ohne Unterstützung durch das Sozialamt Ausbildung und Studium aufgeben müßte[13].

2. Praktische Fälle

a) Graduiertenförderungsgesetz

Sachverhalt

S, der seit 1969 an der Universität U Politik, Geschichte und Volkswirtschaft studiert, legt 1972 sein Staatsexamen mit der Note „gut" ab und beantragt die Gewährung eines Stipendiums nach dem Graduiertenförderungsgesetz (GFG) zu dem Thema: „Die Gewaltdiskussion innerhalb der angelsächsischen Arbeiterbewegung in der Zeit um den ersten Weltkrieg". Dem Antrag sind ein Arbeitsplan und 2 befürwortende Gutachten der Professoren X und Y der Universität U beigefügt. Der Rektor der Universität U lehnt den Antrag des S ab mit der Begründung, der Arbeitsplan sei nach Auffassung der Zentralen Kommission „oberflächlich, ohne konkrete Quellenangaben und in sich widerspruchsvoll". Der hiergegen eingelegte Widerspruch, dem S einen erweiterten Arbeitsplan beifügt, wird durch Bescheid vom 14. 3. 1973 zurückgewiesen. Zur Begründung ist ausgeführt, der Arbeitsplan lasse auch in der erweiterten Fassung trotz der durchgeführten Gliederung nicht erkennen, wie die aufgestellten, dazu noch sehr allgemein gehaltenen Thesen angesichts des offensichtlich umfangreichen Stoffes bewältigt werden könnten. S erhebt dage-

[13] Die Sätze der Hilfe zum Lebensunterhalt liegen unter denen des BAföG.

gen vor dem Verwaltungsgericht fristgerecht Klage mit dem Antrag, den Rektor der Universität U unter Aufhebung des Bescheids vom 16. 11. 1972 und des Widerspruchsbescheides vom 14. 3. 1973 zu verpflichten, ihm ein Promotionsstipendium nach dem GFG zu gewähren. Er ist der Auffassung, daß die von ihm beabsichtigte Dissertation einen wichtigen Beitrag zur Forschung erwarten lasse, was durch die beiden Gutachten der Professoren X und Y bestätigt werde, und daß er seine besondere Befähigung zu wissenschaftlicher Arbeit durch die Prüfungsleistung unter Beweis gestellt habe[14].

Lösungsvorschlag

Da die Vergabe von Stipendien den Hochschulen obliegt (§ 11 Satz 1 GFG), ist verpflichtetes Zuordnungssubjekt der Bestimmungen des GFG ausschließlich ein Träger hoheitlicher Gewalt. Es handelt sich also um eine öffentlich-rechtliche Streitigkeit (nichtverfassungsrechtlicher Art). Da durch eine außerhalb der VwGO stehende bundesgesetzliche Regelung keine Zuweisung an ein anderes Gericht vorgesehen ist, ist der Rechtsweg vor den Verwaltungsgerichten eröffnet (§ 40 I VwGO). Als richtige Klageart kommt die Verpflichtungsklage in Betracht. Da die Gewährung von Stipendien nach dem GFG in das Ermessen der Hochschule gestellt ist[15], ist nicht auszuschließen, daß S in einem Anspruch auf fehlerfreie Ermessensentscheidung verletzt ist; er ist klagebefugt (§ 42 II VwGO). Seine Klage vor dem VG ist zulässig.

Anspruch auf Gewährung eines Stipendiums besteht nach dem ausdrücklichen Wortlaut des § 4 I 1 GFG nicht. Es stellt sich daher die Frage, ob sich ein Anspruch des S auf Gewährung eines Stipendiums aufgrund Reduzierung des Ermessens auf nur eine mögliche Entscheidung ergibt. Auch das ist zu verneinen. Es gehört zu den Grundsätzen des Allgemeinen Verwaltungsrechts, daß rechtliche Regelungen, die der Verwaltung Ermessen einräumen, dem einzelnen einen Anspruch auf ermessensfehlerfreie Verwaltungsentscheidung nur einräumen, wenn und soweit diese Regelungen zumindest auch in seinem individuellen Interesse erlassen sind[16]. Daß das GFG nicht auch im Interesse der Hochschulabsolventen, die zu promovieren beabsichtigen, erlassen worden ist, ergibt sich aus § 1 GFG. Danach sollen die zu gewährenden Stipendien einem bestimmten bildungspolitischen Anliegen dienen; sie sollen die Zahl der Hochschulabsolventen erhöhen, die sich in selbständiger wissenschaftlicher Arbeit geübt und auf diesem Gebiet ihre Befähigung nachgewiesen haben, um mit ihnen den Bedarf an wissenschaftlichem Nachwuchs, vornehmlich für den Hochschulbe-

[14] OVG Münster, FamRZ 1976, 124.
[15] Vgl. das Wort „kann" in § 2 I 1 GFG.
[16] BVerwGE 39, 235 (237) = NJW 1973 mit Anm. *Morner*, S. 1207.

reich zu decken[17]. Anders als das BAföG hat das GFG also nicht sozialrechtlichen, sondern strukturpolitischen Charakter[18]. Dieser Zweckbestimmung entspricht es, daß ein Anspruch auf Gewährung eines Stipendiums ausdrücklich ausgeschlossen ist (§ 4 I 1 GFG). Ein Anspruch auf fehlerfreie Ermessensausübung ergibt sich auch nicht daraus, daß gemäß § 11 GFV[19] Stipendien nur auf Antrag gewährt werden. Die Voraussetzung der Antragstellung hat einmal den Sinn, den Kreis der interessierten Hochschulabsolventen zu erfassen; zum anderen soll im Interesse einer sinnvollen Verwendung der zur Verfügung stehenden Mittel niemandem ein Stipendium aufgezwungen werden[20]. Die Verpflichtungsklage des S ist daher unbegründet.

b) Förderungshöchstdauer

Sachverhalt

S, Student der Rechtswissenschaften, wird seit dem 2. Semester nach dem BAföG gefördert. Nach dem Ende seines 9. Fachsemesters stellt das AAF die Weiterförderung mit der Begründung ein, S habe die Förderungshöchstdauer überschritten. Darauf beantragt S am 14. 5. 1973 Weiterförderung für sein am 1. 10. 1973 beginnendes 10. Fachsemester. Der Förderungsausschuß äußert sich dahingehend, daß keine schwerwiegenden Gründe für ein Überschreiten der Förderungshöchstdauer gegeben seien. Daraufhin lehnt der Rektor der Universität den Antrag des S auf Afö durch Bescheid vom 2. 8. 1973 ab. Gegen diesen Bescheid legt S am 6. 8. 1973 Widerspruch ein. Am 14. 1. 1974 beantragt S seine Weiterförderung für das 11. Fachsemester und erhebt am 18. 4. 1974 vor dem VG Untätigkeitsklage. Durch Widerspruchsbescheid vom 20. 6. 1974 weist das Landesamt für Ausbildungsförderung (LAAF) den Widerspruch des S gegen den Bescheid vom 2. 8. 1973 zurück. Den Antrag des S auf Afö für das 11. Fachsemester hat das AAF nicht beschieden. Im September 1974 besteht S die 1. juristische Staatsprüfung; er befindet sich seitdem im Vorbereitungsdienst als Referendar. Im Prozeß vor dem VG beantragt er, den Rektor der Universität (AAF) unter Aufhebung des Bescheids vom 2. 8. 1973 und des Widerspruchsbescheides des LAAF vom 20. 6. 1974 zu verpflichten, ihm über das 9. Fachsemester hinaus für 2 weitere Semester Afö zu bewilligen. Zur Begründung trägt er vor, daß 9 Semester für ein erfolgreiches Studium der Rechtswissenschaften unzureichend seien. Weiter habe er während seines 1. Semesters 2 Monate lang aus persönlichen Gründen nicht intensiv studieren können. Schließlich sei nicht einzusehen, daß Studenten, die infolge erstmaligen Nichtbestehens der Abschlußprüfung die Förderungshöchstdauer überschritten hätten, Afö erhielten, nicht aber die, die

[17] Vgl. auch die amtliche Begründung zum Entwurf eines GFG, BT-Drucks. VI/2118, S. 1 und 6 ff.

[18] Das GFG ist deshalb kein sozialrechtliches Gesetz mit der Folge, daß auch § 39 I 2 AT-SGB nicht zur Anwendung kommt.

[19] Abgedruckt u. a. in *Luber*, Deutsche Sozialgesetze, Nr. 269 a.

[20] OVG Münster, FamRZ 1976, 124.

sich in der Erkenntnis, daß ihr Ausbildungsstand nicht ausreiche, nicht zur Prüfung meldeten[21].

Lösungsvorschlag

Ob die von S vor dem VG (§ 54 I BAföG) erhobene Verpflichtungsklage (§ 42 I VwGO) begründet ist, hängt davon ab, ob S einen Anspruch auf Förderung über die Förderungshöchstdauer hinaus hat, die für Studenten der Rechtswissenschaften auf 9 Semester festgelegt ist (§ 15 IV BAföG i. V. m. § 5 I Nr. 52 FörderungshöchstdauerV). Dann müßte S die Förderungshöchstdauer aus „schwerwiegenden Gründen" überschritten haben (§ 15 III Nr. 1 BAföG). Ein „schwerwiegender Grund" ist gegeben, wenn Tatsachen vorliegen, die für eine Verzögerung des erfolgreichen Abschlusses der Ausbildung innerhalb der Förderungshöchstdauer von erheblicher Bedeutung sind und die Afö über die Förderungshöchstdauer hinaus unter Beachtung ihres Zweckes rechtfertigen.

Daß S zu Beginn seines Studiums – aus persönlichen Gründen – einen verhältnismäßig geringen Zeitverlust erlitt, ist nicht von erheblichem Gewicht. Er hätte ihn in den folgenden Semestern ausgleichen können. Darüber hinaus ist eine Überschreitung der Förderungshöchstdauer im vorliegenden Fall durch den Zweck des BAföG nicht abgedeckt. Das BAföG bezweckt nicht, dem Studenten die während seines Studiums zu tragenden finanziellen Lasten abzunehmen, sondern eine nach Dauer und Höhe begrenzte, wesentliche Hilfe zum Tragen dieser Lasten zu gewähren. Wenn ferner die Mehrzahl der Jurastudenten ihr Studium nicht binnen 9 Semstern abschließen kann, stellt auch das keinen schwerwiegenden Grund i. S. d. § 15 III Nr. 1 BAföG dar. Diese Vorschrift hat Ausnahmecharakter. Auf Gründe, die nicht ausnahmsweise für einzelne Studierende zutreffen, sondern für die Mehrzahl gelten, kann ein Anspruch auf Leistung von Afö über die Förderungshöchstdauer nicht gestützt werden[22]. Schließlich kann der Ansicht des S nicht gefolgt werden, es sei nicht gerechtfertigt, daß gemäß § 15 III Nr. 4 BAföG derjenige, der die Abschlußprüfung nicht bestanden habe, Afö über die Förderungshöchstdauer hinaus erhalte, derjenige, der sich nicht zur Abschlußprüfung gemeldet habe, jedoch nicht. S macht damit geltend, die unterschiedliche Behandlung der beiden Personengruppen sei nicht durch für diese Differenzierung erhebliche Unterschiede zu rechtfertigen, die gesetzliche Regelung verstoße daher gegen Art. 3 I GG. Ein solcher Verstoß liegt jedoch nicht vor. Bei der dem Gesetzgeber bei der Regelung auf dem Gebiet der gewährenden Verwaltung zustehenden weiten Gestaltungsfreiheit ist es nicht zu beanstanden, daß er einem Studierenden, der die Abschlußprüfung nicht bestanden hat, eine

[21] OVG Münster, DVBl. 1976, 48.
[22] OVG Münster, DVBl. 1976, 48 (49).

Förderung gewährt, während er einem Studierenden, der seinen Ausbildungsstand nach Überschreiten der Förderungshöchstdauer nicht als ausreichend beurteilt, eine weitere Förderung vorenthält. Im übrigen könnte S, selbst wenn § 15 III Nr. 4 BAföG mit Art. 3 I GG nicht zu vereinbaren wäre, hieraus keinen Anspruch auf Weiterförderung über sein 9. Fachsemester hinaus herleiten. Die Verpflichtungsklage des S ist daher unbegründet.

c) Fachrichtungswechsel aus „wichtigem Grund"

Sachverhalt

S, der unter Inanspruchnahme von Afö 8 Semester Soziologie studiert hat und über gute bis sehr gute Leistungsnachweise verfügt, beginnt mit dem SS 1972 an der Universität U mit dem Studium der Architektur und begehrt dafür Ausbildungsförderung nach dem BAföG. Zur Begründung für den Fachrichtungswechsel trägt er vor, daß seine bei Aufnahme des Soziologiestudiums berechtigte Annahme, als Nur-Soziologe eine praktische Verwendung zu finden, sich später als falsch erwiesen habe. Dem zahlenmäßigen Anstieg der Soziologie-Studenten entspreche nicht der Ausbau der Stellenangebote. Daher halte er es für sinnvoll, die erworbenen Kenntnisse mit dem Studium eines Zusatzfachs zu verbinden. Dieses Fach habe er in der Architektur gefunden. Die Bewältigung städtebaulicher Aufgaben entspreche seinem speziellen Interesse. Er betrachte den Fachrichtungswechsel als sinnvollen Ausbau seines bisherigen Studiums, dem er sich planmäßig mit allen erforderlichen Leistungen unterzogen habe. Angesichts der gegebenen Umstände komme dem Abschluß des Soziologiestudiums mit Examen nur formale Bedeutung zu.

Entsprechend der Stellungnahme des gutachterlich gehörten Förderungsausschusses der Universität U, den Fachrichtungswechsel nicht zu befürworten, weil dem Abschluß des Soziologiestudiums keine triftigen Gründe entgegenstünden, wird der Förderungsantrag des S durch Bescheid vom 15. 6. 1972 und Widerspruchsbescheid vom 21. 2. 1973 abgelehnt. Darauf erhebt S am 10. 7. 1973 gegen den Rektor Klage vor dem VG[23].

Lösungsvorschlag

Die rechtzeitig eingereichte und als Verpflichtungsklage zu wertende Klage des S kann nur begründet sein, wenn S einen Anspruch auf Förderung seines Architekturstudiums hat. Dieser kann sich aus § 1 i. V. m. § 7 III BAföG ergeben. Danach wird Afö für eine andere Ausbildung geleistet, wenn der Antragsteller die Ausbildung aus wichtigem Grund abgebrochen oder die Fachrichtung gewechselt hat. Da S sich nicht exmatrikuliert, sondern auf Architektur umgesattelt hat, liegt Fachrichtungswechsel vor. Fraglich ist, ob S die Fachrichtung aus „wichtigem Grund" gewechselt hat. Wichtige Gründe können sein: mangelnde intellektuelle, psychische oder körperliche Eignung für die zunächst angestrebte Berufsausbildung oder Be-

[23] BVerwG, FamRZ 1976, 555.

rufsausübung sowie ein ernsthafter Wandel der Neigung oder – bei weltanschaulich geprägten oder gebundenen Berufen – der Weltanschauung oder der Konfession. Eine wesentliche Verschlechterung der beruflichen Arbeits- und Verdienstmöglichkeiten sowie eine Veränderung der für die künftigen Arbeitsmöglichkeiten maßgeblichen Lebensverhältnisse können ins Gewicht fallen, geben aber nicht ohne weiteres einen wichtigen Grund ab. Die dem wichtigen Grund zugrundeliegenden Tatsachen dürfen dem Antragsteller vor Aufnahme der Ausbildung nicht bekannt bzw. in ihrer Bedeutung nicht bewußt gewesen sein. Darüber hinaus sind für die Anerkennung eines wichtigen Grundes mit zunehmender Dauer der bisherigen Ausbildung gesteigerte Anforderungen zu stellen. Bei Erreichen der Förderungshöchstdauer kann ein wichtiger Grund in der Regel nur dann angenommen werden, wenn außergewöhnliche Umstände vorliegen, die eine Fortsetzung der Ausbildung objektiv unmöglich machen oder jedenfalls einen Fachrichtungswechsel unabweisbar erscheinen lassen; es ist in einem solchen Fall eine gleichsam existenzbeeinträchtigende Bedeutung des Grundes zu verlangen.

Die von S geltend gemachte Verschlechterung der Arbeits- und Verdienstmöglichkeiten für Soziologen reicht zur Anerkennung eines wichtigen Grundes nicht aus. Die Zukunftsperspektiven der verschiedensten Berufszweige sind mehr oder weniger konjunkturellen Schwankungen unterworfen, keinesfalls risikofrei und mit Erfolgs- oder Beständigkeitsgarantien für einen dauerhaften Verwendungseinsatz mit gleichbleibenden oder steigenden Verdienstmöglichkeiten verbunden. Das gilt auch für die Berufsaussichten des nunmehr von S angestrebten Architekturstudiums. Ein ernsthafter Wandel der Neigung, der eine Beendigung des Soziologiestudiums durch einen berufsqualifizierenden Abschluß unzumutbar erscheinen ließe, ist von S selbst nicht vorgetragen worden. Der Wandel hätte darüber hinaus, um ernsthaft in Betracht gezogen werden zu können, wesentlich früher als nach 8 Semestern erkennbar werden müssen. Schließlich sprechen die von S für das Fach Soziologie erbrachten Leistungsnachweise, die überwiegend gute bis sehr gute Einzelbewertungen aufweisen, dagegen, daß der Fachrichtungswechsel durch Leistungsabfall bestimmt wurde.

Der Nachweis für das Vorliegen der Voraussetzungen eines wichtigen Grundes ist nach den Regeln der materiellen Beweislast vom Auszubildenden zu führen. Da die von S vorgetragenen Tatsachen für die Annahme eines wichtigen Grundes für den vorgenommenen Fachrichtungswechsel nicht ausreichen, ist die Klage des S als unbegründet abzuweisen[24].

[24] Weitere Entscheidungen zur Frage des „wichtigen Grundes": OVG Berlin, NJW 1976, 1366; VGH Baden-Württemberg, FamRZ 1975, 521; OVG Hamburg, FamRZ 1976, 646.

d) Rückzahlung wegen Vorlesungsstreiks

Sachverhalt

S, Student der Hochschule H, erhält Afö nach dem BAföG. In der Zeit vom 19. 1. bis 6. 2. 1976 findet an der Hochschule aufgrund eines Beschlusses der Vollversammlung der Studenten ein sog. „Vorlesungsstreik" statt. Von der Verweigerung der Teilnahme an den Veranstaltungen sind Seminare, Übungen sowie sog. „Mittwochspraktika" ausgenommen. S bleibt während des obengenannten Zeitraums den Vorlesungen fern.

Darauf fordert der Rektor (AAF) mit Bescheid vom 31. 3. 1976 – unter Berufung auf §§ 2 V, 20 II BAföG – von S die für die Zeit vom 19. 1. bis 6. 2. 1976 geleistete Ausbildungsförderung i. H. v. 237,59 DM zurück. Obwohl S zwei Seminarscheine sowie eine Bescheinigung der Hochschule über Teilnahme an den „Mittwochspraktika" im WS 1975/76 beibringt (in der u. a. seine Teilnahme am „Mittwochspraktikum" vom 4. 2. 1976 bestätigt wird), wird sein Widerspruch mit Bescheid vom 30. 4. 1976 zurückgewiesen. Dagegen erhebt S mit Schreiben vom 15. 5. 1976 Klage vor dem örtlich zuständigen VG[25].

Lösungsvorschlag

Die von S fristgerecht erhobene Anfechtungsklage ist begründet, soweit der Rückforderungsbescheid rechtswidrig und S dadurch in seinen Rechten verletzt ist (§ 113 I 1 VwGO). Rechtswidrig ist der Rückforderungsbescheid, wenn für ihn keine rechtliche Grundlage besteht. Als Rechtsgrundlage kommen allein die Vorschriften der §§ 2 V und 20 II BAföG in Betracht.

Die Bestimmung des § 20 II BAföG besagt, daß der Förderungsbetrag für den Kalendermonat oder den Teil eines Kalendermonats zurückzuzahlen ist, in dem der Student die Ausbildung aus einem von ihm zu vertretenden Grund unterbrochen hat. Unter einer Unterbrechung ist nach allgemeiner Lebensanschauung völlige Einstellung jeglicher Aktivität in einer Richtung zu verstehen. S. ist zwar den Vorlesungen ferngeblieben; an Seminaren, Übungen sowie an einem „Mittwochpraktikum" hat er jedoch teilgenommen, was er durch entsprechende Bescheinigungen nachweisen kann. Demgegenüber fällt die Nichtteilnahme an den Vorlesungen nicht ins Gewicht. Im deutschen Hochschulbereich ist es üblich, sich das erforderliche Wissen – statt durch den Besuch von Vorlesungen – durch Bücherstudium anzueignen; es gilt der Grundsatz der Gleichwertigkeit des häuslichen Studiums mit dem Besuch von Vorlesungen. Demnach kann von einer Unterbrechung des Studiums i. S. d. § 20 II BAföG nicht die Rede sein.

Nach § 2 V BAföG wird Afö nur geleistet, wenn der Ausbildungsabschnitt mindestens ein Schul- oder Studienhalbjahr dauert und die Ausbil-

[25] BVerwG, DVBl. 1975, 434.

dung die Arbeitskraft des Studenten voll in Anspruch nimmt. Dieser Vorschrift liegt die Überlegung nahe, daß Afö in dem Fall nicht geleistet wird bzw. zurückgefordert werden kann, wenn die Ausbildung die Arbeitskraft des Studenten – etwa wegen Vorlesungsstreiks – nicht voll in Anspruch nimmt. Ein solcher Umkehrschluß ist jedoch ausgeschlossen, wenn ein bestimmter Sachkomplex anderweitig abschließend geregelt ist. Die Bestimmung des § 20 BAföG ist restriktiv angelegt und grenzt die Rückzahlungspflicht so ein, daß von einer abschließenden Regelung gesprochen werden muß[26]. Hat aber der Gesetzgeber die Möglichkeit der Rückforderung von Sozialleistungen restriktiv und damit abschließend geregelt, ist es nicht möglich, im Wege eines Umkehrschlusses eine weitere Rückzahlungspflicht zu begründen. Die Vorschrift des § 2 V BAföG ist als Rechtsgrundlage zur Rückforderung von Afö nicht anwendbar[27].

Der Rückforderungsbescheid der Hochschule ist mangels Rechtsgrundlage rechtswidrig. S ist durch die Rechtswidrigkeit des Bescheids auch in seinen Rechten verletzt (§ 113 I 1 VwGO). Seine Anfechtungsklage ist daher begründet.

e) Förderungsbedürftigkeit bei weiterer Ausbildung

Sachverhalt

S ist Student der Rechtswissenschaften. Von 1955 bis 1958 besucht er die Volksschule, im Anschluß daran die Realschule bis zur mittleren Reife. Danach durchläuft er eine Lehre als Industriekaufmann, die er mit dem Prüfungsergebnis „sehr gut" abschließt. In den Jahren 1967/68 ist er als Kaufmannsgehilfe tätig. Von 1968 bis 1971 besucht er eine betriebswirtschaftliche Fachhochschule, die er als „Betriebswirt grad." mit der Gesamtnote „gut" abschließt. Danach tritt er bei seiner früheren Ausbildungsfirma in ein Beschäftigungsverhältnis mit einem Anfangsgehalt von 2100,– DM brutto ein. Zum WS 1971/72 läßt sich S an der Universität U immatrikulieren. Er erhält volle Förderung nach dem BAföG „ohne Anrechnung des Elterneinkommens". Das Land L nimmt, nachdem eine entsprechende Überleitungsanzeige erfolgt ist, die Eltern des S, die 60 Jahre alt sind und monatlich 1500,– DM netto verdienen, für die Zeit vom 1. 10. 1971 bis 30. 9. 1973 im Regreßweg auf Zahlung von 3666,– DM in Anspruch[28].

Lösungsvorschlag

Die vom Land L vor dem Amtsgericht zu erhebende Klage (§§ 12 ZPO, 23 a Nr. 2 GVG) ist begründet, wenn die Eltern des S gemäß §§ 1601 ff., 1610 II BGB vom 1. 10. 1971 bis 30. 9. 1973 unterhaltspflichtig waren. Für die Frage, ob Eltern im Rahmen ihrer Unterhaltspflicht ihren Kindern

[26] Vgl. die Parallelvorschriften aus anderen Sozialleistungsbereichen, z. B. §§ 31 2. WoGG, 13 BKGG.
[27] Unklar insoweit BVerwG, DVBl. 1975, 434 (435).
[28] LG Hagen, NJW 1976, 111.

gegenüber zu einer weiteren Ausbildung verpflichtet sind, sind u. a. von Bedeutung: Lebensalter und Familienstand des Studenten, eigenständige Verdienstmöglichkeit des Studenten, Ausbildungsstand und wirtschaftliche Leistungsfähigkeit der Eltern, schließlich, inwieweit die Eltern eine erste Ausbildung bis zum berufsqualifizierenden Abschluß finanziert haben[29].

S hat aufgrund seiner ersten Ausbildung in verhältnismäßig jungen Jahren relativ gute eigenständige Verdienstmöglichkeiten erzielt. Sein wirtschaftlicher Bedarf ist gedeckt. Weitere Aufstiegschancen in seinem Alter sind gegeben. Die Eltern auf der anderen Seite sind 60 Jahre alt und verdienen netto nicht mehr als S. Eine Abwägung der beiderseitigen Belange führt dazu, daß die Eltern zur finanziellen Unterstützung des S nicht weiter verpflichtet werden können. Wenn Eltern ihrem Kind eine angemessene Ausbildung zuteil werden ließen und kurz vor Erreichen der Pensionsgrenze nicht mehr als ihr Kind verdienen, steht es ihnen zu, sich selbst etwas zu „gönnen". Sie dürfen ihr Einkommen zum eigenen Bedarf verwenden. Dazu gehört aber, ebenso wie bei ihrem Sohn, das Führen eines angemessenen Lebens, das S, der erst am Anfang seiner Laufbahn steht, als selbstverständlich für sich in Anspruch nimmt. Es muß der eigenwirtschaftlichen Entscheidung der Eltern überlassen bleiben, ob sie sich weiterhin für die Ausbildung eines Kindes engagieren, ebenso wie es dem volljährigen, beruflich vollausgebildeten Kind überlassen bleibt, ob es sich (auf eigene Kosten oder die des Staates, so dieser es wünscht oder fordert) weiter ausbildet[30].

Da S keinen Anspruch auf Finanzierung einer weiteren Ausbildung durch seine Eltern hat, ist die Klage des Landes L gegen die Eltern unbegründet[31].

f) Verhältnis von BAföG und BSHG

Sachverhalt

S, der Afö von monatlich 500,– DM erhält, beantragt beim zuständigen Sozialamt, ihm nach Maßgabe des BSHG zusätzliche Ausbildungshilfe zu gewähren. Zur Begründung trägt er vor, daß er mit der Afö von monatlich 500,– DM seinen Bedarf nicht decken könne. Nach erfolglosem Vorverfahren erhebt S Klage vor dem VG[32].

[29] Vgl. oben 1 b).

[30] LG Hagen, NJW 1976, 111 (112).

[31] Weitere Rechtsprechung zu dieser noch nicht abschließend geklärten Frage: LG Hamburg, FamRZ 1975, 114; LG Frankfurt, FamRZ 1976, 62; LG Wuppertal, FamRZ 1976, 378; LG Hannover, FamRZ 1976, 380; LG Lüneburg, FamRZ 1976, 379; OLG Stuttgart, FamRZ 1976, 381; OLG München, FamRZ 1976, 59; LG Berlin, FamRZ 1976, 122; OVG Berlin, NJW 1976, 988; OLG Nürnberg, FamRZ 1977, 70.

[32] BVerwG, NJW 1975, 2035 mit Anm. *Pagenkopf.*

Lösungsvorschlag

Die Verpflichtungsklage, die als Klageart in Betracht kommt, ist nur begründet, wenn Ausbildungshilfe nach den §§ 31 ff. BSHG – unter Beachtung des Nachranges der Sozialhilfe (§ 2 I BSHG) – neben den Leistungen nach dem BAföG in Betracht kommt. Das ist nach der Entstehungsgeschichte des BAföG zwar der Fall[33]; durch die nachträgliche Einfügung des § 31 IV BSHG ergibt sich jedoch etwas anderes. Danach wird Ausbildungshilfe nach dem BSHG nicht gewährt, wenn die Ausbildung im Rahmen des BAföG (oder des AFG) dem Grunde nach förderungsfähig ist. Das bedeutet, daß die Ausbildungshilfe nach dem BSHG die Afö nach dem BAföG nicht mehr ergänzen kann[34]. Die Klage des S ist daher unbegründet[35].

III. Arbeitsförderung

Gesetzliche Grundlagen

Arbeitsförderungsgesetz – AFG – vom 25. 6. 1969 (BGBl. I S. 582)
Arbeitslosenhilfe-Verordnung vom 7. 8. 1974 (BGBl. I S. 1929)
Verordnung über die Leistungssätze des Unterhaltsgeldes, des Kurzarbeitergeldes, des Schlechtwettergeldes, des Arbeitslosengeldes und der Arbeitslosenhilfe für das Jahr 1977 – AFG-Leistungsverordnung 1977 – vom 17. 12. 1976 (BGBl. I S. 3590)
Anordnung des Verwaltungsrates der Bundesanstalt für Arbeit zur Förderung der Arbeitsaufnahme (FdA-Anordnung) vom 18. 12. 1969 (ANBA 1970 S. 90)
Anordnung des Verwaltungsrates der Bundesanstalt für Arbeit über die individuelle Förderung der beruflichen Ausbildung – A Ausbildung – vom 31. 10. 1969 (ANBA 1970 S. 213) i. d. F. vom 11. 12. 1974 (ANBA 1975 S. 103)
Anordnung des Verwaltungsrates der Bundesanstalt für Arbeit über die Arbeits- und Berufsförderung Behinderter – A Reha – vom 31. 7. 1975 (ANBA S. 994)
Anordnung des Verwaltungsrates der Bundesanstalt für Arbeit über die individuelle Förderung der beruflichen Fortbildung und Umschulung – A Fortbildung und Umschulung – vom 23. 3. 1976 (ANBA S. 559)
Verordnung zur Förderung der beruflichen Fortbildung und Umschulung bei ungünstiger Beschäftigungslage vom 17. 12. 1976 (BGBl. I S. 3606)

[33] BT-Drucks. VI/1975, S. 26.
[34] Im Einzelfall kann Hilfe zum Lebensunterhalt in Betracht kommen.
[35] Anders noch zu Recht BVerwG, NJW 1975, 2035 (2036).

Literatur

a) Kommentare und Lehrbücher

Berndt/Draeger, Arbeitsvermittlung, Berufsberatung und Arbeitslosenversicherung, 1954 ff. (Losebl.-Slg.)
Fangmeyer/Ueberall, Gesetz zur Arbeitsvermittlung und Arbeitslosenversicherung, 5. Aufl., 1962 ff. (Losebl.-Slg.)
Hennig/Kühl/Heuer, Arbeitsförderungsgesetz, 1969 ff. (Losebl.-Slg.)
Krebs, Arbeitsförderungsgesetz, 1969 ff. (Losebl.-Slg.)
Schmitz/Specke/Picard, Arbeitsförderungsgesetz, 1969 ff. (Losebl.-Slg.)
Schieckel, Arbeitsförderungsgesetz, 1970 ff. (Losebl.-Slg.)
Weber/Paul, Arbeitsförderung, 1970 ff. (Losebl.-Slg.)
Schönefelder/Kranz/Wanka, Arbeitsförderungsgesetz, 1972 ff. (Losebl.-Slg.)
Geffers/Schwarz, Arbeitsförderungsgesetz, 1974 ff. (Losebl-Slg.)
Wertenbruch, Sozialverfassung-Sozialverwaltung, 1974, S. 100 ff.
Eckert/Maibaum/Schmidt/Schrader/Weber, Gemeinschaftskommentar zum Arbeitsförderungsgesetz (GK-AFG), 1976 ff. (Losebl.-Slg.)
Wertenbruch, Sozialverwaltungsrecht, in: *v. Münch.* Besonderes Verwaltungsrecht, 4. Aufl., 1976, S. 362 f., 383 ff.

b) Weitere Literatur

Institut für Sozialrecht der Ruhr-Universität Bochum, Die Werkstatt für Behinderte, 1972
Harald Bogs, Staatliche Regulierung von Arbeitskampf-Risiken (§§ 116, 70 AFG), VSSR 1 (1973), 126 ff.
Stingl, Die Bundesanstalt für Arbeit und ihre Bedeutung für die Arbeitsmarktpolitik, BABl. 1974, 265 ff.
Hoppe, Arbeitslosenhilfe nach dem AFG, ZfSH 1975, 97 ff.
Wirtz, Das Gesetz über Konkursausfallgeld, Der Kompaß 1975, 13 ff.
Hoppe, Arbeitsmarktpolitische Zweckmäßigkeit in neuer Sicht, Sozialer Fortschritt 1976, 217 ff.
Hoppe, Die Auswirkungen des AT-SGB auf das AFG, ZfS 1976, 168 ff., 193 ff.
Hoppe, Maßnahmen zur Arbeitsbeschaffung nach AFG, ZfSH 1976, 300 ff.
Hoppe, Sperrzeiten beim Arbeitslosengeld und bei der Arbeitslosenhilfe und der Begriff der Zumutbarkeit i. S. d. § 103 Abs. 1 AFG, ZfSH 1976, 225 ff.
Kuhn, Kurzarbeit und Kurzarbeitergeld, BlStSozArbR 1976, 65 ff., 135 f.
Rother, Die Werkstatt für Behinderte aus sozialpolitischer, pädagogischer und ökonomischer Sicht, NDV 1976, 272 ff.
Schneider, Zweifelsfragen zur Beitragsentrichtung nach dem Gesetz über Konkursausfallgeld, BlStSozArbR 1976, 260 ff.

1. Überblick

Zu den wichtigsten wirtschafts- und sozialpolitischen Aufgaben des Staates gehört die Gewährleistung eines möglichst hohen Beschäftigungsstandes der unselbständig Erwerbstätigen. Arbeitslosigkeit ist nicht nur für die Betroffenen mit Einkommensminderung verbunden. Mit hoher Arbeitslosenquote sind wirtschaftliche Nachteile und Einbußen für die gesamte Volkswirtschaft verbunden. Es gilt daher, durch geeignete wirtschaftspolitische und die notwendigen sozialpolitischen Maßnahmen ihre Ursachen zu beseitigen, die Wiedereingliederung arbeitsloser Arbeitnehmer (AN) in den Wirtschaftsprozeß zu ermöglichen und die finanziellen Auswirkungen einer Arbeitslosigkeit auf den einzelnen AN und seine Familie so gering wie möglich zu halten[1]. Demgemäß heißt es in § 1 AFG, der die Grundsätze dieses Gesetzes zusammenfaßt: „Die Maßnahmen nach diesem Gesetz sind im Rahmen der Sozial- und Wirtschaftspolitik der Bundesregierung darauf auszurichten, daß ein hoher Beschäftigungsstand erzielt und aufrechterhalten, die Beschäftigungsstruktur ständig verbessert und damit das Wachstum der Wirtschaft gefördert wird". Dementsprechend hat der einzelne, der am Arbeitsleben teilnimmt oder teilnehmen will, nach § 3 II AT-SGB ein Recht

— auf Beratung bei der Wahl des Bildungsweges und des Berufes
— auf individuelle Förderung seiner beruflichen Weiterbildung (Fortbildung und Umschulung)
— auf Hilfe zur Erlangung und Erhaltung eines angemessenen Arbeitsplatzes und
— auf wirtschaftliche Sicherung bei Arbeitslosigkeit und bei Zahlungsunfähigkeit des Arbeitgebers.

Dieses soziale Recht auf Arbeitsförderung, obwohl nicht Anspruchsgrundlage (§ 2 I 2 AT-SGB), ist bei der Auslegung, Lückenfüllung und Ermessensausübung im Rahmen des AFG zu berücksichtigen; der Rechtsanwender hat sogar „sicherzustellen", daß dieses soziale Recht möglichst weitgehend verwirklicht wird (§ 2 II AT-SGB). Im einzelnen versucht der Gesetzgeber, die Grundsätze des AFG und das von ihm anerkannte soziale Recht auf Arbeitsförderung durch folgende Maßnahmen zu verwirklichen (§ 19 I AT-SGB):

— Berufsberatung einschließlich der Beratung über Ausbildungsfragen sowie Vermittlung in berufliche Ausbildungsstellen
— Arbeitsberatung und Arbeitsvermittlung
— Zuschüsse und Darlehen zur Förderung
  a) der beruflichen Ausbildung, Fortbildung und Umschulung
  b) der Arbeitsaufnahme
  c) der beruflichen Eingliederung Behinderter
  d) des Winterbaus
  e) von Maßnahmen zur Arbeitsbeschaffung

[1] *Der Bundesminister für Arbeit und Sozialordnung (Hrsg.),* Übersicht über die soziale Sicherung, S. 207.

— Kurzarbeitergeld und Schlechtwettergeld
— Arbeitslosengeld, Arbeitslosenhilfe und Konkursausfallgeld.

Bei der Erbringung dieser Leistungen sind die ArbÄ und die sonstigen Dienststellen der Bundesanstalt für Arbeit (BA) zuständig (§ 19 II AT-SGB). Obgleich die BA vom Gesetzgeber als „rechtsfähige Körperschaft des öffentlichen Rechts" bezeichnet wird (§ 189 I AFG), ist sie im juristischen Sinne Anstalt des öffentlichen Rechts; entgegen der gesetzlichen Bestimmung stimmt also der Name „Bundesanstalt" mit dem Rechtsstatus überein[2]. Organe der BA sind der in § 190 AFG nicht gesondert aufgeführte Präsident, der die laufenden Verwaltungsgeschäfte zu führen (§ 209 Satz 1 Halbs. 1 AFG) und neben dem Vorstand (§ 208 AFG) die BA gerichtlich und außergerichtlich zu vertreten hat (§ 209 Satz 1 Halbs. 2 AFG), weiter der Verwaltungsrat (§ 190 Nr. 1 AFG), der Vorstand (§ 190 Nr. 2 AFG), schließlich die Verwaltungsausschüsse der LArbÄ (§ 190 Nr. 3 AFG) sowie die Verwaltungsausschüsse der ArbÄ (§ 190 Nr. 4 AFG).

a) Berufsberatung einschließlich der Beratung über Ausbildungsfragen sowie Vermittlung in berufliche Ausbildungsstellen

Die BA hat Jugendliche und Erwachsene vor Eintritt in das Berufsleben und während des Berufslebens in allen Fragen der Berufswahl (§ 25 AFG) und des beruflichen Fortkommens zu beraten, wobei sie Lage und Entwicklung des Arbeitsmarktes und der Berufe angemessen zu berücksichtigen hat (§ 26 I 1 und 2 AFG). Sie hat Ratsuchende auch in Fragen ihrer schulischen Bildung zu beraten, soweit diese für ihre Berufswahl und ihre berufliche Entwicklung von Bedeutung sind (§ 26 II AFG). Schließlich kann sie sich, soweit erforderlich, um Ratsuchende mit deren Einverständnis auch nach Beginn einer Berufsausbildung bemühen und sie beraten (§ 26 III AFG). Bei der Berufsberatung sind körperliche, geistige und charakterliche Eigenschaften, Neigung und persönliche Verhältnisse zu berücksichtigen (§ 27 I AFG). Soweit es zur Beurteilung der beruflichen Eignung Ratsuchender erforderlich ist, kann die BA sie mit deren Einverständnis psychologisch und ärztlich untersuchen und begutachten lassen (§ 27 II AFG). Bei der Berufsberatung soll die BA über Möglichkeiten zur Förderung der beruflichen Bildung unter den Voraussetzungen des Einzelfalles unterrichten (§ 28 AFG).

Unter „Vermittlung in berufliche Ausbildungsstellen" ist die Tätigkeit der BA zu verstehen, die auf das Zustandekommen beruflicher Ausbildungsverhältnisse gerichtet ist (§ 29 I AFG). Insoweit hat die BA darauf hinzuwirken, daß geeignete Ratsuchende in fachlich, gesundheitlich und

[2] *Wertenbruch*, Sozialverwaltungsrecht, S. 362.

erzieherisch einwandfreien Ausbildungsstellen untergebracht werden. Dabei sind die persönlichen Verhältnisse des Ratsuchenden und die besonderen Verhältnisse der freien beruflichen Ausbildungsstellen zu berücksichtigen (§ 29 II AFG).

Berufsberatung wie Vermittlung in berufliche Ausbildungsstellen sind unentgeltliche öffentliche Dienstleistungen (§ 11 Satz 1 AT-SGB). Da beide Rechtsinstitute von den faktischen Möglichkeiten der BA und ihren Dienststellen abhängen, handelt es sich um rechtlich relativ schwach ausgestaltete Ansprüche[3].

b) Arbeitsberatung und Arbeitsvermittlung

Unentgeltliche öffentliche Dienstleistungen sind auch Arbeitsberatung und Arbeitsvermittlung. Beide Rechtsinstitute sind infolge technischer und ökonomischer Veränderungen in besonders starker Weise einem Veränderungsprozeß unterworfen. So gewinnt im Bereich der Arbeitsvermittlung – wenn man von der Vermittlung ausländischer AN absieht – der qualitativ ausgerichtete Arbeitsmarktausgleich mehr und mehr an Bedeutung mit der Folge, daß für eine effektive Arbeitsvermittlung ständig neue Lösungen zu finden sind (z. B. Zeit-Personal-Vermittlung)[4]. Wie die auf Berufsberatung und Vermittlung in berufliche Ausbildungsstellen ausgerichteten Vorschriften, so räumen auch die Vorschriften über Arbeitsberatung und Arbeitsvermittlung dem einzelnen eine nur schwache Rechtsposition ein; die Ansprüche auf Arbeitsberatung und Arbeitsvermittlung reichen nicht weiter als die faktischen Möglichkeiten der Arbeitsverwaltung[5]. Entsprechend sind die einschlägigen gesetzlichen Bestimmungen formuliert. Zur Arbeitsberatung heißt es: Die BA hat AN und AG auf Verlangen – auch unabhängig von der Arbeitsvermittlung – über die Lage auf dem Arbeitsmarkt, die Entwicklung in den Berufen, die Notwendigkeit und Möglichkeiten der beruflichen Bildung und deren Förderung sowie über die Förderung der Arbeitsaufnahme zu unterrichten und in Fragen der Wahl oder Besetzung von Arbeitsplätzen zu beraten. Die Arbeitsberatung ist auf die Anliegen der Ratsuchenden, bei ANn auch auf ihre Kenntnisse und Fertigkeiten und bei AGn auf ihre betrieblichen Belange abzustellen (§ 15 AFG). Arbeitsvermittlung wird vom Gesetzgeber als Tätigkeit bezeichnet, die darauf gerichtet ist, Arbeitsuchende mit AGn zur Begründung von Arbeitsverhältnissen oder mit Auftraggebern oder Zwischenmeistern zur Begründung von Heimarbeitsverhältnissen i. S. d. Heimarbeitsgesetzes zusammenzuführen (§ 13 I AFG). Arbeitsvermittlung sind auch die Herausgabe und der

[3] *Wertenbruch,* Sozialverwaltungsrecht, S. 384.
[4] *Der Bundesminister für Arbeit und Sozialordnung (Hrsg.),* Fußn. 1, S. 208.
[5] *Wertenbruch,* Sozialverwaltungsrecht, S. 362.

Vertrieb sowie der Aushang von Listen über Stellenangebote und Stellengesuche, einschließlich der den Listen gleichzuachtenden Sonderdrucke und Auszüge aus periodischen Druckschriften sowie die Bekanntgabe von Stellenangeboten und Stellengesuchen im Ton- und Fernsehrundfunk (§ 13 II 1 AFG).

c) Zuschüsse und Darlehen

Stärker als die auf öffentliche unentgeltliche Dienstleistung ausgerichteten Rechtspositionen sind die Ansprüche ausgeprägt, die sich auf Zuschüsse und Darlehen zur Förderung aa) der beruflichen Ausbildung, Fortbildung und Umschulung, bb) der Arbeitsaufnahme, cc) der beruflichen Eingliederung Behinderter, dd) des Winterbaus, sowie ee) von Maßnahmen zur Arbeitsbeschaffung beziehen.

aa) Die individuellen Förderungsmöglichkeiten der beruflichen Ausbildung, Fortbildung und Umschulung (§§ 33 bis 52 AFG), auf die ein Anspruch besteht[6], sollen es dem einzelnen ermöglichen, sich den steigenden Anforderungen einer sich verändernden Berufswelt in unserer entwickelten Industriegesellschaft anzupassen[7]. Die Abgrenzung der einzelnen beruflichen Bildungsmaßnahmen hat nach Sinn und Zweck zu erfolgen:

„Berufsausbildung" kann immer nur die erste zu einem Abschluß führende Bildungsmaßnahme in ein und derselben Berufsrichtung sein[8]. Zu ihrer Förderung gewährt die BA Jugendlichen und Erwachsenen für eine geeignete berufliche Ausbildung in Betrieben oder überbetrieblichen Einrichtungen sowie für die Teilnahme an Grundausbildungs- und anderen berufsvorbereitenden Maßnahmen Zuschüsse und – in Ausnahmefällen – zinslose Darlehen, um wirtschaftliche Schwierigkeiten zu überwinden, die einer angemessenen beruflichen Qualifizierung entgegenstehen. Den Umfang der Förderung hat die BA durch Anordnung bestimmt, in der das Nähere über Voraussetzung, Art und Umfang der Förderung enthalten ist[9]. Danach werden als Bedarf für den Lebensunterhalt eines Auszubildenden, der verheiratet ist oder das 21. Lebensjahr vollendet hat, 520,– DM monatlich zugrundegelegt (§ 12 I A Ausb.); bei Unterbringung in einem Wohnheim werden die amtlich anerkannten Kosten getragen (§ 12 II A Ausb.). Eine Förderung der beruflichen Ausbildung ist nur möglich, soweit die zu fördernden Personen die erforderlichen Mittel nicht selbst aufbringen können und ihren Unterhaltsverpflichteten die Aufbringung der Mittel üblicherweise nicht zugemutet werden kann. Bei der Berechnung der Berufs-

[6] Vgl. aber §§ 37 bis 39 AFG.
[7] *Der Bundesminister für Arbeit und Sozialordnung (Hrsg.),* Fußn. 1, S. 211.
[8] *Krebs,* § 40, Anm. 2.
[9] A Ausb, abgedruckt u. a. in *Luber,* Deutsche Sozialgesetze, Nr. 661.

ausbildungsbeihilfen wird daher das Einkommen (§ 18 A Ausb) des Auszubildenden selbst, seines Ehegatten und – bei Minderjährigen und Unverheirateten – das Einkommen der Eltern berücksichtigt (§ 10 A Ausb.). Von dem anrechenbaren Einkommen werden als Freibeträge z. Z. monatlich für den Haushaltsvorstand 950,– DM, für den Ehegatten 250,– DM, für jedes unverheiratete Kind 200,– DM abgesetzt (§ 16 I A Ausb.).

„Fortbildung" ist in demselben Sinne zu verstehen wie in § 1 III BBiG[10]; sie soll es ermöglichen, die beruflichen Kenntnisse und Fertigkeiten festzustellen, zu erhalten, zu erweitern, der technischen Entwicklung anzupassen oder beruflich aufzusteigen; vorausgesetzt wird eine abgeschlossene Berufsausbildung (Ablegung der entsprechenden Prüfungen) oder aber eine angemessene Berufserfahrung (§ 41 I AFG), die den ASt in den Stand setzt, einen Beruf auszuüben, der durch die Maßnahmen gefördert werden soll[11]. In der Regel sind solche Maßnahmen als förderungswürdige Fortbildungsmaßnahmen anzusehen, die auf einen beruflichen Aufstieg, auf die Anpassung vorhandener Kenntnisse und Fähigkeiten an die beruflichen Anforderungen, auf den Eintritt oder Wiedereintritt weiblicher Arbeitsuchender in das Berufsleben, auf eine bisher fehlende Abschlußprüfung, auf die Heranbildung oder Fortbildung von Ausbildungskräften sowie auf die Wiedereingliederung älterer Arbeitsuchender in das Berufsleben ausgerichtet sind[12]. Die Teilnahme an einer Fortbildungsmaßnahme wird nur gefördert, wenn sie länger als 2 Jahre dauert; diese zeitliche Begrenzung gilt nicht für Fortbildungsmaßnahmen, die neben der beruflichen Tätigkeit, also im Rahmen berufsbegleitenden Unterrichts durchgeführt werden (§ 41 III AFG)[13].

Unter „Umschulung" schließlich sind, wie sich aus § 47 I 1 AFG ergibt, Maßnahmen zu verstehen, die das Ziel haben, den Übergang in eine andere geeignete berufliche Tätigkeit zu ermöglichen, insbesondere um die berufliche Beweglichkeit zu sichern oder zu verbessern. Es sind insbesondere solche Maßnahmen, die einen Mangel an qualifizierten Arbeitskräften vermeiden oder beheben sowie qualitative wie quantitative Unterbeschäftigung verhüten oder beenden[14]. Kann Arbeitslosigkeit beschäftigter Arbeitsuchender durch Umschulung vermieden werden, so ist diese so früh wie möglich durchzuführen. Die Teilnahme an einer Umschulungsmaßnahme soll in der Regel nur gefördert werden, wenn diese nicht länger als

[10] *Hennig/Kühl/Heuer,* § 41. Anm. 2.
[11] *Krebs,* § 41, Anm. 3.
[12] *Der Bundesminister für Arbeit und Sozialordnung (Hrsg.).* Fußn. 1, S. 213.
[13] Das Nähere über Voraussetzungen, Art und Umfang der Förderung ergibt sich aus der A Fortbildung und Umschulung, abgedruckt u. a. in *Luber,* Deutsche Sozialgesetze, Nr. 662.
[14] *Der Bundesminister für Arbeit und Sozialordnung (Hrsg.),* Fußn. 1, S. 213.

2 Jahre dauert (§ 47 III AFG). Förderungsfähig sind alle Personen, die geeignet sind und deren Förderung insbesondere nach Lage und Entwicklung des Arbeitsmarktes zweckmäßig erscheint[15].

bb) Die Leistungen zur Förderung der Arbeitsaufnahme (§§ 53 bis 55 AFG), über die die BA nach pflichtgemäßem Ermessen zu entscheiden hat (§ 39 I 1 AT-SGB), sollen die regionale Mobilität der AN erhöhen und finanzielle Hindernisse beseitigen, die einer Arbeitsaufnahme im Wege stehen. Als Leistungen an Arbeitsuchende kommen in Betracht: Zuschuß zu Bewerbungskosten; Zuschuß zu Reise- und Umzugskosten; Arbeitsausrüstung; Trennungsbeihilfe, wenn die Arbeitsaufnahme die Führung eines getrennten Haushalts erfordert; Überbrückungsbeihilfe bis zur Dauer von 2 Monaten; Begleitung bei Sammelfahrten zur Arbeitsaufnahme an einen auswärtigen Beschäftigungsort; sonstige Hilfen, die sich zur Erleichterung der Arbeitsaufnahme als notwendig erweisen (§ 53 I 1 AFG). Als Leistungen an AG kommen Zuschüsse oder Darlehen zur beruflichen Eingliederung solcher Arbeitsuchender in Betracht, deren Unterbringung unter den üblichen Bedingungen des Arbeitsmarktes erschwert ist. Diese Leistungen sollen in der Regel 60 % des tariflichen, oder, soweit eine tarifliche Regelung nicht besteht, des ortsüblichen Arbeitsentgelts nicht übersteigen. Sie werden nicht länger als 2 Jahre gewährt (§ 54 I AFG). Schließlich kann die BA, wenn dies nach Lage und Entwicklung des Arbeitsmarktes zweckmäßig ist, durch Darlehen oder Zuschüsse die Errichtung von AN- oder Jugendwohnheimen fördern (§ 55 I AFG)[16].

cc) Um körperlich, geistig oder seelisch Behinderte zu befähigen, eine Beschäftigung aufzunehmen oder wieder aufzunehmen, hat die BA Maßnahmen zu treffen, die geeignet sind, die Erwerbsfähigkeit zu erhalten, zu verbessern oder herzustellen (§ 56 I AFG). Den Behinderten stehen solche Personen gleich, denen eine Behinderung droht. Als Maßnahmen zur individuellen Hilfe kommen insbesondere in Betracht: Arbeits- und Berufsberatung Behinderter; Leistungen zum Zweck der Ausbildung behinderter Berufsanwärter; Leistungen zur Erhaltung, Wiedergewinnung oder Erhöhung der Fertigkeit im bisherigen Beruf, Leistungen zur Ausbildung für einen anderen Beruf, Leistungen zur Erhaltung oder Erlangung einer Arbeits- und Ausbildungsstelle sowie Geldleistungen, insbesondere das Übergangsgeld (§ 56 II, III AFG).

Neben diesen individuellen Hilfen spielen die sog. institutionellen Hilfen zur beruflichen Eingliederung Behinderter eine Rolle. Hier ist die

[15] Weitere Einzelheiten ergeben sich aus der A Fortbildung und Umschulung, Fußn. 13.

[16] Das Nähere über Voraussetzungen, Art und Umfang der Förderung ergibt sich aus der FdA Anordnung, abgedruckt u. a. in *Luber,* Deutsche Sozialgesetze, Nr. 664.

Werkstatt für Behinderte (WfB) zu nennen. Ihre Begriffsbestimmung findet sich in § 52 SchbG. Danach ist die WfB eine Einrichtung zur Eingliederung Behinderter in das Arbeitsleben; sie soll denjenigen, die wegen Art und Schwere der Behinderung nicht, noch nicht oder noch nicht wieder auf dem allgemeinen Arbeitsmarkt tätig sein können, einen Arbeitsplatz oder Gelegenheit zur Ausübung einer geeigneten Tätigkeit bieten. Sie muß es den Behinderten ermöglichen, ihre Leistungsfähigkeit zu entwickeln, zu erhöhen oder wiederzugewinnen und ein dem Leistungsvermögen angemessenes Arbeitsentgelt zu erreichen. Dazu soll sie über ein möglichst breites Angebot an Arbeitsplätzen und Plätzen für Arbeitstraining sowie eine Ausstattung mit begleitenden Diensten verfügen. Die WfB soll allen Behinderten offenstehen, unabhängig von Art und Schwere der Behinderung, sofern sie in der Lage sind, ein Mindestmaß wirtschaftlich vertretbarer Arbeitsleistung zu erbringen.

Dieser gesetzlich umschriebene Werkstattbegriff gilt nicht nur für den unmittelbaren Anwendungsbereich des SchbG; er hat auch Eingang in das Gesetz über die Sozialversicherung Behinderter gefunden (§ 1 II BehVersG), in das Sozialhilferecht (§ 40 III BSHG) und das AFG (§ 61 I AFG). So „kann" die BA Darlehen und Zuschüsse für Aufbau, Erweiterung und Ausstattung von Werkstätten für Behinderte gewähren (§ 61 I Halbs. 1 AFG). Zu den Grundsätzen, die nach Auffassung des Bundesministers für Arbeit und Sozialordnung im Zusammenhang mit der Errichtung von Werkstätten für Behinderte zu beachten sind, gehören u. a.[17]:

— Die WfB soll den Behinderten, die auf dem allgemeinen Arbeitsmarkt keinen Arbeitsplatz finden können, eine berufliche Eingliederung ermöglichen und ihr Recht auf Arbeit verwirklichen
— Es gilt der Grundsatz der einheitlichen Werkstatt, um ein Nebeneinander von Werkstätten mit leistungsfähigen und solchen mit weniger leistungsfähigen Behinderten auszuschließen
— Die Anwendung der Normen des allgemeinen Arbeitsrechts auf die Arbeits- oder Beschäftigungsverhältnisse in der WfB ist schrittweise anzustreben
— Die WfB soll soweit wie möglich wirtschaftliche Arbeitsergebnisse anstreben und einen Teil der Kosten durch eigene Erträge aufbringen
— Wegen ihrer besonderen Aufgabenstellung soll die WfB außerhalb von Anstalten räumlich und organisatorisch selbständig sein.

dd) Die Winterbauförderung (§§ 74 bis 82 AFG) zielt auf die Erhaltung der witterungsabhängigen Arbeitsplätze der Bauindustrie im Winter ab. Sie soll dahin wirken, daß Bauarbeiter und Baustellen vor den nachteiligen Folgen des Winterwetters ausreichend geschützt werden, damit die Bauar-

[17] Sozialpolitische Informationen vom 27. 10. 1975, S. 70 f.

beiten bei zumutbaren Bedingungen ohne nennenswerte Unterbrechungen fortgeführt werden können[18]. Den AGn werden als Leistungen der produktiven Winterbauförderung Investitionskostenzuschüsse, Mietkostenzuschüsse (§ 77 AFG) sowie Mehrkostenzuschüsse (§ 78 AFG) gewährt. Die AN in Betrieben des Baugewerbes, die auf einem witterungsabhängigen Arbeitsplatz beschäftigt sind, erhalten für jede in der Zeit vom 16. 12. bis 15. 3. (mit Ausnahme der Zeit vom 25. 12. bis 1. 1.) geleistete Arbeitsstunde 2,– DM, wenn bei witterungsbedingtem Arbeitsausfall Anspruch auf SWG bestanden hätte (§ 80 AFG).

ee) Zuschüsse und Darlehen werden von der BA schließlich im Rahmen von Maßnahmen zur Arbeitsbeschaffung gewährt (§§ 91 bis 99 AFG). Voraussetzung ist, daß die Arbeiten sonst nicht, nicht in demselben Umfang oder erst zu einem späteren Zeitpunkt durchgeführt würden (§ 91 II AFG). Bevorzugt zu fördern sind Arbeiten, die geeignet sind, die Voraussetzungen für die Beschäftigung von Arbeitslosen in Dauerarbeit zu schaffen, insbesondere die Folgen von Strukturveränderungen oder der technischen Entwicklung auszugleichen, strukturverbessernde Maßnahmen vorzubereiten, zu ermöglichen oder zu ergänzen oder Arbeitsgelegenheiten für längerfristig Arbeitslose zu schaffen (§ 91 III AFG). Neben juristischen Personen des öffentlichen Rechts können auch private Unternehmen oder sonstige Einrichtungen Zuschüsse erhalten, wenn durch die Förderung eine Belebung des Arbeitsmarktes in wirtschafts- oder sozialpolitisch erwünschter Weise zu erwarten ist (§ 92 II AFG). Die Förderung wird nur für AN gewährt, die vom ArbA zugewiesen sind (§ 93 I 1 AFG). Die Zuschüsse betragen mindestens 60 % des Arbeitsentgelts, das die zugewiesenen AN für die innerhalb der Arbeitszeit geleisteten Arbeitsstunden erhalten haben (§ 94 AFG). Die Förderung ist vor Beginn der Maßnahme beim ArbA zu beantragen (§ 95 AFG). Zum Zweck der Arbeitsbeschaffung für ältere AN kann die BA AGn zu den Lohnkosten zusätzlich eingestellter älterer AN bis zu 50 % des tariflichen oder ortsüblichen Arbeitsentgelts erstatten, soweit dies nach Lage und Entwicklung am Arbeitsmarkt zweckmäßig erscheint, um die Arbeitslosigkeit älterer AN zu beheben (§ 97 AFG). Weiter kann die BA AGn für den Aufbau, die Erweiterung und die Ausstattung von Betrieben oder Betriebsabteilungen, in denen ältere AN beschäftigt werden sollen, Darlehen oder Zuschüsse gewähren (§ 98 AFG)[19].

[18] *Der Bundesminister für Arbeit und Sozialordnung (Hrsg.),* Fußn. 1, S. 222.

[19] Das Nähere über Voraussetzungen, Art, Umfang und Überwachung der Förderung ergibt sich aus der Anordnung des Verwaltungsrats der BA über Maßnahmen zur Arbeitsbeschaffung für ältere Arbeitnehmer i. d. F. der 1. Änd. Anordn. vom 10. 9. 1974 (ANBA 1975, S. 687).

d) Kurzarbeitergeld und Schlechtwettergeld

aa) KuG (§§ 63 bis 73 AFG) wird solchen ANn gewährt, die infolge wirtschaftlicher Entwicklung ein vermindertes oder gar kein Arbeitsentgelt beziehen, sofern zu erwarten ist, daß durch die Gewährung des KuG den ANn die Arbeitsplätze und dem Betrieb die eingearbeiteten AN erhalten bleiben (§ 63 I 1 AFG). Voraussetzungen sind u. a. (§ 64 I AFG),

— daß ein Arbeitsausfall eintritt, der auf wirtschaftlichen Ursachen einschließlich betrieblichen Strukturveränderungen oder auf einem unabwendbaren Ereignis beruht
— daß der Arbeitsausfall unvermeidbar ist
— daß wenigstens 4 Wochen lang für mindestens ein Drittel der Belegschaft, danach 4 Wochen lang für mindestens ein Zehntel der beschäftigen AN mehr als 10 % der Arbeitszeit ausfällt
— daß der Arbeitsausfall dem ArbA angezeigt wird.

KuG wird nicht gewährt, wenn der Arbeitsausfall branchenüblich, betriebsüblich oder saisonbedingt ist oder ausschließlich auf betriebsorganisatorischen Gründen beruht (§ 64 III AFG). Gewährt wird KuG für längstens 6 Monate (§ 67 I 1 AFG); der Bundesminister für Arbeit und Sozialordnung kann jedoch bei außergewöhnlichen Verhältnissen auf dem Arbeitsmarkt durch Rechtsverordnung bestimmen, daß sich die Bezugsfrist auf 24 Monate verlängert (§ 67 II Nr. 2 AFG). Anspruch auf KuG hat, wer nach Beginn seines Arbeitsausfalls in einem Betrieb, in dem KuG gewährt wird, eine beitragspflichtige Beschäftigung ungekündigt fortsetzt oder aus zwingenden Gründen aufnimmt und infolge des Arbeitsausfalls ein vermindertes oder gar kein Arbeitsentgelt bezieht (§ 65 I AFG). Zum anspruchsberechtigten Personenkreis gehören auch solche AN, die wegen Vollendung des 63. Lebensjahres der Beitragspflicht nicht unterliegen. Gewährt wird das KuG für die Ausfallstunden. Seine Höhe bemißt sich nach dem Arbeitsentgelt, das der AN ohne den Arbeitsausfall in der Stunde erzielt hätte und nach der Zahl der Arbeitsstunden, die er am Ausfalltag innerhalb der Arbeitszeit geleistet hätte (§ 68 I AFG). Das KuG beträgt 68 % des um die gesetzlichen Abzüge, die bei ANn gewöhnlich anfallen, verminderten Arbeitsentgelts. Der Bundesminister für Arbeit und Sozialordnung bestimmt die Leistungssätze jeweils für ein Kalenderjahr durch Rechtsverordnung (§ 68 IV AFG)[20].

bb) Durch die Gewährung von SWG (§§ 83 bis 89 AFG) werden Lohnausfälle vergütet, die Bauarbeitern durch witterungsbedingte Arbeitsausfälle in der Schlechtwetterzeit (November bis März) entstehen (§ 83 AFG). Voraussetzungen sind u. a. (§ 84 I AFG),

[20] Siehe die AFG-Leistungsverordnungen, abgedruckt u. a. in *Luber*, Deutsche Sozialgesetze, Nr. 632 ff.

— daß der Arbeitsausfall ausschließlich durch zwingende Witterungsgründe verursacht ist
— daß an einem Arbeitstag mindestens eine Stunde der Arbeitszeit i. S. d. § 69 AFG ausfällt (Ausfalltag)
— daß der Arbeitsausfall dem ArbA unverzüglich angezeigt wird.

Anspruch auf SWG hat, wer bei Beginn des Arbeitsausfalls auf einem witterungsabhängigen Arbeitsplatz als Arbeiter in einer die Beitragspflicht begründenden Beschäftigung steht und infolge des Arbeitsausfalls für die Ausfallstunden kein Arbeitsentgelt bezieht (§ 85 I AFG). Die Höhe des SWG bemißt sich – ähnlich wie die des KuG – nach dem Arbeitsentgelt, das der Arbeiter ohne den Arbeitsausfall in der Arbeitsstunde erzielt hätte, und nach der Zahl der Arbeitsstunden, die er am Ausfalltag innerhalb der Arbeitszeit geleistet hätte (§§ 86 I, 68 I AFG). Die Leistungssätze ergeben sich wie für das KuG aus der AFG-Leistungsverordnung[21].

e) Arbeitslosengeld, Arbeitslosenhilfe, Konkursausfallgeld

aa) Anspruch auf AlG hat, wer arbeitslos ist, der Arbeitsvermittlung zur Verfügung steht, die Anwartschaft erfüllt, sich beim ArbA arbeitslos gemeldet und Arbeitslosengeld beantragt hat (§ 100 I AFG).

Arbeitslos ist ein AN, der vorübergehend nicht in einem Beschäftigungsverhältnis steht oder nur eine geringfügige Beschäftigung ausübt (§ 101 I 1 AFG). Der Arbeitsvermittlung steht zur Verfügung, wer eine Beschäftigung unter den üblichen Bedingungen des allgemeinen Arbeitsmarktes ausüben kann und darf und bereit ist, jede zumutbare Beschäftigung anzunehmen (§ 103 I 1 AFG). Die Anwartschaft erfüllt, wer in den letzten 3 Jahren vor der Arbeitslosmeldung 26 Wochen oder 6 Monate in einer die Beitragspflicht begründenden Beschäftigung gestanden hat (§ 104 I 1 AFG). Die Dauer des Anspruchs auf AlG richtet sich nach der Dauer der die Beitragspflicht begründenden Beschäftigung innerhalb der letzten 3 Jahre vor der Arbeitslosmeldung (§ 106 I AFG). Sie beträgt bei Mindesterfüllung der Anwartschaft 78 Tage, im Höchstfall 312 Tage (§ 106 I AFG). Das AlG beträgt 68 % des um die gesetzlichen Abzüge, die bei ANn gewöhnlich anfallen, verminderten Arbeitsentgelts (§ 111 I AFG). Während des Bezuges von AlG ist der Arbeitslose kranken- und unfallversichert (§§ 155 ff., 165 AFG; § 539 I Nr. 4 RVO).

Der Anspruch auf AlG ruht in der Zeit, für die der Arbeitslose Arbeitsentgelt erhält oder zu beanspruchen hat (§ 117 I AFG); er ruht ferner, wenn dem Arbeitslosen ein Anspruch zuerkannt ist auf Unterhaltsgeld, Krankengeld, Mutterschaftsgeld, Übergangsgeld, Rente wegen Erwerbsunfähigkeit oder Altersruhegeld (§ 118 I AFG); schließlich ruht der An-

[21] Vgl. Fußn. 20.

spruch während der Zeit, in welcher der Arbeitlose als ordentlicher Studierender eine Hochschule oder eine sonstige der wissenschaftlichen oder fachlichen Ausbildung dienende Schule besucht (§ 118 II AFG).

AlG ist persönlich zu beantragen. Wenn das ArbA den Arbeitslosen dazu auffordert, hat er sich in der Zeit, für die er Anspruch auf Arbeitslosengeld erhebt, beim ArbA zu melden (§ 132 I 1 Halbs. 1 AFG). Kommt der Arbeitslose einer Meldeaufforderung des ArbA trotz Belehrung über die Rechtsfolgen ohne wichtigen Grund nicht nach, so ist das Arbeitslosengeld für 6 Wochentage zu versagen (§ 120 AFG).

Durch die Gewährung von AlG darf nicht in Arbeitskämpfe eingegriffen werden. Die BA darf das Kräfteverhältnis der Tarifpartner im Arbeitskampf weder durch Gewährung noch durch Nichtgewährung von Leistungen verändern[22]. Die BA kann Näheres durch Anordnung bestimmen (§ 116 AFG)[23].

bb) Anspruch auf AlH hat, wer – nach Erfüllen der allgemeinen Voraussetzungen, die für die Arbeitslosenversicherung gelten – keinen Anspruch auf AlG hat, weil er die Anwartschaftszeit nicht erfüllt, bedürftig ist und innerhalb eines Jahres vor der Arbeitslosmeldung, die dem Antrag auf AlH vorausgeht, AlG bezogen oder mindestens 10 Wochen in entlohnter Beschäftigung gestanden hat oder mindestens 26 Wochen eine Schule oder Hochschule besucht und diese Ausbildung abgeschlossen hat (§ 134 I AFG). Bedürftig ist der Arbeitslose, soweit er seinen Lebensunterhalt nicht auf andere Weise als durch die AlH bestreitet oder bestreiten kann und das Einkommen, das zu berücksichtigen ist, die AlH nicht erreicht (§ 137 AFG). Bedürftigkeit besteht nicht, solange mit Rücksicht auf das Vermögen des Arbeitslosen, das Vermögen seines im gemeinsamen Haushalt lebenden Ehegatten oder das Vermögen seines im gemeinsamen Haushalt lebenden leiblichen Eltern oder Kinder die Gewährung von AlH offenbar nicht gerechtfertigt ist (§ 137 II AFG). Die AlH beträgt 58 % des um die gesetzlichen Abzüge, die bei ANn gewöhnlich anfallen, verminderten Arbeitsengelts (§ 136 I AFG)[24].

cc) Anspruch auf KauG hat ein AN, der bei Eröffnung des Konkursverfahrens über das Vermögen seines AGs für die letzten 3 Monate vor Eröffnung des Konkursverfahrens noch Anspruch auf Arbeitsentgelt hat (§ 141 b I AFG). Der Eröffnung des Konkursverfahrens stehen die Abweisung des Antrags auf Eröffnung des Konkursverfahrens mangels Masse und die vollständige Beendigung der Betriebstätigkeit im Bundesgebiet und im Land Berlin gleich; im letzteren Fall ist für die Gleichstellung allerdings

[22] BSG, NJW 1976, 698. Vgl. unten 2 d).

[23] Neutralitäts-Anordnung vom 22. 3. 1973 (ANBA S. 365).

[24] Näheres bei *Hoppe,* ZfSH 1975, 97 ff.

weitere Voraussetzung, daß ein Antrag auf Eröffnung des Konkursverfahrens nicht gestellt worden ist und ein Konkursverfahren offensichtlich mangels Masse nicht in Betracht kommt (§ 141 b III AFG)[25]. Zu den durch die Konkursausfallversicherung gedeckten Ansprüchen auf Arbeitsentgelt gehören alle Ansprüche aus dem Arbeitsverhältnis, die Masseschulden nach § 59 I Nr. 3 a KO sein können (§ 141 b II AFG), mithin auch die Bezüge aus einem Berufsbildungsverhältnis und einem Heimarbeitsverhältnis. Wie die übrigen Leistungen nach dem AFG, wird KauG nur auf Antrag gewährt (§ 141 e I 1 AFG). Um es dem ArbA zu ermöglichen, den Gesamtumfang der Ansprüche zügig festzustellen und die nach § 141 m AFG auf die BA übergegangenen Ansprüche auf Arbeitsentgelt beim Konkursverwalter (KV) anzumelden, ist der Antrag innerhalb einer Ausschlußfrist von 2 Monaten nach Eröffnung des Konkursverfahrens zu stellen (§ 141 e I 2 AFG). Während der Antrag bei jedem ArbA im Bundesgebiet oder im Land Berlin gestellt werden kann (§ 141 e I 3 AFG), ist für die Leistungsgewährung das ArbA zuständig, in dessen Bezirk die für den AN zuständige Lohnabrechnungsstelle des AGs liegt. Für den Fall, daß der AG keine Lohnabrechnungsstelle im Geltungsbereich dieses Gesetzes hat, ist das ArbA zuständig, in dessen Bezirk das Konkursgericht seinen Sitz hat (§ 141 e II AFG); die Zuständigkeit des Konkursgerichts folgt aus § 71 KO. Einen Antrag setzt auch die Gewährung eines Vorschusses auf KauG voraus. Weitere Voraussetzung für die Gewährung eines Vorschusses ist die Vorlage einer Bescheinigung über die letzte Arbeitsentgeltabrechnung und eine schriftliche Erklärung des AGs, des KVs, eines für die Lohnabrechnung des AGs zuständigen ANs oder des Betriebsrates über den Zeitraum und den Umfang der noch nicht erfüllten Ansprüche auf Arbeitsentgelt (§ 141 f I AFG). In seiner Höhe entspricht das KauG dem vom AN noch zu beanspruchenden Nettoarbeitsentgelt für die letzten 3 Monate vor der Eröffnung des Konkursverfahrens (§ 141 d AFG); eine Leistungsbemessungsgrenze, wie es sie z. B. in der GKV gibt, kennt die Konkursausfallversicherung nicht.

Dritten steht ein Anspruch auf KauG zu, soweit ihnen vor Stellung des Antrags auf KauG Ansprüche auf Arbeitsentgelt übertragen oder zu ihren Gunsten gepfändet oder verpfändet worden sind; einen Vorschuß können sie jedoch nur erhalten, wenn die Übertragung, Pfändung oder Verpfändung wegen einer gesetzlichen Unterhaltspflicht erfolgt ist (§ 141 k AFG). Eine Übertragung, Pfändung oder Verpfändung des Anspruchs auf KauG ist nur unter den Voraussetzungen des § 141 l AFG möglich.

Noch nicht entrichtete Pflichtbeiträge zur GKV und zur GRV sowie die Beiträge zur BA, soweit sie auf Arbeitsentgelte für die letzten 3 Monate vor

[25] Die Eröffnung des Vergleichsverfahrens reicht somit für den Anspruch auf KauG nicht aus.

Eröffnung des Konkursverfahrens entfallen, sind auf Antrag der Einzugsstelle, in der Regel der Krankenkasse (§ 176 AFG), vom ArbA zu entrichten (§ 141 n AFG); die Beiträge zur GUV, die allein von den AGn zu entrichten sind (§ 723 RVO), bleiben außer Betracht.

Die Mittel für das KauG einschließlich der Beiträge nach § 141 n AFG, der Verwaltungskosten und der sonstigen Kosten, die mit der Gewährung des KauG zusammenhängen, werden jährlich nachträglich von den BGen aufgebracht (§ 186 b I AFG)[26]. Dabei werden die Verwaltungskosten und die sonstigen Kosten pauschaliert (§ 186 b II 1 AFG). Zu den sonstigen Kosten gehören insbesondere die Kosten der BA für die Geltendmachung der nach § 141 m AFG auf sie übergegangenen Ansprüche auf Arbeitsentgelt gegenüber dem KV und der durch die Vorlage des KauG entstehende Zinsverlust[27].

2. Praktische Fälle

a) Umschulung

Sachverhalt

U beendet 1972 ein (kath.) theologisches Studium und ist anschließend als Priester tätig. Wegen der Absicht des U, eine Ehe zu schließen, endet dieses Dienstverhältnis am 2. 2. 1976 durch Suspendierung vom Priesteramt. U beginnt darauf im SS 1976 an der Universität X das Studium der Germanistik und Geschichte mit dem Ziel, Lehrer an höheren Lehranstalten zu werden. Das Studium der Theologie wird ihm auf das neue Studium mit 4 Semestern angerechnet, so daß sich die notwendige Studienzeit von 8 auf 4 Semester verkürzt.

Sein Antrag, sein 2. Studium als Maßnahme der beruflichen Umschulung zu fördern, wird von der BA (Direktor des zuständigen ArbAs) mit Bescheid vom 10. 8. 1976 abgelehnt. Der Widerspruch des U wird von der BA (ArbA – Widerspruchsstelle –) mit Bescheid vom 30. 9. 1976 zurückgewiesen. Darauf erhebt U vor dem örtlich zuständigen SG Klage mit dem Antrag, die BA unter Aufhebung des Bescheids vom 10. 8. 1976 in der Gestalt des Widerspruchsbescheids vom 30. 9. 1976 zu verpflichten, das von ihm eingeschlagene Hochschulstudium nach dem AFG zu fördern[28].

Lösungsvorschlag

Das Klagebegehren des U ist auf Maßnahmen zur Förderung von Umschulung nach dem AFG gerichtet. Die von U im Rahmen des Theologiestudiums erworbenen Kenntnisse werden zwar in den neuen Beruf mit übernommen, was auf Fortbildung deuten könnten. Dennoch hat der Beruf, den U mit Hilfe eines abgeschlossenen Geschichts- und Germanistikstu-

[26] Zu Zweifelsfragen vgl. *Schneider,* BlStSozArbR 1976, 260 ff.

[27] *Wirtz,* Der Kompaß 1975, 13 (15); *Wertenbruch,* Sozialverwaltungsrecht, S. 389.

[28] BSG vom 17. 12. 1975 (7 RAr 84/73).

diums ausüben kann, einen anderen Inhalt als der Beruf des Priesters. Während dieser durch theologische Kenntnisse sowie seelsorgerischen Auftrag gekennzeichnet ist, spielen in den nach der Umschulung möglichen Berufen Fachfragen der Germanistik und Geschichte sowie – beim Lehrerberuf – pädagogische Kenntnisse und Fähigkeiten die prägende Rolle[29]. Es liegt daher ein Fall von Umschulung vor. Verpflichtetes Zuordnungssubjekt aus den Vorschriften über Maßnahmen zur Förderung von Umschulung nach dem AFG ist ausschließlich die BA (§ 47 I 1 AFG). Es handelt sich somit um eine öffentlich-rechtliche Streitigkeit (nichtverfassungsrechtlicher Art) in Angelegenheiten der BA, für die gemäß § 51 I SGG der Rechtsweg vor den SGen eröffnet ist. Als Klageart kommt die kombinierte Anfechtungs- und Leistungsklage in Betracht. Diese auch als unechte Leistungsklage bezeichnete Klage richtet sich gegen einen (ganz oder teilweise) ablehnenden Leistungsbescheid und geht gleichzeitig auf Verurteilung des Verwaltungsträgers zur Gewährung einer Leistung, auf die ein Rechtsanspruch besteht (§ 54 IV SGG). Die Besonderheit dieser in der VwGO nicht enthaltenen Regelung besteht darin, daß mit der Aufhebung nicht die Verpflichtung zum Erlaß eines positiven Leistungsbescheids verknüpft wird, sondern die Verurteilung zur Leistung selbst. Der bei erfolgreicher Klage ergehende Leistungsbescheid vollzieht dann lediglich das Leistungsurteil[30]. Da auf die meisten Sozialleistungen ein Rechtsanspruch besteht und hierüber zunächst durch festsetzenden VA entschieden wird, ist die kombinierte Anfechtungs- und Leistungsklage die häufigste Klageart im sozialgerichtlichen Verfahren[31]. Damit die Klage vor dem SG zulässig ist, ist weitere Voraussetzung, daß U schlüssig behauptet, durch die Ablehnung des VA beschwert zu sein (§ 54 I 2 SGG). Mit diesem Erfordernis soll – ähnlich wie mit § 42 II VwGO – die Möglichkeit der Popularklage ausgeschlossen werden[32]. Da der Vortrag des U – seine Richtigkeit unterstellt – es als möglich erscheinen läßt, daß U durch die im Ablehnungsbescheid vom 10. 8. 1976 enthaltene Versagung der begehrten Anspruchsleistung beschwert ist, ist U klagebefugt. Ein erfolgloses Vorverfahren hat stattgefunden (§ 78 I 1 SGG). Da auch die Monatsfrist für die Klageerhebung eingehalten ist (§ 87 SGG), ist die Klage des U zulässig.

Die kombinierte Anfechtungs- und Leistungsklage des U ist begründet, wenn die Leistung zu Unrecht ganz oder teilweise abgelehnt und U Anspruch auf die begehrte Maßnahme zur Umschulung hat. Ein solcher An-

[29] Vgl. auch BSG, SozR 4100, § 43 AFG, Nr. 9.

[30] *Bley*, Grundzüge der Sozialgerichtsbarkeit, S. 75 f.; *ders.*, Sozialrecht, S. 297.

[31] Dieser Unterschied zur VwGO, wo statt der kombinierten Anfechtungs- und Leistungsklage die Verpflichtungsklage als richtige Klageart angesehen wird, ist ohne praktische Bedeutung.

[32] BSG, SozR 4100, § 41 AFG, Nr. 13. Vgl. auch *Zuleeg*, DVBl. 1976, 509 f.

spruch scheitert indessen aus 2 Gründen: Zum einen bestimmt der am 1. 1. 1976 in Kraft getretene § 34 IV AFG[33], daß Maßnahmen an einer Hochschule keine beruflichen Bildungsmaßnahmen i. S. d. §§ 33 ff. AFG sind. Zum anderen überschreitet die Gesamtausbildung des U, in die der Vorbereitungsdienst als Referendar einzubeziehen ist[34], die nach §§ 47 III 2 AFG, 4 I 3 AFuU zugelassene Höchstdauer von 3 Jahren. Aus dem in § 47 I AFG umschriebenen Ziel der Umschulung ergibt sich, daß die Maßnahme nicht nur zu irgendeiner späteren Tätigkeit führen soll, sondern zum Ziel haben muß, die berufliche Mobilität als Mittel zum Schutz gegen Arbeitslosigkeit und zur Deckung des Bedarfs an Arbeitskräften in der Wirtschaft zu sichern. Dieses Ziel kann jedoch nur erreicht werden, wenn der Umschüler unmittelbar nach Beendigung der Umschulungsmaßnahme eine andere geeignete berufliche Tätigkeit ausüben kann. Geeignet in diesem Sinne ist nur eine solche berufliche Tätigkeit, die zu einer allgemeinen Verbesserung der beruflichen Beweglichkeit und der Sicherung vor Arbeitslosigkeit führt, und zwar nicht nur für einen erkennbar vorübergehenden Zeitraum, sondern für eine zunächst jedenfalls unbestimmte Zeit.

Das Studium des U führt nicht dazu, ihm den Übergang in eine andere geeignete Tätigkeit zu ermöglichen. Für Gymnasiallehrer ist in erster Linie der durch die öffentlichen Schulen bestimmte Arbeitsmarkt maßgebend. Die Ausübung des Lehramtes an öffentlichen Schulen setzt – neben Studium und erster Staatsprüfung – die Ableistung des Vorbereitungsdienstes sowie das Bestehen einer 2. Staatsprüfung voraus. Der Abschluß des Hochschulstudiums versetzt den U somit noch nicht in die Lage, das Lehramt an öffentlichen Schulen auf Dauer auszuüben. Die Klage des U ist daher unbegründet.

b) Schlechtwettergeld

Sachverhalt

Die Firma F unterhält einen Baubetrieb, in dem sie auch Maschinisten und Kraftfahrer beschäftigt. Nach dem Bundesrahmentarif für das Baugewerbe vom 1. 4. 1971 (BRTV Bau 1971), der am 1. 5. 1971 in Kraft trat (§ 21 BRTV Bau 1971), ist die regelmäßige werktägliche Arbeitszeit ausschließlich der Ruhepausen auf 8, die wöchentliche auf 40 Stunden festgelegt (§ 3 Nr. 1.1 BRTV Bau 1971). Darüber hinaus sieht der BRTV 1971 eine Verlängerung der Arbeitszeit für das Maschinenpersonal bis zu 4 Stunden wöchentlich, für Kraftwagenfahrer und Beifahrer bis zu 8 Stunden vor (§ 3 Nr. 1.2 BRTV Bau 1971). Schließlich sieht der BRTV 1971 vor, daß für die über die regelmäßige Arbeitszeit von 40 Stunden wöchentlich hinausgehende Arbeitszeit Überstundenzuschläge zu zahlen sind (§ 3 Nr. 2.1 BRTV Bau 1971); bei

[33] Art. 1 § 1 Nr. 1 HStruktG-AFG vom 18. 12. 1975 (BGBl. I S. 3113).

[34] Vgl. für den Volksschullehrer BSG, SozR 4100, § 47 AFG, Nr. 2; für den Realschullehrer, BSG vom 26. 8. 1975 (7 RAr 68/74).

Kraftwagenfahrern soll die über 40 Stunden hinausgehende Arbeitszeit zuschlagsfrei bleiben, soweit es sich um Vor- und Abschlußarbeiten handelt oder in die Arbeitszeit Arbeitsbereitschaft fällt.

F, die in mündlich geschlossenen Arbeitsverträgen bei der Einstellung vereinbart hat, daß die regelmäßige Arbeitszeit für das Maschinenpersonal wöchentlich 44 Stunden und für die Kraftfahrer wöchentlich 48 Stunden betrage, gewährt sowohl den Maschinisten als auch den Kraftfahrern Überstundenzuschläge für die 40 Stunden wöchentlich überschreitende Arbeitszeit, ohne Rücksicht darauf, ob es sich bei den Kraftfahrern um Vor- und Nacharbeit oder Arbeitsbereitschaft handelt.

Mit Bescheid vom 27. 12. 1971 bewilligt die BA der F für ihre Arbeiter antragsgemäß Schlechtwettergeld (SWG) für November 1971, berücksichtigt dabei aber die für Maschinisten und Kraftfahrer geltend gemachten Ausfallstunden nur bis zu einer Arbeitszeit von wöchentlich 40 Stunden. Der Widerspruch der F wird durch Widerspruchsbescheid vom 7. 6. 1972 zurückgewiesen. Dagegen erhebt F vor dem SG am 1. 7. 1972 Klage mit dem Antrag, die BA unter Aufhebung des Bescheids vom 27. 12. 1971 in der Gestalt des Widerspruchsbescheids vom 7. 6. 1972 zu verurteilen, das SWG für die Ausfalltage im November 1971 nach einer wöchentlichen Arbeitszeit von 44 Stunden für die Maschinisten und 48 Stunden für die Kraftfahrer zu bemessen[35].

Lösungsvorschlag

Ansprüche auf SWG stehen materiell zwar den ANn zu, die durch Schlechtwetter einen Lohnausfall erlitten haben (§§ 83, 85 AFG)[36]; doch macht der AG die Rechte der AN im eigenen Namen geltend[37]; er handelt in sog. Prozeßstandschaft, während die AN keine eigene Durchsetzungsbefugnis haben[38]. Richtige Klageart ist die kombinierte Anfechtungs- und Leistungsklage (§ 54 IV SGG). Ein erfolgloses Vorverfahren hat stattgefunden (§§ 77 ff. SGG). Die Klagefrist ist gewahrt (§ 87 SGG). Die Klage der F ist somit zulässig.

Begründet ist die Klage der F, wenn das SWG für die Ausfalltage im November 1971 nach einer wöchentlichen Arbeitszeit von 44 Stunden für die Maschinisten und von 48 Stunden für die Kraftfahrer zu bemessen ist. Nach §§ 86 I, 68 I 2 AFG[39] bemißt sich das SWG nach dem Arbeitsentgelt, das der AN ohne den Arbeitsausfall in der Arbeitsstunde erzielt hätte, und nach der Zahl der Arbeitsstunden, die der AN am Ausfalltag innerhalb der Arbeitszeit geleistet hätte. Arbeitszeit in diesem Sinne ist die regelmäßige betriebsübliche wöchentliche Arbeitszeit, soweit sie die tarifliche wöchentliche Arbeitszeit nicht überschreitet (§ 69 AFG). Dabei ist für die Frage der Betriebsüblichkeit nicht etwa von der Zahl der Stunden auszugehen, die die

[35] BSG, Urteil vom 30. 9. 1975 (7 RAr 94/73).
[36] §§ 74, 75 AFG a. F.
[37] BSG, SozR (alte Folge), § 188 AVAVG, Nr. 1.
[38] BSGE 33, 64 (67).
[39] §§ 77, 68 I 2 AFG a. F.

Mehrarbeit der AN zu erbringen hat; maßgebend ist vielmehr die Arbeitszeit, die nach der Übung im Betrieb die Gruppe zu leisten hat, der die AN angehören, deren Ansprüche geltend gemacht werden. Im vorliegenden Fall hat eine bestimmte Gruppe von ANn der F, nämlich die Maschinisten und Kraftfahrer, „betriebsüblich" wöchentlich 44 bzw. 48 Stunden gearbeitet. Diese Arbeitszeit ist, weil sie nicht nur den Charakter des Vorübergehenden trug, auch als „regelmäßig" zu bezeichnen. Es fragt sich, ob die 44stündige Arbeitszeit der Maschinisten und die 48stündige Arbeitszeit der Kraftfahrer die „tarifliche wöchentliche Arbeitszeit" i. S. d. § 69 AFG „überschreitet".

Tariflich ist zunächst die Arbeitszeit, die durch einen Tarifvertrag vereinbart worden ist. Im vorliegenden Fall beträgt sie werktäglich 8 und wöchentlich 40 Stunden (§ 3 Nr. 1.1 BRTV Bau 1971). Als „tariflich" ist aber auch die Arbeitszeit anzusehen, die durch Betriebsvereinbarung oder Einzelarbeitsvertrag festgelegt worden ist, wenn ein Tarifvertrag den Abschluß von Betriebsvereinbarungen oder Einzelarbeitsverträgen ausdrücklich vorsieht und sich die Betriebsvereinbarung oder der Einzelvertrag in dem vom Tarifvertrag bestimmten Rahmen hält[40]. Im vorliegenden Fall darf die regelmäßige Arbeitszeit für das Maschinenpersonal wöchentlich bis zu 4 Stunden, für Kraftfahrer und Beifahrer bis zu 8 Stunden über die 40 Stunden hinaus verlängert werden (§ 3 Nr. 1.2 BRTV Bau 1971). Da sich die Einzelverträge der F an diese Regelung im Tarifvertrag halten, sind sie also durch den Tarifvertrag gedeckt[41]. Ob auch dann eine durch Einzelvertrag oder Betriebsvereinbarung vereinbarte Arbeitszeit als „tariflich" angesehen werden kann, wenn der Tarifvertrag lediglich solche abweichenden Verträge gestattet, sie aber nicht zeitlich begrenzt, kann dahinstehen. Im vorliegenden Fall sieht der Tarifvertrag jedenfalls ausdrücklich vor, bis zu welcher Zeit die durch den Tarifvertrag bestimmte Arbeitszeit verlängert werden kann. Daß die längere Arbeitszeit mit einem Zuschlag in Form einer Überstundenvergütung abgegolten werden soll, ändert nichts daran, daß die längere Arbeitszeit „tarifliche Arbeitszeit" i. S. d. § 69 AFG ist; die Begriffe „regelmäßige Arbeitszeit" und „Überstunden" schließen sich nach dem Gesamtzusammenhang des BRTV Bau 1971 nicht aus, sondern überschneiden einander[42].

Das SWG ist somit für November 1971 unter Berücksichtigung einer wöchentlichen Arbeitszeit von 44 Stunden für die Maschinisten und 48 Stunden für die Kraftfahrer im Betrieb der F festzusetzen. Die Klage der F ist begründet[43].

[40] *Schönefelder/Kranz/Wanka,* § 69 Anm. 14.
[41] BSG, Urteil vom 30. 9. 1975 (7 RAr 94/73), S. 10 f.
[42] BSG, Urteil vom 30. 9. 1975 (RAr 94/73), S. 10 f., 14.
[43] Zur Rückforderung von SWG vgl. BSG, DVBl. 1969, 745.

c) **Arbeitslosenhilfe**

Sachverhalt

R studiert von 1971 bis 1976 Rechtswissenschaften an der Freien Universität Berlin und legt am 7. 3. 1976 die 1. juristische Staatsprüfung ab. Mit Rücksicht auf eine Mitversicherung in der Krankenversicherung seines Vaters sieht er zunächst von einer Exmatrikulation ab. Am 12. 3. 1976 beantragt er die Aufnahme in den juristischen Vorbereitungsdienst des Landes Berlin. Am selben Tag beantragt er beim ArbA Arbeitslosenhilfe (AlH) und weist mit Schreiben vom 14. 3. 1976 darauf hin, daß er am 1. 8. 1976 in den juristischen Vorbereitungsdienst übernommen werde. Der Direktor des ArbAs lehnt den Antrag auf AlH durch Bescheid vom 6. 4. 1976 mit der Begründung ab, R sei weder arbeitslos noch erfülle er die Voraussetzungen des § 134 I Nr. 4 a) bis c) AFG. Der Widerspruch des R wird von der Widerspruchsstelle des ArbAs durch Bescheid vom 3. 7. 1976 zurückgewiesen. Am 1. 8. 1976 erhebt R, der an diesem Tag in den juristischen Vorbereitungsdienst übernommen wird, Klage vor dem SG mit dem Antrag, die BA unter Aufhebung des Bescheids vom 6. 4. 1976 in der Gestalt des Widerspruchsbescheids vom 3. 7. 1976 zu verurteilen, ihm für die Zeit vom 12. 3. bis 31. 7. 1976 AlH zu gewähren[44].

Lösungsvorschlag

Die kombinierte Anfechts- und Leistungsklage des R ist begründet, wenn R für die Zeit vom 12. 3. bis 31. 7. 1976 einen Anspruch auf AlH hat. Voraussetzung dafür ist u. a., daß er arbeitslos ist, der Arbeitsvermittlung zur Verfügung steht, bedürftig ist und eine der Alternativen des § 134 I Nr. 4 a) bis c) AFG erfüllt.

„Arbeitslos" ist nach § 101 I 1 AFG ein AN, der vorübergehend nicht in einem Beschäftigungsverhältnis steht oder nur eine geringfügige Beschäftigung ausübt. Für die Anerkennung der Arbeitnehmereigenschaft im Sinne dieser Vorschrift kommt es nicht darauf an, daß vor Eintritt der faktischen Arbeitslosigkeit eine abhängige Beschäftigung ausgeübt wurde[45]; dem Gesetz ist keine Einschränkung in dem Sinne zu entnehmen, daß die Ausbildung auf einen typischen Arbeitnehmerberuf ausgerichtet sein muß und eine Abgrenzung zwischen praktischer und der nach § 172 I Nr. 5 RVO grundsätzlich versicherungsfreien wissenschaftlichen Ausbildung vorzunehmen ist. Weiter hängt die Frage der Arbeitnehmereigenschaft nicht von Immatrikulation oder Exmatrikulation ab; entscheidend sind vielmehr die tatsächlichen Gegebenheiten, insbesondere ob der Betreffende noch lehrplanmäßig am Unterricht teilnimmt[46]. Schließlich ist es für Hochschulabsolventen regelmäßig kaum feststellbar, ob überhaupt und gegebenenfalls wann die Übernahme in einen etwa erforderlichen Vorbereitungs-

[44] BSG, Urteil vom 15. 6. 1976 (7 RAr 50/75).
[45] BSGE 20, 190 (193).
[46] BSG, SozR (alte Folge), § 172 RVO, Nr. 13.

dienst erfolgt. Das rechtfertigt, sie nicht als endgültig, sondern als nur vorübergehend nicht in einem Beschäftigungsverhältnis stehend anzusehen. Danach war R vom Zeitpunkt seiner Arbeitslosmeldung, das ist der 12. 3. 1976, arbeitslos i. S. d. §§ 101 I 1, 134 II 1 AFG[47].

Geht man davon aus, daß R der Arbeitsvermittlung zur Verfügung steht (§§ 103, 134 II 1 AFG) und bedürftig ist (§§ 134 I Nr. 3, 137 AFG), kommt es – da R auch die für den Bezug von AlG erforderliche große Anwartschaft des § 104 AFG nicht erfüllt (§ 134 I Nr. 2 AFG) – für die Entscheidung des Falles darauf an, ob er eine der Alternativen des § 134 I Nr. 4 AFG erfüllt. Da R überhaupt nicht in entlohnter Beschäftigung gestanden hat, scheiden jedoch alle drei Alternativen von vornherein aus.

Unterstellt man einmal, R habe innerhalb des letzten Jahres vor Beginn der Ausbildung mindestens 26 Wochen in entlohnter Beschäftigung gestanden, so könnte die Alternative des § 134 I Nr. 4 c) AFG in Betracht kommen. Nach Halbs. 2 dieser Bestimmung gilt die Ausbildung jedoch in den Fällen, in denen für den angestrebten Beruf eine zusätzliche Ausbildung oder praktische Tätigkeit vorgesehen ist, erst nach dieser zusätzlichen Ausbildung oder praktischen Tätigkeit als abgeschlossen. Da R noch seinen Vorbereitungsdienst als Referendar zu absolvieren hat, gilt seine Ausbildung als nicht abgeschlossen (etwas anderes dürfte für das Studium der Volkswirtschaft gelten). R hätte daher auch in diesem Fall keinen Anspruch auf AlH.

Die Klage des R ist unbegründet[48].

d) Neutralitätspflicht der BA

Sachverhalt

In der Metallindustrie innerhalb des Tarifgebiets Nordwürttemberg-Nordbaden kommt es Ende 1971 zu einem Arbeitskampf, durch den Betriebe außerhalb des Tarifgebiets wegen Lieferungs- und Zulieferungsschwierigkeiten gezwungen werden, zu Kurzarbeit überzugehen oder den Betrieb stillzulegen. Insgesamt werden etwa 280 000 AN mittelbar betroffen, die dadurch ihre Lohn- und Gehaltsansprüche ganz oder teilweise verlieren. Der Präsident der BA ordnet „in Anwendung des § 116 III AFG" durch Erlaß an, daß Ansprüche der mittelbar vom Arbeitskampf betroffenen AN der Metallindustrie außerhalb des umkämpften Tarifgebiets auf Leistungen aus der Arbeitslosenversicherung ruhen, da sie „mit an Sicherheit grenzender Wahrscheinlichkeit voll oder im wesentlichen in den Genuß von Arbeitsbedingungen gelangen würden, um die der Arbeitskampf geführt wird". Demgegenüber erklärt der Verwaltungsrat der BA – gegen die Stimmen der Arbeitgebervertreter –

[47] BSG, Urteil vom 15. 6. 1976 (7 RAr 50/75), S. 16.

[48] Das BSG, Fußn. 44, hat, da altes Recht anzuwenden war, zu Recht anders entschieden. Zur Frage der Anrechnung einer Abfindung auf AlG im Fall vorzeitiger Auflösung eines Arbeitsverhältnisses vgl. BVerfG, SozVers 1976, 240.

„aufgrund des § 116 IV AFG" das Ruhen der Leistungen für all diese AN während der laufenden Lohnrunde für nicht gerechtfertigt und bestimmt, daß ihnen AlG zu gewähren sei. Gegen diesen Beschluß, der die BA etwa 70 Millionen DM an Arbeitskampfausstrahlungshilfe kostete, erhebt der Verband Württemberg-Badischer Metallindustrieeller (V) Klage vor dem SG. Schon bald nach Klageerhebung erledigt sich der Beschluß des Verwaltungsrats durch die Beendigung des Arbeitskampfes[49].

Lösungsvorschlag

Da es sich um eine öffentlich-rechtliche Streitigkeit in Angelegenheiten der BA handelt, ist der Rechtsweg vor den SGen eröffnet (§ 51 I SGG). Als Klageart kommt für den Zeitpunkt der Klageerhebung die Anfechtungsklage (§ 54 I 1 SGG), für den Zeitpunkt der letzten mündlichen Verhandlung, da sich der Beschluß des Verwaltungsrats der BA durch die Beendigung des Arbeitskampfes erledigt hat, die Fortsetzungsfeststellungsklage (§ 131 I 3 SGG) in Betracht[50]. Beide Klagearten setzen voraus, daß der Beschluß des Verwaltungsrats zumindest im Verhältnis zu V als VA (§ 35 VwVfG) zu werten ist. Mit seiner Bekanntmachung verändert der Beschluß die Stellung der Tarifpartner unmittelbar, d. h. ohne weiteres Tätigwerden der Verwaltung; er greift unmittelbar in das Recht der Koalitionspartner auf autonome Regelung von Arbeits- und Wirtschaftsbedingungen (Art. 9 III GG) und auf neutrales Verhalten der BA (§ 116 AFG) ein. Dem steht nicht entgegen, daß der Beschluß im Verhältnis zu den betroffenen ANn möglicherweise andere Rechtsqualität hat, nämlich die einer von bestimmten Förmlichkeiten befreiten Satzung (§ 191 IV AFG). Eine solche rechtliche Doppelnatur kann hoheitlichem Handeln auch in anderen Fällen zukommen, wenn in verschiedene „Rechtssphären", wie z. B. die kollektive der AN (Satzung) und die individuelle der Tarifpartner (Allgemeinverfügung) eingegriffen wird. Als Beispiel kann auf die rechtliche Doppelnatur der Allgemeinverbindlichkeitserklärung von Tarifverträgen verwiesen werden. Im Zeitpunkt der Klageerhebung war V auch klagebefugt. Sein Tatsachenvortrag ergibt, daß er „beschwert", d. h. in seinen Rechten verletzt sein kann (§ 54 I 2 SGG), insbesondere in seinem Recht auf Neutralität der BA. Ein solches Recht steht V auch zu. Dies ergibt sich – neben der in Art. 9 III GG garantierten Autonomie der Tarifpartner – aus § 116 AFG, der nicht nur die BA vor finanziellen Belastungen infolge des Arbeitskampfes schützen, sondern darüber hinaus dem Schutz der Autonomie der Tarifpartner dient. Schließlich liegen die weiteren Voraussetzungen der Fortsetzungsfeststellungsklage vor[51]: Der von V angefochtene Beschluß des

[49] BSG, NJW 1976, 689 = SGb 1976, 367 mit Anm. *Harald Bogs*, S. 349 ff.

[50] Wegen der Bedeutung der Entscheidung, lehnt sich der folgende Lösungsvorschlag bewußt straff an die Gedankenführung des BSG an.

[51] Vgl. dazu *Bley*, Grundzüge der Sozialgerichtsbarkeit, 1976, S. 81.

Verwaltungsrats hat sich durch die Beendigung des Arbeitskampfes erledigt, wobei es keine Rolle spielt, ob die Erledigung vor oder nach Klageerhebung eingetreten ist. V hat ein berechtigtes Interesse an der Feststellung der Rechtswidrigkeit des Beschlusses; es besteht die Gefahr, daß der Verwaltungsrat künftig ähnliche, aufgrund des § 116 IV AFG gefaßte Beschlüsse wiederholt, wenn in späteren Tarifstreitigkeiten wieder über die Frage, ob und für welche Gruppe von ANn i. S. d. § 116 III AFG der Anspruch auf AlG ruhen soll, Zweifel entstehen. Die Klage des V ist also in Form der Fortsetzungsfeststellungsklage zulässig.

Begründet ist die Fortsetzungsfeststellungsklage des V, wenn der Beschluß des Verwaltungsrats rechtswidrig ist[52]. Das ist der Fall, wenn der Verwaltungsrat nach § 116 IV AFG nicht berechtigt war, für alle durch den Arbeitskampf mittelbar betroffenen AN das Ruhen der Leistungen gemäß § 116 III AFG aufzuheben. Um den materiellen Gehalt der dem Verwaltungsrat in § 116 IV AFG eingeräumten Regelungsbefugnis zu ermessen, ist Kenntnis des Zusammenspiels aller in § 116 AFG enthaltenen Abschnitte unumgänglich: Richtschnur für die der BA auferlegte Neutralitätspflicht ist § 116 I AFG, der es der BA verbietet, durch Gewährung von AlG in Arbeitskämpfe einzugreifen. Die Konsequenz daraus ist, daß – wie sich aus § 116 II AFG ergibt – unmittelbar am Arbeitskampf Beteiligte (Streikende, Ausgesperrte) während der Dauer des Arbeitskampfes keine Leistungen aus der Arbeitslosenversicherung erhalten, wenn sie dadurch arbeitslos geworden sind; ihr Anspruch auf AlG ruht. In § 116 III AFG bestimmt der Gesetzgeber weiter, daß mittelbar vom Arbeitskampf betroffene AN grundsätzlich Leistungen aus der Arbeitslosenversicherung erhalten, wenn nicht einer der beiden genannten Ausnahmetatbestände vorliegt: (a) Nach § 116 III 1 Nr. 1 AFG ruhen die Ansprüche dann, wenn der Arbeitskampf auf die Veränderung der Arbeitsbedingungen in dem Betrieb „abzielt", in dem der AN zuletzt beschäftigt war. Dieser Ruhenstatbestand ist auf den fachlichen und räumlichen Geltungsbereich des umkämpften Tarifvertrages begrenzt, es sei denn, es handele sich um Rahmenvereinbarungen, die mit einem tariffähigen Dachverband des Arbeitskampfgegners (§ 2 III TVG) ausgehandelt werden. Der Ausnahmetatbestand des § 116 III 1 Nr. 1 AFG schließt Leistungen bei Teil-(Schwerpunkt-)streiks aus und führt dazu, daß alle AN des Tarifgebiets in demselben Umfang die Folgen des Arbeitskampfes mittragen müssen, wie wenn der Arbeitskampf auf alle Betriebe des Tarifgebiets ausgedehnt worden wäre. (b) Nach § 116 III 1 Nr. 2 AFG ruhen die Ansprüche dann, wenn die Gewährung des AlGs den Arbeitskampf beeinflussen würde. Bei diesem Ruhenstatbestand

[52] Dann ist V auch „beschwert", nämlich in seinem Recht auf Neutralität der BA verletzt.

ist wiederum zwischen 2 Unterfällen zu unterscheiden: (aa) Bei mittelbar betroffenen ANn innerhalb des fachlichen und räumlichen Geltungsbereichs beeinflußt die Gewährung des AlGs den Arbeitskampf in aller Regel schon wegen der räumlichen Nähe, selbst wenn die AN nicht in den Genuß der geänderten Arbeitsbedingungen kommen sollten; der Anspruch auf AlG ruht daher regelmäßig. (bb) Mittelbar betroffene AN außerhalb des fachlichen und räumlichen Bereichs des umkämpften Tarifvertrages können demgegenüber nur ausnahmsweise in die Ruhensvorschrift einbezogen werden. Das gilt selbst für mittelbar betroffene AN der gleichen Branche in anderen Tarifgebieten[53]. Die Vorschrift des § 116 III 1 Nr. 2 AFG ordnet das Ruhen von Ansprüchen auf AlG also nur für Ausnahmefälle an. Eine solche Ausnahme kann gegeben sein, wenn die Gewährung von AlG die Arbeitnehmerseite im Einzelfall unverhältnismäßig begünstigen würde. Insgesamt ist aus den Vorschriften des § 116 I bis III AFG abzuleiten, daß die BA das Kräfteverhältnis der Tarifpartner im Arbeitskampf weder durch Gewährung noch durch Nichtgewährung von Leistungen verändern darf.

Daraus ergibt sich zwangsläufig, daß auch der dem Verwaltungsrat in § 116 IV AFG eingeräumten Regelungsbefugnis enge Grenzen gesetzt sind. Die Bezugnahme des § 116 IV AFG auf 116 III AFG sowie die Worte „bestimmte Gruppe von Arbeitnehmern" und „ausnahmsweise" in Zusammenhang mit dem Umfang der erörterten Neutralitätspflicht der BA deuten darauf hin, daß die in § 116 IV AFG enthaltene Regelungsbefugnis lediglich eine „Auswahl" aus der Gesamtheit der nach § 116 III AFG vom Ruhen der Leistung betroffenen AN gemeint hat. Dabei muß die „bestimmte Gruppe" im Verhältnis zur Gesamtzahl der Betroffenen regelmäßig von untergeordneter Bedeutung sein. Die Neutralitätspflicht der BA fordert, daß diese Gruppe nur wegen einer besonderen schwierigen wirtschaftlichen Lage oder wegen sonstiger Bedürfnisse oder besonderer Umstände begünstigt wird. Diesen Erwägungen hat der Beschluß des Verwaltungsrats nicht Rechnung getragen. Er ist somit rechtswidrig[54]. Die Fortsetzungsfeststellungsklage des V ist begründet.

e) Konkursausfallgeld

Sachverhalt

A ist seit dem 1. 5. 1970 bei der Firma F in X beschäftigt. Vom 1. 6. 1974 an wird ihm, wie auch den übrigen Betriebsangehörigen, wegen Zahlungsschwierigkeiten

[53] BSG, NJW 1976, 689 (692).

[54] Neben diesem zu dem Ergebnis führenden Gedankengang weist das BSG zu Recht darauf hin, daß der Verwaltungsrat nur in den gesetzlich vorgesehenen Fällen (§ 202 II, III Nr. 3 AFG) das Recht habe, Entscheidungen des Präsidenten zu korrigieren, dem zusammen mit dem Vorstand die Geschäftsführung obliege (§§ 208, 209 AFG); ein solcher Fall liege hier nicht vor.

der F fristlos und am 20. 6. 1974 fristgemäß zum nächst zulässigen Termin gekündigt. Durch einen vor dem Arbeitsgericht geschlossenen Vergleich wird der Zeitpunkt der Beendigung des Arbeitsverhältnisses später auf den 6. 8. 1974 festgesetzt.

Am 10. 7. 1974 stellt der Inhaber der F (I) beim Amtsgericht X einen Antrag auf Eröffnung des Konkursverfahrens über sein Vermögen. Er erklärt, einen Kostenvorschuß nicht zahlen zu können. Mit Beschluß vom gleichen Tage lehnt das Amtsgericht diesen Antrag mangels einer die Kosten des Verfahrens deckenden Konkursmasse gemäß § 107 I KO ab. Etwa von diesem Zeitpunkt an liegt auch der Betrieb der F still.

Am 16. 7. 1974 stellt F 2 ehemalige AN neu ein und meldet sie bei der Allgemeinen Ortskrankenkasse (AOK) an. Diese Neueinstellung erfolgt für eine befristete Zeit zur Abwicklung der noch zu erledigenden geschäftlichen und betrieblichen Obliegenheiten.

Mit Schriftsatz vom 22. 7. 1974 beantragt die AOK als Gläubigerin die Eröffnung des Konkursverfahrens und zahlt einen Massekostenvorschuß in Höhe von 5000,– DM ein. Durch Beschluß des Amtsgerichts vom 5. 8. 1974 wird daraufhin das Konkursverfahren eröffnet und ein Konkursverwalter (KV) bestellt. Am 14. 8. 1974 stellt A beim ArbA X einen Antrag auf Konkursausfallgeld (KauG). Dieser Antrag wird vom Direktor des ArbA am 26. 8. 1974 mit der Begründung abgelehnt, KauG komme nur für solche Insolvenzfälle in Betracht, die nach dem 20. 7. 1974, dem Tag des Inkrafttretens über die Neuregelung des KauG, eingetreten seien. Der dagegen von A erhobene Widerspruch wird vom ArbA (Widerspruchsstelle) mit Bescheid vom 3. 10. 1974 zurückgewiesen. Dagegen erhebt A am 2. 11. 1974 vor dem SG Klage mit dem Antrag, die BA unter Aufhebung des Bescheids vom 26. 8. 1974 und vom 3. 10. 1974 zu verpflichten, ihm KauG in der gesetzlich vorgeschriebenen Höhe zu gewähren[55].

Lösungsvorschlag

Die kombinierte Anfechtungs- und Leistungsklage des A ist begründet, wenn A einen Anspruch auf KauG hat. Dann müßte die Neuregelung der §§ 141 a ff. AFG auf ihn Anwendung finden. Ob das der Fall ist, ist insofern fraglich, als die Abweisung des Antrags auf Eröffnung des Konkursverfahrens, die der Eröffnung der Konkursverfahren gleichsteht (§ 141 b III Nr. 1 AFG), am 10. 7. 1974 erfolgte, die Neuregelung am 20. 7. 1974 in Kraft trat und die Konkurseröffnung am 5. 8. 1974 durchgeführt wurde. Es stellt sich mithin die Frage, welcher Zeitpunkt maßgebend ist, wenn die Voraussetzungen mehrerer Alternativen erfüllt sind[56]. Für die Beantwortung dieser Frage ist auf Wortlaut, Sinn und Zweck sowie Gesetzesgeschichte zurückzugreifen:

Die Wendung „stehen gleich" in § 141 b III AFG spricht eindeutig gegen den Vorrang einer und für Gleichrangigkeit der drei Alternativen: Eröffnung des Konkursverfahrens, Abweisung des Antrags auf Eröffnung des

[55] BSG, SGb 1976, 296 mit Anm. *Heilmann.*

[56] Hier erst Abweisung des Antrages auf Konkurseröffnung mangels Masse, dann Konkurseröffnung.

Konkursverfahrens mangels Masse, vollständige Beendigung der Betriebstätigkeit. Zum selben Ergebnis führen Sinn und Zweck der Vorschriften: Nicht erst wenn der Konkurs eröffnet oder die Betriebstätigkeit vollständig beendet ist, sondern auch schon wenn ein Antrag auf Konkurseröffnung mangels Masse abgelehnt worden ist, können die AN nicht mehr davon ausgehen, für einen weiterhin dem AG gestundeten Lohn durch die BA Ersatz zu erhalten. Wollte man demgegenüber annehmen, die in § 141 b III AFG genannten Alternativen stünden zueinander in einem Rangverhältnis, so würde der Zeitpunkt ungewiß, bis zu dem die AN versicherungsrechtlich geschützt vorleisten könnten; es würde möglich, daß ein zahlungsunfähiger AG seine AN zum Schaden der Versicherung zu einem längeren Warten veranlassen könnte, als es nach dem Gesetzeszweck erlaubt sein soll. Wäre z. B. schon der Konkurs mangels Masse abgelehnt (etwa nach Antrag eines Gläubigers), und schuldete der AG seinen ANn erst 2 Monatsgehälter, so könnte er sie noch zu einem weiteren Bleiben veranlassen mit dem Versprechen, er werde schlimmstenfalls noch genügend Masse zusammentragen, um einen auf seinen Antrag eröffneten Konkurs zu ermöglichen. Zur Gleichrangigkeit der drei vom Gesetzgeber aufgeführten Alternativen führt auch ein Blick in die Geschichte des Gesetzentwurfs über das KauG: Es wird darin ausdrücklich darauf hingewiesen, daß es dem zahlungsunfähigen AG nicht ermöglicht werden soll, mit den ANn „weitgehende Stundungsvereinbarungen zu treffen und damit seinen Kreditrahmen zu Lasten der Konkursversicherung zu erweitern"[57].

Nach alledem ist davon auszugehen, daß für einen Anspruch auf KauG die Konkurseröffnung, ihre Abweisung mangels Masse und die vollständige Betriebseinstellung (§ 141 b I, III AFG) als gleichwertige, die endgültige Zahlungsunfähigkeit des AGs nachweisende Tatbestände anzusehen sind.

Für den vorliegenden Fall bedeutet das: Einer der die endgültige Zahlungsunfähigkeit der F nachweisenden Tatbestände, nämlich die Abweisung der Konkurseröffnung mangels Masse, erfolgte am 10. 7. 1974, also 10 Tage vor Inkrafttreten der Neuregelung über das KauG. Dabei kommt es nicht auf den Tag der Rechtskraft des Beschlusses des Konkursgerichts, sondern auf den Zeitpunkt des Erlasses der Entscheidung an; mit dem Beschluß selbst ist bereits die Zahlungsunfähigkeit des AGs nachgewiesen. Da die Vorschriften über das KauG nur auf solche Fälle Anwendung finden, die „erstmals" nach Inkrafttreten der Neuregelung, also am 20. 7. 1974, eintreten, hat A keinen Anspruch auf KauG.

Rechtlich unerheblich ist der Umstand, daß der AG des A zwischen der Abweisung der Konkurseröffnung mangels Masse und der nach dem

[57] BR-Drucks. 9/74, S. 10.

20. 7. 1974 erfolgten Konkurseröffnung noch AN eingestellt hat. Aus dieser Einstellung, die aus bürotechnischen Gründen erfolgte, können deshalb keine rechtlichen Folgerungen gezogen werden, weil die Zahlungsunfähigkeit des AGs des A in der bezeichneten Zeit bis zur Konkurseröffnung nicht beseitigt worden ist. Die Abweisung der Konkurseröffnung mangels Masse und die spätere Konkurseröffnung beruhen auf derselben Zahlungsunfähigkeit des AGs[58].

Die Klage des A ist nicht begründet.

IV. Sozialversicherung

Gesetzliche Grundlagen

a) Allgemein

Sozialgesetzbuch (SGB) – Gemeinsame Vorschriften für die Sozialversicherung – vom 23. 12. 1976 (BGBl. I S. 3845)[1]

b) Gesetzliche Krankenversicherung

Zweites Buch der Reichsversicherungsordnung – RVO – vom 19. 7. 1911 (BGBl. III-820-1), zuletzt geändert durch Gesetz vom 28. 12. 1976 (BGBl. I S. 3871)

Reichsknappschaftsgesetz – RKG – vom 23. 6. 1923 (BGBl. III-822-1), zuletzt geändert durch Gesetz vom 14. 6. 1976 (BGBl. I S. 1421)

Mutterschutzgesetz – MuSchG – vom 24. 1. 1952 (BGBl. I S. 69) i. d. F. vom 18. 4. 1968 (BGBl. I S. 315), zuletzt geändert durch Gesetz vom 10. 8. 1972 (BGBl. I S. 1433)

Gesetz über die Fortzahlung des Arbeitsentgelts im Krankheitsfalle – LFZG – vom 27. 7. 1969 (BGBl. I S. 946), zuletzt geändert durch Gesetz vom 18. 12. 1975 (BGBl. I S. 3091)

Gesetz über die Krankenversicherung der Landwirte – KVLG – vom 10. 8. 1972 (BGBl. I S. 1433), zuletzt geändert durch Gesetz vom 28. 12. 1976 (BGBl. I S. 3871)

Gesetz zur wirtschaftlichen Sicherung der Krankenhäuser und zur Regelung der Krankenhauspflegesätze – KHG – vom 29. 6. 1972 (BGBl. I S. 1009), zuletzt geändert durch Gesetz vom 17. 6. 1976 (BGBl. I S. 1666)

Bundespflegesatzverordnung – BPflV – vom 25. 4. 1973 (BGBl. I S. 333, ber. S. 419), geändert durch VO vom 23. 6. 1976 (BGBl. I S. 1675)

c) Gesetzliche Unfallversicherung

Drittes Buch der Reichsversicherungsordnung – RVO – vom 19. 7. 1911 (BGBl. III-820-1), zuletzt geändert durch Gesetz vom 18. 8. 1976 (BGBl. I S. 2213)

[58] BSG, SGb 1976, 296 (298).

[1] Vgl. auch BR-Drucks. 330/75; BT-Drucks. 7/4122, 7/5457, 7/5551; BR-Drucks. 466/76; BT-Drucks. 7/5652; BR-Drucks. 654/76.

Siebente Berufskrankheiten-Verordnung – 7. BKVO – vom 20. 6. 1968 (BGBl. I S. 721)
Gesetz über Betriebsärzte und Fachkräfte für Arbeitssicherheit – BetrÄG – vom 12. 12. 1973 (BGBl. I S. 1885), geändert durch Gesetz vom 12. 4. 1976 (BGBl. I S. 965)

d) Gesetzliche Rentenversicherung

Viertes Buch der Reichsversicherungsordnung – RVO – vom 19. 7. 1911 (BGBl. III-820-1), zuletzt geändert durch Gesetz vom 18. 8. 1976 (BGBl. I S. 2213)
Angestelltenversicherungsgesetz – AVG – vom 26. 10. 1911 (BGBl. III-821-1), zuletzt geändert durch Gesetz vom 29. 6. 1976 (BGBl. I S. 1701)
Reichsknappschaftsgesetz – RKG – vom 23. 6. 1923 (BGBl. III-822-1), zuletzt geändert durch Gesetz vom 14. 6. 1976 (BGBl. I S. 1421)
Gesetz über eine Altershilfe für Landwirte – GAL – vom 27. 7. 1957 (BGBl. I S. 1063), zuletzt geändert durch Gesetz vom 14. 6. 1976 (BGBl. I S. 1421)
Handwerkerversicherungsgesetz – HwVG – vom 8. 9. 1960 (BGBl. III-8250-1), zuletzt geändert durch Gesetz vom 3. 6. 1976 (BGBl. I S. 1373)

Literatur

a) Allgemein

aa) Kommentare und Lehrbücher

Brackmann, Handbuch der Sozialversicherung, 1949 ff. (Losebl.-Slg.)
Maunz/Schraft, Die Sozialversicherung und ihre Selbstverwaltung, 1951 ff. (Losebl.-Slg.)
RVO-Gesamtkommentar, hrsg. von Dersch/Kroll u. a., 1960 ff. (Losebl.-Slg.)
Jahn, Allgemeine Sozialversicherungslehre, 1965
Wannagat, Lehrbuch des Sozialversicherungsrechts, I. Bd., 1965
Siebeck, Das Recht der Selbstverwaltung in der Sozialversicherung, 1968 ff. (Losebl.-Slg.)
Caesar, Sozialversicherung, 1970
Figge, Sozialversicherungs-Handbuch für die betriebliche Praxis, 1970 ff. (Losebl.-Slg.)
Wertenbruch, Sozialverfassung-Sozialverwaltung, 1974, S. 114 ff.
Bley, Sozialrecht, 1975, S. 59 ff.
Jäger, Sozialversicherungsrecht, 7. Aufl., 1975
Schulin, Sozialversicherungsrecht, 1976
Wertenbruch, Sozialverwaltungsrecht in: *v. Münch,* Besonderes Verwaltungsrecht, 4. Aufl., 1976, S. 363 ff., 389 ff.

bb) Weitere Literatur

Sozialenquête-Kommission, Soziale Sicherung – Sozialenquête in der Bundesrepublik Deutschland, 1966
Braun, Soziale Sicherung – System und Funktion, 2. Aufl., 1972
Stössner, Staatsaufsicht in der Sozialversicherung, 1969
Harald Bogs, Die Sozialversicherung im Staat der Gegenwart, 1973
Peters, Die Geschichte der sozialen Versicherung, 2. Aufl., 1973
Ruland, Familiärer Unterhalt und Leistungen der sozialen Sicherheit, 1973

Institut für Sozialrecht der Ruhr-Universität Bochum, Zur Selbstverwaltung im System der Sozialen Sicherheit, ZSR 1975, 513 ff.
Wertenbruch, Gibt es noch Selbstverwaltung im Sozialrecht?, SGb 1975, 261 ff.
Wertenbruch, Zur Selbstverwaltung im Sozialrecht, Festschrift für Horst Peters, 1975, S. 203 ff.
Bley, Die Gemeinsamen Vorschriften für die Sozialversicherung, NJW 1977, 363 ff.
Haines, Die Gemeinsamen Vorschriften für die Sozialversicherung, BKK 1977, 49 ff.
Pappai, Gemeinsame Vorschriften für die Sozialversicherung, KrV 1977, 36 ff.

b) Gesetzliche Krankenversicherung

aa) Kommentare und Lehrbücher

Albrecht u. a., Das Leistungsrecht in der gesetzlichen Krankenversicherung, 7. Aufl., 1966 ff. (Losebl.-Slg.)
Töns, Die Mutterschaftshilfe der Krankenkassen, 1966 ff. (Losebl.-Slg.)
Rosenberg, Die soziale Krankenversicherung – Pflichtversicherung oder freiwillige Vorsorge?, 1969
Peters, Handbuch der Krankenversicherung, 17. Aufl., 1970 ff. (Losebl.-Slg.)
Wertenbruch, Sozialverfassung-Sozialverwaltung, 1974, S. 126 ff.
Krauskopf, Soziale Krankenversicherung, 2. Aufl., 1976 ff. (Losebl.-Slg.)
Wertenbruch, Sozialverwaltungsrecht, in: *v. Münch,* Besonderes Verwaltungsrecht, 4. Aufl., 1976, S. 367 f., 392 ff.

bb) Weitere Literatur

Peters, Die Krankenversicherung und die Kodifikation des Sozialrechts, VSSR 1 (1973), 314 ff.
Bartels, Wann besteht ein Anspruch auf Erstattung der Krankentransportkosten vom Erkrankungsort zum Heimatort, SGb 1974, 95 ff.
Gerlach, Krankengeld und Übergangsgeld nach dem Rehabilitations-Angleichungsgesetz, 1974
Töns, Finanzierungsprobleme der Krankenversicherung der Rentner, DOK 1974, 729 ff.
Der Bundesminister für Arbeit und Sozialordnung (Hrsg.), Übersicht über die Soziale Sicherung, 1975, S. 151 ff.
Gitter/Heinze, Zum Privatliquidationsrecht der leitenden Krankenhausärzte, 1975
Holler, Neuer Gesetzentwurf zur Weiterentwicklung der Krankenversicherung – ein weiterer Reformschritt, SozSich 1975, 71 ff.
Nolte, Krankenversicherung der Studierenden, 1975
v. Schlauß/Bölke, Krankenhausfinanzierungsgesetz und Bundespflegesatzverordnung, 1975
Henke, Ergänzende Maßnahmen zur Neuregelung des Schwangerschaftsabbruchs, NJW 1976, 1773 ff.
Heß, Die Richtlinien des Bundesausschusses der Ärzte und Krankenkassen über sonstige Hilfen, KrV 1976, 229 ff.
Institut für Sozialrecht der Ruhr-Universität Bochum, Der Krankheitsbegriff, ZSR 1976, 385 ff.
Kloesel, Das neue Arzneimittelrecht, NJW 1976, 1769 ff.
Fischer, Sonstige Hilfen, ErsK 1976, 381 ff.

Martens, Schwangerschaftsabbruch und Sterilisation, DOK 1976, 637 ff.
Siebeck, Zur Kostenentwicklung in der Krankenversicherung – Ursachen und Hintergründe, 1976
Engels/Stückemann, Das Gesetz zur Weiterentwicklung des Kassenarztrechts – KVWG –, KrV 1977, 6 ff.
Gitter, Sozialversicherungsträger und Arbeitgeberbegriff, ZSR 1977, 174 ff.
Henke, Gedanken zu den „sonstigen Hilfen" im Bereich der gesetzlichen Krankenversicherung, SGb 1977, 6 ff.
Thiemeyer, Falsche Ansätze der „Gesundheitsökonomik", ZSR 1977, 181 ff.
Wallerath, Das sozialversicherungsrechtliche Beschäftigungsverhältnis, ZSR 1977, 159 ff.

c) Gesetzliche Unfallversicherung

aa) Kommentare und Lehrbücher

Gotzen/Doetsch, Kommentar zur Unfallversicherung, 1963
Haase/Koch, Die gesetzliche Unfallversicherung, 1963
Miesbach/Baumer, Die gesetzliche Unfallversicherung, 1964 ff. (Losebl.-Slg.)
Lauterbach/Podzun, Die gesetzliche Unfallversicherung, 6. Aufl., 1968
Podzun, Der Unfallsachbearbeiter, 3. Aufl., 1968 ff. (Losebl.-Slg.)
Lauterbach, Gesetzliche Unfallversicherung, 3. Aufl., 1969 ff. (Losebl.-Slg.)
Wagner, Der Arbeitsunfall, 1969 ff. (Losebl.-Slg.)
Wertenbruch, Sozialverfassung-Sozialverwaltung, 1974, S. 135 ff.
Wertenbruch, Sozialverwaltungsrecht, in: *v. Münch,* Besonderes Verwaltungsrecht, 4. Aufl., 1976, S. 368 ff., 399 ff.

bb) Weitere Literatur

Gitter, Schadensausgleich im Arbeitsunfallrecht, 1969
v. Heinz, Entsprechungen und Abwandlungen des privaten Unfall- und Haftpflichtversicherungsrechts in der gesetzlichen Unfallversicherung nach der RVO, 1973
Herrmann, Der Arbeitsunfall, 1973
Raible, Der Arbeitsunfall, 1973
Krasney, Berufsunfähigkeit bei weiterhin aus „sozialen Gründen gewährten" vollem Arbeitsverdienst, SozSich 1974, 38 ff.
Krasney, Der sozialrechtliche Schutz der nicht berufstätigen Frau, VSSR 2 (1974), 127 ff.
Der Bundesminister für Arbeit und Sozialordnung (Hrsg.), Übersicht über die Soziale Sicherung, 1975, S. 179 ff.
Podzun, Die gesetzliche Unfallversicherung, 1975
Kötz, Sozialer Wandel im Unfallrecht, 1976
Henke, Ein Ratsherr auf dem Schützenfest, JuS 1977, 40 ff.

d) Gesetzliche Rentenversicherung

aa) Kommentare und Lehrbücher

Koch/Hartmann/v. Altrock/Fürst, Das Angestelltenverischerungsgesetz, 1953 ff. (Losebl.-Slg.)
Hoernigk/Jorks, Rentenversicherung, 1957 ff. (Losebl.-Slg.)

Bauer/Bergner/Fehn/Liebing/Scheerer, Kommentar zur RVO, 4. und 5. Buch, hrsg. v. Verband Deutscher Rentenversicherungsträger, 1958 ff. (Losebl.-Slg.)
Hanow/Lehmann/Walter Bogs, RVO, 4. Buch, Rentenversicherung der Arbeiter, 1964 ff. (Losebl.-Slg.)
Etmer, Reichsknappschaftsgesetz, 1968 ff. (Losebl.-Slg.)
Eicher/Haase/Rauschenbach, Die Rentenversicherung der Arbeiter und Angestellten, 5. Aufl., 1973
Schimanski, Knappschaftsversicherung, 1973 ff. (Losebl.-Slg.)
Wertenbruch, Sozialverfassung-Sozialverwaltung, 1974, S. 145 ff.
Höfer, Gesetz zur Verbesserung der betrieblichen Altersversorgung 1975 ff. (Losebl.-Slg.)
Schaub/Schusinski/Stroer, Altersvorsorge, 1976
Schulz, Betriebsrentengesetz, Gesetz zur Verbesserung der betrieblichen Altersversorgung, 1976 ff. (Losebl.-Slg.)
Wertenbruch, Sozialverwaltungsrecht, in: *v. Münch,* Besonderes Verwaltungsrecht, 4. Aufl., 1976, S. 370 f., 404 ff.

bb) Weitere Literatur

Bley, Der Beitrag zur Rentenversicherung in der Rechtsprechung des BSG, VSSR 3 (1975), 289 ff.
Der Bundesminister für Arbeit und Sozialordnung (Hrsg.), Übersicht über die Soziale Sicherung, 1975, S. 55 ff.
Meydam, Auswirkungen der Öffnung der Rentenversicherung für Hausfrauen und Selbständige auf die Regelung der Berufsunfähigkeit – Möglichkeiten und Grenzen des Versicherungsprinzips – SGb 1975, 205 ff.
Bley, Unterhaltsausfallrente aus derivierter Anwartschaft, ZSR 1976, 705 ff.
Florian, Die Auswirkungen des privatrechtlichen Unterhaltsverzichts auf die Hinterbliebenenrente der Frau aus der gesetzlichen Rentenversicherung, MDR 1976, 11
Kaltenbach, Die Rentenanträge in den gesetzlichen Rentenversicherungen der Angestellten und der Arbeiter, AngV 1976, 333 ff.
Knörl, Die Hinterbliebenenrente an den früheren Ehemann, SGb 1976, 14 ff.
Ludwig, Zur Entstehung und zur Verjährung von Rentenansprüchen, SGb 1976, 355 ff.
Maier, Die Auszahlung von Rentenleistungen nach dem Sozialgesetzbuch zugunsten von Ehegatten und Kindern des Berechtigten bei Verletzung seiner Unterhaltspflicht, SGb 1976, 305 ff.
Niemeyer/Voskuhl, Versorgungsausgleich bei Scheidung, BABl. 1976, 325 ff.
Rohwer-Kahlmann, Die Rentenversicherung am Scheidewege, ZSR 1976, 591 ff.
Ruland, Der Versorgungsausgleich, NJW 1976, 1713 ff.
Schudt, Unterhaltsrecht und Versorgungsausgleich nach dem neuen Ehe- und Familienrecht, ZfF 1976, 220 ff.
Solcher, Das erste Eherechtsreformgesetz und die gesetzliche Rentenversicherung, DRV 1976, 205 ff.
Voskuhl/Pappai/Niemeyer, Der Versorgungsausgleich in der Praxis, 1976
Waldmann, Die Finanzlage der gesetzlichen Rentenversicherungen, DRV 1976, 275 ff.
Waldmann, Rentenversicherung – wohin? ZSR 1976, 629 ff.

Blum, Die Bedeutung der betrieblichen Altersversorgung im System der sozialen Sicherung, ZSR 1977, 152 ff.
Rohwer-Kahlmann, Die Rentenversicherung am Scheidewege, ZSR 1977, 7 ff.

A. Gemeinsame Vorschriften für die Sozialversicherung

Die Gemeinsamen Vorschriften für die Sozialversicherung, auf die – da z. Z. noch nicht in Kraft – nur ein kurzer Hinweis erfolgen soll, enthalten – nach dem AT-SGB – die 2. Stufe zur Verwirklichung des SGBs, dessen Ziel es ist, das bisher in zahlreichen Einzelgesetzen unübersichtlich geregelte Sozialrecht zu vereinfachen. Die vorweggenommene Zusammenfassung der Gemeinsamen Vorschriften für die Sozialversicherung enthält jene Regelungen der Sozialversicherung, die in allen oder zumindest mehreren Versicherungszweigen gelten. Von besonderer Bedeutung sind[2]:

— die Vorschriften über Grundsätze und Begriffsbestimmungen, die eine Harmonisierung und automationsgerechte Gestaltung wichtiger Begriffe in den einzelnen Versicherungszweigen zum Inhalt haben. Sie befassen sich vor allem mit dem Beschäftigungsverhältnis als Grundlage der Versicherungspflicht und dem sozialversicherungsrechtlich relevanten Einkommen als Grundlage der Beiträge und Leistungen
— die Vorschriften über die Selbstverwaltung und Staatsaufssicht, die das geltende Recht unter Hervorhebung der Eigenverantwortlichkeit der Versicherungsträger, der Rechtsaufsicht und des Zusammenwirkens von Aufsicht und Selbstverwaltung zusammenfassen
— die Vorschriften über das Haushaltswesen und die Anlage des Vermögens, die das geltende Recht nach modernen Haushalts- und Anlagegrundsätzen neu ordnen und
— Rahmenvorschriften über den Umfang der Versicherung, die u. a. sicherstellen, daß solche AN, die aufgrund der zunehmenden Verflechtung der deutschen Wirtschaft im Ausland tätig sind, den Schutz der deutschen Sozialversichrung behalten, auch wenn der Auslandsaufenthalt mehrere Jahre dauert.

Auf die noch geltenden „Gemeinsamen Vorschriften" des 1. Buches der RVO ist hier lediglich noch hinzuweisen.

Ab 1. 7. 1977 gelten die Vorschriften des SGB IV (Gemeinsame Vorschriften für die Sozialversicherung).

[2] BT-Drucks. 7/5457, S. 3.

B. Gesetzliche Krankenversicherung

1. Überblick

Die Gesetzliche Krankenversicherung (GKV) aus dem Jahre 1883[3] war im Gefolge der Diskussion um die Neuregelung der Entschädigung bei Arbeitsunfällen eher eine Art Zufallsergebnis als Verwirklichung einer geschlossenen sozialpolitischen Konzeption. Als Arbeiterversicherung angelegt[4], war sie in erster Linie darauf ausgerichtet, den damalig sozial schwächsten Personenkreisen – den Arbeitern im Bergbau, in den industriell produzierenden Betrieben (Fabriken) und Hüttenwerken, in Eisenbahn- und Binnenschiffahrtsbetrieben, auf Werften und bei Bauten sowie in handwerklichen Gewerbebetrieben – im Fall von Krankheit und Arbeitsunfähigkeit den Verlust des Lohnes – und damit der existenziellen Grundlage meist der ganzen Familie – wenigstens teilweise auszugleichen. Medizinische Leistungen als Sachleistungen (ärztliche Behandlung, Versorgung mit Arznei- und Heilmitteln) rückten demgegenüber in den Hintergrund, zumal kostenlose ärztliche Behandlung u. U. von „Armenärzten" geboten wurde.

Bis heute wurde die GKV, ohne ihre Grundstrukturen zu verändern, erheblich ausgebaut. Neue Personenkreise – Arbeitslose[5], Rentner[6], selbständige Landwirte[7], Rehabilitanden[8], Behinderte[9], Studenten und Prakti-

[3] Gesetz betreffend die Krankenversicherung der Arbeiter (KVA) vom 15. 6. 1883 (RGBl. 1883, S. 73). Es trat in 2 Stufen, nämlich zum 1. 12. 1883 und zum 1. 12. 1884 in Kraft.

[4] *Walter Vogel*, Bismarcks Arbeiterversicherung, 1951.

[5] Krankenversicherungspflicht durch Gesetz über Arbeitsvermittlung und Arbeitslosenversicherung (AVAVG) vom 16. 7. 1927 (RGBl. I S. 187) i. d. F. der Bekanntmachung vom 12. 10. 1929 (RGBl. I S. 162). Davor war es Aufgabe der Gemeinden, die Arbeitslosen entweder bei der Ortskrankenkasse zu versichern oder selbst entsprechende Leistungen zu gewähren (VO über die Erwerbslosenfürsorge vom 16. 2. 1924 (RGBl. I S. 127). Heute: § 155 I AFG.

[6] Versicherung der Rentner durch die Rentenversicherungsträger durch Gesetz über Verbesserung der Leistungen in der Rentenversicherung vom 24. 7. 1941 (RGBl. I S. 443); Einbezug der Rentner in den versicherten Personenkreis nach dem 2. Buch der RVO durch das Dritte Gesetz über Änderungen und Ergänzungen von Vorschriften des Zweiten Buches der RVO (KVdR) vom 12. 6. 1956 (BGBl. I S. 500).

[7] Gesetz zur Weiterentwicklung des Rechts der gesetzlichen Krankenversicherung (Gesetz über die Krankenversicherung der Landwirte – KVLG) vom 10. 8. 1972 (BGBl. I S. 1433).

[8] Gesetz über die Ausgleichung der Leistungen zur Rehabilitation vom 7. 8. 1974 (BGBl. I S. 1881).

[9] Gesetz über die Sozialversicherung Behinderter (BehVersG) vom 7. 5. 1975 (BGBl. I S. 1061).

kanten[10] – wurden einbezogen; die Familienhilfe wurde – durch Erweiterung des begünstigten Personenkreises aufgrund Veränderung der Anspruchsvoraussetzungen (z. B. Wegfall oder Ausdehnung der Altersgrenze für Kinder) – zur Regelleistung[11]. Auf der Leistungsseite erfolgte eine Umorientierung und Gewichtsverlagerung von den Geldleistungen, die im Fall von Krankheit und Arbeitsunfähigkeit als (teilweise) Ersatzleistung für den wegen Arbeitsunfähigkeit entgangenen Lohn gezahlt wurden, zu den Sachleistungen, d. h. im weitesten Sinne zu den medizinischen Leistungen. Darüber hinaus rückte man von dem Grundsatz ab, daß der Versicherungsträger erst im Fall einer Erkrankung einzutreten habe. Vorbeugung, Früherkennung von Krankheiten und sonstige, mit einer Erkrankung kaum in Zusammenhang stehende Leistungen – Schwangerschaftsabbruch, Beratung über Fragen der Empfängnisregelung und Sterilisation – wurden in den Leistungskatalog der GKV aufgenommen.

So stellt sich das System der heutigen GKV als ein umfassendes Sicherungssystem für fast die gesamte Bevölkerung dar: als öffentlich-rechtliche Einrichtung, die durch gemeinsame Deckung eines möglichen Bedarfs an notwendigen Maßnahmen zum vorbeugenden Gesundheitsschutz, zur Erhaltung, Besserung und Wiederherstellung der Gesundheit und Leistungsfähigkeit sowie zur wirtschaftlichen Sicherung vor allem bei Krankheit bzw. Arbeitsunfähigkeit und Mutterschaft eine entsprechende Verteilung auf eine organisierte Vielheit ermöglicht[12] und damit das individuelle – auch wirtschaftliche – Risiko in bezug auf die „Wechselfälle des Lebens" im Rahmen einer organisierten Solidargemeinschaft für jeden Beteiligten kalkulierbarer macht.

Neben der grundsätzlich gewollten Einkommensumverteilung – der AG hat sich an der sozialen Sicherung der AN mit der Hälfte des Beitrags zur GKV zu beteiligten (§§ 381, 405 RVO) – besteht zwischen den versicherten Personengruppen ein starker Umverteilungsprozeß (interpersonale Einkommensumverteilung)[13]. Wesentliche, solche Umverteilungseffekte auslösende Bedingungen sind der eingebaute Familienlastenausgleich durch kostenlose Mitversicherung der Familienangehörigen, die unterschiedlich hohen Beiträge, die prozentual zwar grundsätzlich gleich, aber von unterschiedlich hohen Einkommen bestimmt werden (§§ 385 ff.,

[10] Gesetz über die Krankenversicherung der Studenten (KVSG) vom 24. 6. 1975 (BGBl. I S. 1536).

[11] Z. B. für behinderte Kinder (§ 205 III RVO) durch Gesetz über die Krankenversicherung der Studenten (KVSG) vom 26. 6. 1975; Familienhilfe als Regelleistung wurde durch die Erste Notverordnung vom 26. 7. 1930 (RGBl. I S. 311) eingeführt.

[12] BSGE 6, 213 (228); BVerfGE 11, 105 (112).

[13] Sozialenquête, Ziff. 578 ff.

180 RVO), und die für bestimmte Personengruppen – z. B. Rentner (§§ 385 II; 393 a RVO) und Studenten (§§ 381 a, 393 c RVO) – nach sozialen Gesichtspunkten oder politischen Notwendigkeiten vorgenommene Beitragsgestaltung einerseits und der Grundsatz, daß Leistungen – mindestens die Sachleistungen – in der Krankenversicherung unabhängig von der Beitragshöhe und der Beitragszahlung zu gewähren sind, andererseits. Insoweit kann weder von einer echten Versicherung im Sinne eines Äquivalenzsystems (Leistungen für gleichwertige Gegenleistungen)[14] noch uneingeschränkt von „Kranken"-Versicherung gesprochen werden, sind doch nicht unwesentliche Leistungsbereiche heute – ohne hier und im folgenden auf die speziellen, aber im wesentlichen gleichlautenden Bestimmungen bezüglich der Krankenversicherung der Landwirte Rücksicht zu nehmen – auf Bewältigung familiärer Probleme (Haushaltshilfe, § 185 b RVO; sog. Kinder-Krankengeld, § 185 c RVO)[15], Erhaltung der Gesundheit (sog. vorbeugende Maßnahmen, § 187 Nr. 4 RVO), Früherkennungsmaßnahmen (§§ 181, 181 a RVO) oder – zumindest teilweise sachfremd für eine solche Risikogemeinschaft – auf Familienplanung (empfängnisregelnde Maßnahmen, § 200 e RVO; nicht rechtswidrige Sterilisation und nicht rechtswidriger Schwangerschaftsabbruch, § 200 f RVO) ausgerichtet.

Der Anspruch auf Leistungen aus der GKV kann sich auf die Gewährung von Sach- und/oder Geldleistungen richten. Sachleistungen sind von den KV-Trägern zur Verfügung zu stellen. Dies geschieht regelmäßig auf der Grundlage entsprechender Verträge, die die Krankenkassen bzw. für diese ihre Verbände (vgl. §§ 414, 414 e Buchst. c RVO) mit Ärzten, Zahnärzten, Krankenhäusern, Lieferanten von Heil- und Hilfsmitteln usw. oder mit deren Organisationen abschließen (vgl. §§ 368 bis 376 b RVO). Der Erfüllungsanspruch des Versicherten gegen den jeweiligen Träger der GKV bleibt dabei jedoch in allen Fällen bestehen. Diese Sachleistungen sind darüber hinaus so zur Verfügung zu stellen, daß der Versicherte sie ohne eigene Aufwendungen in Anspruch nehmen kann. Entstehen notwendige Kosten, so hat der Versicherungsträger auch diese zu übernehmen (§ 194 RVO).

Gegenstand der GKV können – je nach Leistungsgrund – folgende Leistungen sein (§ 179 RVO; § 7 KVLG; vgl. auch § 21 I AT-SGB sowie die Übersicht im Anhang):

— Maßnahmen zur Früherkennung (und Verhütung) von Krankheiten (§§ 181, 181 a, 187 Nr. 4 RVO; §§ 8, 9, 11 KVLG)
— Krankenhilfe
  (§ 182 RVO; § 12 KVLG)
  Dazu gehören insbesondere: Krankenpflege und Krankengeld (§ 182 I Nr. 1 u. 2 RVO; §§ 13, 19 KVLG); darüber hinaus weitere Leistungen:

[14] *Brackmann*, Handbuch, S. 79 ff.
[15] Allerdings bedingt durch Krankheitsfälle in der Familie.

§ 184 RVO (§ 17 KVLG); § 435 RVO; § 184 a RVO (§ 17 a KVLG); § 185 RVO (§ 18 KVLG); § 185 b RVO (vergleichbar §§ 34 ff. KVLG); § 185 c RVO (§ 20 a KVLG); § 187 Nr. 2 RVO (§ 21 KVLG); § 193 RVO (§ 21 a KVLG) u. § 194 RVO (§ 21 b KVLG).

— Mutterschaftshilfe
(§§ 195 ff. RVO; §§ 22 ff. KVLG)
— Sonstige Hilfen
(§§ 200 e, 200 f, 200 g RVO; §§ 31 a, 31 b, 31 c KVLG)
— Sterbegeld
(§§ 201, 202 RVO; § 37 KVLG)
— Familienhilfe
(§§ 205, 205 a, 205 b RVO; §§ 32, 33, 37 KVLG).

Feststellung und Gewährung der Leistungen erfolgt auf Antrag (§ 1545 I Nr. 2 RVO; §§ 16, 36 AT-SGB). Der Anspruch richtet sich regelmäßig gegen den zuständigen KV-Träger[16]. Das können sein (§ 21 II AT-SGB):

— **die gesetzlichen Krankenkassen** (§ 225 RVO)
Zuständigkeit:
Betriebskrankenkassen: § 245 RVO
Innungskrankenkassen: § 250 RVO
Ortskrankenkassen: § 234 RVO
Dazu besondere Regelungen für: unständig Beschäftigte (§ 442 RVO), im Wandergewerbe Beschäftigte (§ 459 RVO) und Hausgewerbetreibende (§ 470 RVO).

Die Zuständigkeit bei den Ortskrankenkassen wird durch den Beschäftigungsort (§§ 9 ff. SGB IV) näher bestimmt.

— **die See-Krankenkasse** (§ 476 RVO)
Zuständigkeit: §§ 477, 478 RVO
— **die Bundesknappschaft** (§ 6 RKG)
Zuständigkeit: § 1 RKG
— **die landwirtschaftlichen Krankenkassen** (§ 44 KVLG)
Zuständigkeit: §§ 2, 3, 5, 6, 46 KVLG
— **die Ersatzkassen** (§§ 504 f. RVO)[17]
Zuständigkeit: richtet sich grundsätzlich nach Berufsgruppen und ist in der jeweiligen Satzung näher festgelegt.

Bei mehreren versicherungspflichtigen Beschäftigungsverhältnissen richtet sich die Kassenzuständigkeit nach der überwiegenden Beschäftigung (§ 309 RVO). Versicherungspflichtige Mitglieder einer Ersatzkasse

[16] Ausnahmen: §§ 219 ff. RVO; bei ungeklärten Zuständigkeiten: § 6 des Gesetzes über die Angleichung der Leistungen zur Rehabilitation vom 7. 8. 1974 (BGBl. I S. 1881); vgl. ferner § 43 AT-SGB.

[17] Aufbaugesetz vom 5. 7. 1934 (RGBl. I S. 577).

haben das Recht auf Befreiung von der Mitgliedschaft bei einer gesetzlichen Krankenkasse (§ 517 RVO).

Voraussetzungen für einen Anspruch auf Leistungen gegen den zuständigen KV-Träger sind:

— **das Bestehen einer Mitgliedschaft oder Versicherung**

Mitgliedschaft kann aufgrund von Versicherungspflicht, freiwilligem Beitritt (Versicherungsberechtigung) oder freiwilliger Weiterversicherung bestehen; lediglich (formale) Versicherung: § 213 RVO bzw. § 40 KVLG.

a) Versicherungspflichtiger Personenkreis:
§§ 165, 166, 477 RVO; §§ 1, 15 ff. RKG; § 2 KVLG; § 155 AFG

b) Versicherungsberechtigter Personenkreis:
§§ 176, 176 a, 176 b, 176 c, 177 RVO; § 6 KVLG

c) Zur Weiterversicherung berechtigter Personenkreis:
§ 313 RVO; § 5 KVLG.

Ohne Mitgliedschaft besteht ein Anspruch auf Leistungen nach § 213 RVO, wenn Beiträge von nicht versicherungspflichtigen und nicht versicherungsberechtigten Personen angenommen wurden.

Ferner können unter bestimmten Voraussetzungen nach § 214 RVO Leistungsansprüche nach dem Ausscheiden aus der Versicherung gegeben sein. Über den Tag des Ausscheidens hinaus können Leistungsansprüche erhalten bleiben (§§ 183 I und II, 202 RVO).

Über Beginn, Dauer und Ende der Mitgliedschaft geben die Bestimmungen der §§ 165 V, 306 ff. RVO Auskunft. Für den Beginn und das Ende der Mitgliedschaft ist die tatsächliche Aufnahme bzw. das Ende des versicherungspflichtigen Beschäftigungsverhältnisses maßgebend; auf das Bestehen eines wirksamen Arbeitsvertrages kommt es nicht an. Die Mitgliedschaft ist grundsätzlich von keiner Meldung abhängig (§ 317 RVO), ebensowenig von Beitragszahlungen (Ausnahmen: z. B. §§ 213, 315, 460, 314 RVO; vgl. auch §§ 504 ff. RVO bei den Ersatzkassen).

— **Eintritt des Versicherungsfalles**

Unter „Versicherungsfall" ist ein bestimmtes Ereignis oder das Zusammentreffen mehrerer Ereignisse im Leben des Versicherten zu verstehen, gegen deren Nachteile die Versicherung Schutz gewähren soll bzw. zu gewähren hat. Der Versicherungsfall tritt mit den objektiv feststehenden Ereignissen ein, die ihn ergeben[18]. Die zentralen Versicherungsfälle der GKV sind Krankheit, Schwangerschaft und Entbindung und Tod. Ohne Versicherungsfall in diesem Sinne werden nur die Maßnahmen zur Früherkennung von Krankheiten gewährt (§§ 181, 181 a,

[18] BSGE 20, 48 (50); Breithaupt 1966, 310 (311).

205 RVO); für diese Leistungen braucht weder objektiv noch subjektiv eine Krankheit zu bestehen.

Krankheit im versicherungsrechtlichen Sinn, die sich nicht mit dem medizinischen Begriff zu decken braucht, ist ein regelwidriger Körper- oder Geisteszustand (möglich auch ein Dauerzustand), der entweder allein Behandlungsbedürftigkeit oder zugleich oder ausschließlich Arbeitsunfähigkeit zur Folge hat. Regelwidrig ist ein Körper- oder Geisteszustand, der vom normalen Leitbild eines gesunden Menschen abweicht. Behandlungsbedürftigkeit ist anzunehmen, wenn der regelwidrige Zustand nach den Regeln der ärztlichen Kunst einer Behandlung mit dem Ziel der Verhinderung von Schmerzen oder Beschwerden, der Heilung, Besserung, Verhütung einer Verschlimmerung oder der Linderung von Schmerzen zugänglich ist. Die Ursache der Krankheit ist unbeachtlich; der Eintritt der Behandlungsbedürftigkeit ist unabhängig vom Beginn der tatsächlichen Behandlung[19].

Da der Anspruch auf Krankenhilfe mit dem Beginn der Krankheit entsteht, frühestens jedoch mit dem Beginn der Mitgliedschaft (§ 206 RVO) ist der „Eintritt des Versicherungsfalls Krankheit" im wesentlichen für den Anspruch auf Krankenhilfe maßgebend; für freiwillig beigetretene Versicherte (§ 176 RVO) ist der Anspruch auf Leistungen für eine bestehende Krankheit ausgeschlossen (§ 310 II RVO). Für die Gewährung von Krankenhauspflege kann auch das Erkennen einer Krankheit Versicherungsfall sein (§ 184 I RVO).

Arbeitsunfähigkeit stellt keinen selbständigen Versicherungsfall dar, sondern ist nur eine „Erscheinungsform des Versicherungsfalls Krankheit". Arbeitsunfähigkeit liegt vor, wenn der Versicherte infolge Krankheit nicht oder nur unter der Gefahr der Verschlimmerung seines Zustandes fähig ist, seine unmittelbar vor Eintritt des Versicherungsfalles verrichtete Erwerbstätigkeit auszuüben[20]. Ein Verweis auf andere Tätigkeiten ist grundsätzlich nicht möglich[21].

Arbeitsunfähigkeit ist die Voraussetzung für den Anspruch auf Krankengeld (§ 182 I Nr. 2 RVO). Dabei muß die Krankheit Ursache der Arbeitsunfähigkeit sein. Nach der für die GKV maßgebenden Theorie der wesentlichen Bedingung ist eine Bedingung als ursächlich oder mitursächlich anzusehen, wenn sie im Verhältnis zu anderen Einzelbedingungen wegen ihrer besonderen Beziehung zum Erfolg dessen Eintritt wesentlich mitbewirkt hat[22].

[19] BSGE 13, 134; 26, 240 (242); 28, 114; 30, 151; 35, 10.

[20] BSGE 18, 122 (125); 26, 288. Zum Begriff Arbeitsunfähigkeit: BSGE 19, 179 (181); 26, 288.

[21] BSG, USK 7269.

[22] BSGE 33, 202.

Tritt zu einer bestehenden eine neue Krankheit hinzu, so ist kein neuer, sondern ein einheitlicher Versicherungsfall gegeben. Ebenso kann zu einer bestehenden Arbeitsunfähigkeit keine neue, möglicherweise selbständige rechtliche Folgen (z. B. hinsichtlich der Bezugsdauer, § 183 II RVO) auslösende Arbeitsunfähigkeit hinzutreten[23]. Bei bestehender dauernder Behandlungsbedürftigkeit ist ein neuer Anspruch auf Krankengeld für die gesetzliche Bezugsdauer nur dann gegeben, wenn eine neue Krankheit Arbeitsunfähigkeit verursacht.

Schwangerschaft ist der Zustand des mütterlichen Körpers während der Fruchtentwicklung von der Befruchtung des Eies bis zur Geburt. Schwangerschaft ist der Versicherungsfall für die Leistungen der Mutterschaftsvorsorge (§§ 196, 205 a RVO).

Schwangerschaftsbeschwerden sind solche Beschwerden während der Schwangerschaft, die über das übliche Maß nicht hinausgehen (sonst: Krankheit). Schwangerschaftsbeschwerden bilden den Versicherungsfall für die Leistungen nach §§ 197, 205 a RVO.

Entbindung ist der physiologische Vorgang, bei dem der Organismus, das Kind, vom mütterlichen abgetrennt wird, um ein selbständiges Leben führen zu können. Dabei kommt es grundsätzlich nicht darauf an, ob das Kind lebend oder tot geboren wird. Früh- und Mehrlingsgeburten verlängern die Anspruchsdauer auf Mutterschaftsgeld (§ 200 III RVO). Fehlgeburten stellen keine Entbindung dar; versicherungsrechtlich handelt es sich regelmäßig um Krankheit. Die Entbindung ist der Versicherungsfall für die Mutterschaftshilfeleistungen nach den §§ 198, 199, 200 b und 205 a RVO. Als die den Anspruch auf das Mutterschaftsgeld auslösende Bedingung ist der Beginn der Schutzfrist (§§ 200 I RVO; 3 II MuSchG) anzusehen[24].

Tod ist der Versicherungsfall für das Sterbegeld (§§ 201, 205 b RVO). Die Todesursache ist dabei unerheblich. Für Ansprüche auf Sterbegeld nach § 202 RVO ist Versicherungsfall die vorangegangene Krankheit[25].

Für *sonstige Hilfen* schließlich (§§ 200 e ff. RVO) ist Versicherungsfall die persönliche Bereitschaft und Absicht (persönliche Entscheidung), sich über Fragen der Empfängnisregelung ärztlich beraten zu lassen bzw. sich (nicht rechtswidrig) sterilisieren oder die Schwangerschaft (nicht rechtswidrig) abbrechen zu lassen.

— **Besondere Voraussetzungen**

Aus der jeweiligen Anspruchsnorm ergeben sich zum Teil für einen Anspruch besondere Voraussetzungen.

[23] BSGE 17, 157.
[24] BSG, Breithaupt 1971, 889.
[25] RVA, AN 1922, 279; AN 1940, 4505.

Beispiele: Vorversicherungszeiten (§§ 200, 200 a RVO); keine andere Beaufsichtigungs-, Betreuungs- oder Pflegemöglichkeit für ein Kind unter 8 Jahren (§ 185 c RVO); Altersbedingungen (§ 181 RVO).

2. Praktische Fälle

a) Freiwillige Mitgliedschaft, Krankenpflege, Einschreibung bzw. Rückmeldung an Hochschulen, Aushilfsbeschäftigung, Krankenpflege

Sachverhalt

S, 19 Jahre alt, wohnhaft in X, studiert seit dem 1. 10. 1975 an der Universität in X. Sein Vater V ist selbständig und gehört der AOK in X als freiwilliges Mitglied an; er hat für S Anspruch auf Familienkrankenhilfe.

Bei einem Verkehrsunfall kommt V am 15. 2. 1976 ums Leben. Daraufhin spricht S am 10. 3. 1976 bei der AOK in X vor, um sich über seine versicherungsrechtlichen Angelegenheiten zu erkundigen. Er fragt, ob er pflichtversichert sei bzw. Leistungsansprüche durch eine freiwillige Versicherung erwerben könne; er sei seit einem halben Jahr in ärztlicher Behandlung und müsse dem Arzt einen neuen Behandlungsschein (Krankenschein) vorlegen. Einen Antrag auf freiwillige Versicherung stellt er sofort. Ein Anspruch auf Rente steht ihm nicht zu, weil V Beiträge zur GRV nicht entrichtet hat.

Am 15. 4. 1976 kommt S erneut zur AOK in X und teilt mit, daß er sich am 14. 4. 1976 für das am 1. 4. 1976 begonnene Semester an der Universität zurückgemeldet habe.

Am 20. 4. 1976 nimmt S eine Aushilfsbeschäftigung bei einem Zeitungsverlag an, um sein Taschengeld aufzubessern und um für ein Auto zu sparen. Neben seinem Studium, das Vorrang haben soll, verpflichtet er sich zu 15 Arbeitsstunden wöchentlich und bekommt dafür 150,– DM.

Fragen:

1. Welche Auskunft wird ihm hinsichtlich seiner versicherungsrechtlichen Situation am 10. 3. 1976 erteilt worden sein?
2. Wie sind etwaige Leistungsansprüche (ärztliche Behandlung) ab 15. 2. 1976 zu begründen?
3. Welche krankenversicherungsrechtlichen Auswirkungen ergeben sich aus der Rückmeldung an der Universität?
4. Welche krankenversicherungsrechtlichen Auswirkungen hat die Aufnahme der Aushilfsbeschäftigung?

Lösungsvorschlag

I. Versicherungsrechtliche Situation am 10. 3. 1976

Nach § 165 I Nr. 5 RVO sind eingeschriebene Studenten der staatlichen und staatlich anerkannten Hochschulen versicherungspflichtig, soweit sie es nicht nach anderen gesetzlichen Vorschriften sind (§ 165 VI 2 RVO). Die Mitgliedschaft eines Studenten beginnt mit dem Semester, frühestens mit dem Tage der Einschreibung oder Rückmeldung an der Hochschule (§ 306 IV RVO), und endet 7 Monate nach Beginn des Semesters, für das er zuletzt eingeschrieben oder zurückgemeldet war (§ 312 III RVO). Von der

Versicherungspflicht sind jedoch solche Studenten befreit, für die bei Beginn des Semesters Anspruch auf Familienkrankenpflege besteht. Die Versicherungsfreiheit besteht dann bis zum Ende des Semesters, in dem der Anspruch auf Familienkrankenpflege erlischt (§ 175 Nr. 3 RVO). Zu Beginn des WS 1975/76, am 1. 10. 1975, hatte V für S Anspruch auf Familienkrankenhilfe (§ 205 RVO)[26]. Für S bestand daher Versicherungsfreiheit bis zum Ende des WS 1975/76, d. h. bis zum 31. 3. 1976.

Am 15. 2. 1976 verstarb V. Damit endete seine Mitgliedschaft. Zugleich endete seine Anspruchsberechtigung in bezug auf Familienhilfe. Auf die bestehende Versicherungsfreiheit des S hatte der Wegfall des Familienhilfeanspruchs keinen Einfluß (§ 175 Nr. 3 RVO). Auch wurde das ,,Erlöschen des Familienhilfeanspruchs" nicht durch einen möglichen sog. ,,nachgehenden" Leistungsanspruch (§ 214 IV RVO) hinausgeschoben.

Nach § 176 b I Nr. 2 RVO haben Kinder eines Versicherten, für die der Anspruch auf Familienhilfe erlischt, die Möglichkeit, der Versicherung freiwillig beizutreten. Der Beitritt ist binnen eines Monats nach dem Tode des Versicherten bei der Kasse zu beantragen, der der Versicherte zuletzt angehört hat (§ 176 b II RVO). Im vorliegenden Fall war fristgerechte Antragstellung bis zum 15. 3. 1976 möglich (§§ 124 ff. RVO). Da S bei der Kasse am 10. 3. 1976 Antrag auf freiwillige Versicherung gestellt hat (§ 310 I 3 RVO i. V. m. § 36 SGB IV)[27], begann die freiwillige Mitgliedschaft mit dem Tode des Versicherten (§ 310 I 2 RVO).

Der Grundsatz, daß eine Pflichtmitgliedschaft eine freiwillige Versicherung – und damit verbunden die entsprechende Anwendung des § 312 I RVO – ausschließt, kommt hier nicht zum Tragen. S kann einen Anspruch auf Hinterbliebenenrente nicht geltend machen, so daß eine Pflichtmitgliedschaft (§§ 165 I Nr. 3, 306 II RVO) nicht in Frage kommt. Darüber hinaus wäre beachtlich, daß der Vorrang der Pflichtmitgliedschaft gegenüber der freiwilligen Versicherung bei Rentnern (§ 165 I Nr. 3 RVO) und Rentenantragstellern (§ 315 a RVO) nicht gilt (§ 165 VI RVO)[28].

Am 10. 3. 1976 wird dem S daher mitgeteilt worden sein, daß er seit dem 15. 2. 1976 freiwilliges Mitglied der AOK in X ist.

II. Der Anspruch auf Krankenpflege (ärztliche Behandlung) ab 15. 2. 1976

Der Anspruch auf Familienhilfe für S erlosch, wie aufgezeigt, am

[26] Träger des Anspruchs auf Familienhilfe ist der Versicherte (§ 205 I 1 RVO). BSGE 17, 186 (190); *Brackmann*, Handbuch, S. 407.

[27] Entgegennahme solcher Anträge gehört zu den laufenden Verwaltungsgeschäften, für die der Geschäftsführer der Krankenkasse zuständig ist. BSG, USK 6716; DOK 1967, 469.

[28] BSGE 14, 181; 23, 199.

15. 2. 1976. Nun erhalten Familienangehörige zwar grundsätzlich unter den gleichen Voraussetzungen und in gleichem Umfang wie Versicherte Leistungen (§ 205 I RVO); wesentliche Ausnahme ist nur das Krankengeld. Für einen „nachgehenden" Leistungsanspruch gemäß § 183 I i. V. m. § 205 RVO, an den wegen der laufenden ärztlichen Behandlung zu denken ist, ist hier jedoch kein Raum, da kein Ausscheiden des Versicherten aus der Versicherung vorliegt, sondern durch den Tod des Versicherten der Träger des Anspruchs entfallen ist.

Nach § 214 IV RVO wird Familienhilfe bis zu 3 Wochen nach dem Tode des Versicherten allerdings den Angehörigen (§ 205 II RVO) gewährt, für die dem Versicherten im Zeitpunkt des Todes Familienhilfe zustand. Für längstens diese Zeit erwirbt der leistungsbegünstigte Angehörige einen eigenen Anspruch auf Leistungen, und zwar in vollem Umfang, d. h. ohne die Einschränkung des § 214 I RVO auf die Regelleistungen. Voraussetzung ist allerdings, daß der Versicherungsfall noch zu Lebzeiten des Versicherten eingetreten war[29]. Danach bestand also gemäß § 214 IV RVO für S ab 15. 2. 1976 grundsätzlich ein Anspruch auf Gewährung ärztlicher Behandlung (§ 122 RVO) im Rahmen der Krankenpflege (Ausstellung eines Behandlungsscheines, § 188 RVO).

Zu beachten ist jedoch, daß S ab 15. 2. 1976 freiwillig versichert war. Sein Anspruch auf Versicherungsleistungen aus dieser freiwilligen Versicherung geht dem sog. „nachgehenden" Anspruch aus § 214 IV RVO vor[30]. Da Leistungsbegrenzungen (vgl. u. a. §§ 176 III, 207, 310 II RVO) für nach § 176 b RVO freiwillig beigetretene Personen nicht gelten (§ 176 b II 1 RVO), hat S also ab 15. 2. 1976 Anspruch auf Krankenhilfeleistungen (hier ärztliche Behandlung) aus eigener (freiwilliger) Versicherung.

III. Krankenversicherungsrechtliche Auswirkungen der Rückmeldung

Die Mitgliedschaft versicherungspflichtiger Studenten (§ 165 I Nr. 5 RVO) beginnt mit dem Semester, frühestens mit dem Tag der Einschreibung oder der Rückmeldung an der Hochschule (§ 306 IV RVO). Danach war S ab 14. 4. 1976 versicherungspflichtig. Nach dem Grundsatz, daß eine freiwillige Versicherung eine Pflichtversicherung nicht verdrängt – § 165 VI 2 RVO spricht nur von möglicher Vorrangigkeit einer Pflichtversicherung –, endete die freiwillige Versicherung des S entsprechend § 312 I RVO mit dem Beginn der Pflichtversicherung, d. h. mit Ablauf des 13. 4. 1976.

[29] *Brackmann*, Handbuch, S. 428 e.
[30] *Brackmann*, Handbuch, S. 428 b f.

IV. Krankenversicherungsrechtliche Auswirkungen der Aufnahme der Aushilfsbeschäftigung

Wäre S durch die Aufnahme der Beschäftigung gegen Entgelt als Arbeiter oder Angestellter versicherungspflichtig geworden (§§ 165 I Nr. 1 und 2, 165 II, 306 I RVO), so ginge die durch dieses Beschäftigungsverhältnis begründete Versicherungspflicht ab 20. 4. 1976 der Versicherung als Student nach § 165 I Nr. 5 RVO vor (§ 165 VI 2 RVO).

Nach § 172 I Nr. 5 RVO sind Personen, die während der Dauer ihres Studiums als ordentliche Studierende einer Hochschule gegen Entgelt beschäftigt sind, versicherungsfrei. Nicht jede neben dem Studium ausgeübte Beschäftigung löst allerdings Versicherungsfreiheit aus. Nur solche Studierende sollen versicherungsfrei sein, deren Zeit und Arbeitskraft überwiegend durch das Studium in Anspruch genommen werden. Dies wird von der Rechtsprechung regelmäßig bei einer Beschäftigung von weniger als 20 Wochenstunden angenommen. Dagegen werden Studenten, die neben ihrem Studium eine Beschäftigung von wöchentlich mindestens 20 Stunden ausüben, als AN angesehen; sie werden zum Kreis der Beschäftigten gerechnet mit der Folge, daß sie aufgrund ihrer Beschäftigung der Versicherungspflicht unterliegen[31].

S betrieb vorrangig sein Studium und war nur 15 Stunden beschäftigt. Aus diesem Grund bestand bezüglich seiner Beschäftigung bei dem Zeitungsverlag Versicherungsfreiheit. An der nach § 165 I Nr. 5 RVO bestehenden Versicherungspflicht als Student änderte sich daher nichts.

b) Krankenpflege, Krankenhauspflege, Transportkosten, Krankengeld, Heilmittel, Fahrkosten

Sachverhalt

M, wohnhaft in X, ist seit Jahren bei der Firma Klein in Y, für die keine eigene BKK errichtet ist und die auch keiner Handwerkerinnung angehört, als Werkmeister beschäftigt und verdient monatlich 2200,– DM brutto. Seine Frau F ist als kaufmännische Angestellte bei einer Zweigniederlassung der Firma Groß beschäftigt. Diese hat ihren Sitz in München. Für die Beschäftigten der Firma Groß besteht eine BKK. F verdient monatlich 2000,– DM brutto. Sie hat ihr Arbeitsverhältnis zum 30. 6. 1976 gekündigt, um nur noch für ihre kranke Mutter sorgen zu können. S, der Sohn von M und F, ist 15 Jahre alt und geht noch zur Schule; er wohnt bei seinen Eltern.

Am 30. 5. 1976 unternimmt M mit F und S einen Sonntagsausflug. Er fährt in seinem PKW in die nahegelegene Eifel. Auf der Fahrt gelangt eine Wespe in den Wagen und sticht M in den rechten Arm. M läßt vor Schmerzen das Steuer los; der PKW gerät von der Straße, überschlägt sich und bleibt im Straßengraben liegen.

M wird bei dem Unfall erheblich verletzt. Er wird im Krankenwagen in das nächstgelegene Krankenhaus nach Z transportiert und dort vom 30. 5. bis einschließlich 25. 6. 1976 stationär behandelt. Am 25. 6. 1976 wird er arbeitsunfähig

[31] BSGE 27, 192; USK 7573, 7589 und 7599.

aus dem Krankenhaus entlassen und aufgrund einer ärztlichen Anordnung mit dem Krankenwagen nach X in seine Wohnung transportiert. Die Arbeitsunfähigkeit dauert bis einschließlich 15. 8. 1976 an. Am 16. 8. 1976 nimmt M die Arbeit wieder auf, muß jedoch bis zum 30. 9. 1976 wegen der Unfallfolgen laufend in ärztlicher Behandlung bleiben.

Für F und S reicht ambulante ärztliche Versorgung aus. F ist bis zum 20. 8. 1976 wegen der Unfallfolgen behandlungsbedürftig und bis zu diesem Tag laufend in ambulanter Behandlung. Am 15. 7. 1976 werden ihr vom Arzt 10 Massagen verordnet. Für Fahrten zum nächstgelegenen Massageinstitut entstehen F Fahrkosten.

Für S ist ärztliche Behandlung bis zum 8. 7. 1976 erforderlich. Bei dem Unfall ist u. a. seine Brille zerstört worden. Sein Augenarzt verschreibt ihm – anläßlich einer ohnehin fälligen Routineuntersuchung – eine neue Brille.

Gegen welche Krankenkasse und in welchem Umfang haben M, F und S Leistungsansprüche aus der GKV?

Lösungsvorschlag

I. Ansprüche des M

Ansprüche des M auf Versicherungsleistungen setzen zunächst voraus, daß M Mitglied einer Krankenkasse ist. Als Werkmeister mit einem monatlichen Bruttoverdienst von 2200,– DM könnte M zum versicherungspflichtigen Personenkreis gehören. Nach § 165 RVO werden für den Fall der Krankheit u. a. Arbeiter und Angestellte versichert (§ 165 I Nr. 1 und 2 RVO). Angestellte unterliegen der Versicherungspflicht allerdings nur dann, wenn ihr regelmäßiger Jahresarbeitsverdienst 75 % der für Jahresbezüge in der Rentenversicherung der Arbeiter geltenden Beitragsbemessungsgrenze (§ 1385 II RVO) nicht übersteigt (§ 165 I Nr. 2 RVO). Jahresarbeitsverdienst ist das gesamte Entgelt (§ 14 SGB IV); das sind grundsätzlich die für die Berechnung der Lohnsteuer maßgebenden Bezüge aus der versicherungspflichtigen Beschäftigung eines Jahres[32]. Andere Einkünfte – z. B. Renten, Einkünfte aus versicherungsfreier Tätigkeit – sind nicht zu berücksichtigen, ebensowenig Verdienstteile, die mit Rücksicht auf den Familienstand gezahlt werden (§ 165 IV RVO). Der „regelmäßige" Jahresarbeitsverdienst ist maßgebend, d. h. es werden lediglich Bezüge berücksichtigt, bei denen mit hinreichender Sicherheit (z. B. nach dem Vertrag) erwartet werden kann, daß sie dem versicherungspflichtigen Angestellten mindestens einmal jährlich zufließen werden (z. B. Weihnachtszuwendungen)[33]. Mehrarbeitsvergütungen finden keine Berücksichtigung[34]. Bei schwankenden Bezügen und mehreren Beschäftigungsverhältnissen muß eine gewissenhafte Schätzung erfolgen[35]. Für die Jahre 1976

[32] BSGE 17, 168.
[33] BSGE 24, 262; 26, 117; NJW 1960, 1735.
[34] BSG, NJW 1963, 682; Breithaupt 1963, 471; USK 6785.
[35] BSGE 23, 129; Breithaupt 1966, 1; 1972, 451.

und 1977 errechnet sich die Beitragsbemessungsgrenze wie folgt:
1976: 37 200,– DM; 75 % = 27 900,– DM = monatlich 2 325,– DM.
1977: 40 800,– DM; 75 % = 30 600,– DM = monatlich 2 550,– DM.

Als Werkmeister gehört M zu den Angestellten (§ 165 b Nr. 2 RVO)[36]; er ist gegen Entgelt beschäftigt (§ 165 II RVO), und sein Jahresarbeitsverdienst übersteigt nicht die Jahresarbeitsverdienstgrenze. Er ist damit versicherungspflichtig. Er hat somit mindestens Anspruch auf die Regelleitungen der Krankenkasse (§ 206 RVO).

M gehört weder einer BKK (§ 245 RVO) noch einer IKK (§ 250 RVO) an. Aus dem Sachverhalt ergibt sich auch nicht, daß eine Ersatzkasse leistungspflichtig sein könnte; in diesem Fall hätte ein Hinweis auf die Befreiung von der Mitgliedschaft bei einer gesetzlichen Krankenkasse (§ 225 RVO) gegeben sein müssen (§ 517 RVO). Es kommt daher die Mitgliedschaft des M in einer Ortskrankenkasse in Betracht. Deren Zuständigkeit bestimmt sich nach dem Beschäftigungsort (§§ 234 I RVO, 9 ff. SGB IV); der Wohnort des versicherungspflichtig Beschäftigten ist ohne Bedeutung (anders unter Umständen z. B. für freiwillige Versicherte, § 238 RVO; Rentner, § 257 a RVO; vgl. auch §§ 257 b ff. RVO). Zuständig für die Durchführung der Versicherung des M ist also die Ortskrankenkasse in Y.

Bei M lag nach dem Unfall eine behandlungsbedürftige Krankheit vor; darüber hinaus war Arbeitsunfähigkeit wegen dieser Krankheit gegeben. Die Ursache der Krankheit ist unerheblich. M hat demgemäß Anspruch auf folgende Krankenhilfeleistungen:

— **Krankenhauspflege** (§ 184 RVO) für die Zeit vom 30. 5. bis 25. 6. 1976
— **Krankenpflege** (§ 182 I Nr. 1 RVO) für die Dauer der Krankheit vom 30. 5. bis 30. 9. 1976
— **Transportkosten** (§§ 184 II, 194 I RVO)
Transportkosten zum Krankenhaus und – nach beendeter Krankenhausbehandlung – vom Krankenhaus zur Wohnung sind als Teil der Krankenhauspflege anzusehen und deshalb von dem zu tragen, der die Kosten der stationären Behandlung übernommen hat. Zu übernehmen sind die notwendigen Kosten (Grundsatz: §§ 182 II, 368 e RVO; vgl. auch §§ 184 II, 368 d II RVO). Über die Notwendigkeit von Krankenfahrten bzw. Krankentransporten entscheidet der Arzt (Kassenarzt,

[36] Der Begriff des Angestellten ist nach der jeweils herrschenden Verkehrsauffassung durch Auslegung zu bestimmen (BSGE 10, 82 (83); USK 73131). Zur Auslegung herangezogen werden kann der sog. Berufsgruppenkatalog (VO des RAM über die Bestimmung von Berufsgruppen der Angestelltenversicherung vom 8. 3. 1924 (RGBl. I S. 274), der eine Ausführungsbestimmung zu § 3 III AVG darstellt.

§ 368 a RVO; Notfallarzt, § 368 d I RVO); er stellt eine entsprechende Bescheinigung aus (§ 368 II RVO; § 19 I Bundesmantelvertrag-Ärzte, § 368 g II RVO). Auch im Fall einer Erkrankung des Versicherten außerhalb des Kassenbezirks (§ 321 RVO, Satzung) sind die zur Rückkehr an den Wohnort notwendigen Transportkosten von der Krankenkasse regelmäßig zu übernehmen[37].

— **Krankengeld** (§§ 182 I Nr. 2, 186 RVO)
Neben der Krankenhauspflege ist den Versicherten vom Beginn der Krankenhauspflege an Krankengeld zu gewähren (§ 186 RVO); daß Arbeitsunfähigkeit besteht, ist – wenngleich dies regelmäßig der Fall sein wird – nicht Voraussetzung[38]. Der Anspruch des M auf Krankengeld setzt am 30. 5. 1976 ein.
Nach Beendigung der Krankenhauspflege am 25. 6. 1976 bestand, weil Arbeitsunfähigkeit vorlag, Anspruch auf Krankengeld nach § 182 III RVO; der Tag der Feststellung der Arbeitsunfähigkeit ist hier nicht mehr von Bedeutung, ebensowenig der Tag der Meldung (§ 216 III RVO)[39].
Nach § 189 RVO ruht der Anspruch auf Krankengeld jedoch, wenn und soweit der Versicherte während der Krankheit Arbeitsentgelt erhält. Als Angestellter hatte M einen Anspruch auf Fortzahlung des Arbeitsentgelts für längstens 6 Wochen ab Beginn der Arbeitsunfähigkeit bzw. ab Beginn der Krankenhauspflege, weil er wegen unverschuldeter Krankheit an der Verrichtung seiner Dienste verhindert war (§ 616 II BGB; § 133 c GewO). Der Anspruch auf Entgeltfortzahlung erstreckt sich auf 42 Kalendertage ausschließlich des Tages, an dem zu Beginn der Arbeitsunfähigkeit möglicherweise teilweise Arbeitsentgelt wegen teilweise erbrachter Arbeitsleistung zu zahlen war[40]. M hat einen Gehaltszahlungsanspruch bis einschließlich 11. 7. 1976; bis zu diesem Tag einschließlich ruht der Anspruch auf Krankengeld.
Der Anspruch auf Krankengeld ruht allerdings nur, wenn und soweit der Versicherte tatsächlich Arbeitsentgelt erhält. Erfüllt der AG den Anspruch auf Entgeltfortzahlung nicht, so geht dieser Anspruch bis zur Höhe des dann zu zahlenden Krankengeldes auf die Krankenkasse über (§ 182 X RVO).
Geht man im vorliegenden Fall von der Erfüllung des Gehaltsfortzahlungsanspruchs durch den AG des M aus, so hat die Ortskrankenkasse in Y Krankengeld vom 12. 7. bis einschließlich 15. 8. 1976 zu gewähren.

[37] BSGE 32, 225; USK 7124 und 7125; BKK 1971, 178.
[38] *Brackmann*, Handbuch, S. 402 c.
[39] *Brackmann*, Handbuch, S. 436.
[40] BAGE 11, 19; USK 7161.

II. Ansprüche der F

F hat eigene Ansprüche auf Versicherungsleistungen, wenn sie Mitglied einer Krankenkasse war. Sie war als kaufmännische Angestellte mit einem monatlichen Bruttolohn von 2000,– DM beschäftigt. Sie gehörte damit zum Kreis der versicherungspflichtig beschäftigten Angestellten (§§ 165 I Nr. 2, 165 b RVO). Da sie mit ihrem Verdienst die Jahresarbeitsverdienstgrenze von 27 900,– DM nicht überschritt, war sie versicherungspflichtig. Sie hatte damit Anspruch auf mindestens die Regelleistungen (§ 206 RVO).

Für die Firma Groß, bei der F beschäftigt war, bestand eine BKK (§§ 225, 245 RVO). In die BKK gehören alle im Betrieb beschäftigten Versicherungspflichten (§ 245 III RVO), soweit sie nicht einer Ersatzkasse angehören und eine entsprechende Befreiung von der Mitgliedschaft zur „Pflichtkasse" (§ 225 RVO) durch die Vorlage einer Mitgliedsbescheinigung der Ersatzkasse bei ihrem AG erreicht haben (§ 517 II RVO). Da hier kein Hinweis auf eine Ersatzkassenmitgliedschaft der F gegeben ist, war die BKK der Firma Groß zur Leistungsgewährung verpflichtet. Der Wohnort des Versicherten oder der Beschäftigungsort spielen hinsichtlich der Zuständigkeit einer BKK keine Rolle.

Ein Anspruch der F auf Krankenhilfeleistungen (§§ 182 ff. RVO) setzt weiter den Eintritt des Versicherungsfalles „Krankheit" voraus. F war ab 30. 5. 1976 behandlungsbedürftig erkrankt; sie hatte damit Anspruch auf ausreichende und zweckmäßige, das Maß des Notwendigen nicht überschreitende ärztliche Behandlung (§§ 122, 182 II, 368 e RVO).

Am 30. 6. 1976 beendete F jedoch ihr Arbeits- und auch ihr Beschäftigungsverhältnis; ab 1. 7. 1976 übte sie tatsächlich keine Beschäftigung mehr aus[41]. Entsprechend § 306 I RVO endet die Mitgliedschaft mit dem Tag des Ausscheidens aus der versicherungspflichtigen Beschäftigung[42]. Damit endete die Mitgliedschaft der F mit dem 30. 6. 1976.

Nach § 183 I RVO wird Krankenpflege ohne zeitliche Begrenzung gewährt. Scheidet ein Mitglied jedoch während des Bezugs von Krankenpflege aus, so endet die Krankenpflege spätestens 26 Wochen nach dem Ausscheiden. F schied am 30. 6. 1976 während des laufenden Bezuges von Krankenpflege aus der Versicherung aus. Sie hatte damit weiter Anspruch auf Krankenpflege, längstens jedoch bis 26 Wochen nach dem Ausschei-

[41] Im Sozialversicherungsrecht ist auf das faktische Beschäftigtsein, nicht auf die arbeitsvertragliche Bindung abzustellen. Vgl. z. B. *Wannagat,* Lehrbuch, S. 204 ff.

[42] *Ausnahme:* Wenn die Beschäftigung im Laufe des Tages endet, so endet gleichzeitig auch die Mitgliedschaft mit dem tatsächlichen Ende der Beschäftigung und dauert nicht bis zum Schluß des Tages fort (RVA, AN 1916, 737). Beispiel: Sofortige fristlose Entlassung.

den. Krankenpflege war damit bis zum 20. 8. 1976, dem Ende der Behandlungsbedürftigkeit wegen der Unfallfolgen, zu gewähren.

Die am 15. 7. 1976 verordneten Massagen – sie sind als Heilmittel zu qualifizieren, wenn sie von Nichtärzten ausgeführt werden[43] – gehören zur Krankenpflege (§ 182 I Nr. 1 b RVO). Die Kosten dafür sind von der Krankenkasse zu übernehmen. Ebenso sind die entstandenen, notwendigen Fahrkosten von der Krankenkasse zu ersetzen (§ 194 RVO).

Da F einen eigenen gesetzlichen Anspruch auf Krankenpflege hat, ist ein Anspruch auf Familienhilfe aufgrund der Versicherung des M (§ 205 RVO) nicht gegeben; auch der sog. „nachgehende Anspruch" – z. B. nach § 183 I RVO – schließt den Anspruch auf Familienhilfe aus.

III. Ansprüche für S

Ein Anspruch des Versicherten auf Versicherungsleistungen für Kinder setzt voraus, daß diese gegenüber dem Versicherten unterhaltsberechtigt sind, sich gewöhnlich im Inland aufhalten und nicht anderweitig einen gesetzlichen Anspruch auf Krankenpflege haben (§ 205 I RVO).

S ist gegenüber seinen Eltern unterhaltsberechtigt (§§ 1601 ff. BGB). Er lebt bei seinen Eltern im Inland und hat keinen eigenen gesetzlichen Anspruch auf Krankenpflege. Er ist noch nicht 18 Jahre alt (§ 205 III RVO). Er fällt damit unter den versicherungsgeschützten Personenkreis des § 205 RVO. Ansprüche auf Familienhilfe sind gegeben.

Da beide Elternteile versichert waren und gegen beide gleiche Ansprüche hinsichtlich der Unterhaltsberechtigung bestehen[44], kann der Anspruch auf Familienhilfe sowohl vom Vater wie von der Mutter gegenüber der jeweiligen Krankenkasse erhoben werden. Die Leistungen sind jedoch nur einmal zu erbringen. Leistungspflichtig ist die Kasse, die zuerst in Anspruch genommen wird (§ 205 IV RVO). Eine Inanspruchnahme i. S. d. § 205 IV 2 RVO erfolgt durch die Geltendmachung des Anspruchs durch den Versicherten (§ 1545 I Nr. 2 RVO), d. h. entweder durch eine entsprechende ausdrückliche Willenserklärung des Versicherten oder durch ein schlüssiges Verhalten, aus dem der Wille, von der Krankenkasse eine Leistung zu beanspruchen, erkennbar wird[45]. M und F können danach selbst entscheiden, gegen welche Krankenkasse der Anspruch auf Gewährung von Familienhilfeleistungen erhoben werden soll.

Der Anspruch auf Familienhilfe setzt den Eintritt eines Versicherungsfalles voraus. Da S behandlungsbedürftig erkrankt ist, ist der Versiche-

[43] BSGE 33, 30.

[44] Auf den Umfang der einzelnen Unterhaltsberechtigung kommt es nicht an. Vgl. BSGE 6, 197 (203); *Brackmann*, Handbuch, S. 408 a ff.

[45] BSGE 6, 197(202 f.); USK 7640 und 7641; *Brackmann*, Handbuch, S. 410 ff.

rungsfall „Krankheit" eingetreten. Die Eltern können daher für ihn entweder gegen die AOK in Y oder die BKK der Firma Groß einen Anspruch auf Gewährung von Krankenpflege – ärztliche Behandlung und Versorgung mit einer Brille (§ 182 I Nr. 1 a und b RVO) – geltend machen.

Das Ausscheiden der F aus der Versicherung am 30. 6. 1976 hatte keinen Einfluß auf den Anspruch auf die Familienkrankenpflege für S. Dieser Anspruch bestand bis zu 26 Wochen nach dem Ausscheiden der F (§ 183 I RVO). S war vor Ablauf der 26 Wochen, am 9. 7. 1976, wieder gesund[46].

c) Nachgehende Leistungsansprüche: Krankenpflege, Krankengeld

Sachverhalt

Frau F, wohnhaft in X, ist seit Jahren bei der Firma Y beschäftigt und bei der AOK in X pflichtversichert. Ihr Ehemann M verdient gut. F will ihre Arbeit aufgeben und nur noch Hausfrau sein. Sie kündigt ihr Arbeitsverhältnis; ihr Beschäftigungsverhältnis endet am 15. 6. 1976.

Am 23. 6. 1976 knickt F aus eigener Unachtsamkeit (ohne fremdes Verschulden) mit dem Fuß um und verstaucht sich das Fußgelenk. Sie begibt sich noch am selben Tag zu ihrem Hausarzt in Behandlung. Dieser stellt, weil er F gut kennt und weiß, daß sie schon jahrelang beschäftigt ist, aber nicht weiß, daß sie erst kürzlich ihre Beschäftigung aufgegeben hat, sofort eine Arbeitsunfähigkeitsbescheinigung aus und bescheinigt Arbeitsunfähigkeit bis einschließlich 14. 7. 1976. F glaubt, diese Bescheinigung ihrer bisherigen Krankenkasse, der AOK in X, bei der sie nun ja allerdings nicht mehr versichert ist, trotzdem noch verlegen zu müssen. Sie tut dies am 25. 6. 1976 mit dem Bemerken, daß ihr ja doch keine Ansprüche mehr zustünden. Der Sachbearbeiter der AOK nimmt die Meldung entgegen und bestätigt, daß Ansprüche nicht mehr bestünden. Er legt die Meldung aber trotzdem zu den Akten der F.

M, der bei seiner Krankenkasse, der BKK Stahl, einen Krankenschein – und damit Leistungen aus der Familienhilfe – für F beantragt, kommt mit dem Sachbearbeiter ins Gespräch, als dieser sich nach möglichen anderweitigen gesetzlichen Ansprüchen der F erkundigt. M schildert den Fall. Der Sachbearbeiter lehnt daraufhin die Ausstellung eines Krankenscheines für die Behandlung dieser Krankheit ab und verweist M an die Krankenkasse, bei der F früher versichert war. Dazu bemerkt er, daß dort auch ein Anspruch auf Krankengeld bestehe.

Darauf beantragt F am 5. 7. 1976 bei der AOK in X erneut die Übernahme der Kosten für die ambulante ärztliche Behandlung, vor allen Dingen aber Krankengeld für die Dauer der Arbeitsunfähigkeit. Sie verweist dabei auf ihre am 25. 6. 1976 abgegebene Arbeitsunfähigkeitsbescheinigung. Die Krankenkasse lehnt die Zahlung

[46] Verliert der Angehörige jedoch während des Bezuges von Familienkrankenhilfe seine Eigenschaft als Angehöriger des Versicherten (z. B. durch Ehescheidung) oder scheidet der Angehörige aus sonstigen Gründen aus dem Kreis der begünstigten Personen aus (z. B. durch Wegfall der Unterhaltsberechtigung; durch Überschreitung der Altersgrenze), so endet der Anspruch auf Familienhilfe sofort. Vgl. BSGE 36, 117; USK 73144.

von Krankengeld mit der Begründung ab, daß F schon ab 16. 6. 1976 nicht mehr versichert sei. Im übrigen habe das Krankengeld „Lohnersatzfunktion". Da F nicht mehr arbeite und dies auch nicht mehr wolle, sei Krankengeld nicht mehr zu zahlen. Der Widerspruch der F bleibt erfolglos. Hat eine Klage der F auf Zahlung von Krankengeld Aussicht auf Erfolg?

Lösungsvorschlag

Verpflichtetes Zuordnungssubjekt der Leistungsvorschriften des Rechts der GKV sind ausschließlich Träger hoheitlicher Gewalt, nämlich die KV-Träger als Körperschaften des öffentlichen Rechts. Zu den in § 51 I SGG angesprochenen „Angelegenheiten der Sozialversicherung" gehören alle Bereiche, die der Sozialversicherung nach ihrer geschichtlichen Entwicklung und gegenwärtigen Gestalt eigentümlich sind und das Gepräge geben[47], einschließlich der Krankenversicherung und der Altershilfe der Landwirte (§ 78 II KVLG; § 30 GAL)[48]. Die Krankenversicherung der RVO gehört zu den zentralen Bereichen der Sozialversicherung; es liegt somit eine öffentlich-rechtliche Streitigkeit in einer „Angelegenheit der Sozialversicherung" vor; der Rechtsweg vor den Sozialgerichten ist eröffnet. Die funktionelle Zuständigkeit des SGs ergibt sich aus § 8 SGG; die örtliche Zuständigkeit des SGs bestimmt sich nach § 57 I SGG, wonach das SG örtlich zuständig ist, in dessen Bezirk der Kläger, hier F, zur Zeit der Klageerhebung seinen Wohnsitz hat. Als Klageart kommt die kombinierte Anfechtungs- und Leistungsklage, auch unechte Leistungsklage genannt, in Betracht (§ 54 IV SGG). Voraussetzung ist zunächst, daß ein ablehnender Leistungsbescheid (VA) vorliegt; eine Behauptung des Klägers, es handele sich um einen VA, ist nicht ausreichend. Die Abgrenzung zwischen VA und anderen Verwaltungshandlungen zu treffen, ist nicht immer einfach. Das liegt u. a. daran, daß VAe im Sozialversicherungsrecht einer besonderen Form nur dann bedürfen, wenn diese vorgeschrieben ist. So gilt der Grundsatz der Schriftlichkeit zwar in der GUV (§ 1583 I RVO) und in der GRV (§§ 1631 I, 1633 RVO; § 204 AVG; § 162 II RKG). In der GKV ist jedoch keine Form vorgeschrieben, so daß hier Leistungen auch durch mündlichen VA gewährt werden können. Andererseits sind die sog. Schalterbescheide (z. B. Mitteilungen über die Höhe des Krankengeldes und die Auszahlung desselben) keine VAe, sondern schlichtes Verwaltungshandeln[49]. Die ablehnende Entscheidung über Krankengeld gegenüber F – wenn auch am Schalter gegeben – dürfte hingegen über schlichtes Verwaltungshandeln hinausgehen. F gegenüber ist mit hinreichender Deutlichkeit der Wille des Versicherungsträgers zum Ausdruck gebracht worden, eine

[47] BSGE 3, 204 (208).
[48] Näheres bei *Bley*, Grundzüge der Sozialgerichtsbarkeit, S. 31.
[49] BSGE 25, 280; 32, 150 (157 f.).

verbindliche rechtliche Regelung treffen zu wollen; jedenfalls konnte die Erklärung des Versicherungsträgers, worauf es ankommt, aus der Sicht des Empfängers nicht anders als eine abschlägige Maßnahme mit rechtsverbindlichem Charakter angesehen werden. Darüber hinaus zeigt die Durchführung des Widerspruchsverfahrens – in dem die Rechtmäßigkeit und die Zweckmäßigkeit eines VAs zu überprüfen ist (§ 78 I 1 SGG) – an, daß der Versicherungsträger selbst davon ausgeht, daß der mündlichen Ablehnung VA-Qualität zukommt. Schließlich darf die Frage des bestmöglichen Rechtsschutzes für den einzelnen nicht außer Betracht bleiben; kann diesem besser entsprochen werden, wenn eine Willenserklärung der Verwaltung als VA qualifiziert und demgemäß der Anfechtung zugänglich gemacht wird, so ist einer solchen Auslegung der Vorzug vor anderer Deutung zu geben[50].

Mit der Anfechtungsklage allein erreicht F im vorliegenden Fall allerdings nicht ihr Ziel, die ihr zustehende Leistung, nämlich Krankengeld zu erhalten. Die Anfechtungsklage ist deshalb mit der Leistungsklage zu kombinieren[51], die dann in Betracht kommt, wenn auf die begehrte Leistung ein Anspruch besteht; insgesamt richtet sich die kombinierte Anfechtungs- und Leistungsklage also gegen einen (ganz oder teilweise) abgelehnten VA und gleichzeitig auf die Verurteilung des Versicherungsträgers zur Gewährung der begehrten Leistung. Im Gegensatz zur kombinierten Anfechtungs- und Verpflichtungsklage, bei der sich das Klagebegehren darauf richtet, einen abgelehnten VA bestimmten Inhalts zu erlassen oder einen abgelehnten Antrag auf Erlaß eines VAs erneut zu bescheiden (§ 131 II SGG), wird bei der kombinierten Anfechtungs- und Leistungsklage – unter Aufhebung des eine Anspruchsleistung versagenden VAs – die Verurteilung zur Leistung selbst angestrebt[52]; der bei erfolgreicher Klage ergehende Leistungsbescheid vollzieht dann lediglich das Leistungsurteil[53]. Klagebefugt ist F, wenn sie behauptet, durch die mit dem VA bekanntgegebene Versagung der Anspruchsleistung beschwert zu sein (§ 54 I 2 SGG). Daß der F ein Anspruch auf Krankengeld zusteht, der ihr zu Unrecht abgelehnt wurde, ist möglich. Sie ist deshalb klagebefugt. Das gesetzlich vorgeschriebene Vorverfahren (§ 78 I SGG) hat stattgefunden. Sofern auch die Klagefrist von einem Monat beachtet wird (§ 87 SGG), ist die Klage der F vor dem SG zulässig.

Begründet ist die Klage der F, wenn sie einen Anspruch auf Krankengeld hat und dieser zu Unrecht abgelehnt wurde. Der Anspruch auf Kranken-

[50] BSGE 11, 1 (10).
[51] Es handelt sich nicht um Klagehäufung i. S. d. § 56 SGG.
[52] BSGE 8, 3 (8); 9, 74 (78).
[53] *Bley*, Grundzüge der Sozialgerichtsbarkeit, S. 76.

geld setzt zunächst voraus, daß F Mitglied einer Krankenkasse oder zumindest Versicherte[54] bei einer Krankenkasse ist. Die Mitgliedschaft der F endete am 15. 6. 1976 (§ 306 I RVO entsprechend). Möglich ist jedoch, daß sie trotz Beendigung ihrer Mitgliedschaft als noch versichert zu gelten hat, also noch versicherungsrechtlich geschützt ist[55]. Ein solcher „nachgehender" Versicherungsschutz könnte sich aus § 214 I RVO ergeben. Voraussetzung ist, daß F wegen Erwerbslosigkeit aus der Pflichtmitgliedschaft ausschied, daß sie in den vorangegangenen 12 Monaten mindestens 26 Wochen oder unmittelbar vor dem Ausscheiden mindestens 6 Wochen versichert war und daß der Versicherungsfall während der Erwerbslosigkeit und binnen 3 Wochen nach dem Ausscheiden eingetreten ist. Erwerbslosigkeit ist das Fehlen einer Beschäftigung gegen Entgelt; auf den Grund des Mangels an Beschäftigung kommt es nicht an[56]; ausreichend ist allein die Tatsache der Erwerbslosigkeit; auch wer seine Arbeit freiwillig aufgibt oder das Ende der Beschäftigung mutwillig herbeiführt (z. B. durch vertragswidriges Verhalten), scheidet wegen Erwerbslosigkeit aus[57]; Gleichsetzung mit Arbeitslosigkeit i. S. d. AFG ist dagegen nicht möglich. Obwohl F ihre Beschäftigung freiwillig aufgegeben hat, um nur noch Hausfrau zu sein, ist sie wegen Erwerbslosigkeit aus der Pflichtmitgliedschaft ausgeschieden. Da sie „seit Jahren" versichert war, ist auch die Voraussetzung der „Versicherungszeit" erfüllt. Schließlich ist der Versicherungsfall, um den es hier geht (Fußgelenkverstauchung aus Unachtsamkeit), während der Erwerbslosigkeit und binnen 3 Wochen (§§ 124, 125 RVO) nach dem Ausscheiden eingetreten. Der Anspruch ist auch nicht gemäß § 214 III RVO weggefallen; F hielt sich weder im Ausland auf, noch erhielt sie Leistungen nach dem AFG mit der Folge, daß sie gegen Krankheit versichert war (§ 155 I AFG). F war danach „versichert" und hat gegen die AOK in X Anspruch auf die Regelleistungen.

Anspruch auf Krankengeld setzt weiter durch Krankheit verursachte Arbeitsunfähigkeit voraus. Da F sich das Fußgelenk verstaucht hat, war sie behandlungsbedürftig krank i. S. d. RVO; darauf, daß sie unachtsam handelte, kommt es für die Frage der Krankheit nicht an. Die Krankheit war auch die wesentliche Ursache für die Arbeitsunfähigkeit. Damit hat F u. a.

[54] Diese beiden Begriffe werden nicht streng voneinander getrennt. Im allgemeinen wird gesagt: Aus der Mitgliedschaft entstehen Rechte und Pflichten (Teilnahme an der Selbstverwaltung – z. B. Wahl; Pflicht zur Beitragsleistung, § 381 RVO); insoweit läßt sich von einem umfassenden Rechtsverhältnis sprechen. Die Versicherung beschränkt sich demgegenüber lediglich auf Leistungsansprüche (RVA, AN 1936, 301).

[55] *Brackmann*, Handbuch, S. 428 b ff.

[56] BSGE 15, 56.

[57] *Brackmann*, S. 428 c f.

Anspruch auf Krankengeld. Nach § 183 II RVO ist Krankengeld, wenn der Versicherte während der Mitgliedschaft erkrankt, u. U. für die volle Dauer von 78 Wochen zu gewähren[58]. Ist der Versicherungsfall jedoch, wie hier, nach dem Ausscheiden aus der Versicherung – aber noch innerhalb der 3-Wochen-Frist des § 214 I RVO – eingetreten, endet der Anspruch auf Krankenhilfe (hier Krankengeld) spätestens 26 Wochen nach Ablauf der 3-Wochen-Frist des § 214 I RVO[59]. F hat also für die Dauer ihrer Erkrankung, längstens jedoch bis zu 26 Wochen nach Ablauf der 3-Wochen-Frist, Anspruch auf Krankenhilfe. Ihr Anspruch auf Krankengeld erstreckt sich auf die Dauer der Arbeitsunfähigkeit, d. h. hier bis zum 14. 7. 1976.

Krankengeld ist – außer bei Arbeitsunfällen und Berufskrankheiten – von dem Tag an zu gewähren, der auf den Tag der Feststellung der Arbeitsunfähigkeit folgt (§ 182 III RVO). Der Anspruch auf Krankengeld ruht, solange die Arbeitsunfähigkeit der Kasse nicht gemeldet wird (§ 216 III RVO). Das gilt jedoch nicht, wenn die Meldung innerhalb einer Woche[60] nach Beginn der Arbeitsunfähigkeit (nicht der Feststellung der Arbeitsunfähigkeit) erfolgt; für die Fristenberechnung gelten die §§ 124 ff. RVO. Die Arbeitsunfähigkeit der F wurde durch den Hausarzt am 23. 6. 1976 festgestellt. F hatte damit Anspruch auf Krankengeld ab 24. 6. 1976. Da F der Kasse die Arbeitsunfähigkeit am 25. 6. 1976 meldete, ruhte der Anspruch auf Krankengeld nicht. F kann daher von der AOK in X die Zahlung von Krankengeld für die Zeit vom 24. 6. bis 14. 7. 1976 verlangen. Ihre Klage ist begründet[61].

C. Gesetzliche Unfallversicherung

1. Überblick

Die gesetzliche Unfallversicherung (GUV) wurde im Rahmen der Bismarckschen Sozialreform mit dem Ziel entworfen, die bis dahin auf dem Verschuldensprinzip aufbauende zivilrechtliche Haftpflicht der Unter-

[58] *Brackmann,* Handbuch, S. 396 f f., 428 d.

[59] BSG, USK 6696; *Brackmann,* Handbuch, S. 428 d, 396 g.

[60] Verkürzung der Meldefrist durch Erlaß des RAM vom 16. 2. 1943 (AN 1943, 75) auf 3 Tage. Da der Erlaß durch Landesrecht/Zonenrecht in einigen Ländern aufgehoben wurde, gelten unterschiedliche Meldefristen: z. B. NW 3 Tage, vgl. dazu auch BSG, DOK 1965, 676; *Brackmann,* Handbuch, S. 435 f f.

[61] Da F einen eigenen gesetzlichen Anspruch auf Krankenhilfe hat, besteht ein Anspruch des M auf Familienhilfeleistung nicht (§ 205 I RVO); Krankenpflegeleistungen (ärztliche Behandlung) konnte sie ebenfalls aus eigener Versicherung beanspruchen.

nehmer durch eine Regelung abzulösen, die den durch Unfälle im Betrieb Betroffenen einen Anspruch auf Leistungen zum Schadensausgleich sichern sollte und zwar unabhängig von eigenem oder fremdem Verschulden.

Der bis dahin nach den Grundsätzen des allgemeinen Haftpflichtrechts zu regelnde Schadensausgleich wurde weder der Notwendigkeit gerecht, Ansprüche gegen den Unternehmer tatsächlich durchzusetzen, noch war schnelle und wirksame Hilfe hinsichtlich gesundheitlicher Wiederherstellung bzw. wirtschaftlicher Absicherung bis zur gesundheitlichen Wiederherstellung gewährleistet. Die Schwierigkeit, bei Betriebsunfällen Schadensersatzansprüche durchzusetzen, erhöhte sich noch dadurch,

— daß die Prozeßkosten relativ hoch lagen
— daß die Unternehmer, die als schuldhaft handelnde Schadensverursacher in Betracht kamen, überwiegend nicht mehr im eigentlichen Arbeitsprozeß standen
— daß die Beweislast für das Verschulden des Unternehmers beim betroffenen AN bzw. im Fall des Todes bei den Hinterbliebenen lag
— daß der AN und etwaige Zeugen vom Unternehmer häufig wirtschaftlich abhängig waren, so daß zumindest die Gefahr der Pression bestand.

Über die Diskussion einer privatrechtlichen Lösung im Sinne einer Gefährdungshaftung, verbunden mit einer Absicherung durch eine private Haftpflichtversicherung des Unternehmers, gelangte man zur Errichtung einer öffentlich-rechtlichen Unfallversicherung. Die Unternehmer technologisch zusammengehöriger Gewerbezweige wurden zwangsweise zu Gefahrengemeinschaften – Berufsgenossenschaften (BGen) – zusammengeschlossen. Zugleich wurde ihnen die zivilrechtliche Haftung für Unfälle, die sich in ihren Betrieben ereigneten, abgenommen. Andererseits erhielten die AN bzw. ihre Familien für jeden Unfall, der sich „bei dem Betriebe" ereignete, Leistungen zum Schadensausgleich unabhängig davon, ob der Unfall auf eigener Fahrlässigkeit beruhte oder vom Unternehmer (oder seinem Beauftragten bzw. sog. Repräsentanten) verschuldet worden war. Die erforderlichen Geldbeträge hatten die Unternehmer in Form von Beiträgen allein aufzubringen[62]. Die Grundkonstruktion der GUV mit den beiden Strukturprinzipien „Befreiung der AG von möglicher privatrechtlicher Haftung aus Anlaß von Arbeitsunfällen" und „Gewährung von Leistungen zum Schadensausgleich ohne Rücksicht auf eigene Fahrlässigkeit oder fremdes Verschulden" sind für die GUV bis heute bestimmend geblieben. Wesentlich geändert haben sich jedoch die Regelungen hinsichtlich des versicherten Personenkreises sowie hinsichtlich des Umfanges der zu gewährenden Leistungen.

[62] Weitere Einzelheiten zur historischen Entwicklung bei *Gitter*, Schadensausgleich, S. 5 ff.

Neben der Einbeziehung weiterer Betriebe in die GUV wurde insbesondere der ursprünglich nur ,,Betriebs"-Unfälle (seit 1942 ,,Arbeits"-Unfälle) erfassende Schutzbereich der GUV auf Unfälle auf dem Weg von und zur Arbeit (Wegunfälle) und auf Berufskrankheiten ausgedehnt (1925). Die zu gewährenden Leistungen wurden deutlich auf ,,Prävention" (Unfallverhütung, §§ 546, 708 ff. RVO) und ,,Rehabilitation" (besonders deutlich: Berufshilfe, §§ 567 ff. RVO) ausgerichtet.

In die GUV einbezogen wurde auch eine Reihe öffentlich-rechtlicher Entschädigungstatbestände, die über die ursprüngliche personelle und sachliche Zielsetzung der GUV weit hinausreichen. Insoweit bediente sich der Gesetzgeber – ohne Rücksicht auf dogmatische Folgerichtigkeit – der vorhandenen versicherungsrechtlichen Regelung, um weitere bei Unfällen als notwendig angesehene Ansprüche auf Schadensausgleich sicherzustellen (z. B. Nothelfer, § 539 I Nr. 9 a RVO; Blutspender, § 539 I Nr. 10 RVO). Es handelt sich um Fälle sog. ,,unechter" Unfallversicherung, die nach heute überwiegender Auffassung zu einem Teil besser im Sozialleistungsbereich der sozialen Entschädigung untergebracht wären als in der GUV[63].

Bei den Aufgaben und Leistungen der UV-Träger unterscheidet man im Anschluß an die Stichworte ,,Prävention" und ,,Rehabilitation" zweckmäßigerweise

— Unfallverhütung und Erste Hilfe (§§ 537 Nr. 1, 546, 708 ff. RVO)
— Leistungen nach Eintritt eines Arbeitsunfalles (§§ 537 Nr. 2, 547 ff. RVO).

Obwohl den Fragen der Unfallverhütung und der Ersten Hilfe immer größere Bedeutung zukommt, konzentrieren sich die nachfolgenden Ausführungen auf die Leistungen, die den ANn nach Eintritt eines Arbeitsunfalles zustehen können. Diese Leistungen werden – wie in der GKV – als Sach- und/oder Geldleistungen gewährt. Sachleistungen sind von den UV-Trägern kostenlos zur Verfügung zu stellen (vgl. z. B. § 569 b RVO). Dabei haben die UV-Träger die Durchführung der Heilbehandlung (§§ 557, 559 RVO) durch Abschluß entsprechender Verträge mit Ärzten (Kassenärztlichen Vereinigungen, § 368 RVO), Krankenhäusern usw. zu sichern; die Verantwortlichkeit der UV-Träger bzw. der Erfüllungsanspruch der Versicherten gegen die UV-Träger bleibt jedoch erhalten (§ 557 III RVO).

Im Gegensatz zu den KV-Trägern, die nur das Maß des Notwendigen zu beachten haben (§§ 182 II, 368 e RVO), haben die UV-Träger alle Maßnahmen zu treffen, durch die eine möglichst bald nach dem Unfall einset-

[63] Vgl. dazu unten V 1.

zende sachgemäße Heilbehandlung, insbesondere auch – soweit erforderlich – eine fachärztliche oder besondere unfallmedizinische Versorgung gewährleistet wird. Es sind besonders befähigte, entsprechend ausgestattete und sich zur Übernahme der damit verbundenen Pflichten bereiterklärende Ärzte zu beteiligen (§ 557 II 2 RVO). In Erfüllung dieser gesetzlich vorgeschriebenen Verpflichtungen sind besondere berufsgenossenschaftliche Arzt- und Versorgungsverfahren entwickelt worden[64], die eine möglichst optimale Behandlung der Unfallverletzten sicherstellen sollen. Im Rahmen des Durchgangsarzt- oder Augen- und Ohrenarztverfahrens ist z. B. jeder Unfallverletzte, wenn möglich sofort nach dem Unfall, einem Durchgangsarzt (einem besonders mit Unfallmedizin befaßten Arzt) oder einem Augen- bzw. Ohrenarzt zuzuführen, der dann über die von ihm weiter für notwendig gehaltenen Maßnahmen entscheidet; bei bestimmten schweren Verletzungen ist im Rahmen des Verletzungsartenverfahrens für unverzügliche Einweisung der Unfallverletzten in besonders hierfür zugelassene Unfallkrankenhäuser zu sorgen.

Mit den in § 546 RVO vorgegebenen Zielen können insgesamt nach Eintritt eines Arbeitsunfalles folgende Leistungen in Anspruch genommen werden (§ 547 RVO; § 22 I AT-SGB):

— Heilbehandlung
  (§§ 557, 558, 559, 590 III RVO)
— Wiederherstellung oder Erneuerung von Körperersatzstücken
  (§ 557 IV RVO)
— Berufshilfe
  (§§ 567 ff. RVO)
— Übergangsgeld
  (§§ 560 ff., 568, 568 a RVO)
— Besondere Unterstützung
  (§ 563 RVO)
— Ergänzende Leistungen
  (§§ 569 a, 569 b RVO)
— Verletztenrente
  (§§ 580 ff. RVO)
— Sterbegeld
  (§ 589 RVO)
— Hinterbliebenenrente
  (§§ 589 ff. RVO)

[64] Durchgangsarzt-, Verletzungsarten-, Augen- und Ohrenarzt-, Beratungsfacharzt-, Hausarzt- und Hautarztverfahren. Darüber hinaus haben die BGen in eigenen und in fremden Häusern Spezialstationen für die Behandlung besonders schwer Verletzter (Querschnittsgelähmte, Schwerverbrannte, Amputierte usw.) eingerichtet.

— Betriebshilfe
(§ 779 b RVO).

Die Leistungen der Unfallversicherung sind nicht – wie in den übrigen Sozialversicherungszweigen – auf Antrag, sondern von Amts wegen festzustellen und zu gewähren (§ 1545 I Nr. 1 RVO; Ausnahme: § 592 RVO). Der Anspruch richtet sich grundsätzlich gegen den zuständigen UV-Träger. Allerdings bestehen insoweit keine Ansprüche nach den §§ 557 bis 562 und 564 RVO, als der Verletzte bei einem KV-Träger versichert ist und dieser nach den Vorschriften der GKV zu leisten hat (§ 565 I RVO)[65].

Zuständige UV-Träger, wie die KV-Träger Körperschaften des öffentlichen Rechts, können sein (§ 538 RVO; § 22 II AT-SGB):

— **die Berufsgenossenschaften**
  a) gewerbliche Berufsgenossenschaften (§§ 646 ff. RVO)
  Zuständigkeit: für alle Unternehmen und die in ihnen tätigen Versicherten, soweit sie nicht der landwirtschaftlichen oder der See-Unfallversicherung unterliegen (§§ 643 ff. RVO). Es gibt 35 Berufsgenossenschaften als Zusammenschlüsse gleichartiger Betriebe oder Gewerbezweige, die in Anlage I zu § 646 I RVO aufgeführt sind.
  b) landwirtschaftliche Berufsgenossenschaften (§§ 790 ff. RVO)
  Zuständigkeit: für landwirtschaftliche Unternehmen und die in ihnen tätigen Versicherten (§§ 776 ff. RVO). Es gibt 19 Träger der landwirtschaftlichen Unfallversicherung, die in Anlage II zu § 646 I RVO aufgeführt sind.
  c) See-Berufsgenossenschaft (§§ 850 ff. RVO)
  Zuständigkeit: für Unternehmen der Seefahrt (§§ 835 ff. RVO).

— **der Bund als Eigenunfallversicherungsträger** (§§ 653, 790 II, 850 III RVO) mit Eigenausführungsbehörde, Ausführungsbehörde der Bundespost und Ausführungsbehörde der Bundesbahn.
Zuständigkeit: für nichtbeamtete Bedienstete und andere Beschäftigte bzw. Tätige (§§ 653, 1360 RVO, § 26 Bundesbahngesetz).

— **die Bundesanstalt für Arbeit als Eigenunfallversicherungsträger** (§ 654 RVO)
Zuständigkeit: für die dort beschäftigten nichtbeamteten Personen und in den in § 654 RVO genannten Fällen.

— **die Länder als Eigenunfallversicherungsträger** (§§ 655, 790 II, 850 III RVO)
Zuständigkeit: § 655 RVO

— **die Gemeinden und Gemeindeverbände** (mit wenigstens

[65] VGl. dazu IV E 1 a) bb).

500 000 Einwohnern) als Eigenunfallversicherungsträger (§§ 656, 657 RVO)
Zuständigkeit: § 657 RVO

— **die Gemeindeunfallversicherungsverbände** (mehrere Gemeinden mit zusammen wenigstens 500 000 Einwohnern) (§ 656 II, 657 RVO)
Zuständigkeit: § 657 RVO

— **die Feuerwehrunfallversicherungskassen** (§ 656 IV 2 RVO)
Zuständigkeit: Feuerwehrleute.

Voraussetzungen für einen Leistungsanspruch gegen den zuständigen UV-Träger sind:

— **Zugehörigkeit zum Kreis der versicherten Personen**
(Gesetzlich anerkannter risikogeschützter Lebensbereich)
Der Personenkreis, der bei Ausübung einer bestimmten Tätigkeit versicherungsgeschützt ist, läßt sich unterteilen in den
a) kraft Gesetzes versicherten Personenkreis
(§§ 539, 540 RVO)
b) kraft Satzung versicherten Personenkreis
(§§ 543, 544 RVO)
c) kraft freiwilligen Beitritts versicherten Personenkreis
(§ 545 RVO).

— **Unfallereignis**
Unfall i. S. d. GUV ist „ein von außen her einwirkendes, körperlich schädigendes, plötzliches, d. h. zeitlich begrenztes Ereignis"[66]. In der Regel ist es ein außergewöhnliches Ereignis, verursacht durch äußere Gewalteinwirkung. Das Erfordernis der Plötzlichkeit ist erfüllt, wenn die schädigende Einwirkung innerhalb einer Arbeitsschicht stattgefunden hat[67]; auch kommt es nicht darauf an, ob der genaue Zeitpunkt feststellbar ist (Beispiel: Zieht sich ein Beschäftigter durch Arbeit mit einer Schaufel innerhalb einer Arbeitsschicht Blasen an den Händen zu, so liegt ein Unfall vor). Bei Gewalteinwirkungen über mehrere Arbeitsschichten hinweg ist nur dann ein Unfall anzunehmen, wenn sich eine einzelne Gewalteinwirkung aus der Gesamtheit derart hervorhebt, daß sie nicht nur als die letzte von mehreren, für den Erfolg gleichwertigen Gewalteinwirkungen erscheint[68].
Davon abweichend gilt auch eine Krankheit – Berufskrankheit – als Unfall (§ 551 RVO).

[66] *Lauterbach,* § 548 Anm. 3.
[67] BSG, NJW 1958, 1206.
[68] BSG, BG 1966, 360; USK 69106.

— **Haftungsbegründende Kausalität**

Ein „Arbeits"unfall liegt vor, wenn der Unfall in einem inneren, ursächlichen Zusammenhang mit einer der in den §§ 539, 540 und 543 bis 545 RVO genannten Tätigkeiten steht. Es geht um die Frage der Verknüpfung von gesetzlich anerkannter Risikosituation und Unfallereignis (haftungsbegründende Kausalität). Hierzu ist klarstellend zu bemerken:

Im Strafrecht gilt die Äquivalenztheorie, nach der Ursache jede Bedingung ist, die nicht hinweggedacht werden kann, ohne daß der Erfolg entfiele[69]. Diese Theorie führt zu einer umfassenden Ausweitung der Haftungsgrundlagen, die im Strafrecht deshalb verträglich ist, weil als Korrektiv der streng subjektive Schuldvorwurf gegeben ist und außerdem bei Fahrlässigkeitsdelikten die Voraussehbarkeit des tatbestandsmäßigen Erfolges verlangt wird[70].

Im Zivilrecht hat sich die Adäquanztheorie durchgesetzt, die darauf abstellt, ob der Schadensverlauf der allgemeinen Erfahrung entspricht oder „ganz ungewöhnlich" ist, wobei auf eine „nachträglich objektive Prognose" unter Heranziehung des gesamten im Zeitpunkt der Beurteilung zur Verfügung stehenden Erfahrungswissens" abgestellt wird[71].

Im Sozialrecht und damit im Recht der GUV erweisen sich Äquivalenztheorie wie Adäquanztheorie als unbrauchbar. Einen haftpflichtigen Unternehmer, an dessen Handeln die Äquivalenztheorie oder die Adäquanztheorie anknüpfen könnte, gibt es hier nicht (§ 636 RVO)[72]. Es fehlt daher der Raum für die Erwägung, ob dem Unternehmer als Urheber einer Bedingung eine Haftung für die Folgen zugemutet werden kann. Statt dessen stellt sich die Frage, welche Risiken versichert sein sollen und wo die Grenze des Versicherungsschutzes zu suchen ist[73]. Diese Fragestellung führt zu der vom RVA[74] entwickelten und vom BSG[75] übernommenen Lehre von der wesentlichen Bedingung. Danach sind unter Ursache nicht alle Bedingungen des Erfolges zu verstehen, ei-

[69] *Dreher,* StGB, vor § 1 Anm. 3 b; *Schönke/Schröder,* StGB, Vorbem. 57.

[70] *Esser,* Schuldrecht, § 44 II; *Gitter,* Schadensausgleich, S. 101; *Schönke/Schröder,* Vorbem. 69.

[71] *Esser,* § 44 III; *Gitter,* Schadensausgleich, S. 102; *Larenz,* Schuldrecht I, § 27 III; *Hermann Lange,* Begrenzung der Haftung für schuldhaft verursachte Schäden, Gutachten f. d. 43. DJT, S. 10 ff.; *Rother,* Haftungsbeschränkung im Schadensrecht, S. 7 ff.

[72] Abgesehen von den in § 636 RVO geregelten, hier nicht interessierenden Ausnahmen.

[73] *Pesch,* NJW 1958, 1074 (1076).

[74] RVA, AN 1912, 930 (931); AN 1914, 411 (416).

[75] BSGE 1, 72 (76); 13, 175 (176).

nerlei mit welcher Schwere sie zu ihm beigetragen haben und in welchem Zusammenhang sie dazu stehen. „Als Ursachen und Mitursachen sind vielmehr unter Abwägung ihres verschiedenen Wertes nur die Bedingungen anzusehen, die wegen ihrer besonderen Beziehung zum Erfolg zu dessen Eintritt wesentlich mitgewirkt haben. Im Einzelfall muß die Entscheidung darüber, welche Bedingungen im Rechtssinne als Ursache oder Mitursache zu gelten haben und welche nicht, aus der Auffassung des praktischen Lebens abgeleitet werden"[76].
Der Gesetzgeber selbst hat Anhaltspunkte dafür gegeben, wann haftungsbegründende Kausalität anzunehmen ist und wann nicht:
Bei absichtlicher Verursachung des Unfalls (§ 553 RVO), bei Unfällen im Zusammenhang mit strafbaren Handlungen (§ 554 RVO) und bei Unfällen, die ein Versicherter etwa während pflichtwidriger Entfernung von Bord oder außerhalb des Hafengebiets beim Landgang erleidet (§ 839 RVO), wird haftungsbegründende Kausalität von ihm verneint. Bejaht wird haftungsbegründende Kausalität für Unfälle bei der – mit einer der in den §§ 539, 540 und 543 bis 545 RVO genannten Tätigkeiten zusammenhängenden – Verwahrung, Beförderung, Instandhaltung und Erneuerung des Arbeitsgeräts, auch wenn es vom Versicherten gestellt wird (§ 549 RVO).
Haftungsbegründende Kausalität gilt nach dem Willen des Gesetzgebers weiter beim sog. Wegeunfall als gegeben. Darunter ist ein Unfall zu verstehen, der sich auf dem Weg nach und von dem Ort der (versicherungsgeschützten) Tätigkeit ereignet (§ 550 I RVO). Wenn der Versicherte von dem unmittelbaren Weg zwischen der Wohnung und dem Ort der Tätigkeit abweicht, weil etwa sein Kind (§ 583 V RVO), das mit ihm in einem Haushalt lebt, wegen seiner oder seines Ehegatten beruflicher Tätigkeit fremder Obhut anvertraut wird, oder wenn er mit anderen berufstätigen oder versicherten Personen gemeinsam ein Fahrzeug für den Weg nach und von dem Ort der Tätigkeit benutzt, ist haftungsbegründende Kausalität nicht ausgeschlossen (§ 550 II RVO).
Schließlich gelten aufgrund ausdrücklicher Regelung Berufskrankheiten als „Arbeits"unfall. Das sind Krankheiten, die sich nicht auf ein zeitlich begrenztes Ereignis zurückführen lassen, die durch Rechtsverordnung bezeichnet sind und die ein Versicherter bei einer der in den §§ 539, 540 und 543 bis 545 RVO genannten Tätigkeiten erleidet (§ 551 I RVO i. V. m. 7. BKVO). In Einzelfällen sollen auch Krankheiten, die nicht in der Rechtsverordnung bezeichnet sind oder bei denen die dort bestimmten Voraussetzungen nicht vorliegen, wie Berufskrankheiten entschädigt werden, sofern nach neuen Erkenntnissen[77] die übrigen Vor-

[76] BSGE 1, 72 (76)
[77] BSGE 21, 296.

aussetzungen einer Berufskrankheit erfüllt sind (§ 551 II RVO). Als Zeitpunkt des Arbeitsunfalles gilt der Beginn der Krankheit i. S. d. GKV oder, wenn dies für den Versicherten günstiger ist, der Beginn der Minderung der Erwerbsfähigkeit (§ 551 III RVO).

— **Schaden**
Entschädigt werden grundsätzlich nur Körperschäden, nicht Sachschäden. Ausnahmen sehen die §§ 548 II, 765 a RVO vor. Für die Feststellung einer Dauerschädigung – Verlust bzw. Minderung der Erwerbsfähigkeit (§§ 580, 581 RVO) – ist, anders als im Zivilrecht, nicht eine konkrete, sondern eine abstrakte Schadensberechnung vorzunehmen. Das bedeutet, daß bei der Feststellung der Minderung der Erwerbsfähigkeit (MdE) von der persönlichen „Fähigkeit" des Verletzten zur Zeit des Unfalles auszugehen und diese auf die ihm verbleibenden „Möglichkeiten" zu beziehen ist, sich im gesamten Bereich des Arbeitslebens noch einen Erwerb zu verschaffen; etwaige besondere Nachteile sind ggf. gemäß § 581 II RVO zu berücksichtigen.

— **Haftungsausfüllende Kausalität**
Das Unfallereignis muß für den eingetretenen Körperschaden die wesentliche Bedingung sein; zwischen Unfallereignis und Schaden muß also – ebenso wie zwischen risikogeschütztem Lebensbereich und Unfallereignis – eine kausale Verknüpfung i. S. d. Theorie der wesentlichen Bedingung bestehen (haftungsausfüllende Kausalität). Im Zusammenhang mit dieser Frage geht es vornehmlich um die Abgrenzung, ob der eingetretene Schaden wesentlich auf das Unfallereignis oder auf eine vorhandene Anlage des Verletzten zurückzuführen ist. Die Theorie der wesentlichen Bedingung führt hier dazu, daß der Versicherte für seine Anlageschäden selbst einzustehen hat. Wenn der Versicherte also z. B. an einer konstitutionellen Schwäche des Bindegewebes leidet und bei einer versicherten Tätigkeit ohne besondere Anstrengung einen Leistenbruch erleidet, so entfällt eine Entschädigung nach dem Recht der GUV[78].

2. Praktische Fälle

a) Haftungsbegründende Kausalität, Heilbehandlung, Übergangsgeld, unfallunabhängige Krankheit

Sachverhalt

X ist als Lagerarbeiter bei der Firma F in D beschäftigt und bei der AOK in D pflichtversichert. Der AG des X ist Mitglied der Maschinenbau- und Kleineisenindustrie-Berufsgenossenschaft (BG)[79].

[78] *Wannagat,* Lehrbuch, S. 328; *Gitter,* Schadensausgleich, S. 115.
[79] Anlage I Nr. 6 zu § 646 I RVO.

X vereinbart mit seinem Bekannten Y, der bei der Berufsfeuerwehr der Stadt D beschäftigt und bei der Betriebskrankenkasse (BKK) der Stadt D pflichtversichert ist, daß sie am 5. 7. 1976 gemeinsam mit dem PKW des X zu ihren Arbeitsstätten fahren, die sich in der gleichen Straße in D befinden; in der darauffolgenden Woche soll die gemeinsame Fahrt zu den Arbeitsstätten dann mit dem PKW des Y erfolgen.

Am 5. 7. 1976 fährt X mit seinem PKW – wie üblich von zu Hause kommend – zum Haus des Y, wo dieser zur gemeinsamen Weiterfahrt zusteigen will; X muß dazu einen Umweg machen. Unmittelbar vor dem Haus des Y wird der PKW des X von einem entgegenkommenden LKW gerammt; X erleidet am linken Bein erhebliche Verletzungen. Y, der bereits vor der Haustür wartet, sieht den Zusammenstoß und will X zur Hilfe eilen. Auf dem Weg durch den Vorgarten seines Hauses stolpert er in der Eile und fällt hin. Er zieht sich Hautabschürfungen an der rechten Hand, am rechten Knie und rechten Unterschenkel zu; außerdem ist sein Anzug erheblich in Mitleidenschaft gezogen. Trotzdem bringt er mit seinem PKW den X zum nächstgelegenen Unfallkrankenhaus. Der dort tätige Durchgangsarzt (DA) stellt bei X wegen der erlittenen Unfallverletzungen Arbeitsunfähigkeit vom gleichen Tag an fest und überweist X zur Weiterbehandlung an den Hausarzt. Er ordnet darüber hinaus den Heimtransport des X mit einem PKW (Taxi, Krankenwagen) an. Die Arbeitsunfähigkeit des X aus dem Unfall vom 5. 7. 1976 dauert insgesamt bis zum 13. 8. 1976.

Y läßt seine Hautabschürfungen ebenfalls vom DA untersuchen. Bei ihm stellt der DA Arbeitsunfähigkeit bis einschließlich 7. 7. 1976 fest und überweist Y zur ambulanten Behandlung an den Hausarzt.

Die Durchschriften der beiden Durchgangsarztberichte gehen am 6. 7. 1976 bei den Krankenkassen ein.

Gelegentlich einer Nachschau am 16. 7. 1976 stellt der DA bei X fest, daß dieser neben den unfallbedingten Verletzungsfolgen alsbald wegen einer akuten Mandelentzündung fachärztlicher Behandlung bedarf. X wird deshalb zur Durchführung einer Mandelausschälung am 26. 7. 1976 durch den Hausarzt zur stationären Behandlung in das Städtische Krankenhaus in D eingewiesen. Die Entfernung der Mandeln verläuft komplikationslos, so daß Arbeitsunfähigkeit wegen Mandelentzündung nur bis zum 11. 8. 1976 besteht. Auch wegen der Unfallverletzung vom 5. 7. 1976 bestehen am 10. 8. 1976 kaum noch Beschwerden. Die Ärzte beabsichtigen deshalb, X am 11. 8. 1976 zu entlassen.

Dazu kommt es jedoch nicht. Am 11. 8. 1976 – dem vorgesehenen Entlassungstag – wird im Krankenhaus ein Fensterflügel, der angelehnt ist, durch einen Windstoß aufgestoßen und aus den Scharnieren gerissen. X, der in der Nähe des Fensters Platz genommen hat und sein Frühstück einnimmt, wird von dem herabstürzenden Fensterflügel am Kopf getroffen und erheblich verletzt. Er bedarf bis zum 24. 8. 1976 weiterer stationärer Behandlung. Am 24. 8. 1976 wird X als arbeitsfähig entlassen. Am 25. 8. 1976 nimmt er seine Beschäftigung bei F wieder auf.

Sowohl der AG des X wie der des Y haben während der Erkrankung Lohn zu Unrecht nicht fortgezahlt.

Frage: Haben X und Y Ansprüche auf Leistungen aus der GUV? Eine evtl. bestehende Vorleistungspflicht des zuständigen KV-Trägers (§ 565 I RVO) soll hier keine Beachtung finden.

Lösungsvorschlag

I. Ansprüche des X

1. Unfallereignis vom 5. 7. 1976

Voraussetzungen für Ansprüche auf Versicherungsleistungen aus der GUV sind Zugehörigkeit zum Kreis der versicherten Personen, Unfallereignis, haftungsbegründende Kausalität, Schaden und haftungsausfüllende Kausalität.

Da X aufgrund eines Arbeitsverhältnisses bei F beschäftigt war und damit gemäß § 539 I Nr. 1 RVO zu den Versicherten kraft Gesetzes gehört, ist die Frage seiner Einbeziehung in einen risikogeschützten Lebensbereich unproblematisch. Wie in der GKV kommt es auch hier auf das tatsächliche Beschäftigungsverhältnis, nicht auf bestehende arbeitsvertragliche Bedingungen an. Da X in einen Verkehrsunfall verwickelt wurde, der sich regelmäßig als ein plötzliches Ereignis darstellt, liegt auch ein Unfall i. S. d. GUV vor. Damit von einem „Arbeits"unfall gesprochen werden kann, muß sich der Unfall bei der nach § 539 I Nr. 1 RVO versicherungsgeschützten Tätigkeit des X ereignet haben (§ 548 I 1 RVO). Dafür genügt ein bloß räumlicher und zeitlicher Zusammenhang nicht. Das Unfallereignis muß mit der risikogeschützten Tätigkeit vielmehr in einem inneren Zusammenhang stehen, d. h. der risikogeschützte Lebensbereich des X muß wesentliche Bedingung für das Unfallereignis sein (haftungsbegründende Kausalität). Nach § 550 I RVO gilt auch der mit der Tätigkeit zusammenhängende Weg nach dem Ort der Tätigkeit als Arbeitsunfall. Dabei ist nach § 550 II Nr. 2 RVO die Versicherung nicht ausgeschlossen, wenn der Versicherte von dem unmittelbaren Weg zwischen der Wohnung und dem Ort der Tätigkeit abweicht, weil er mit anderen berufstätigen oder versicherten Personen gemeinsam ein Fahrzeug für den Weg nach dem Ort der Tätigkeit benutzt. Daß X vom üblichen Arbeitsweg abwich, einen Umweg machte, um Y zur Arbeit mitzunehmen, hebt daher die wesentliche Verknüpfung zwischen der risikogeschützten Tätigkeit und dem Unfallereignis nicht auf. X hat auch einen Körperschaden erlitten, der sich in der Beinverletzung mit ihren Folgen – Behandlungsnotwendigkeit und Arbeitsunfähigkeit bis zum 13. 8. 1976 – niederschlägt. Da kein Anlageschaden vorliegt, das Unfallereignis vielmehr wesentliche Bedingung für den Körperschaden des X ist, ist schließlich auch haftungsausfüllende Kausalität zu bejahen. X hat damit Anspruch auf die in § 547 RVO genannten Leistungen.

X hat daher Anspruch auf Heilbehandlung vom 5. 7. 1976 bis zum Abschluß der notwendigen ambulanten ärztlichen Behandlung. Da die Heilbehandlung mit allen geeigneten Mitteln durchzuführen ist, hat der UV-Träger zunächst die Kosten der durchgangsärztlichen Begutachtung (§ 557 II RVO), dann aber auch die Kosten der notwendigen und erforderlichen Heilbehandlung (§ 557 I RVO) zu tragen. X hat weiter Anspruch auf die am 5. 7. 1976 durch den Heimtransport entstandenen Kosten (§ 569 a Nr. 2 RVO). Solange X infolge des Arbeitsunfalles arbeitsunfähig i. S. d. GKV ist und Arbeitsentgelt nicht erhält, hat er schließlich Anspruch auf Übergangsgeld (§ 560 I RVO). Für das Übergangsgeld gelten bei ANn die Regelungen des § 182 IV und V RVO (Höhe und Berechnungsgrundlage) sowie die des § 182 X RVO (Zession des Anspruchs auf Arbeitsentgelt bei Nichterfüllung des Entgeltfortzahlungsanspruchs) entsprechend (§ 561 I RVO). Das Übergangsgeld ist von dem Tage an zu gewähren, an dem die Arbeitsunfähigkeit ärztlich festgestellt wird (§ 560 I 2 RVO; vgl. auch § 182 III RVO). Eine Meldefrist für die Arbeitsunfähigkeit – vergleichbar der Regelung des § 216 III RVO in der Krankenversicherung – ist nicht vorgesehen. Daraus ergibt sich, daß X, dessen Lohnfortzahlungsanspruch von F nicht erfüllt wurde, ab 5. 7. 1976 Anspruch auf Übergangsgeld hat. Der Anspruch des X gegen F bis zur Höhe des zu zahlenden Übergangsgeldes ging dabei auf die BG über (§ 561 I i. V. m. § 182 X RVO).

Übergangsgeld ist für die Dauer der Arbeitsunfähigkeit wegen der Unfallfolgen zu gewähren. Tritt zu einer unfallbedingten Arbeitsunfähigkeit eine unfallunabhängige Krankheit hinzu, so hat dies auf die bestehende Arbeitsunfähigkeit wegen der Unfallfolgen keinen Einfluß (Grundsatz der Einheit des Versicherungsfalles), auch wenn die unfallunabhängige Krankheit für sich betrachtet Arbeitsunfähigkeit begründen würde. Ist wegen einer hinzugetretenen unfallunabhängigen Krankheit stationäre Behandlung von der Krankenkasse zu gewähren, bleibt der Anspruch auf Übergangsgeld bestehen, solange während der stationären Behandlung Arbeitsunfähigkeit wegen der Unfallfolgen andauert[80]. Da bei X während der Zeit der stationären Behandlung wegen der unfallunabhängigen Krankheit Arbeitsunfähigkeit wegen Verletzungsfolgen vom 5. 7. 1976 fortbestand, ist die stationäre Behandlung, die ab 26. 7. 1976 von der AOK in D zu gewähren ist, ohne Einfluß auf den Anspruch auf das Übergangsgeld aus der GUV. Daher ist Übergangsgeld bis zum Ende der Arbeitsunfähigkeit wegen der Verletzungsfolgen, also bis zum 13. 8. 1976 einschließlich, zu zahlen. Von der AOK in D sind dazu die Kosten für ambulante Behandlung (§ 182 I Nr. 1 a RVO) und für die stationäre Behandlung (§ 184 RVO) vom 26. 7. bis 11. 8. 1976 wegen der unfallunabhängigen Mandelentzündung zu tragen.

Zuständig für die Gewährung des Übergangsgeldes ist die Maschinenbau- und Kleineisenindustrie-Berufsgenossenschaft.

[80] BSG, WzS 1962, 369; *Lauterbach*, § 548 Anm. 8 b; *Brackmann*, Handbuch, S. 562 v f. Vgl. dazu auch die Verwaltungsvereinbarung über die Berechnung und Auszahlung des Übergangsgeldes der Unfallversicherung vom 28. 6. 1963 i. d. F. vom 30. 1. 1973 zwischen den Spitzenverbänden der UV- und KV-Träger, abgedruckt u. a. bei *Lauterbach*, § 560 Anm. 28.

2. Unfallereignis vom 11. 8. 1976

Voraussetzung für einen Anspruch auf Versicherungsleistung ist, daß X zum versicherten Personenkreis gehört. X gehört zwar, wie festgestellt, zum Kreis der aufgrund eines Arbeitsverhältnisses Beschäftigten und damit zum Kreis der Versicherten nach § 539 I Nr. 1 RVO, doch geht von dem durch diese Vorschrift geschützten Lebensbereich nicht die wesentliche Bedingung für den neuerlichen Unfall vom 11. 8. 1976 im Krankenhaus aus.

Nach § 539 I Nr. 17 a RVO sind aber auch Personen, denen von einem Träger der GKV stationäre Behandlung im Sinne von § 559 RVO gewährt wird, gegen Arbeitsunfall versichert. Bei der von der AOK in D gewährten Krankenhauspflege (§ 184 RVO) vom 26. 7. bis 11. 8. 1976 handelt es sich um eine solche stationäre Behandlung i. S. d. § 559 RVO. Damit gehört X zum versicherten Personenkreis. Daß der Fensterflügel auf den Kopf des X fiel, ist ein plötzliches, von außen her auf X einwirkendes und ihn körperlich schädigendes Ereignis. Damit liegt auch ein „Unfall" vor. Ein „Arbeits"unfall ist gegeben, wenn die in § 539 I Nr. 17 a RVO umschriebene risikogeschützte Sphäre die wesentliche Bedingung für das Unfallereignis vom 11. 8. 1976 gesetzt hat, wenn also haftungsbegründende Kausalität anzunehmen ist. Die Einnahme des Frühstücks für sich allein betrachtet reicht zur Herstellung der notwendigen engen Verknüpfung nicht aus; sie gehört zum privaten Risikobereich (eigenwirtschaftliche Tätigkeit). Etwas anderes gilt aber, wenn während der eigenwirtschaftlichen Tätigkeit eine Betriebseinrichtung wesentlich mitwirkende Ursache für das Zustandekommen oder die Schwere des Unfalles ist, wie z. B. Maschinen, Möbel, glatter Fußboden[81] oder – wie hier – ein herabstürzender Fensterflügel. In einem solchen Fall liegt haftungsbegründende Kausalität und damit ein „Arbeits"unfall vor. Da das Unfallereignis vom 11. 8. 1976 die Kopfverletzung des X und ihre Folgen wesentlich herbeigeführt hat, liegt auch haftungsausfüllende Kausalität vor. X hat somit Anspruch auf die in § 547 RVO bezeichneten Leistungen.

Nach § 559 RVO wird, soweit erforderlich, stationäre Behandlung gewährt. Da hier stationäre Behandlung notwendig ist, hat der UV-Träger die Kosten zu tragen.

Hinsichtlich der Abgrenzung der Leistungsverpflichtung für den vermeintlichen Entlassungstag ist die Bundespflegesatzverordnung (BPfV) von Bedeutung. Danach werden der Aufnahme- und der Entlassungstag als je 1 Tag, bei einer gesamten Verweildauer von weniger als 24 Stunden jedoch als 1 Tag gerechnet (§ 9 I BPfV). Das würde hier dazu führen, daß die AOK in D Krankenhauspflege auch noch für den 11. 8. 1976 zu gewähren

[81] *Lauterbach,* § 548 Anm. 31.

hätte. Da die stationäre Behandlung wegen der unfallunabhängigen Krankheit jedoch ab dem 11. 8. 1976 nicht mehr erforderlich war – X sollte wegen der verheilten Mandelausschälung entlassen werden –, ist die Regelung der Kostentragung nach § 9 I BPfV für den Entlassungstag hier insofern unbedeutend, als am 11. 8. 1976 lediglich noch stationäre Behandlung wegen der Folgen des Unfalls an diesem Tage erforderlich war. Es handelt sich nicht um den Hinzutritt einer unfallbedingten stationären Behandlungsnotwendigkeit – die die weitere Leistungsverpflichtung für die AOK in D bis zum Wegfall der Notwendigkeit der stationären Behandlung wegen des unfallfremden Leidens begründet hätte –, sondern um eine anschließende stationäre Behandlung allein wegen der Folgen des Unfalls vom 11. 8. 1976. Der UV-Träger hat somit die Kosten der stationären Behandlung vom 11. bis zum 24. 8. 1976 zu übernehmen.

Da X ab 11. 8. 1976 arbeitsunfähig i. S. d. GKV ist, hat der UV-Träger weiter gemäß § 560 I 1 RVO Übergangsgeld zu zahlen. Bis zum 13. 8. 1976 bestand jedoch Arbeitsunfähigkeit noch wegen der Folgen des Arbeitsunfalles vom 5. 7. 1976. Ausgehend davon, daß es sich bei der unfallbedingten Arbeitsunfähigkeit ab 11. 8. 1976 nicht um einen „Hinzutritt" (möglich in den Fällen des § 555 RVO, sog. „Folgeunfälle"), sondern um einen selbständigen Leistungsfall handelt, ist nach dem Grundsatz, daß die bestehende Arbeitsunfähigkeit nicht erhöht werden kann[82], zunächst Übergangsgeld bis zum Ende der Arbeitsunfähigkeit wegen der Unfallfolgen vom 5. 7. 1976 zu gewähren, danach Übergangsgeld aufgrund der alleinigen Arbeitsunfähigkeit wegen der Folgen des Unfalls vom 11. 8. 1976. Anläßlich des Unfalls vom 11. 8. 1976 hat also der für das Städtische Krankenhaus zuständige UV-Träger Übergangsgeld für die Zeit vom 14. bis 24. 8. 1976 zu zahlen.

Zuständig für die nach § 539 I Nr. 17 a RVO versicherten Rehabilitanden ist – entsprechend einer Absprache der Spitzenverbände der Rehabilitationsträger vom 30. 4. 1975 – die Verwaltungs-Berufsgenossenschaft in Hamburg[83].

II. Ansprüche des Y

Wie X, so gehört auch Y zu dem kraft Gesetzes risikogeschützten Personenkreis nach § 539 I Nr. 1 RVO. Auch er hat einen Unfall erlitten. Fraglich ist allein, ob ein „Arbeits"unfall in Form eines Wegeunfalles vorliegt. Y müßte den häuslichen, nicht versicherten Wirkungskreis verlassen

[82] *Lauterbach,* § 548 Anm. 8 b.

[83] Berufsgenossenschaft der Banken, Versicherungen, Verwaltungen, freien Berufe und besonderer Unternehmen. Vgl. Anlage I Nr. 31 zu § 646 I RVO. Vgl. auch *Lauterbach,* § 646 Anm. 21.

und sich bereits auf dem Weg zur Arbeitsstelle befunden haben. Der häusliche Wirkungskreis eines Versicherten beginnt und endet regelmäßig an der äußeren Haustür des vom Versicherten bewohnten Gebäudes[84] bzw. mit dem Durchschreiten der Außentür[85]. Da Y die Außentür des Wohngebäudes bereits durchschritten hatte, um sich zur Arbeitsstätte zu begeben, liegt ein räumlicher, zeitlicher und innerer Zusammenhang zwischen Betriebstätigkeit und Unfallereignis vor.

Die Vorschrift des § 539 I Nr. 9 a RVO greift nicht ein. Eine Hilfeleistung setzt ein aktives Handeln des Verletzten zugunsten des Dritten voraus. Das Ziel allein, Hilfe leisten zu wollen, reicht nicht aus, um möglicherweise Versicherungsschutz nach § 539 I Nr. 9 a RVO anzunehmen. Im übrigen wäre die Vorschrift des § 539 I Nr. 9 a RVO subsidiär anzuwenden[86].

Da der Schaden des Y wesentlich auf das Unfallereignis vom 5. 7. 1976 zurückzuführen ist, hat Y Anspruch auf die in § 547 RVO genannten Leistungen: Neben den Kosten für die durchgangsärztliche Behandlung (§ 557 II RVO) ist Heilbehandlung (§ 557 I RVO) zu gewähren. Da Arbeitsunfähigkeit vorliegt, hat Y für die Zeit vom 5. bis 7. 7. 1976 Anspruch auf Übergangsgeld (§ 560 I RVO); der Lohnfortzahlungsanspruch geht auf den UV-Träger über (§ 561 I i. V. m. § 182 X RVO).

Zuständig für die Durchführung der Versicherung ist –sofern durch Rechtsverordnung zugelassen (§ 656 IV 2 RVO) – die Feuerwehrunfallversicherungskasse.

b) Ehrenamtliche Tätigkeit, haftungsbegründende Kausalität

Sachverhalt

Am 9. 6. 1975 veranstaltet der Schützenverein S der Gemeinde G in NW anläßlich seines 10jährigen Bestehens einen Kommers, der gegen 20.00 Uhr mit einem Spanferkelessen beginnt. Daran schließt sich gegen 22.00 Uhr die Proklamation der Schützenkönige sowie die Preisverteilung an. Ab 23.00 Uhr ist Tanzgelegenheit. Eine entsprechende Einladung zu diesem Schützenfest hat S u. a. an den Gemeinderat von G gesandt. Darin heißt es:

„An den Vorsitzenden des Gemeinderates Herrn ... und Herrn Gemeindedirektor ...

Einladung zum Kommers ...

Am Freitag, 9. Juni 1975, findet anläßlich des 10jährigen Bestehens des Volks-Schützenfestes ein Kommers statt, zu dem wir Sie nebst Damen herzlich einladen.

[84] BSGE 2, 239 (244); 17, 75 (78); 22, 10 (11); 22, 240 (242); 37, 36; Breithaupt 1964, 114.

[85] BSG, Breithaupt 1974, 210; *Lauterbach,* § 550 Anm. 11; *Brackmann,* Handbuch, S. 486 d ff.

[86] *Lauterbach,* § 539 Anm. 58 c) und 59 e).

Um 20.00 Uhr beginnt unser Kommers mit einem Spanferkelessen (Unkostenbeitrag 3,50 DM pro Portion) ...

Wir würden uns freuen, wenn Sie ein paar fröhliche Stunden in unserer Mitte verbringen würden ...".

Handschriftlich ist vom Gemeindedirektor auf diesem Schreiben vermerkt: „An die Ratsherren mit der Bitte um Kenntnisnahme und Teilnahme weitergeleitet".

Der Kaufmann A, Ratsherr der Gemeinde G und Mitglied des Schützenvereins S, trifft, in Schützenuniform, zusammen mit seiner Frau am 9. 6. 1975 gegen 21.00 Uhr im Festzelt ein, wo sich neben 11 weiteren Mitgliedern des Gemeinderates auch der Bürgermeister und der Gemeindedirektor, beide in Zivil, eingefunden haben. Kurz nach 23.00 Uhr geht A vom Festzelt zum Toilettenwagen, trifft unterwegs einen Bekannten, sieht sich um, rutscht in einer Fahrrinne aus, kommt zu Fall und zieht sich einen Unterschenkelbruch links zu. Er muß bis zum 31. 7. 1975 stationär, anschließend 6 Wochen ambulant behandelt werden.

Der Gemeinde-Unfallversicherungsverband U lehnt Ansprüche des A wegen der Folgen des Unfalls mit Bescheid vom 9. 5. 1976 mit der Begründung ab, der Unfall sei kein Arbeitsunfall. Gegen diesen Bescheid erhebt A am 1. 6. 1976 Klage vor dem SG mit dem Antrag, U unter Aufhebung des Bescheids vom 9. 5. 1976 zu verurteilen, die aus Anlaß des Unfalls vom 9. 6. 1975 entstandenen Heilbehandlungskosten zu übernehmen und Verletztengeld sowie Verletztenrente zu gewähren[87].

Lösungsvorschlag

Für öffentlich-rechtliche Streitigkeiten in Angelegenheiten der Sozialversicherung, zu der auch die GUV gehört, ist der Rechtsweg vor den SGen eröffnet (§ 51 I SGG). Als Klageart kommt, weil A neben der Aufhebung des ablehnenden Bescheids die Verurteilung zur Leistung begehrt, die kombinierte Anfechtungs- und Leistungsklage in Betracht (§ 54 IV SGG). Es ist auch möglich, daß A durch die mit dem VA bekanntgegebene Versagung der begehrten Leistungen beschwert ist; er ist daher klagebefugt (§ 54 I 2 SGG). Ein Vorverfahren hat nicht stattgefunden. Da bei Vorliegen der tatbestandsmäßigen Voraussetzungen auf die von A begehrten Leistungen ein Anspruch besteht, ist ein Vorverfahren jedoch auch nicht erforderlich (§ 78 II SGG). A hat binnen eines Monats nach Zustellung bzw. Bekanntgabe des VA Klage erhoben und damit die Klagefrist eingehalten (§ 87 SGG). Die von ihm erhobene Klage ist damit zulässig.

Begründet ist die Klage, wenn A während des Schützenfestes am 9. 6. 1975 eine risikogeschützte Tätigkeit wahrnahm, ferner Unfallereignis und haftungsbegründende Kausalität vorliegen, schließlich Schaden und haftungsausfüllende Kausalität angenommen werden können.

Als risikogeschützter Lebensraum kommt nach § 539 I Nr. 13 RVO die Ratsherrentätigkeit des A in der Gemeinde G in Betracht. Voraussetzung

[87] SG Hannover, Urteil vom 21. 10. 1974 (S 15 U 178/73). Abwandlung als Feststellungsklage bei *Henke*, JuS 1977, 40 ff.

dafür ist, daß sie sich als „ehrenamtliche Tätigkeit" darstellt. Das wird durch die Gemeindeordnungen der Länder weitgehend anerkannt (z. B. § 32 I bwGO; Art. 31 II 1 bayGO; § 35 II heGO; § 39 III nsGO). Demgegenüber wird in § 30 II 1 nwGO die Tätigkeit eines Ratsmitglieds ausdrücklich nicht als ehrenamtliche Tätigkeit bezeichnet. Dies ist darin begründet, daß in Nordrhein-Westfalen die Einwohner gemäß § 20 II nwGO zu einer ehrenamtlichen Tätigkeit für die Gemeinde verpflichtet werden können. Um aber zu verhindern, daß auch Mandatsträger über § 20 II nwGO zur Übernahme oder Ausübung ihres Amtes verpflichtet werden – was zu einer Diskrepanz zu § 36 nwKWahlG führen würde –, mußte die Tätigkeit des Ratsherrn von der ehrenamtlichen Tätigkeit begrifflich getrennt werden[88]. Diese Unterscheidung ist unfallversicherungsrechtlich jedoch ohne Belang. Der Begriff der ehrenamtlichen Tätigkeit in § 539 I Nr. 13 RVO ist weit auszulegen. Danach ist ehrenamtlich tätig eine Person, die ein ihr übertragenes Amt ausübt, ohne dabei in einem Beschäftiungsverhältnis zu stehen[89].

Ein Ratsmitglied wird weder durch einen AG vertraglich verpflichtet noch erfolgt eine Ernennung; vielmehr wird es durch die Bürger in allgemeiner, gleicher, unmittelbarer und geheimer Wahl gewählt (vgl. z. B. § 29 I 1 nwGO). Für diese Tätigkeit erhält der Ratsherr kein Entgelt, d. h. keine Vergütung für die geleistete Arbeit; er hat lediglich Anspruch auf Ersatz von Verdienstausfall (vgl. z. B. 30 IV 1 nwGO), daneben einen Anspruch auf angemessene Aufwandsentschädigung, die ganz oder teilweise als Sitzungsgeld gezahlt werden kann (vgl. z. B. § 30 V 1 nwGO). Daran wird deutlich, daß die Tätigkeit eines Gemeinderatsmitglieds im Rahmen der RVO als ehrenamtliche Tätigkeit angesehen werden muß. Etwas anderes könnte allenfalls gelten, wenn die geleistete Aufwandsentschädigung so hoch wäre, daß sie die Deckung des Lebensunterhalts sicherstellte und somit in ihrer Wirkung einem Entgelt gleichkäme. Die durch Gesetz gewährten Aufwandsentschädigungen sind jedoch so knapp bemessen (vgl. z. B. § 1 II Nr. 1 EntschVO NW), daß sie den Lebensunterhalt der Ratsmitglieder nicht sicherzustellen vermögen. Danach muß die Ratsherrentätigkeit als ehrenamtliche Tätigkeit angesehen werden, für die nach § 539 I Nr. 13 RVO der Versicherungsschutz gegeben ist.

Der Unterschenkelbruch des A ist durch Ausrutschen in der Fahrrinne und damit verbundenes Zu-Fall-Kommen, also durch ein plötzlich wirkendes Ereignis herbeigeführt worden. Mithin liegt ein Unfallereignis vor.

[88] *Rauball*, Gemeindeordnung für Nordrhein-Westfalen, 2. Aufl., 1974, § 20 Anm. 4.

[89] *Lauterbach*, § 539 Anm. 80 2 b; *Miesbach/Baumer*, § 539 Anm. 2 c und 30.

Damit ein „Arbeits"unfall angenommen werden kann, muß A den Unfall bei der in § 539 I Nr. 13 RVO genannten Ratsherrentätigkeit erlitten haben (§ 548 I 1 RVO). Zwischen dem durch seine Eigenschaft als Ratsherr bestimmten Lebensraum und dem Unfall muß ein Zusammenhang i. S. d. Theorie der wesentlichen Bedingung bestehen, der üblicherweise als haftungsbegründende Kausalität bezeichnet wird. Dabei kommt es nicht darauf an, daß die risikogeschützte Sphäre allein die wesentliche Bedingung für den Unfall setzt; ausreichend ist, daß sie für den Eintritt des Unfallereignisses wesentlich mitbestimmend ist.

Ob A am Abend des 9. 6. 1975 das Schützenfest in seiner Eigenschaft als Ratsherr aufsuchte, ist insofern zweifelhaft, als die Einladung des Schützenvereins lediglich an den Bürgermeister und den Gemeindedirektor gerichtet war. Sie vertreten und repräsentieren in NW den Rat bzw. die Gemeinde (vgl. §§ 27 II 3, 55 I nwGO). Wenn nun der Gemeindedirektor die Einladung des Schützenvereins an die Ratsherren mit der „Bitte um Kenntnisnahme und Teilnahme" weiterleitete, so kann darin keine Delegation erblickt werden; es handelt sich lediglich um eine unverbindliche Empfehlung und Anregung, die Interessen des Rates der Gemeinde auf dem Schützenfest durch möglichst zahlreiche Teilnahme zu dokumentieren. Dafür spricht auch, daß der Unkostenbeitrag von 3,50 DM nicht von der Gemeindekasse getragen wurde, sondern von den Ratsherren selbst zu übernehmen war, und daß keinerlei Kleidungshinweise ergingen, wie das sonst bei dienstlichen Anlässen üblich ist. Weiter trugen Bürgermeister und Gemeindedirektor nicht wie A eine Schützenuniform, sondern zum Zeichen ihrer „dienstlichen" Eigenschaft einen zivilen Anzug. Da der Bürgermeister und Gemeindedirektor am Schützenfest selbst teilnahmen, bestand schließlich auch keine Notwendigkeit, daß sie sich durch Ratsherren vertreten ließen. Nach alledem besteht zwischen der versicherten Ratsherrentätigkeit des A und dem Unfallereignis keine haftungsbegründende Kausalität i. S. d. Theorie der wesentlichen Bedingung. Für A bestand auf dem Schützenfest kein gesetzlicher Unfallversicherungsschutz i. S. d. §§ 539 I Nr. 13, 548 I 1 RVO. Seine Klage ist deshalb unbegründet.

c) Haftungsausfüllende Kausalität (Gelegenheitsursache)

Sachverhalt

Der an der Universität X eingeschriebene Student A kommt am 6. 5. 1976 aus einer Übungsveranstaltung und geht zum Mittagessen in die Mensa. Auf dem innerhalb des Universitätsgeländes gelegenen Weg kommt er zu Fall, weil eine Steinplatte erheblich über das Niveau der anderen Platten herausragt. A, der sich wegen beim Handballspielen immer wieder auftretender Meniskusreizung am rechten Knie schon öfter in ärztliche Behandlung begeben mußte, verspürt einen stechenden Schmerz. Da das Knie außerdem erheblich anschwillt, läßt er sich in das nächste Krankenhaus fahren. Dort wird er zunächst in der Ambulanz von einem Durchgangsarzt (DA) untersucht. Der DA vermutet Meniskusabriß. A wird daraufhin in stationäre Behandlung aufgenommen und am nächsten Tag operiert. Die Diagnose bestätigt sich.

Der zuständige UV-Träger lehnt Entschädigungsansprüche des A mit der Begründung ab, der Unfall vom 6. 5. 1976 sei Gelegenheitsursache für die in Erscheinung getretene Meniskusverletzung. Da A einen Dauerschaden befürchtet, möchte er vor dem SG feststellen lassen, daß die Meniskusverletzung die Folge eines Arbeitsunfalles ist. Hat eine Klage Aussicht auf Erfolg?

Lösungsvorschlag

Da die GUV ein Zweig der Sozialversicherung ist und die Vorschriften der GUV, aus denen A Rechte für sich herleiten will, ausschließlich den Träger hoheitlicher Gewalt verpflichten, liegt eine öffentlich-rechtliche Streitigkeit in Angelegenheiten der Sozialversicherung vor; der Rechtsweg vor den SGen ist eröffnet (§ 51 I SGG). Als Klageart kommt die kombinierte Anfechtungs- und Leistungsklage (§ 54 IV SGG) sowie die Feststellungsklage (§ 55 I Nr. 3 SGG) in Betracht. In vielen Fällen ist nicht einfach festzustellen, ob der Vortrag des Klägers als selbständiger Feststellungsantrag zu werten ist oder nur der Begründung seines Leistungsbegehrens dienen soll[90]. Im vorliegenden Fall ist eindeutig, daß A kein konkretes Leistungsbegehren verfolgt, sondern aus Sorge vor noch nicht abzusehenden Dauerschäden die Feststellung begehrt, daß der vom UV-Träger bestrittene Kausalzusammenhang zwischen Arbeitsunfall und Meniskusverletzung besteht (haftungsausfüllende Kausalität). Das Klagebegehren des A ist daher als Feststellungsklage zu werten. Die Erhebung einer Feststellungsklage setzt voraus, daß A an der baldigen Feststellung ein „berechtigtes Interesse" hat (§ 55 I SGG). Dies kann nicht etwa mit dem Hinweis auf Subsidiarität der Feststellungsklage neben der Leistungsklage verneint werden. Im sozialgerichtlichen Verfahren ist ein Feststellungsbegehren grundsätzlich neben anderen Klagebegehren möglich. Eine andere Frage ist, ob im Einzelfall die Voraussetzungen für ein Feststellungsbegehren vorliegen. Bei einem Antrag auf Anerkennung von Gesundheitsstörungen als Schädigungsfolgen ist ein Feststellungsinteresse jedoch immer gegeben[91]. Eine Ausnahme ist für den säumigen Anfechtungskläger anzunehmen (§ 87 SGG); er soll sein Ziel nicht über den Umweg der Feststellungsklage erreichen können[92]. Daß A die Anfechtungsfrist versäumt hätte, ist nicht ersichtlich. Eine Feststellungsklage nach § 55 I Nr. 3 SGG ist somit zulässig.

Begründet ist die Feststellungsklage, wenn die Meniskusverletzung des A Folge eines Arbeitsunfalles ist. A gehört zum versicherungsgeschützten

[90] *Bley,* Grundzüge der Sozialgerichtsbarkeit, S. 83.
[91] BSGE 12, 44; 21, 167 (170); 37, 71 (72).
[92] *Bley,* Grundzüge der Sozialgerichtsbarkeit, S. 83.

Personenkreis des § 539 I Nr. 14 d RVO; versicherungsgeschützte Risikosphäre ist hier der universitäre Lebensraum. Daß A durch Stolpern über eine Steinplatte zu Fall kam, stellt sich als körperlich schädigendes, zeitlich begrenztes Ereignis, mithin als Unfallereignis dar. A befand sich, als er stolperte, auf dem Weg zur Mensa innerhalb des „Betriebs"geländes. Zwischen versicherungsgeschützter Tätigkeit (universitärer Lebensraum) und Unfallereignis besteht ein Zusammenhang i. S. d. Theorie der wesentlichen Bedingung. Es liegt also ein „Arbeits"unfall vor (§ 548 I 1 RVO). Die Meniskusverletzung ist ein Körperschaden. Fraglich ist, ob dieser wesentlich auf das Unfallereignis zurückzuführen ist, ob also haftungsausfüllende Kausalität anzunehmen ist. Wäre der Körperschaden des A nur „gelegentlich" der versicherungsgeschützten Tätigkeit aufgetreten, so wäre der erforderliche ursächliche Zusammenhang zwischen Unfallereignis und Körperschaden zu verneinen. Eine solche „Gelegenheits"ursache ist anzunehmen, wenn die Gesundheitsschädigung durch ein alltäglich vorkommendes ähnliches Ereignis zur selben Zeit hätte ausgelöst werden können[93].

Da A beim Handballspielen immer wieder Meniskusreizung verspürte und sich deshalb häufiger in ärztliche Behandlung begeben mußte, war der Meniskus offensichtlich vorgeschädigt. Die am 6. 5. 1976 aufgetretene Verletzung ist nicht von besonderer Eigenart oder Schwere; auch jedes andere alltäglich vorkommende, ähnlich gelagerte Ereignis hätte die Meniskusverletzung, so wie sie im universitären Bereich eingetreten ist, auslösen können. Das Stolpern des A auf dem Weg zur Mensa ist daher nur „Gelegenheits"ursache für seinen Körperschaden. Der notwendige wesentliche Zusammenhang zwischen Unfallereignis und Meniskusschaden ist nicht gegeben. Die Gesundheitsstörung ist nicht Folge eines „Arbeits"unfalles (§ 55 I Nr. 3 SGG). Eine Klage des A hätte daher keine Aussicht auf Erfolg.

D. Gesetzliche Rentenversicherung

1. Überblick

Das dritte Gesetz im Rahmen der Bismarckschen Sozialreform, das „Gesetz betr. die Invaliditäts- und Alterssicherung" vom 22. 6. 1889 (in Kraft ab 1. 1. 1891), hatte das Ziel der (besseren) wirtschaftlichen Sicherung im Fall der Invalidität und des Alters. Es baute auf dem Versicherungszwang auf und erfaßte vorrangig Lohnarbeiter nach Vollendung des 16. Lebensjahres. Gegenstand der Versicherung war „die Gewährung einer besonderen Alters- und einer Invalidenrente bei Erwerbsunfähigkeit" bei Erfüllung einer Wartezeit von 5 Beitragsjahren für die Invalidenrente und von 30 Bei-

[93] *Brackmann*, Handbuch, S. 488 m; *Lauterbach*, § 548 Anm. 10.

tragsjahren für die Altersrente. Die Mittel wurden je zur Hälfte von den AGn und den Versicherten aufgebracht.

Durch zahlreiche Gesetzesänderungen und Gesetzesergänzungen – besonders hinsichtlich der Ausdehnung des versicherten Personenkreises, Schaffung eines Vermögensausgleichs zwischen den Versicherungsanstalten (schon durch das „Invalidenversicherungsgesetz" vom 19. 7. 1889) und Ausdehnung der Leistungen auf Förderungsmaßnahmen zur Hebung der gesundheitlichen Verhältnisse der versicherten Bevölkerung und der Erhaltung, Besserung und Wiederherstellung der Erwerbsfähigkeit der Versicherten, d. h. Prävention und Rehabilitation (vgl. § 1226 RVO; § 1 AVG; § 28 RKG; § 23 I Nr. 1 AT-SGB) – wurde dieser Bereich der Sozialversicherung zwar völlig verändert; doch blieben die Grundstrukturen des Systems erhalten.

Die Aufgaben der GRV sind heute in den §§ 1226 RVO, 1 AVG, 28 RKG, 23 I Nr. 1 AT-SGB umrissen; hinzu kommen die besonderen Regelungen des Gesetzes über die Altershilfe der Landwirte (GAL) vom 14. 9. 1965 (vgl. auch § 23 I Nr. 2 AT-SGB). Die Leistungen werden als Sach- und/oder Geldleistungen erbracht. Die Durchführung der Sachleistungsgewährung kann an andere Stellen gegen Aufwendungsersatz übertragen werden (§ 1238 II RVO; § 15 II AVG; § 37 II RKG), ohne daß damit die Verantwortlichkeit für die Maßnahmen und damit für die Leistungen gegenüber den Versicherten abgegeben würde (§ 1238 I RVO; § 15 I AVG; § 37 I RKG).

Die Leistungen der RV-Träger lassen sich in Regelleistungen (§§ 1235 ff. RVO; §§ 12 ff. AVG; §§ 34 ff. RKG) und zusätzliche Leistungen (§§ 1305 ff. RVO, §§ 84 ff. AVG; §§ 97 f. RKG) einteilen.

Als Regelleistungen (Rehabilitation) werden gewährt:

— Medizinische, berufsfördernde und ergänzende Leistungen zur Rehabilitation
(§§ 1237 bis 1337 b, 1241 g RVO, §§ 14 bis 14 b, 18 g AVG; §§ 36 bis 36 b, 40 g RKG); dazu Übergangsgeld (§§ 1240 ff. RVO; §§ 17 ff. AVG; §§ 39 ff. RKG); ferner Tuberkulosebehandlung (§ 1244 a RVO; § 21 a AVG; § 43 a RKG)
— Renten
(§§ 1245, 1263 RVO; §§ 22, 40 AVG; §§ 44, 63 RKG)
— Witwen- und Witwerabfindung
(§ 1302 RVO; § 81 AVG; § 83 RKG)
— Beitragserstattungen
(§ 1303 RVO; § 82 AVG; § 95 RKG)
— Beiträge für die Krankenversicherung der Rentner
(§§ 381 II, 385 II, 393 a I, 515 I RVO).

Als zusätzliche Leistungen (Prävention) sind zu gewähren:

— Allgemeine Maßnahmen oder Einzelmaßnahmen zur Erhaltung oder Erlangung der Erwerbsfähigkeit
(§ 1305 RVO; § 84 AVG; § 97 RKG)
— Maßnahmen zur Hebung der gesundheitlichen Verhältnisse
(§ 1305 RVO; § 84 AVG; § 97 RKG)
— Aufwendungen zum wirtschaftlichen Nutzen, insbesondere für die Erstellung von Wohnungen und Eigenheimen
(§ 1306 RVO; § 85 AVG; § 97 II RKG)
— Aufwendungen zur Unterbringung in einem Altersheim, einem Kinderheim oder einer ähnlichen Anstalt
(§ 1307 RVO; § 86 AVG; § 98 RKG).

Die Leistungen der RV-Träger werden auf Antrag festgestellt und gewährt (§ 1545 I Nr. 2 RVO; § 204 AVG; § 162 I RKG; §§ 16, 36 AT-SGB). Über den Antrag ist bei Anerkennung oder Ablehnung ein schriftlicher, zu begründender Bescheid zu erteilen (§§ 1631, 1633 RVO; § 204 AVG; § 162 II RKG). Die Ansprüche richten sich grundsätzlich gegen den zuständigen RV-Träger (vgl. aber § 43 AT-SGB). Allerdings ist auch hier eine Leistungsabgrenzung gegenüber anderen Zweigen der Sozialversicherung vorgesehen (§§ 1236 III RVO, 13 III AVG; §§ 1239 RVO, 16 AVG; §§ 1244 a III 3 RVO, 21 a III 3 AVG; § 183 III bis V RVO); insoweit können Leistungsansprüche gegen RV-Träger subsidiär sein (besonders: §§ 1236 III RVO; 13 III AVG)[94].

Bei den RV-Trägern und ihren Zuständigkeiten ist zu unterscheiden zwischen (vgl. § 23 II AT-SGB):

— **Rentenversicherung der Arbeiter**
  a) Landesversicherungsanstalten (§§ 1326 ff. RVO)
  Zuständigkeit: §§ 1329 ff. RVO
  b) Bundesbahn-Versicherungsanstalt (§ 1360 I Nr. 1 RVO; §§ 26, 27 Bundesbahngesetz)
  Zuständigkeit: für Arbeiter der Deutschen Bundesbahn
  c) Seekasse (§ 1360 I Nr. 2 RVO)
  Zuständigkeit: für Seeleute (§ 163 II RVO)

— **Rentenversicherung der Angestellten**
  a) Bundesversicherungsanstalt für Angestellte in Berlin (§ 1 BfAEG)
  Zuständigkeit: §§ 2 ff. AVG
  b) Seekasse (§ 1360 I Nr. 2 RVO)
  Zuständigkeit: für Seeleute (§ 163 II RVO)

— **Knappschaftliche Rentenversicherung** (Bundesknappschaft), §§ 7, 8 RKG
Pauschale Zuständigkeit: für Bergleute (§§ 1 ff. RKG)

[94] Vgl. dazu unten E 1) a).

— **Landwirtschaftliche Altershilfe**
(Landwirtschaftliche Alterskassen, § 16 GAL)
Zuständigkeit: §§ 1 ff. GAL.
Voraussetzungen für den Anspruch auf Leistungen gegen den zuständigen RV-Träger sind:

— **das „Versichertsein"**
Grundlage dafür ist eine Versicherung aufgrund von Versicherungspflicht oder aufgrund einer freiwilligen Entscheidung.
a) Versicherungspflichtiger Personenkreis:
§ 1227 RVO; § 2 AVG; §§ 1 und 29 RKG.
b) Zur freiwilligen Versicherung berechtigter Personenkreis:
§ 1233 RVO; § 10 AVG; § 33 RKG.
Entsprechend der unterschiedlichen Leistungen ist die Voraussetzung des „Versichertsein" von der Erfüllung unterschiedlicher Bedingungen abhängig:
a) Versichertsein bezüglich der Leistungen zur Rehabilitation:
§ 1236 I a RVO; § 13 I a AVG; § 35 I a RKG.
b) Bei Renten Erfüllung von Wartezeiten:
§§ 1246 bis 1252, 1263 RVO; §§ 23 bis 29, 40 AVG; §§ 46 bis 52, 63 RKG.

— **Eintritt eines Versicherungsfalles**
Unter „Versicherungsfall" ist ein bestimmtes Ereignis oder das Zusammentreffen mehrerer Ereignisse im Leben eines Versicherten zu verstehen, gegen deren Nachteile die Versicherung Schutz gewähren soll bzw. zu gewähren hat. Der Versicherungsfall tritt mit dem im konkreten Einzelfall objektiv feststehenden Ereignis ein, das ihn ergibt[95].
Versicherungsfälle der GRV sind:
a) Gefährdung oder Minderung der Erwerbsfähigkeit
(§ 1236 RVO; § 13 AVG; § 35 RKG)
b) Tuberkulose
(§ 1244 a RVO; § 21 a AVG; § 43 a RKG)
c) Berufsunfähigkeit
(§ 1246 RVO; § 23 AVG; etwas anders §§ 45, 46 RKG)
d) Erwerbsunfähigkeit
(§ 1247 RVO; § 24 AVG; § 47 RKG)
e) Vollendung des 63. Lebensjahres
(§ 1248 I RVO; § 25 I AVG; § 48 I Nr. 1 RKG; bedingt auch das 60. Lebensjahr: § 48 I Nr. 2 RKG)
f) Vollendung des 62. Lebensjahres und anerkannte Schwerbeschädigung
(§ 1248 I RVO; § 25 I AVG; § 48 I Nr. 1 RKG)

95 BSGE 20, 48 (50); Breithaupt 1966, 310 (311).

g) Vollendung des 60. Lebensjahres und Arbeitslosigkeit von mindestens 52 Wochen
(§ 1248 II RVO; § 25 II AVG; § 48 II RKG)
h) Vollendung des 60. Lebensjahres bei Frauen, wenn die Versicherte in den letzten 20 Jahren überwiegend eine rentenversicherungspflichtige Beschäftigung oder Tätigkeit ausgeübt hat
(§ 1248 III RVO; § 25 III AVG; § 48 III RKG)
i) Vollendung des 65. Lebensjahres
(§ 1248 V RVO; § 25 V AVG; § 48 V RKG)
j) Tod oder Verschollenheit des Versicherten
(§§ 1263, 1271 RVO; §§ 40, 48 AVG; §§ 63, 68 RKG).

In den Fällen, in denen das Lebensalter u. a. Voraussetzung für einen Anspruch ist, kann der Versicherte bestimmen, daß ein späterer Zeitpunkt für die Erfüllung maßgebend sein soll (§ 1248 VI RVO; § 25 VI AVG; § 48 VI RKG). Die Vollendung des 65. Lebensjahres (§ 1248 V RVO; § 25 V AVG; § 48 V RKG) oder des 60. Lebensjahres (§ 1248 III RVO; § 25 III AVG; § 48 III RKG) löst den Anspruch auf Rente allein noch nicht aus; hinzukommen muß der Antrag auf Altersruhegeld (§ 1545 I Nr. 2 RVO; § 204 AVG; § 162 RKG)[96].

Entscheidend für den gesamten Versicherungsfall sind nicht allein die rechtlichen Voraussetzungen, die bei Eintritt des Versicherungsfalles bestehen. Auf alle noch nicht abgeschlossenen Versicherungsfälle ist neues Versicherungsrecht anzuwenden[97]; das gilt insbesondere für die Rentenanpassung (§ 1272 RVO; § 49 AVG; § 71 RKG)[98].

2. Praktische Fälle

a) Maßnahmen zur Tuberkulosebekämpfung

Sachverhalt

Gelegentlich der Einstellungsuntersuchung am 15. 10. 1975 diagnostiziert der Werksarzt W bei H, geboren am 5. 5. 1954, eine aktive behandlungsbedürftige Lungentuberkulose, die vom selben Tag an Arbeitsunfähigkeit bedingt. Die ärztliche Feststellung der Arbeitsunfähigkeit erfolgt am selben Tag, ärztliche Behandlungsnotwendigkeit wird jedoch schon ab 3. 10. 1975 angenommen. W setzte sich u. a. sofort mit der am Ort befindlichen vertrauensärztlichen Dienststelle der Landesversicherungsanstalt (LVA) in X in Verbindung, um die Einleitung der erforderlichen stationären Heilbehandlung durch den RV-Träger umgehend zu erreichen. Der diensthabende Arzt dieser Dienststelle der LVA verweist – weil stationäre Heilbehandlung nicht so schnell einzuleiten ist – an den Facharzt für Bronchial- und Lungenleiden D, der die erforderliche Heilbehandlung zunächst und vorübergehend

[96] BSGE 3, 24.
[97] BSGE 3, 68 (70).
[98] Zur Problematik der Rentenanpassung vgl. *Brackmann*, Handbuch, S. 706 l ff.

ambulant durchführen soll. D sorgt alsbald auch für die Einweisung zur stationären Heilbehandlung. Die Aufnahme zur stationären Behandlung erfolgt am 29. 10. 1975 in einem Lungensanatorium. Am 19. 3. 1976 kann H entlassen werden. Ärztliche Behandlung ist weiterhin erforderlich. Arbeitsunfähigkeit i. S. d. Krankenversicherung besteht ebenfalls fort. Am 18. 5. 1976 wird H erneut in das Lungensanatorium aufgenommen und am 2. 7. 1976 arbeitsunfähig i. S. d. Krankenversicherung zur Weiterbehandlung durch D entlassen.

Aufgrund der Versicherungsunterlagen des H läßt sich folgender Versicherungsverlauf feststellen:

Rentenversicherung der Arbeiter (LVA in X)

Zeitraum vom	bis	Versicherungsverhältnis/ Arbeitgeber
1. 2. 1969	31. 3. 1972	Firma Braun
2. 4. 1972	31. 3. 1973	Freiheitsstrafe
1. 4. 1973	30. 6. 1974	Wehrdienst nach § 4 I des Wehrpflichtgesetzes
1. 7. 1974	10. 7. 1974	Firma Alt
11. 7. 1974	30. 9. 1974	Arbeitsunfähigkeit (ohne Lohnfortzahlung) infolge eines Arbeitsunfalles
1. 10. 1974	8. 11. 1974	Rentenversicherungspflicht gemäß § 1227 I 1 Nr. 8 a Buchst. c RVO)
9. 11. 1974	10. 6. 1975	Bezug von Arbeitslosengeld
11. 6. 1975	1. 10. 1975	Firma Neu

Weiter geht aus den Unterlagen hervor, daß H für die Zeit vom 11. 6. bis 1. 10. 1975, in der er bei der Firma Neu versicherungspflichtig beschäftigt war, Mitglied der örtlich zuständigen AOK war. Ab 2. 10. 1975 ist H nicht mehr beschäftigt; Arbeitslosengeld wurde nicht beantragt.

Sind Leistungsansprüche gegen die LVA gegeben, ggf. (hauptsächlich) welche und in welchem Umfang (Dauer)?

Lösungsvorschlag

H kann im Rahmen der Rehabilitationsmaßnahmen der RV-Träger – die sonst regelmäßig Ermessensleistungen sind (§ 1236 I RVO; § 14 AVG; § 36 RKG) – gegen die LVA in X einen Anspruch auf Tuberkuloseheilbehandlung und Übergangsgeld gemäß § 1244 a RVO haben. Nach § 1244 a I RVO haben Versicherte, Rentner, ihre Ehegatten oder ihre Kinder (nach Maßgabe der Absätze II bis IX) Anspruch auf Rehabilitationsmaßnahmen nach den §§ 1236 bis 1242 RVO, wenn sie an aktiver behandlungsbedürftiger Tuberkulose erkrankt sind. Nicht Voraussetzung für einen solchen Anspruch ist – wie dies in der GKV und GUV erforderlich ist –, daß eine Versicherung zum Zeitpunkt der Feststellung der Behandlungsbedürftigkeit der Tuberkulose (§ 1244 a II 1 RVO) bestehen muß. Nach § 1236 I a RVO ist vielmehr Versicherter i. S. D. § 1244 a RVO, für wen im Zeitpunkt der Feststellung der Behandlungsbedürftigkeit in den vorangegangenen 24 Kalendermonaten mindestens für 6 Kalendermonate Beiträge aufgrund einer versicherungspflichtigen Beschäftigung oder Tätigkeit entrichtet worden sind (§ 1236 I a Nr. 1 RVO). Bei der Ermittlung der 24 Kalendermonate werden die in den §§ 1251 und 1259 I Nr. 1 bis 4 RVO genannten Zeiten nicht mitgezählt, auch wenn Sie bei der Ermittlung der Versicherungsjahre nach § 1258 RVO nicht anrechenbar sind (§ 1236 I a 2 RVO). Das bedeutet, daß sich die 24-Monats-Frist um die anrechenbaren Ersatzzeiten des § 1251 RVO und gewissen, in § 1259 Nr. 1 bis 4 RVO genannten Ausfallzeiten verlängert.

Die hier in Frage kommenden Zeiten (Ausfallzeiten: § 1259 I RVO) der Arbeitsunfähigkeit oder der bis 30. 9. 1974 durchgeführten Gesundheitsmaßnahmen (§ 1259 I Nr. 1 RVO), des Schlechtwettergeldbezuges (§ 1259 I Nr. 2 a RVO) und der Arbeitslosigkeit (§ 1259 I Nr. 3 RVO) sind jedoch nur dann als Ausfallzeiten zu berücksichtigen, wenn sie eine versicherungspflichtige Beschäftigung oder Tätigkeit für mindestens 1 Kalendermonat unterbrachen. Zur Verlängerung der Rahmenfrist des § 1236 I RVO von 24 Kalendermonaten können darüber hinaus nur volle – mit zu berücksichtigenden Ausfallzeiten oder Ersatzzeiten (§ 1251 RVO) belegte – Kalendermonate führen; eine nach Kalendermonaten bestimmte Frist oder ein nach Kalendermonaten bemessener Zeitraum kann nämlich nicht durch teilweise mit solchen Zeiten belegte Kalendermonate verlängert werden. Das führt im vorliegenden Fall zu dem Ergebnis: Der für die Feststellung des „Versichertsein" maßgebende Zeitraum erstreckt sich zum einen auf die dem Feststellungstag der Behandlungsbedürftigkeit (15. 10. 1975) vorangegangenen 24 Monate, d. h. auf die Zeit vom 1. 10. 1973 bis 30. 9. 1975. Zum anderen verlängern die in diese Zeit fallenden und zu berücksichtigenden Ausfallzeiten (§ 1259 I RVO)

— der Arbeitsunfähigkeit vom 11. 7. bis 30. 9. 1974 und
— der Arbeitslosigkeit vom 9. 11. 1974 bis 10. 6. 1975

den 24-Monate-Zeitraum. Da nur volle, mit Ausfallzeiten belegte Monate zur Fristverlängerung führen, finden lediglich 8 Monate Berücksichtigung; die Zeiten vom 11. 7. bis 31. 7. 1974, vom 9. 11. bis 30. 11. 1974 und vom 1. 6. bis 10. 6. 1975 bleiben außer Ansatz. Der 24-Monate-Zeitraum des § 1236 I RVO, der sich um 8 Monate verlängert, ist daher auf die Zeit vom 1. 2. 1973 bis 30. 9. 1975 festzulegen.

In dieser Zeit hätten mindestens für 6 Kalendermonate Beiträge aufgrund einer versicherungspflichtigen Beschäftigung oder Tätigkeit entrichtet worden sein müssen (§ 1236 I a Nr. 1 RVO). Bei der Feststellung dieser zu erfüllenden Beitragszeit ist § 1250 III RVO zu beachten. Danach sind nur teilweise mit (Versicherungs-) Beitragszeit belegte Kalendermonate als volle Beitragsmonate anzurechnen. Für die Berücksichtigung eines vollen Kalendermonats ist also lediglich Voraussetzung, daß mindestens für einen Tag des betreffenden Monats Rentenversicherungsbeiträge entrichtet worden sind. In dem beachtlichen Zeitraum vom 1. 2. 1973 bis 30. 9. 1975 sind für H aufgrund versicherungspflichtiger Tätigkeit Beiträge für die Zeiten

— vom 1. 7. bis 10. 7. 1974 = 1 Kalendermonat und
— vom 11. 6. bis 30. 9. 1975 = 4 Kalendermonate

entrichtet worden, insgesamt also für 5 Kalendermonate. Die übrigen Pflichtbeiträge, die innerhalb des Zeitraumes entrichtet wurden (Wehrdienst: § 1227 I Nr. 6 i. V. m. § 1385 IV d und V RVO; Rehabilitationsmaßnahmen: § 1227 I Nr. 8 a Buchst. c i. V. m. § 1385 IV g RVO), können, weil sie nicht aufgrund einer versicherungspflichtigen Beschäftigung oder Tätigkeit entrichtet wurden, nicht angerechnet werden. H ist daher nicht Versicherter i. S. d. § 1244 a I i. V. m. § 1236 I a Nr. 1 RVO.

Versicherter i. S. d. § 1244 a RVO ist jedoch auch, wer im Zeitpunkt der Feststellung der Behandlungsbedürftigkeit der Tuberkulose (§ 1244 a II 1 RVO) eine Versicherungszeit von 60 Kalendermonaten zurückgelegt hat (§ 1236 I a Nr. 2 RVO). Dabei gelten – unter Berücksichtigung des § 1250 III RVO – als Versicherungszeiten die nach § 1249 RVO anrechenbaren Beitrags- und Ersatzzeiten (§ 1250 I RVO). Danach ergeben sich – unter Beachtung des Feststellungstages der Behandlungsbedürftigkeit der Tuberkulose (15. 10. 1975) – folgende anrechenbare Beitragszeiten:

— 1. 2. 1969–31. 3. 1972 = 38 Kalendermonate
— 1. 4. 1973–30. 6. 1974 = 15 Kalendermonate
— 1. 7. 1974–10. 7. 1974 = 1 Kalendermonat
— 1. 10. 1974– 8. 11. 1974 = 2 Kalendermonate
— 11. 6. 1975– 1. 10. 1975 = 5 Kalendermonate

zusammen also 61 Kalendermonate[99].

Damit hat H im Zeitpunkt der Feststellung der Behandlungsbedürftigkeit der Tuberkulose die erforderliche Vorversicherungszeit von 60 Kalendermonaten zurückgelegt (§ 1236 I a Nr. 2 RVO)[100]. Er ist versichert i. S. d. § 1244 a RVO.

Da auch der Versicherungsfall der aktiven behandlungsbedürftigen Tuberkulose eingetreten ist, hat H gegen die LVA in X Anspruch auf Leistun-

[99] Zeiten der Arbeitsunfähigkeit ohne Lohnfortzahlung und Zeiten des Arbeitslosengeldbezuges sind zwar Ausfallzeiten (§ 1259 RVO), die die anrechenbaren Versicherungsjahre verlängern, doch keine Beitragszeiten.

[100] Ersatzzeiten (§§ 1250 I b, 1251 RVO) sind nicht gegeben.

gen zur Rehabilitation (§§ 1244 a I, 1236 ff. RVO). In Betracht kommen insbesondere Ansprüche auf ambulante und stationäre Tuberkuloseheilbehandlung (§ 1237 RVO) sowie auf Übergangsgeld (§§ 1237 b I Nr. 1, 1240 RVO), das im Fall ambulanter Heilbehandlung oder bei Krankenpflege nach vorausgegangener stationärer Heilbehandlung und bei Bestehen von Arbeitsunfähigkeit i. S. d. sozialen Krankenversicherung zu gewähren ist (§ 1244 a VI 1 b RVO). Der Erfüllung der in § 1236 I RVO genannten Voraussetzungen – Erhaltung, wesentliche Besserung oder Wiederherstellung der Erwerbsfähigkeit – bedarf es nicht (§ 1244 a III 1 und VI 3 RVO).

Möglich ist jedoch, daß der Anspruch auf Tuberkuloseheilbehandlung für die Dauer der ambulanten Behandlung und der Anspruch auf Übergangsgeld während der ambulanten Behandlung ruht. Das ist der Fall, wenn gleichzeitig ein Anspruch auf Krankenpflege oder Familienkrankenpflege oder auf Krankengeld gegen einen Träger der sozialen Krankenversicherung besteht (§ 1244 a III 2 und VI 3 RVO)[101]. Ein solcher Anspruch könnte sich für H aus § 214 I RVO ergeben. Voraussetzungen für einen solchen Anspruch sind,

— daß H wegen Erwerbslosigkeit aus der Versicherung ausgeschieden ist
— daß er in den vorangegangenen 12 Monaten mindestens 26 Wochen oder unmittelbar vor dem Ausscheiden aus der Versicherung mindestens 6 Wochen versichert war
— daß der Versicherungsfall während der Erwerbslosigkeit und binnen 3 Wochen nach dem Ausscheiden eingetreten ist[102].

H ist aus Mangel an Beschäftigung gegen Entgelt, mithin wegen „Erwerbslosigkeit" aus der Versicherung ausgeschieden. Weiter war er 6 Wochen (auch 26 Wochen) unmittelbar vor dem Ausscheiden versichert. Schließlich ist der Versicherungsfall der Krankheit während der Erwerbslosigkeit eingetreten, und zwar innerhalb von 3 Wochen nach dem Ausscheiden; Behandlungsbedürftigkeit, auf die hier abzustellen ist (und nicht auf die tatsächlich erfolgte Behandlung)[103], liegt bei H ab 3. 10. 1975 vor. Da H auch keine Leistungen aufgrund des AFG erhielt und aus diesem Grunde nicht gegen Krankheit versichert war (§ 155 AFG; § 214 III Halbs. 1 RVO) und sich ferner nicht im Ausland aufhält (§ 214 III Halbs. 2 RVO), hat er Anspruch auf die Regelleistungen aus der Krankenversicherung.

Im Fall des § 214 I RVO endet der Anspruch auf Krankenhilfe spätestens 26 Wochen nach Ablauf der 3-Wochen-Frist[104]. Das bedeutet, daß der Anspruch aus der Krankenversicherung längstens bis zum 21. 4. 1976

[101] Vgl. BSG, USK 71135 und 71149. Übergangsgeld ruht auch dann, wenn die Ansprüche aus der Krankenversicherung weniger umfassend sind. BSG, USK 7396.
[102] Vgl. dazu auch IV B.
[103] BSGE 28, 249 (251); *Brackmann*, Handbuch, S. 383 ff.
[104] BSG, USK 6696.

gegeben ist (Ausscheiden aus der Versicherung: 1. 10. 1975; Ablauf der 3-Wochen-Frist: 22. 10. 1975; 26 Wochen danach: 21. 4. 1976). Bis zu diesem Tag ruht der Anspruch des H gegen den RV-Träger auf Tuberkuloseheilbehandlung und auf Übergangsgeld. Unbeschadet hiervon besteht jedoch Anspruch auf die Gewährung stationärer Tuberkuloseheilbehandlung (§§ 1244 a III 2 und 3, 1239 Satz 2 RVO) und auf Übergangsgeld für diese Zeit (§ 1244 a VI 1 a RVO); insoweit ruht der Anspruch gegen den KV-Träger (§ 1244 a III 3 und VI 1 a i. V. m. § 1239 Satz 3 RVO). Damit sind folgende Leistungsansprüche gegen die LVA in X gegeben:

a) Ambulante Tuberkuloseheilbehandlung (§ 1244 a I und III RVO)
Ambulante Tuberkuloseheilbehandlung wird zeitlich unbegrenzt gewährt. In diesem Fall sind daher Ansprüche vom 15. 10. bis 28. 10. 1975, vom 20. 3. bis 17. 5. 1976 und darüber hinaus unbegrenzt ab 3. 7. 1976 nach Beendigung der stationären Behandlung gegeben. Dabei ruht der Anspruch bis zum 21. 4. 1976 aufgrund der Leistungsverpflichtung des KV-Trägers.

b) Stationäre Tuberkuloseheilbehandlung (§ 1244 a I und III RVO)
Stationäre Tuberkuloseheilbehandlung ist für die Zeit vom 29. 10. 1975 bis 19. 3. 1976 und vom 18. 5. bis 2. 7. 1976 zu gewähren. Hier ist der teilweise gleichzeitig bestehende Leistungsanspruch gegen den KV-Träger für die Leistungspflicht des RV-Trägers ohne Bedeutung; der Anspruch gegen den KV-Träger ruht.

c) Übergangsgeld (§ 1244 a VI RVO)
Versicherte erhalten bis zur Vollendung des 65. Lebensjahres für die Dauer einer nach § 1244 a III RVO von einem RV-Träger zu übernehmenden stationären Heilbehandlung (§ 1244 a VI 1 a RVO) und für die Dauer ihrer ambulanten Heilbehandlung bzw. ihrer Krankenpflege bei vorangegangener stationärer Heilbehandlung nach § 1244 a III RVO bei Bestehen von Arbeitsunfähigkeit i. S. d. sozialen Krankenversicherung (§ 1244 a VI 1 b RVO) Übergangsgeld.

H hat das 65. Lebensjahr noch nicht vollendet. Da die LVA in X stationäre Heilbehandlung vom 29. 10. 1975 bis 19. 3. 1976 und vom 18. 5. bis 2. 7. 1976 durchzuführen hat und auch durchführt, besteht für diese Zeit Anspruch auf Übergangsgeld. Für die Zeit ab 15. 10. 1975 wird ambulante Heilbehandlung gewährt und jeweils nach Beendigung der stationären Heilbehandlung Krankenpflege. Da während dieser Zeiten Arbeitsunfähigkeit i. S. d. sozialen Krankenversicherung gegeben ist, besteht für diese Zeiten ebenfalls Anspruch auf Übergangsgeld.

Erhält der Betreute während des Bezuges von Übergangsgeld Arbeitsentgelt, so ist das Übergangsgeld um das um die gesetzlichen Abzüge verminderte Arbeitsentgelt zu kürzen (§ 1241 f I RVO). Hier endete das Arbeitsverhältnis schon vor Beginn der Arbeitsunfähigkeit bzw. vor Beginn der ambulanten Heilbehandlung. Demzufolge besteht kein Anspruch auf Lohnfortzahlung nach § 1 LFZG. Übergangsgeld war daher ab Beginn der ambulanten Heilbehandlung am 15. 10. 1975 zu zahlen.

Ein Anspruch bei ambulanter Heilbehandlung bzw. bei Krankenpflege nach vorangegangener stationärer Heilbehandlung ist für die Dauer der Arbeitsunfähigkeit, längstens jedoch für 2 Jahre gegeben (§ 1244 a VI 1 b RVO); d. h. die 2jährige Anspruchsdauer zeigt den Höchstanspruch der Tuberkulosehilfe bezüglich des Übergangsgeldanspruchs für diese Zeiten an. Zwischenzeitliche stationäre Behandlung findet bei der Feststellung der Höchstdauer des Übergangsgeldanspruchs für Zeiten der Arbeitsunfähigkeit bei ambulanter Heilbehandlung oder Krankenpflege nach vorangegangener stationärer Heilbehandlung keine Berücksichtigung; die Anspruchsdauer von 2 Jahren wird durch etwaige zwischenzeitliche stationäre Heilbehandlung nicht verkürzt[105].

Anspruch auf Übergangsgeld besteht ab 15. 10. 1975. An diesem Tag wird die aktive behandlungsbedürftige Tuberkulose festgestellt und entsprechende Heilbehandlung (ärztliche Behandlung, § 1237 Nr. 1 RVO) eingeleitet. Auch besteht ab diesem Tag Arbeitsunfähigkeit i. S. d. sozialen Krankenversicherung. Damit wäre hier ein Anspruch auf Übergangsgeld für die Dauer der ambulanten Heilbehandlung bzw. der Krankenpflege nach vorangegangener stationärer Heilbehandlung längestens bis zum 14. 10. 1977 gegeben (§ 1244 a VI 1 b RVO). Die Zeiten der stationären Behandlung werden jedoch nicht auf die 2jährige Anspruchsdauer angerechnet. Das bedeutet, daß unter Berücksichtigung der stationären Heilbehandlung vom 29. 10. 1975 bis 19. 3. 1976 und vom 18. 5. bis 2. 7. 1976 im Fall der Arbeitsunfähigkeit i. S. d. sozialen Krankenversicherung längstens bis zum 20. 4. 1978 Anspruch auf Übergangsgeld gegeben ist.

Die Zeit des Ruhens des Anspruchs auf Übergangsgeld wegen der vorrangigen Leistungsverpflichtung des KV-Trägers ist hier ohne Bedeutung, da der Anspruch fortbesteht, es lediglich nicht zur Erfüllung des Anspruchs kommt. Eine Verlängerung der Anspruchsdauer erfolgt dadurch nicht. Da der Anspruch auf Übergangsgeld bis zum 21. 4. 1976 wegen der Leistungsverpflichtung des KV-Trägers ruht, hat der RV-Träger ab 22. 4. 1976 Übergangsgeld während der Krankenpflege nach vorangegangener stationärer Heilbehandlung für die Dauer der Arbeitsunfähigkeit zunächst bis zur stationären Heilbehandlung ab 18. 5. 1976 und danach ab 3. 7. 1976 zu gewähren. Dieser Anspruch besteht bei andauernder Arbeitsunfähigkeit bis längstens 20. 4. 1978. Im Anschluß daran kann u. U. Anspruch auf Rente wegen Berufs- oder Erwerbsunfähigkeit bestehen (vgl. § 1241 d III und II RVO).

[105] BSG, USK 7242.

b) Berufs- und Erwerbsunfähigkeit

Sachverhalt

Der 59 Jahre alte Maler und Anstreicher A ist nach Abschluß seiner Lehrzeit, unterbrochen lediglich durch einige Kriegsjahre, ständig bei Malermeister X beschäftigt und in der Rentenversicherung pflichtversichert. Als X seinen Betrieb aufgibt, wechselt A – vor nunmehr einigen Jahren – in die Lackiererei der Autofirma Y. Auch aufgrund dieser Beschäftigung ist er pflichtversichert zur Rentenversicherung. Im Betrieb des Y macht dem A der Umgang mit Nitrofarben mehr und mehr zu schaffen. Da A häufig arbeitsunfähig wird, wird er auf seinen Wunsch, den er auf Anraten seines Arztes äußert, im Mai 1975 als Arbeiter in das Ersatzteillager der Firma Y versetzt. Der Gesundheitszustand des A verbessert sich nicht. Auftretende Herz- und Kreislaufbeschwerden machen A immer mehr zu schaffen; sie zwingen ihn, wegen Arbeitsunfähigkeit öfter im Betrieb zu fehlen. Nach Rücksprache und auf Anraten seines Hausarztes, der allerdings von vorliegender Berufsunfähigkeit sprach, stellt A am 12. 7. 1976 einen Antrag auf Erwerbsunfähigkeitsrente.

Nach ärztlichem Gutachten kann A seinen Beruf als Maler bzw. Lackierer wegen der unvermeidlichen gesundheitsbelastenden Einflüsse nicht mehr ausüben. Als Lagerarbeiter ist er jedoch für leichte Arbeiten bei vorübergehender Schonung voll einsatzfähig. Die LVA lehnt daher die Gewährung einer Erwerbsunfähigkeitsrente ab, billigt aber Berufsunfähigkeitsrente zu.

A, der durch seine beschränkte Einsatzfähigkeit im Lagerbetrieb der Firma Y eine Lohneinbuße von etwa 30 v. H. hinnehmen muß, dies in bezug auf seinen Lebensstandard für erheblich hält und darüber hinaus befürchten muß, seinen Arbeitsplatz leicht zu verlieren und einen neuen kaum wiederzufinden, ist mit der Gewährung lediglich einer Berufsunfähigkeitsrente nicht einverstanden. Er möchte gerichtlich feststellen lassen, daß er erwerbsunfähig i. S. d. GRV ist. Hat eine Klage Aussicht auf Erfolg?

Lösungsvorschlag

Die Vorschriften, auf die ein Anspruch auf Erwerbsunfähigkeitsrente gestützt werden kann, sind auf der Verpflichtetenseite ausschließlich einem Träger hoheitlicher Gewalt zugeordnet; es handelt sich somit um eine öffentlich-rechtliche Streitigkeit. Da die GRV ein Zweig der Sozialversicherung ist, liegt auch eine öffentlich-rechtliche Streitigkeit in „Angelegenheiten der Sozialversicherung" vor. Der Rechtsweg vor den SGen ist eröffnet (§ 51 I SGG). A möchte gerichtlich feststellen lassen, daß er erwerbsunfähig i. S. d. Rentenversicherung ist. Hinsichtlich der Klageart ist insoweit an eine Feststellungsklage zu denken (§ 55 SGG). Diese kommt jedoch nicht bei Elementfeststellung, d. h. bei Feststellung einzelner Rechtsfragen oder Tatsachen in Betracht, wozu u. a. Rentenberechnungsfaktoren und Minderung der Erwerbsfähigkeit gehören[106]. In einem solchen Fall ist vielmehr, weil im Grunde Leistung begehrt wird, die kombinierte Anfech-

[106] Es sei denn, der Streit zwischen den Beteiligten würde im ganzen bereinigt. *Bley*, Sozialgerichtsbarkeit, S. 82.

tungs- und Leistungsklage die richtige Klageart (§ 54 IV SGG). Da es möglich ist, daß A durch die Versagung der Anspruchsleistung in seinen Rechten verletzt ist, ist er auch klagebefugt (§ 54 I 2 SGG). In Angelegenheiten der Rentenversicherung ist die Anfechtungsklage ohne Vorverfahren zulässig, wenn sie sich gegen einen VA richtet, der eine Leistung betrifft, auf die ein Rechtsanspruch besteht (§ 78 II 1 Halbs. 1 SGG). Zwar wird hier nicht nur die Aufhebung des erlassenen VAs begehrt, sondern auch ein Leistungsanspruch geltend gemacht. Jedoch gilt § 78 II 1 Halbs. 1 SGG auch für den Fall der verbundenen Anfechtungs- und Leistungsklage. Die Klage des A vor dem zuständigen SG ist daher zulässig.

Begründet ist die Klage, wenn A erwerbsunfähig i. S. d. § 1247 RVO ist. Nach § 1247 I RVO erhalten erwerbsunfähige Versicherte Rente wegen Erwerbsunfähigkeit, wenn sie die Wartezeit erfüllen. Davon, daß bei A die Wartezeit erfüllt ist (§ 1247 III RVO), ist mit Rücksicht auf seine lange Beschäftigungszeit auszugehen. Fraglich ist allein, ob der Versicherungsfall der Erwerbsunfähigkeit eingetreten ist. Erwerbsunfähig ist ein Versicherter, der infolge von Krankheit oder anderen Gebrechen oder von Schwäche seiner körperlichen und geistigen Kräfte auf absehbare Zeit eine Erwerbstätigkeit in gewisser Regelmäßigkeit nicht mehr ausüben oder nicht mehr als nur geringfügige Einkünfte durch Erwerbstätigkeit erzielen kann (§ 1247 II RVO)[107].

Häufige Unterbrechungen der Erwerbstätigkeit durch Arbeitsunfähigkeit heben „Regelmäßigkeit" i. S. d. 1. Alternative des § 1247 II RVO nicht auf, es sei denn, der Versicherte ist so häufig krank und arbeitsunfähig, daß von Regelmäßigkeit der Erwerbstätigkeit keine Rede mehr sein kann[108]. A ist zwar krank und durch Krankheit angegriffen. Er ist aber nicht in übermäßig großem Umfang arbeitsunfähig. Erwerbsunfähigkeit i. S. d. 1. Alternative des § 1247 II RVO liegt daher nicht vor.

Die 2. Alternative des § 1247 II RVO setzt voraus, daß A durch Erwerbsunfähigkeit nicht mehr als nur „geringfügige Einkünfte" erzielt. Geringfügigkeit der Einkünfte ist anzunehmen, wenn die Einkünfte niedriger sind als $^1/_5$ des durchschnittlichen Bruttoeinkommens eines körperlich und geistig gesunden Versicherten mit ähnlicher Ausbildung und gleichwertigen Kenntnissen und Fähigkeiten[109]. Da A lediglich eine Einkommenseinbuße von etwa 30 v. H. hinnehmen muß, liegt Erwerbsunfähigkeit auch nach dieser Alternative nicht vor. Die Sorge des A, seine Arbeitsstätte zu verlieren und keine angemessene neue Arbeitsstelle mehr zu finden, hat keinen Einfluß auf die Feststellung der Erwerbsunfähigkeit.

[107] Vgl. dazu BSGE 21, 133.
[108] BSGE 9, 192 (195).
[109] BSG, Breithaupt 1963, 980.

Da der Versicherungsfall der Erwerbsunfähigkeit nicht gegeben ist, hat die Klage des A keine Aussicht auf Erfolg[110].

E. Leistungsabgrenzungen, Forderungsübergänge, Ersatzansprüche

1. Überblick

a) Leistungsabgrenzungen

Bei den Leistungsabgrenzungen soll hier lediglich zwischen solchen innerhalb der GKV, solchen zwischen GKV und GUV sowie solchen zwischen GKV und GRV unterschieden werden.

aa) Eine Leistungsabgrenzung innerhalb der GKV erfolgt bei Gewährung von Leistungen im Rahmen der Kranken- und Mutterschaftshilfe (§§ 182, 195 RVO). Neben Wöchnerinnenheimpflege (§ 199 RVO) ist keine Krankenhauspflege (§ 184 RVO) zu gewähren (§ 199 I 2 RVO), neben Mutterschaftsgeld nach den §§ 200, 200 a RVO kein Krankengeld (§ 200 c I RVO).

Eine gewisse Abgrenzung bzw. Anrechnung von Leistungen erfolgt beim Zusammentreffen von Sterbegeldansprüchen nach § 201 und § 202 RVO. Der Anspruch auf Sterbegeld nach § 201 RVO schließt den Anspruch auf Sterbegeld aufgrund einer früheren Mitgliedschaft (§ 202 RVO) zwar nicht aus, doch mindert sich das nach § 202 RVO zu zahlende Sterbegeld um das Sterbegeld aus § 201 RVO bzw. ist anzurechnen, so daß § 202 RVO einen „lückenfüllenden subsidiären Charakter" hat[111].

bb) Die Leistungsabgrenzung zwischen GKV und GUV, die nur von Bedeutung ist, wenn gegen einen Träger der Krankenversicherung und gegen einen Träger der Unfallversicherung gleichzeitig ein Anspruch auf gleichartige Leistungen besteht, ist in den §§ 565, 1504 RVO geregelt.

Ist der Verletzte bei einem Träger der GKV versichert, so leistet dieser nach den Vorschriften der Krankenversicherung; insoweit bestehen keine Ansprüche nach den §§ 557 bis 562 und 564 RVO gegen den UV-Träger (§ 565 I RVO). Der KV-Träger ist also vorrangig zur Leistung verpflichtet. Übernimmt der UV-Träger in einem Fall die Leistungsgewährung – er kann dies tun, möglicherweise muß er es tun (§§ 557 II, 565 II RVO) –, so entfallen insoweit die Ansprüche gegen den Träger der Krankenversicherung; an

[110] Dagegen ist Berufsunfähigkeit gegeben (§ 1246 II RVO); bei ihrer Feststellung ist grundsätzlich von dem Beruf auszugehen, in dem eine Ausbildung durchlaufen worden ist, d. h. es ist vom Hauptberuf des Versicherten auszugehen. Vgl. BSGE 16, 18 (20); 32, 242.

[111] BSG, BKK 1956, 46; SGb 1957, 47; USK 6676.

die Stelle der weggefallenen Ansprüche treten die Ansprüche nach den §§ 557 bis 564 RVO (§ 565 II RVO).

Sterbegeldansprüche bzw. Sterbegeld- und Erstattungsansprüche hinsichtlich eventueller Überführungskosten (§§ 201, 589 I Nr. 1 und 2 RVO) bleiben nebeneinander bestehen; gegebenenfalls erfolgt eine anteilmäßige Aufteilung eines möglicherweise verbleibenden Überschusses (§ 1508 RVO).

Eine nachrangige Leistungsverpflichtung der KV-Träger gegenüber anderen Sozialversicherungsträgern besteht für die Leistungen nach § 182 d RVO (Belastungserprobungen und Arbeitstherapie) und nach § 184 a RVO (Behandlung in Kur- und Spezialeinrichtungen).

Eine Lastenverteilung im Innenverhältnis zwischen KV-Trägern und UV-Trägern – besonders hinsichtlich des zu gewährenden Kranken- bzw. Übergangsgeldes – ist in § 1504 RVO[112] geregelt, ergänzt und erläutert durch entsprechende Verwaltungsvereinbarungen[113]. Ein Ausgleich für in der Höhe unterschiedliche[114] und aufgrund allgemeinen Auftrags[115] zu gewährende Leistungen (besonders Übergangsgeld) in Fällen, in denen nach der Entscheidung des DA berufsgenossenschaftliche Heilbehandlung eingeleitet wurde (§ 565 II RVO), erfolgt über § 1510 RVO[116], ebenfalls i. V. m. entsprechenden Verwaltungsvereinbarungen[117].

Hat der Träger der Unfallversicherung Leistungen gewährt und stellt sich nachträglich heraus, daß die Krankheit nicht Folge eines Arbeitsunfalles ist, so hat die Krankenkasse zu ersetzen, was sie nach dem Recht der Krankenversicherung hätte leisten müssen (§ 1509 a RVO)[118].

112 Vgl. dazu *Lauterbach*, § 1504, Anm. 2 ff.

113 Verwaltungsvereinbarung über die Berechnung und Auszahlung des Übergangsgeldes der Unfallversicherung vom 28. 6. 1963 i. d. F. vom 30. 1. 1973 (*Lauterbach*, § 560 Anm. 26). Dazu: Gemeinsame Erläuterungen zur Verwaltungsvereinbarung über die Berechnung und Auszahlung des Übergangsgeldes vom 28. 6. 1963 i. d. F. vom 29. 4. 1975 (*Lauterbach*, § 560, Anm. 28).

114 Z. B. ist die Höhe des Übergangsgeldes in der Unfallversicherung nicht in dem Maße begrenzt (§ 561 I i. V. m. § 575 II RVO) wie das Krankengeld in der Krankenversicherung (§§ 182 V, VI und IX, 180 I 3 RVO), so daß Übergangsgeld ohne weiteres höher sein kann als Krankengeld.

115 Entsprechend der Verwaltungsvereinbarung vom 28. 6. 1963 (Fußn. 113).

116 Vgl. dazu *Lauterbach*, § 1510, Anm. 4 ff.

117 Vgl. Verwaltungsvereinbarung über den Ersatz von Verwaltungskosten in den Fällen des § 1510 RVO vom 27. 9. 1965 i. d. F. vom 30. 1. 1973 (*Lauterbach*, § 1510, Anm. 7).

118 Vgl. dazu Verwaltungsvereinbarung über den Kostenersatz nach § 1509 a RVO für die Tätigkeit des Durchgangsarztes oder des Beratungsfacharztes bei kassenärztlicher Behandlung vom 30. 5. 1969 i. d. F. vom 30. 1. 1973 (*Lauterbach*, § 1509 a RVO, Anm. 5 g).

cc) Auch die Frage der Leistungsabgrenzung zwischen GKV und GRV stellt sich nur, wenn die Voraussetzungen für eine Leistungspflicht sowohl des KV-Trägers wie des RV-Trägers gegeben sind.

Treffen Ansprüche auf medizinische Leistungen zur Rehabilitation (§§ 1237 ff. RVO; §§ 14 ff. AVG) zusammen, so ist die Leistungspflicht der RV-Träger nachrangig (§ 1236 III RVO; § 13 III AVG). Die RV-Träger können jedoch bei gleichzeitiger Leistungsverpflichtung des KV-Trägers Leistungen zur medizinischen Rehabilitation übernehmen (§ 1239 RVO; § 16 AVG). In den Fällen des § 1237 Nr. 5 RVO und des § 14 Nr. 5 AVG (Belastungserprobungen und Arbeitstherapie bzw. Behandlung in Kur- und Spezialeinrichtungen) ist eine gegenüber den KV-Trägern vorrangige Leistungsverpflichtung der RV-Träger gegeben (§§ 182 d, 184 a RVO).

Gewähren die RV-Träger entsprechende Leistungen zur medizinischen Rehabilitation und ist Übergangsgeld zu zahlen (§ 1240 RVO; § 17 AVG), so ruhen die Ansprüche auf Krankengeld (§ 183 VI RVO).

Besteht bei Tuberkulose dem Grunde nach ein Leistungsanspruch sowohl gegen den KV-Träger wie gegen den RV-Träger, sind die Ansprüche in der Weise abzugrenzen, daß für die stationäre Behandlung der Anspruch gegen den RV-Träger eingreift (§ 1244 a III RVO; § 21 a III AVG). Geldleistungen sind von dem Versicherungsträger zu erbringen, der für die Behandlung der Tuberkulose zuständig ist, d. h. bei ambulanter Behandlung hat – soweit ein Anspruch auf Krankengeld besteht – der KV-Träger Krankengeld zu gewähren, für die Dauer der stationären Behandlung ist der RV-Träger zur Zahlung von Übergangsgeld verpflichtet.

Treffen der Anspruch auf Krankengeld und der Anspruch auf Rente – Erwerbsunfähigkeitsrente, Berufsunfähigkeitsrente (§§ 1245 ff. RVO; §§ 22 ff. AVG; §§ 44 ff. RKG) oder Bergmannsrente (§ 45 I Nr. 1 RKG) – zusammen, so endet der Anspruch auf Krankengeld mit dem Tag der Zubilligung der Rente bzw. das Krankengeld wird um den Betrag der Rente gekürzt (§ 183 III, V RVO). Wird Altersruhegeld zugebilligt bzw. gewährt (hier besondere Problemstellung bei rückwirkender Zubilligung), besteht Anspruch auf Krankengeld für höchstens 6 Wochen, gerechnet vom Tag des Beginns der Arbeitsunfähigkeit an (§ 183 IV RVO). Zubilligung von Rente in diesem Sinn ist der Beginn der Rente[119].

b) Forderungsübergänge, Ersatzansprüche

Hat ein Versicherter während der Arbeitsunfähigkeit Anspruch auf Lohnfortzahlung, erfüllt der AG diesen Anspruch jedoch nicht, so geht der Anspruch des Versicherten gegen den AG in Höhe des gezahlten Krankengel-

[119] BSGE 19, 28; 20, 135.

des auf den KV-Träger über (§ 182 X RVO). Gleiches gilt im Zusammenhang mit der Zahlung von Mutterschaftsgeld § 200 c II 2 RVO) und von Übergangsgeld durch den UV-Träger § 561 I i. V. m. § 182 X RVO).

Ebenso gehen Schadensersatzansprüche der Versicherten oder ihrer Hinterbliebenen, die ihnen aufgrund *gesetzlicher* Vorschriften für Schäden zustehen, die ihnen durch Krankheit, Unfall, Berufs-, Erwerbsunfähigkeit oder durch Tod des Ernährers entstanden sind, auf den jeweiligen Versicherungsträger über, soweit dieser den Entschädigungsberechtigten Leistungen zu gewähren hat (§§ 1542, 205 c RVO; § 77 II AVG; § 109 RKG). Der Übergang von Schadensersatzansprüchen auf die Sozialversicherungsträger, der kraft Gesetzes eintritt, also weder einer Abtretung (§§ 398 ff. BGB)noch einer Anzeige (z. B. § 37 BAföG; § 90 BSHG) bedarf, umfaßt alle Leistungen des Versicherungsträgers, die im Augenblick des Unfalles (dem Grunde nach) möglich in Frage kommen könnten, demselben Zweck dienen und sich auf dieselbe Zeit beziehen wie der vom Schädiger zu leistende Schadensersatzanspruch (sachliche und zeitliche Kongruenz)[120]. Der Versicherte verliert damit im Zeitpunkt des schädigenden Ereignisses – bis zur Höhe der vom Versicherungsträger aus Anlaß des Unfallereignisses möglicherweise zu gewährenden Leistungen – seine Gläubigerstellung[121], d. h. der Geschädigte kann ab dem Unfallzeitpunkt über seinen Anspruch auf Schadensersatz mit Wirkung gegenüber dem Versicherungsträger – bis zur Höhe der von diesem zu gewährenden Leistungen – nicht mehr verfügen[122]. Andererseits muß der Sozialversicherungsträger, weil der übergehende Anspruch seinen bürgerlichrechtlichen Charakter nicht verliert, alle Umstände gegen sich gelten lassen, die zur Zeit des Forderungsüberganges gegen den bisherigen Gläubiger begründet sind, z. B. die Vereinbarung eines Haftungsausschlusses[123], den Einwand des Mitverschuldens (§ 254 BGB) usw. (§§ 404, 412 BGB).

Bei Ansprüchen aus Schwangerschaft und Entbindung ist ein Forderungsübergang ausgeschlossen (§ 1542 I 2 RVO). Darüber hinaus erfolgt aufgrund entsprechender Anwendung des § 67 II VVG ein Forderungsübergang nicht, wenn ein Familienangehöriger einen anderen – mit ihm in

120 BGH, NJW 1956, 219; BG 1973, 275; *Lauterbach,* § 1542, Anm. 38; *Wussow,* Ersatzansprüche bei Personenschaden, 1973, 2. Aufl., S. 102.

121 Forderungsübergang bei späterer Konkretisierung der Höhe der Rückgriffsforderung schon mit Eintritt des schädigenden Ereignisses, nicht etwa erst mit Beantragung der Leistungen aus der Sozialversicherung. BSG, BG 1960, 463; SGb 1972, 517; BGH, NJW 1967, 2199; *Lauterbach,* § 1542, Anm. 31.

122 BGH, VersR 1960, 833. Allerdings gilt § 407 BGB. Vgl. dazu BGH, BG 1960, 463; VersR 1968, 771.

123 BGH, NJW 1960, 1197; *Wussow,* (Fußn. 120), S. 94.

häuslicher Gemeinschaft lebenden – Familienangehörigen einen Schaden (nicht vorsätzlich) zufügt[124].

Soweit eine Schädigung durch einen vom Unternehmer oder einen von einem Betriebsangehörigen verursachten Arbeitsunfall eintritt, kommt ein Anspruchsübergang nach § 1542 RVO grundsätzlich nicht in Betracht. Nach den §§ 636, 637 RVO sind Haftpflichtansprüche gegen den Unternehmer oder gegen in demselben Betrieb tätige Betriebsangehörige ausgeschlossen, wenn Personenschäden durch einen Arbeitsunfall verursacht werden bzw. wenn ein Arbeitsunfall durch eine betriebliche Tätigkeit von einem in demselben Betrieb tätigen Betriebsangehörigen verursacht wird. Wird ein Arbeitsunfall vorsätzlich herbeigeführt oder tritt er bei der Teilnahme am allgemeinen Verkehr ein, gilt dieser Haftungsausschluß nicht[125].

Haben Personen, deren Ersatzpflicht durch die §§ 636, 637 RVO beschränkt ist, den Arbeitsunfall vorsätzlich oder grobfahrlässig herbeigeführt, so haften sie den Trägern der Sozialversicherung nach § 640 RVO unmittelbar (originär) für alles, was diese nach Gesetz und Satzung infolge des Arbeitsunfalles aufwenden mußten[126]. Eine Kongruenz zwischen den vom Sozialversicherungsträger zu gewährenden Leistungen und dem Schadensersatzanspruch braucht hier – anders als im Fall des § 1542 RVO – nicht gegeben zu sein; ebensowenig spielt die Frage des Mitverschuldens eine Rolle[127].

Treffen der unmittelbare Rückgriffsanspruch gemäß § 640 RVO und der nach § 1542 RVO abgeleitete Anspruch zusammen, so treten sie wegen ihrer unterschiedlichen Struktur und Zweckbestimmung nicht in ein Konkurrenzverhältnis; sie bestehen vielmehr nebeneinander. Der Sozialversicherungsträger kann nach freiem Ermessen aufgrund des § 421 BGB die Leistung von jedem der Schuldner ganz oder zum Teil fordern. Der etwa nach § 640 RVO Haftende kann daher nicht verlangen, daß der Sozialversicherungsträger zunächst ganz oder zum Teil den auf ihn nach § 1542 RVO übergegangenen Anspruch gegen den zweiten Schädiger geltend macht. Da der Sozialversicherungsträger auch nicht doppelte Zahlung verlangen kann, ist § 422 BGB beachtlich; der Sozialversicherungsträger muß sich evtl. unmittelbar oder mittelbar den Einwand der Erfüllung entgegenhalten lassen[128].

[124] BGHZ 41, 79; 43, 72; 54, 256; NJW 1972, 1372; MDR 1976, 391, *Wussow*, (Fußn. 120), S. 97 ff.

[125] Vgl. dazu *Lauterbach*, § 636 Anm. 2 ff.; § 637, Anm. 2 ff. In Form eines Überblicks zu dieser Problematik: *Krasney*, WzS 1972, 129 ff., 165 ff.

[126] Vgl. dazu *Lauterbach*, § 640, Anm. 2 ff.; *Wussow*, (Fußn. 120), S. 111 ff.

[127] BGH, VersR 1964, 262; NJW 1970, 756; BG 1973, 534; *Lauterbach* § 640, Anm. 17, 23, 34.

[128] *Lauterbach*, § 640, Anm. 37.

Die Höhe des Ersatzanspruchs für die gewährten Leistungen bestimmt sich im Fall des Forderungsüberganges gemäß § 1542 I RVO nach § 1542 II RVO; die Abwicklung erfolgt in Form von Pauschbeträgen, soweit nicht höhere Aufwendungen nachgewiesen werden[129]. Im Fall des § 640 RVO können alle gewährten Leistungen in vollem Umfang ersetzt verlangt werden[130].

2. Praktische Fälle

a) Leistungsabgrenzung innerhalb der GKV, Entbindungs- oder Krankenanstaltspflege/Krankenhauspflege, Mutterschaftsgeld/Krankengeld

Sachverhalt

Am 12. 5. 1976 schreibt Frau F, wohnhaft in B, an die AOK in B und beantragt die ihr nach ihrer Auffassung zustehenden Mutterschaftshilfeleistungen. Diesem Schreiben fügt sie eine am 4. 5. 1976 ausgestellte Bescheinigung bei, nach der die Entbindung voraussichtlich am 21. 6. 1976 eintreten soll. Eine entsprechende Bescheinigung über den mutmaßlichen Entbindungstag – so teilt sie der AOK mit – sei im März 1976 ihrem AG in B übergeben worden.

F war vom 1. 4. bis 30. 9. 1975 als Hausfrau freiwillig bei der AOK in B versichert. Danach bestand vom 15. 1. 1976 an ein versicherungspflichtiges Beschäftigungsverhältnis bei einem AG in B. Dieses Beschäftigungsverhältnis endete zulässig am 10. 4. 1976 mit dem Tod des AGs. F stellte anschließend einen Antrag auf Arbeitslosengeld, dem mit Wirkung vom 20. 4. 1976 anentsprochen wurde. Für die Durchführung der daraus resultierenden Versicherung ist ebenfalls die AOK in B zuständig. Vorübergehend hat sich F auch im Ausland (Schweden) aufgehalten und war dort in der Zeit vom 1. 10. bis 31. 12. 1975 ein Arbeitsverhältnis eingegangen.

Am 26. 6. 1976 legt F der Kasse eine Geburtsbescheinigung vor, wonach sie am 16. 6. 1976 von einem toten Kind entbunden wurde. Die Entbindung fand im Städtischen Krankenhaus in B statt, in das F am 15. 6. 1976 zur Entbindung aufgenommen und aus dem sie am 15. 7. 1976 arbeitsunfähig entlassen wurde. Die lange Verweildauer ist auf eine Kaiserschnittentbindung zurückzuführen. Hinzu kam ab 18. 6. 1976 eine Lungenentzündung, die Arbeitsunfähigkeit über den Entlassungstag hinaus bis zum 28. 7. 1976 bedingte.

Fragen:

1. Besteht Anspruch auf Geldleistungen und ggf. auf welche (Art und Dauer)?
2. Hat die AOK in B die Kosten der stationären Unterbringung und Behandlung im Krankenhaus zu übernehmen, ggf. für welchen Zeitraum und mit welcher Begründung?
3. Wenn Ansprüche auf Geldleistungen bestehen sollten: Kann die AOK in B einen Ersatzanspruch geltend machen, ggf. gegen wen und in welcher Höhe?

[129] *Lauterbach,* § 1542, Anm. 75 ff.; *Wussow,* (Fußn. 120), 100 ff.

[130] Lauterbach, § 640, Anm. 33.

Lösungsvorschlag

I. Anspruch auf Geldleistungen

Ansprüche auf Geldleistungen können sowohl nach dem MuSchG als auch nach der RVO gegeben sein. In Betracht kommen als laufende Geldleistungen das Mutterschaftsgeld (§ 13 MuSchG; § 195 Nr. 5 RVO) und als einmalige Geldleistung ein Pauschbetrag für die im Zusammenhang mit der Entbindung entstehenden Aufwendungen (§ 15 II Nr. 3 MuSchG; § 195 Nr. 3 RVO). Leistungen nach dem MuSchG erhalten jedoch jene Frauen nicht, die in der GKV versichert sind (§§ 13 I, 15 I MuSchG)[131]; sie erhalten Mutterschaftsgeld und die übrigen vorgesehenen Leistungen der Mutterschaftshilfe ausschließlich nach den Vorschriften der RVO, d. h. zu Lasten des zuständigen KV-Trägers.

Nach § 200 I RVO erhalten Mutterschaftsgeld solche Versicherten, die bei Beginn der Schutzfrist nach § 3 II MuSchG in einem Arbeitsverhältnis stehen oder deren Arbeitsverhältnis während ihrer Schwangerschaft vom AG zulässig aufgelöst worden ist. Voraussetzung für die Gewährung des Mutterschaftsgeldes ist zunächst, daß zu Beginn der Schutzfrist des § 3 II MuSchG eine Versicherung bei einer gesetzlichen Krankenkasse (§ 225 RVO) oder einer Ersatzkasse (§§ 504 ff. RVO) bestand. Dabei ist unerheblich, ob es sich um eine Pflichtversicherung oder eine freiwillige Versicherung handelt[132].

Die Schutzfrist des § 3 II MuSchG beginnt an dem Tag, von dem an das generelle Beschäftigungsverbot für werdende Mütter gilt, also 6 Wochen vor der Entbindung. Der Beginn der Schutzfrist bestimmt sich, soweit nicht der Anspruch auf Mutterschaftsgeld erst nach der Entbindung geltend gemacht wird (§ 1545 I Nr. 2 RVO) – dann ist immer vom tatsächlichen Entbindungstag auszugehen[133] –, nach dem Zeugnis eines Arztes oder einer Hebamme (§ 5 II MuSchG). Für die Berechnung der Frist gelten, da es sich nicht um eine in der RVO, sondern im MuSchG enthaltene Fristregelung handelt, die Bestimmungen der §§ 187 I, 188 II BGB.

Von dem im Zeugnis des Arztes oder der Hebamme festgelegten mutmaßlichen Tag der Entbindung an ist 6 Wochen zurückzurechnen. Dabei ist möglicherweise das Zeugnis, das dem AG vorgelegt wurde (§ 5 I MuSchG), entscheidend, wenn sich eine Differenz zu dem Zeugnis ergeben sollte, das der Kasse nach § 200 III 2 RVO für die Zahlung des Mutter-

[131] Vgl. dazu *Brackmann*, Handbuch, S. 412 n f., 412 r f., der auf die deklaratorische Bedeutung dieser Vorschriften hinweist. Nach § 13 II MuSchG (auch indirekt § 15 I MuSchG) sind Leistungen nur an nicht in der GKV versicherte Frauen zu gewähren.

[132] *Brackmann*, Handbuch, S. 416.

[133] BSGE 33, 127; Breithaupt 1976, 172.

schaftsgeldes vor der Entbindung vorzulegen ist[134]. Der auf dieser Grundlage ermittelte Tag ist der Beginn der Schutzfrist, auch wenn die werdende Mutter über diesen Tag hinaus freiwillig weitergearbeitet haben sollte (dann lediglich Berücksichtigung des erzielten Arbeitsentgelts gemäß § 200 c II 2 RVO).

Nach der auch dem AG vorgelegten Bescheinigung sollte die Entbindung voraussichtlich am 21. 6. 1976 stattfinden. Die Schutzfrist begann daher entsprechend diesem mutmaßlichen Entbindungstag am 10. 5. 1976.

Um einen Anspruch auf Mutterschaftsgeld nach § 200 RVO – und damit nicht nach dem MuSchG (§§ 13 I, 15 I MuSchG) – zu haben, hätte F am 10. 5. 1976 versichert sein müssen. F bezog ab 20. 4. 1976 Arbeitslosengeld. Aufgrund dieses Leistungsbezuges war sie nach § 155 I AFG für den Fall der Krankheit (Mutterschaft, Tod) versichert.

Mutterschaftsgeld nach § 200 I RVO erhalten jedoch nur solche Versicherte, die bei Beginn der Schutzfrist in einem Arbeitsverhältnis stehen oder deren Arbeitsverhältnis während der Schwangerschaft vom AG zulässig aufgelöst wurde. Der Begriff des Arbeitsverhältnisses ist entsprechend § 1 Nr. 1 MuSchG im arbeitsrechtlichen Sinn zu verstehen. Eine durch privatrechtlichen Arbeitsvertrag oder auch eine durch ein faktisches Verhältnis begründete persönliche Abhängigkeit vom AG und bestehende Direktionsbefugnis des AGs sind dafür Voraussetzungen. Dabei sind Art und Umfang sowie Dauer (z. B. Befristung) des Arbeitsverhältnisses – wie auch mögliche krankenversicherungsrechtliche Konsequenzen (Versicherungspflicht, § 165 RVO; Versicherungsfreiheit, §§ 168 ff. RVO) – ohne Bedeutung[135].

Zu Beginn der Schutzfrist am 10. 5. 1976 stand F in keinem Arbeitsverhältnis. Da ihr Beschäftigungsverhältnis am 10. 4. 1976 mit dem Tod des AGs (zulässig) endete[136], war jedoch im Zeitpunkt des Beginns der Schutzfrist – neben einem Versicherungsverhältnis – ein vom AG zulässig aufgelöstes Arbeitsverhältnis i. S. d. § 200 I RVO gegeben.

Weitere Voraussetzung für einen Anspruch auf Mutterschaftsgeld nach § 200 RVO ist, daß in der Zeit zwischen dem 10. und dem 4. Monat einschließlich dieser Monate vor der Entbindung für mindestens 12 Wochen Versicherungspflicht oder ein Arbeitsverhältnis bestanden hat (§ 200 I 2 RVO). Diese zeitliche Anspruchsvoraussetzung von 12 Wochen (84 Tagen) innerhalb der Rahmenfrist braucht nicht zusammenhängend zu verlaufen; sie ist auch erfüllt, wenn für diese Zeit teils Versicherungspflicht, teils ein Arbeitsverhältnis bestanden hat. Bezüglich des Arbeitsverhältnisses gilt grundsätzlich das Territorialitätsprinzip, d. h. es werden – soweit

[134] *Brackmann,* Handbuch, S. 416 h I.
[135] *Brackmann,* Handbuch, S. 412 d f.
[136] Vgl. dazu *Brackmann,* S. 412 I (Erledigung des Zweckes des Arbeitsvertrages).

nicht zwischenstaatliche Sozialversicherungsabkommen bestehen, die eine gegenseitige Anrechnung von Versicherungszeiten vorsehen (z. B. innerhalb des EG-Bereichs; nicht mit Schweden) – nur Arbeitsverhältnisse im Inland berücksichtigt[137].

Für die Bestimmung der Rahmenfrist ist grundsätzlich vom Tag der Entbindung auszugehen. Wird das Mutterschaftsgeld jedoch vor der Entbindung beantragt, so ist von dem im Zeugnis des Arztes oder der Hebamme festgelegten mutmaßlichen Tag der Entbindung (§ 200 III RVO) an zurückzurechnen. Ergibt sich dabei später, daß der mutmaßliche Tag der Entbindung nicht mit dem tatsächlichen übereinstimmt, so bleibt es bei der nach dem mutmaßlichen Entbindungstag festgelegten Rahmenfrist und damit bei dem möglicherweise festgestellten Anspruch[138]. Kann jedoch bei Beginn der Schutzfrist innerhalb der festgelegten Rahmenfrist, die aufgrund des mutmaßlichen Entbindungstages bestimmt wurde, die erforderliche Zeit einer Pflichtversicherung oder eines Arbeitsverhältnisses nicht nachgewiesen werden, dann ist, wenn die tatsächliche Entbindung früher oder später eintritt, für die Feststellung dieser Anspruchsvoraussetzung eine neue Rahmenfrist festzulegen und zu ermitteln, ob für 12 Wochen innerhalb dieses Zeitraumes Versicherungspflicht oder ein Arbeitsverhältnis bestanden hat[139].

Da F das Mutterschaftsgeld vor der Entbindung beantragte, ist – unter Berücksichtigung des § 125 RVO – die Rahmenfrist nach dem mutmaßlichen Entbindungstag festzustellen. Von dem mutmaßlichen Entbindungstag ist 10 bzw. 3 Monate zurückzurechnen[140], so daß die Rahmenfrist hier vom 21. 8. 1975 bis 20. 3. 1976 festzulegen ist. Innerhalb dieses Zeitraumes bestand Versicherungspflicht (auch ein Arbeitsverhältnis) lediglich vom 15. 1. bis 20. 3. 1976, also für 66 Tage. Durch die tatsächlich früher erfolgte Entbindung und der damit verbundenen möglichen geringfügigen Verschiebung der Rahmenfrist tritt keine für die Versicherte günstige Veränderung, d. h. keine Verlängerung der anrechenbaren Versicherungszeit ein. Damit ist die zeitliche Anspruchsvoraussetzung nicht erfüllt. Es besteht kein Anspruch auf Mutterschaftsgeld nach § 200 RVO.

Nach § 200 a RVO erhalten Mutterschaftsgeld „andere" Versicherte, die bei Arbeitsunfähigkeit Anspruch auf Krankengeld haben, wenn sie in der Zeit zwischen dem 10. und 4. Monat einschließlich dieser Monate vor

[137] BSGE 34, 76; 39, 162.

[138] BAG, USK 6623; *Brackmann,* Handbuch, S. 416 k.

[139] BSGE 33, 127 auf der Basis, daß grundsätzlich vom Tag der tatsächlichen Entbindung auszugehen ist.

[140] Zur Bestimmung der Rahmenfrist vgl. *Brackmann,* Handbuch, S. 416 i f. m. w. N.

der Entbindung mindestens 12 Wochen versichert waren[141]. „Andere" Versicherte i. S. d. § 200 a RVO sind solche pflicht- und freiwillig Versicherte, die nicht unter den in § 200 I RVO bezeichneten anspruchsberechtigten Personenkreis fallen. Auch Frauen, die Ansprüche nach § 200 RVO nur deswegen nicht geltend machen können, weil sie die dort geforderten zeitlichen Anspruchsvoraussetzungen nicht erfüllen, fallen darunter[142]. Bei dem hier erfaßten Personenkreis handelt es sich insbesondere um Frauen, die nach den verschiedensten Bestimmungen in der GKV versichert sind (z. B. nach den §§ 166, 176, 176 a, 176 b, 176 c, 177, 313 RVO; § 155 AFG).

Ein Anspruch auf Mutterschaftsgeld für solche „anderen" Versicherten setzt weiter voraus, daß sie im Fall der Arbeitsunfähigkeit Anspruch auf Krankengeld haben. Keinen Anspruch auf Krankengeld haben z. B. Pflichtversicherte nach § 165 I Nr. 2 a, 3, 5 und 6 RVO (§§ 182 I Nr. 2 Satz 2, 494 RVO), sog. „formale" Mitglieder nach § 315 a RVO (§ 182 I Nr. 2 Satz 2 RVO gilt entsprechend) und freiwillige Mitglieder (§§ 176, 176 a, 176 b, 176 c, 313 RVO), wenn die Kassensatzung nach § 215 II RVO den Anspruch auf Krankengeld ausschließt[143].

F bezog Arbeitslosengeld und war nach § 155 I AFG versichert. Diese Versicherung, die vornehmlich nach den Vorschriften der Krankenversicherung durchzuführen ist (§ 155 II AFG), schließt einen Krankengeldanspruch mit ein (§ 158 I AFG). Im Fall der Arbeitsunfähigkeit bestand somit Anspruch auf Krankengeld.

Dieser Anspruch mußte zum Zeitpunkt des Eintritts des Versicherungsfalles gegeben sein. Versicherungsfall für Mutterschaftsgeld ist das Einsetzen der Phase der besonderen Schutzbedürftigkeit der werdenden Mutter, also der Beginn der Schutzfrist nach § 3 II MuSchG bzw. der Beginn des Mutterschaftsgeldes nach § 200 III RVO[144].

Da F ab 20. 4. 1976 mit Krankengeldanspruch versichert war, lagen die genannten Voraussetzungen zu Beginn der Schutzfrist am 10. 5. 1976 vor. F gehört damit zum anspruchsberechtigten Personenkreis nach § 200 a RVO.

[141] Unvereinbarkeit dieser Bestimmung mit Art. 3 I GG insoweit, als Frauen, deren nicht gesetzlich krankenversichertes Ausbildungsverhältnis während der Schwangerschaft vor Beginn der Schutzfrist, jedoch später als 12 Wochen vor Ablauf des 4. Schwangerschaftsmonats vor der Entbindung endet, vom Bezug eines fortlaufend gezahlten Mutterschaftsgeldes schlechthin ausgeschlossen sind. BVerfGE, DOK 1975, 191.

[142] *Brackmann,* Handbuch, S. 416 t.

[143] Die Vorschrift des § 215 II RVO gilt auch für freiwillig Weiterversicherte nach § 313 RVO; RAM vom 15. 12. 1939, AN 1939, 554; BSGE 12, 157.

[144] BSG, Breithaupt 1971, 889.

Der Anspruch nach § 200 a RVO setzt weiter voraus, daß in dem genannten Zeitraum mindestens für 12 Wochen eine Versicherung bestand. Die Art der Versicherung ist unerheblich[145]. In der Rahmenfrist vom 21. 8. 1975 bis 20. 3. 1976 bestand vom 21. 8. bis 30. 9. 1975 (41 Tage) eine freiwillige Versicherung, vom 15. 1. bis 20. 3. 1976 (66 Tage) eine Pflichtversicherung. Mit dieser Versicherungszeit von insgesamt 107 Tagen war die zeitliche Anspruchsvoraussetzung von mindestens 12 Wochen Versicherungszeit erfüllt. F hat damit Anspruch auf Mutterschaftsgeld in Höhe des Krankengeldes.

Mutterschaftsgeld wird für 6 Wochen vor und für 8 Wochen nach der Entbindung gewährt; lediglich bei Früh- und Mehrlingsgeburten verlängert sich die Bezugszeit auf 12 Wochen nach der Entbindung (§§ 200 a Satz 2, 200 III RVO). Sofern das Mutterschaftsgeld vor der Entbindung beantragt wird, bestimmt sich der Zahlungsbeginn nach dem Zeugnis eines Arztes oder einer Hebamme über den mutmaßlichen Entbindungstag. Dieses Zeugnis ist nur von Bedeutung, wenn es vor der Entbindung ausgestellt wurde[146]. Darüber hinaus darf es nicht früher als 1 Woche vor Beginn der Schutzfrist nach § 3 II MuSchG ausgestellt sein.

F beantragte das Mutterschaftsgeld vor der Entbindung. Unter Berücksichtigung der Fristenregelung des § 125 I RVO durfte die eingereichte Bescheinigung daher frühestens am 3. 5. 1976 ausgestellt sein. Da die Bescheinigung über den mutmaßlichen Entbindungstag vom 4. 5. 1976 datiert, wurde sie fristgerecht ausgestellt. Damit hat F ab Beginn der 6. Woche vor der Entbindung, also ab 10. 5. 1976 Anspruch auf Mutterschaftsgeld.

Mutterschaftsgeld wird für 6 Wochen vor der Entbindung gewährt, evtl. länger, sofern sich der Arzt oder die Hebamme über den Zeitpunkt der Entbindung irrte (§§ 200 a Satz 2, 200 III 4 RVO). Die Entbindung erfolgte hier früher als erwartet, nämlich am 16. 6. 1976. Aus diesem Grunde war der Beginn der Mutterschaftsgeldzahlung entsprechend zu korrigieren, da Mutterschaftsgeld stets 6 Wochen vor der Entbindung zu zahlen ist. Möglicherweise gezahltes Arbeitsentgelt ist dabei entsprechend zu berücksichtigen (§ 200 c II RVO).

Anspruch auf Mutterschaftsgeld bestand hier ab 5. 5. 1976. Der Beginn des Mutterschaftsgeldes wird nicht dadurch berührt, daß das ArbA möglicherweise über diesen Zeitpunkt hinaus Arbeitslosengeld gewährte. In diesem Fall ruhte der Anspruch auf Arbeitslosengeld (§ 118 I Nr. 2 AFG); überzahlte Beträge waren möglicherweise vom ArbA zurückzufordern (§ 152 I Nr. 3 AFG).

[145] *Brackmann*, Handbuch, S. 416 t.
[146] BSG, Breithaupt 1976, 172.

Mutterschaftsgeld ist für 8 Wochen nach der Entbindung zu gewähren, hier also bis zum 11. 8. 1976, da weder eine Früh- noch eine Mehrlingsgeburt stattfand[147]. Der Entbindungstag wird als Ereignistag (§ 124 I RVO) nicht mitgerechnet; gleichwohl ist aber auch für diesen Tag Mutterschaftsgeld zu zahlen.

Während der Schwangerschaft bleibt die Mitgliedschaft Versicherungspflichtiger erhalten, wenn das Arbeitsverhältnis vom AG zulässig aufgelöst wurde und keine Mitgliedschaft nach anderen Vorschriften besteht. Ebenso bleibt die Mitgliedschaft erhalten, solange Anspruch auf Mutterschaftsgeld gegeben ist. Danach war F sowohl vom 11. 4. bis 19. 4. 1976 (Arbeitsverhältnis galt als zulässig aufgelöst) als auch vom 5. 5. bis 11. 8. 1976 versichert.

Für die im Zusammenhang mit der Entbindung entstehenden sonstigen Aufwendungen wird ein Pauschbetrag von 50,– DM gewährt, der evtl. durch die Satzung bis auf 100,– DM erhöht werden kann (§ 198 I und II RVO). Da hier der Versicherungsfall der Entbindung eintrat und auch am Tag der Entbindung ein Versicherungsverhältnis bestand (§ 311 Satz 1 Nr. 2 RVO), ist ein Anspruch auf den Entbindungskostenpauschbetrag mindestens in der gesetzlichen Höhe von 50,– DM gegeben.

Die Entbindung war regelwidrig; damit lag eine Krankheit vor. Es bleibt jedoch der Versicherungsfall der Mutterschaftshilfe bestimmend, wenn ein sachlicher und zeitlicher Zusammenhang mit der Entbindung gegeben ist[148]. Die am 18. 6. 1976 eingetretene Lungenentzündung stellt sich aber, weil es an einem unmittelbaren Zusammenhang mit der Entbindung fehlt, als ein Versicherungsfall der Krankenhilfe dar. Es könnte somit ein Anspruch auf Krankengeld gegeben sein. Da Mitgliedschaft bestand (§ 311 Satz 1 Nr. 2 RVO) und der Versicherungsfall der Krankheit, verbunden mit Arbeitsunfähigkeit gegeben ist, bestand im Grunde ein Anspruch auf Krankengeld bis zum 28. 7. 1976 (§ 182 I Nr. 2 RVO). Neben Mutterschaftsgeld wird jedoch kein Krankengeld gewährt (§ 200 c I RVO).

II. Kostenübernahme für die Entbindungsanstaltspflege/Krankenhauspflege

Als eine Leistung der Mutterschaftshilfe (§ 195 Nr. 4 RVO) hat die Kasse der Versicherten nach § 199 I RVO Pflege in einer Entbindungs- oder Krankenanstalt zu gewähren. Die Krankenkassen haben dabei die

[147] Eine Entbindung liegt auch dann vor, wenn es sich um eine Totgeburt handelt (RVA, AN 1938, 319). Totgeburt: § 29 II der Verordnung zur Ausführung des Personenstandsregisters vom 12. 8. 1957 (BGBl. I 1957, S. 1139). Vgl. auch *Brackmann,* Handbuch, S. 414 y f.

[148] RVA, AN 1938, 46. Vgl. auch *Brackmann,* Handbuch, S. 416 a f.

Gewährung dieser Leistungen durch entsprechende Verträge sicherzustellen (Grundlage: § 371 RVO). Als Entbindungs- oder Krankenanstalt ist jede Anstalt (Krankenhaus, Klinik, Sanatorium) anzusehen, die ihrer Einrichtung nach der Aufnahme weiblicher Personen zum Zweck der Entbindung dient und dafür geeignet ist[149]. Voraussetzung für die stationäre Unterbringung in einer solchen Entbindungs- oder Krankenanstalt ist das Bestehen eines Versicherungsverhältnisses zum Zeitpunkt der Entbindung (Versicherungsfall). Weitere zeitliche Anspruchsvoraussetzungen (vergleichbar §§ 200, 200 a RVO) werden nicht gefordert; ebensowenig ist Voraussetzung, daß stationäre Anstaltspflege wegen möglicherweise zu erwartender Komplikationen erforderlich erscheint.

Da F zum Zweck der Entbindung (eine entsprechende Bescheinigung des Arztes oder der Hebamme reicht aus) in das Krankenhaus aufgenommen wurde, die Entbindung (Versicherungsfall) erfolgte und am Tag der Entbindung ein Versicherungsverhältnis bestand, ist ein Anspruch auf Entbindungsanstaltspflege im Rahmen der Mutterschaftshilfe gegeben.

Der Anspruch beginnt mit dem Tag der Aufnahme zum Zweck der Entbindung, d. h. mit dem Zeitpunkt, der mit der Entbindung im inneren Zusammenhang steht (u. U. bereits einige Tage vor der Entbindung). Er besteht für die Dauer von längstens 10 Tagen nach der Entbindung (§ 199 I RVO). Da F zum Zweck der Entbindung am 15. 6. 1976 in das Krankenhaus aufgenommen wurde, bestand vom 15. 6. bis 26. 6. 1976 Anspruch auf Entbindungsanstaltspflege. Dabei ist es gleich, ob stationäre Unterbringung aus Anlaß der Entbindung erfolgte oder ob stationäre Behandlung (hauptsächlich) wegen einer bestehenden Krankheit erforderlich war, denn Krankenhauspflege (§ 184 RVO) wird für die Dauer der Entbindungsanstaltspflege nicht gewährt (§ 199 I 2 RVO). Ist über den 10. Tag nach der Entbindung weiterer Aufenthalt erforderlich (auch wegen möglicher Entbindungsfolgen), ist dies Krankenhauspflege i. S. d. § 184 RVO[150].

F verblieb über den 26. 6. 1976 hinaus in stationärer Behandlung. Daher bestand ab 27. 6. bis 15. 7. 1976 Anspruch auf Krankenhauspflege nach § 184 RVO; die AOK in B hatte mithin die Kosten der stationären Behandlung (Unterbringung) im Rahmen der Krankenhilfe zu übernehmen.

III. Ersatzanspruch

Für jeden Leistungsfall nach § 200 und § 200 a RVO erhält die Krankenkasse vom Bund einen Pauschbetrag von 400,– DM (§ 200 d RVO). Die Zahlung von laufendem Mutterschaftsgeld löst danach einen Ersatzanspruch gegenüber dem Bund aus. Da die AOK in B an F Mutterschaftsgeld

[149] RVA, AN 1929, 297.
[150] *Brackmann,* Handbuch, S. 416 f.

gemäß § 200 a RVO zu zahlen hatte, war der Ersatzanspruch in Höhe von 400,– DM gegeben. Der Ersatzanspruch wird über den für die AOK in B zuständigen Landesverband (§§ 414 ff. RVO) mit dem Bund abgerechnet (§ 200 d II RVO)[151].

b) Ersatzanspruch nach § 1509 a RVO

Sachverhalt

Die an der Universitätsklinik X als Hausgehilfin beschäftigte H will am 17. 9. 1975 – nach Einnahme ihres Mittagessens im Personalkasino – das Kasino durch die nach außen führende Drehtür verlassen. Durch einen Vorausgehenden wird die Drehtür unvermutet beschleunigt, so daß H mit dem Kopf an den Rahmen der Tür schlägt. Sie zieht sich eine Kopfprellung zu und ist bis zum 9. 10. 1975 in stationärer Behandlung sowie bis zum 23. 10. 1975 arbeitsunfähig. Die Kosten der Heilbehandlung trägt das Land L, vertreten durch den Gemeindeunfallversicherungsverband U als Ausführungsbehörde für Unfallversicherung des Landes. L hat durch einen an H gerichteten, bindend gewordenen Bescheid vom 25. 7. 1976 eine Entschädigung des Unfalls abgelehnt: Es habe kein Arbeitsunfall vorgelegen, weil der Aufenthalt im Kasino in den persönlichen Risikobereich (eigenwirtschaftliche Tätigkeit) falle. L übersendet der Betriebskrankenkasse der Universität X (BKK) eine Durchschrift dieses Bescheides und fordert von ihr – erfolglos – Ersatz seiner Aufwendungen i. H. v. 1460,50 DM zu erstatten[152].

Lösungsvorschlag

L und die BKK streiten um die Rechtsfolgen aus § 1509 a RVO. Bei dieser Norm handelt es sich um eine öffentlich-rechtliche Vorschrift in Angelegenheiten der Sozialversicherung, so daß der Rechtsweg vor den SGen eröffnet ist (§ 51 I SGG). Da L die ihm aus Anlaß des Unfalls entstandenen Aufwendungen ersetzt verlangt, kommt als Klageart die echte (schlichte) Leistungsklage in Betracht (§ 54 V SGG). Die Einhaltung eines Vorverfahrens ist nicht erforderlich, ebensowenig die Einhaltung einer bestimmten Klagefrist. Die Klage des L ist zulässig.

Die auf § 1509 a RVO gestützte Leistungsklage des L ist begründet, wenn die Krankheit der H nicht Folge eines Arbeitsunfalles ist; in diesem Fall hat die BKK dem L zu ersetzen, was sie nach dem Recht der Krankenversicherung hätte leisten müssen. In diesem Zusammenhang ist zu beachten, daß der von L am 25. 7. 1976 erteilte Ablehnungsbescheid und die darin enthaltene Feststellung, daß H keinen Arbeitsunfall erlitten habe, die Beteiligten des vorliegenden Rechtsstreits nicht bindet[153]. Im Verhältnis

[151] Vgl. dazu die allgemeine Verwaltungsvorschrift vom 27. 5. 1968 i. d. F. vom 7. 12. 1972 (DOK 1968, 420; DOK 1973, 95).

[152] BSG, Urteil vom 22. 6. 1976 (8 RU 146/75).

[153] BSG, SozR (alte Folge), § 1509 a RVO, Nr. 2.

zwischen ihnen ist die Frage, ob die Krankheit der H Folge eines Arbeitsunfalles vom 17. 9. 1975 ist oder nicht, erneut zu prüfen.

Daran, daß H nach § 539 I Nr. 1 RVO zum Kreis der versicherten Personen gehört, besteht kein Zweifel. Da H mit dem Kopf an den Rahmen der Drehtür schlug, liegt auch ein auf den Körper einwirkendes, schädigendes, zeitlich begrenztes Ereignis, mithin ein Unfallereignis vor. Es fragt sich, ob der betriebliche oder der persönliche Risikobereich die wesentliche Bedingung für das Unfallereignis gesetzt hat.

Die Einnahme von Mahlzeiten gehört regelmäßig zum persönlichen, eigenwirtschaftlichen Lebensbereich. Dasselbe gilt für eine mit der Essenseinnahme zusammenhängenden Nebenverrichtung, nämlich den Weg zum und vom Essensplatz. Eine Ausnahme gilt dann, wenn eine Betriebseinrichtung den Unfall wesentlich mitverursacht[154]. Die Drehtür des Kasinoraumes ist eine betriebliche Einrichtung, von der besondere Gefahren ausgehen. Sie wird nicht nur von dem gerade Herein- bzw. Herausgehenden, sondern auch von vorangehenden und nachfolgenden Benutzern beeinflußt. Sie kann in schnellere Bewegungen versetzt werden, als es dem Willen und der Reaktionsfähigkeit des einzelnen Benutzers entspricht. Falls ein Benutzer seine Geschwindigkeit nicht der Geschwindigkeit des Laufs der Drehtür anpaßt, besteht Gefahr, daß er von dem nachfolgenden Türflügel „eingeholt" und angestoßen bzw. eingeklemmt wird. H ist danach einer besonderen Gefahr einer Betriebseinrichtung erlegen. Die betriebliche Risikosphäre hat den Unfall wesentlich herbeigeführt. Ergebnis: Da ein Arbeitsunfall vorliegt, sind die Voraussetzungen des § 1509 a RVO nicht gegeben. Dem L steht gegen die BKK kein Erstattungsanspruch zu. Die Klage ist unbegründet.

c) Ersatzanspruch nach § 1504 RVO

Sachverhalt

Die Schwesternhelferin S, die in einem allgemein zugänglichen Schwesternheim des Krankenhauses X wohnt und bei der Krankenkasse K krankenversichert ist, lernt im Dezember 1974 den türkischen Arbeiter T kennen. Zwischen beiden entwickelt sich ein vertrauliches Verhältnis. Seit Anfang 1976 geht sie dem T jedoch aus dem Wege, hält Verabredungen nicht mehr ein und läßt sich durch Arbeitskollegen verleugnen, wenn T sie im Krankenhaus besuchen will. Am 11. 3. 1976 fährt T zum 5. Stock des Krankenhauses, wo S arbeitet, trifft sie dort bei ihrer Arbeit an und sticht sie nach einem Wortwechsel mit einem Klappmesser nieder. S muß wegen der erlittenen Verletzungen bis zum 19. 4. 1976 stationär behandelt werden und ist bis zum 6. 7. 1976 arbeitsunfähig.

K verlangt von der BG, dem für das Krankenhaus zuständigen UV-Träger, die Erstattung der ihr aus dem Ereignis vom 11. 3. 1976 entstandenen Unkosten

[154] *Brackmann*, Handbuch, S. 482 b.

i. H. v. 2560,65 DM. Die BG lehnt mit der Begründung ab, S habe keinen Arbeitsunfall erlitten. Darauf erhebt K gegen BG Klage mit dem Antrag, ihr für ihre Aufwendungen i. H. v. 2560,65 DM Ersatz zu leisten[155].

Lösungsvorschlag

Die auf § 1504 RVO gestützte Klage der K ist begründet, wenn die Krankheit der S Folge eines Arbeitsunfalles ist, den die BG zu entschädigen hat. In diesem Fall hat die BG der K die Kosten zu erstatten, die nach Ablauf des 18. Tages nach dem Arbeitsunfall entstehen; ausgenommen sind die Kosten der Krankenpflege (§ 182 I Nr. 1 RVO). Geht man davon aus, daß der von K geforderte Betrag in seiner Höhe berechtigt ist, konzentriert sich die Entscheidung des Falles auf die Frage, ob sich das Ereignis vom 11. 3. 1976 als „Arbeits"unfall darstellt, ob also der betriebliche oder der persönliche Risikobereich die wesentliche Bedingung für das Unfallereignis gesetzt hat.

In Krankenhäusern gehört das Abweisen von unerwünschten Besuchern zu den Aufgaben der Krankenhausschwestern und Schwesternhelferinnen; insoweit ist hier ein örtlicher und zeitlicher Zusammenhang zwischen der versicherten Tätigkeit der S und dem Unfallereignis anzunehmen. Es fehlt jedoch an dem erforderlichen inneren Zusammenhang zwischen versicherter Tätigkeit und Unfall. Die Beweggründe, die T zu dem Angriff auf S bewogen, standen in keinerlei Beziehung zur versicherten Tätigkeit der S, waren betriebsfremd und fielen in den privaten Risikobereich der S. Von diesem Grundsatz, wonach ein Unfall aus privaten Gründen haftungsbegründende Kausalität ausschließt, ist eine Ausnahme für den Fall zu machen, daß die dem betrieblichen Bereich zuzuordnenden Verhältnisse die Gewalttat entscheidend begünstigten. Anhaltspunkte für eine solche Situation ergeben sich aus dem Sachverhalt nicht. Da das Schwesternheim allgemein zugänglich war, war der Arbeitsplatz der S vielmehr nicht die einzige reale Möglichkeit für T, die S zu überfallen. Als Schwesternhelferin verbrachte S wohl regelmäßig den größten Teil des Tages an ihrer Arbeitsstätte im Krankenhaus, doch trifft dies auf die Mehrheit aller Berufstätigen zu, die einen festen Arbeitsplatz haben, ohne daß für sie der erforderliche innere ursächliche Zusammenhang angenommen würde. Die Voraussetzungen für einen „Arbeits"unfall liegen mithin nicht vor. Die Klage der K gegen die BG ist unbegründet.

d) Leistungsabgrenzung bei Rentenzubilligung

Sachverhalt

A ist seit rund 20 Jahren als Facharbeiter bei der Firma G beschäftigt und Pflichtmitglied der AOK in S. Wegen eines Rheumaleidens befindet er sich ständig in ärztlicher Behandlung. Die Beschwerden zwingen ihn immer häufiger, im Betrieb zu fehlen.

[155] LSG Hamburg, Breithaupt 1975, 104.

Seit dem 7. 1. 1976 ist A arbeitsunfähig (ärztliche Feststellung der Arbeitsunfähigkeit am selben Tag). Ein Anspruch auf Lohnfortzahlung ist nicht gegeben, weil A in den letzten Monaten schon mehrfach wegen desselben Leidens arbeitsunfähig war.

Der Hausarzt hatte A vor Monaten geraten, seine Facharbeitertätigkeit aufzugeben und eine leichtere Beschäftigung zu verrichten. Aus diesem Grunde hatte A am 16. 9. 1975 bei der zuständigen LVA (RV-Träger) einen Antrag auf Berufsunfähigkeitsrente gestellt. Am 13. 2. 1976 gibt die LVA dem Rentenantrag statt, und zwar mit Wirkung vom 1. 2. 1976 an (Eingang des Bescheides bei der AOK sowie bei A am 18. 2. 1976).

A ist weiterhin arbeitsunfähig. Um einer Verschlimmerung seines Leidens zu begegnen und einer Erwerbsunfähigkeit vorzubeugen, beantragt er am 25. 2. 1976 auf Rat seines Hausarztes bei der LVA ein Heilverfahren (Kur). Durch Intervention seines Hausarztes beim zuständigen Rehabilitationssachbearbeiter des RV-Trägers gelingt es, daß A am 10. 3. 1976 in eine Spezialklinik der LVA aufgenommen wird. Das Heilverfahren (Rehabilitationsmaßnahme) des RV-Trägers dauert bis zum 7. 4. 1976. Während dieser Zeit besteht Arbeitsunfähigkeit.

Der erhoffte gesundheitliche Erfolg stellt sich jedoch nicht ein. A ist auch nach Ende des Heilverfahrens weiterhin arbeitsunfähig. Auf der Grundlage des Berichts von der Abschlußuntersuchung in der Klinik wird die Berufsunfähigkeitsrente am 10. 5. 1976 mit Wirkung vom 1. 5. 1976 in eine Erwerbsunfähigkeitsrente umgewandelt. Nachricht hierüber erhält A wie auch die AOK am 14. 5. 1976.

Für welche Zeit und in welchem Umfang bestehen aus Anlaß der Arbeitsunfähigkeit und des Heilverfahrens Ansprüche auf Geldleistungen, und in welchem Umfang gingen ggf. Ansprüche des A gegen den Träger der Rentenversicherung auf die AOK über?

Lösungsvorschlag

Nach § 182 I Nr. 2 RVO haben Versicherte Anspruch auf Krankengeld, wenn sie aufgrund einer Krankheit arbeitsunfähig sind. Durch die Beschäftigung bei der Firma G ist A bei der AOK in S pflichtversichert. Da auch der mit Arbeitsunfähigkeit verbundene Versicherungsfall der Krankheit eingetreten ist, besteht Anspruch auf Krankengeld.

Krankengeld wird, soweit die Arbeitsunfähigkeit nicht Folge eines Arbeitsunfalles oder einer Berufskrankheit i. S. d. GUV ist, von dem Tag an gewährt, der auf den Tag der ärztlichen Feststellung der Arbeitsunfähigkeit folgt (§ 182 III RVO). Die Arbeitsunfähigkeit, die hier nicht Folge eines Arbeitsunfalles oder einer Berufskrankheit ist, wurde am 7. 1. 1976 festgestellt. Anspruch auf Krankengeld ist daher vom 8. 1. 1976 an gegeben.

Der Anspruch auf Krankengeld ruht, wenn und soweit der Versicherte während der Arbeitsunfähigkeit Arbeitsentgelt erhält (§ 189 Satz 1 RVO). Da ein Anspruch auf Lohnfortzahlung nicht gegeben war und A tatsächlich auch kein Arbeitsentgelt (z. B. eine freiwillige Zahlung des AGs) erhielt, ist Krankengeld auch ab 8. 1. 1976 zu zahlen.

Das Krankengeld beträgt 80 % des wegen der Arbeitsunfähigkeit entgangenen regelmäßigen Entgelts (Regellohn)[156]. Dabei darf das aus dem (Brutto-)Regellohn errechnete Krankengeld das entgangene regelmäßige Nettoarbeitsentgelt nicht übersteigen (§ 182 IV 1 RVO). Für die Berechnung des Regellohnes ist das von dem Versicherten im letzten vor Beginn der Arbeitsunfähigkeit abgerechneten Lohnabrechnungszeitraum, mindestens während der letzten abgerechneten 4 Wochen (Bemessungszeitraum) erzielte und um einmalige Zuwendungen verminderte Entgelt zugrunde zu legen (§ 182 V 1 RVO). Allerdings wird der Regellohn nur bis zu einem Dreihundertsechzigstel der Jahresarbeitsverdienstgrenze berücksichtigt (§§ 182 IX, 180 I 3 RVO)[157]. Der letzte abgerechnete Lohnabrechnungszeitraum vor Beginn der Arbeitsunfähigkeit des A war der Monat Dezember 1975. Grundlage für die Berechnung des Regellohnes und daraus des Krankengeldes ist damit das – um eventuelle einmalige Zuwendungen bereinigte – in diesem Monat erzielte Arbeitsentgelt.

Wird dem Versicherten während des Bezuges von Krankengeld von einem Träger der Rentenversicherung Rente wegen Berufsunfähigkeit zugebilligt, so wird das Krankengeld um den Betrag der für den gleichen Zeitraum gewährten Rente gekürzt (§ 183 V 1 RVO). Zubilligung der Rente in diesem Sinn ist der Beginn der Rente, d. h. der Zeitpunkt, von dem an die Rente zu zahlen ist[158]. Bei rückwirkender Gewährung der Rente geht der Rentenanspruch auf die Krankenkasse über (§ 183 V RVO).

Dem A wurde die Berufsunfähigkeitsrente am 13. 2. 1976 rückwirkend vom 1. 2. 1976 an zugebilligt. Wurde über den 1. 2. 1976 hinaus Krankengeld gezahlt – dies soll nach einer entsprechenden Verwaltungsvereinbarung zwischen den RV-Trägern und den Krankenkassen vom 25. 4. 1962[159] bis zum Tag des Eingangs der Rentenmitteilung erfolgen –, so ist die Rente bis zur Höhe des gezahlten Krankengeldes auf die Kasse übergegangen.

Da die Rentenmitteilung am 18. 2. 1976 bei der Kasse einging, war das volle Krankengeld – entsprechend der bestehenden Verwaltungsvereinbarung – bis zu diesem Tag zu gewähren. Für die Zeit vom 1. 2. bis 18. 2. 1976 ging der Rentenanspruch des A bis zur Höhe des gezahlten Krankengeldes auf die AOK über.

[156] Vgl. dazu aber § 182 VIII RVO, der eine Dynamisierung des Krankengeldes vorsieht.

[157] Jahresarbeitsverdienstgrenze:
1975: 25 200,– DM – 1/360 = 70,– DM
1976: 27 900,– DM – 1/360 = 72,50 DM
1977: 30 600,– DM – 1/360 = 85,– DM

[158] BSGE 20, 135; *Brackmann*, Handbuch, S. 396 p f.

[159] DOK 1962, 264.

Maßnahmen des RV-Trägers in Kur- und Spezialeinrichtungen einschließlich der erforderlichen Unterkunft und Verpflegung sind den medizinischen Leistungen zur Rehabilitation zuzurechnen (§ 1237 RVO). Während einer solchen Maßnahme zur Rehabilitation wird dem Betreuten Übergangsgeld gewährt, wenn er arbeitsunfähig ist (§ 1240 Satz 1 RVO). In der Zeit vom 10. 3. bis 7. 4. 1976 führte die LVA in einer Spezialklinik eine medizinische Maßnahme i. S. d. § 1237 RVO bei A durch. Da während dieser Zeit Arbeitsunfähigkeit bestand, hatte A für die Zeit vom 10. 3. bis 7. 4. 1976 Anspruch auf Übergangsgeld nach § 1240 RVO.

Für die Berechnung des Übergangsgeldes gilt bei einem Betreuten, der vor Beginn der Arbeitsunfähigkeit oder einer Maßnahme zur Rehabilitation gegen Entgelt versicherungspflichtig beschäftigt war, die Vorschrift des § 182 IV und V RVO entsprechend (§ 1241 I RVO). Das bedeutet, daß das Übergangsgeld der RV-Träger nach den gleichen Grundsätzen, wie sie in der Krankenversicherung gelten, bestimmt wird. Allerdings findet abweichend vom Krankenversicherungsrecht der Regellohn bis zur Beitragsbemessungsgrenze der Rentenversicherung (§ 1385 II RVO)[160] Berücksichtigung. Hat der Betreute Krankengeld bezogen und wird im Anschluß daran eine Maßnahme zur Rehabilitation durchgeführt, so ist bei der Berechnung des Übergangsgeldes von dem bisher zugrunde gelegten Arbeitsentgelt auszugehen (§ 1241 b RVO).

A hatte bis zum Beginn der Rehabilitationsmaßnahme Krankengeld bezogen. Für die Berechnung des ihm zu zahlenden Übergangsgeldes ist somit, wie bei der Berechnung des Krankengeldes, das im Monat Dezember 1975 erzielte Entgelt zugrunde zu legen. Das Übergangsgeld beträgt 80 % des daraus ermittelten Regellohnes, wobei dieser bis zur Beitragsbemessungsgrenze der Rentenversicherung zu berücksichtigen ist. Das Übergangsgeld darf auch hier das entgangene regelmäßige Nettoarbeitsentgelt nicht übersteigen.

Hat der Betreute gleichzeitig einen Anspruch auf Übergangsgeld und auf Rente wegen Berufsunfähigkeit, so ist das Übergangsgeld um die Rente zu kürzen, wenn dem Übergangsgeld ein vor Beginn der Rentengewährung erzieltes Arbeitsentgelt zugrunde liegt (§ 1241 f III Nr. 2 RVO).

Die Berufsunfähigkeitsrente wurde dem A ab 1. 2. 1976 zugebilligt. Da der Berechnung des Übergangsgeldes der Lohn des Monats Dezember 1975 zugrunde liegt, also ein vor Beginn der Rentengewährung erzieltes Arbeitsentgelt, ist das Übergangsgeld um die Berufsunfähigkeitsrente zu kürzen.

[160] Beitragsbemessungsgrenze:
1975: 33 600,– DM – 1/360 = 93,33 DM
1976: 37 200,– DM – 1/360 = 103,33 DM
1977: 40 800,– DM – 1/360 = 113,33 DM

Der Anspruch auf Krankengeld ruht, solange der Versicherte Übergangsgeld bezieht (§ 183 VI RVO). Dem A steht daher für die Zeit vom 10. 3. bis 7. 4. 1976 kein Krankengeld zu; sein Anspruch ruht.

Wird eine Rente wegen Berufsunfähigkeit in eine Rente wegen Erwerbsunfähigkeit umgewandelt, so ist vom Beginn der Erwerbsunfähigkeitsrente an § 183 III RVO anzuwenden[161]. Nach dieser Bestimmung endet der Anspruch auf Krankengeld mit dem Tag, von dem an Rente wegen Erwerbsunfähigkeit von einem Träger der Rentenversicherung zugebilligt wird, d. h. mit Ablauf des Tages, der dem Tag des Rentenbeginns voraufgeht[162]. Voraussetzung für die Anwendung des § 183 III RVO ist, daß zum Zeitpunkt der Umwandlung der Berufsunfähigkeitsrente in eine solche der Erwerbsunfähigkeit Anspruch auf Krankengeld bestand; zugebilligt ist die Rente von dem Tag an, an dem sie beginnt[163].

Ist über den Zeitpunkt der Zubilligung der Rente hinaus Krankengeld gezahlt worden – auch hier soll dies bei rückwirkender Zubilligung der Rente entsprechend der Verwaltungsvereinbarung zwischen den RV-Trägern und den Krankenkassen regelmäßig bis zum Eingang der Nachricht über die Rentenbewilligung erfolgen –, so geht der Anspruch auf Rente bis zur Höhe des gezahlten Krankengeldes auf die Krankenkasse über (§ 183 III 2 RVO). Fällt dabei der Zeitpunkt der Umwandlung der Rente in eine Zeit des Krankengeldbezuges, so gehen auf die Kasse nur noch insoweit Rentenansprüche über, als sie nicht bereits durch die vom RV-Träger zu zahlende Berufsunfähigkeitsrente getilgt sind, d. h. in Höhe des evtl. schon gekürzten Krankengeldes[164].

Die Berufsunfähigkeitsrente des A wird vom 1. 5. 1976 an in eine Rente wegen Erwerbsunfähigkeit umgewandelt. Daher endet der Krankengeldanspruch des A mit dem 30. 4. 1976. Da die Benachrichtigung über die Rentengewährung wegen Erwerbsunfähigkeit jedoch erst am 14. 5. 1976 bei der Kasse eingeht, ist die Krankengeldzahlung erst mit diesem Tage einzustellen. Bis zur Höhe des über den 1. 5. 1976 hinaus gezahlten Krankengeldes ging der Rentenanspruch des A auf die Kasse über, jedoch nur in Höhe der um die Berufsunfähigkeitsrente verminderten Erwerbsunfähigkeitsrente.

Ergebnis: A hatte Anspruch auf Krankengeld vom 8. 1. bis 9. 3. 1976 und vom 8. 4. bis 30. 4. 1976, auf Übergangsgeld vom 10. 3. bis 7. 4. 1976. Ansprüche des A gegen den RV-Träger bis zur Höhe des gezahlten Krankengeldes gingen vom 1. 2. bis 18. 2. 1976 (wegen der Zubilligung der Berufsunfähigkeitsrente) und vom 1. 5. bis 14. 5. 1976 (aus Anlaß der Um-

[161] BSGE 20, 140; USK 6875.
[162] BSG, USK 6635 und 6786.
[163] BSGE 19, 28.
[164] BSGE 20, 140; USK 7040.

wandlung der Berufsunfähigkeitsrente in eine Rente wegen Erwerbsunfähigkeit) auf die Krankenkasse über.

e) Ansprüche aus § 640 RVO, Forderungsübergang nach § 1542 RVO

Sachverhalt

Der Unternehmer A verursacht am 25. 6. 1976 als Fahrer seines Firmenwagens grobfahrlässig einen Zusammenstoß mit dem PKW des B, der den Unfall zu $^1/_3$ mitverschuldet. Bei diesem Verkehrsunglück wird außer B auch der im Fahrzeug des A mitfahrende und bei A beschäftigte Elektriker C verletzt, der von A mit auf den Weg zu einem Kunden genommen worden war. B und C sind bei der AOK in D versichert.

Dem C, der nicht in berufsgenossenschaftliche Heilbehandlung kommt, sondern in kassenärztlicher Behandlung verbleibt, gewährt die AOK Krankenhauspflege vom 25. 6. bis 1. 7. 1976 (täglicher Pflegesatz 140,– DM; 7 x 140,– DM = 980,– DM). Am 1. 7. 1976 verstirbt C an den Folgen des Unfalls. Von der Krankenkasse erhält Frau C, die mit ihrem Ehemann in häuslicher Gemeinschaft gelebt hat, ein Sterbegeld i. H. v. 2 200,– DM; die BG zahlt ein Sterbegeld i. H. v. 2 000,– DM. Die Bestattungskosten betragen 2 100,– DM.

Dem B gewährt die AOK in D Krankenhauspflege vom 25. 6. bis 6. 7. 1976 (täglicher Pflegesatz 140,– DM; 12 x 140,– DM = 1 680,– DM). B ist anschließend bis zum 14. 7. 1976 arbeitsunfähig und steht bis zum 22. 7. 1976 in ärztlicher Behandlung. Er hatte sein Arbeitsverhältnis zum 30. 6. 1976 gekündigt, um ab 1. 7. 1976 ein neues Arbeitsverhältnis einzugehen. Sein AG, die Firma E KG, zahlt ihm seinen Lohn bis zum 30. 6. 1976 weiter. Vom 1. 7. 1976 bis zum Ende der Arbeitsunfähigkeit am 14. 7. 1976 zahlt die AOK ein kalendertägliches Krankengeld von 48,– DM (14 x 48,– DM = 672,– DM). Der Regellohn (= Grundlohn) beträgt 60,– DM und der kalendertägliche Nettoverdienstausfall 50,– DM. In seinem neuen Arbeitsverhältnis hätte B einen auf den Kalendertag umgerechneten Nettoverdienst von 75,– DM erzielt; wegen der Arbeitsunfähigkeit kann B die neue Beschäftigung jedoch erst am 15. 7. 1976 aufnehmen. Nach Beendigung der stationären Behandlung wird B am 7., 9., 14., 19. und 22. 7. 1976 ambulant behandelt. Die tatsächlichen Behandlungskosten betragen 163,50 DM; außerdem sind 22,50 DM Arzneikosten und 68,– DM für Massagen angefallen. Die Kosten einer privatärztlichen Behandlung hätten 380,– DM betragen.

Der (kleinen) Firma E KG erstattet die AOK gemäß § 10 LFZG (i. V. m. § 16 II Nr. 1 LFZG) für die Zeit vom 25. 6. bis 30. 6. 1976 70 % des an B weitergezahlten Lohnes i. H. v. 360,– DM, das sind 252,– DM. Die AG-Aufwendungen i. S. d. § 4 LFZG betragen 420,– DM. Die Firma E KG hat die auf sie übergegangenen Schadensersatzansprüche anteilig an die AOK abgetreten (§§ 4, 12 LFZG).

Beide Fahrzeughalter sind bei der S AG haftpflichtversichert. Dem A versagt der Haftpflichtversicherer aus zutreffenden Gründen den Versicherungsschutz.

Gegen wen und in welcher Höhe können die AOK und die BG Ersatzansprüche geltend machen?

Anmerkung: Schadensersatzpflicht nach den §§ 7, 18 StVG, § 823 I und II BGB ist gegeben. Einwendungen gegen die Höhe der Krankenhauspflegekosten sind zu berücksichtigen. Soweit häusliche Ersparnisse zu berücksichtigen sind, betragen sie

6,– DM für jeden Kalendertag der stationären Behandlung. Es ist auch zu prüfen, ob möglicherweise der Einwand einer unzulässigen Rechtsausübung begründet ist.

Lösungsvorschlag

I. Vorbemerkung

Nach § 3 PflVG kann der Geschädigte seinen Anspruch auf Ersatz des Schadens unmittelbar gegen den Versicherer geltend machen. Der Haftpflichtversicherungsschutz erstreckt sich auch auf die Ersatzansprüche der Sozialversicherungsträger nach § 640 RVO[165]. Grundsätzlich besteht daher die Möglichkeit, etwaige Ansprüche nach § 640 RVO unmittelbar gegen den Haftpflichtversicherer zu erheben. Diese Möglichkeit besteht für Sozialversicherungsträger ebenfalls in den Fällen, in denen Ansprüche des Geschädigten durch die Legalzession des § 1542 RVO auf sie übergegangen sind und in denen sie in die Rechte des Geschädigten eingetreten sind. Im vorliegenden Fall kann die AOK in D gegen die S AG wegen des fehlenden Versicherungsschutzes (möglich z. B. aufgrund der Bestimmungen der §§ 25, 38 VVG) weder Ansprüche nach § 640 RVO noch etwaige nach § 1542 RVO übergegangene Ansprüche geltend machen.

Auch eine Leistungsverpflichtung der S AG gemäß § 158 c VGG kommt nicht in Betracht. Nach § 158 c I VVG bleibt zwar die Verpflichtung des Versicherers – wenn er von der Verpflichtung zur Leistung dem Versicherungsnehmer gegenüber ganz oder teilweise frei ist – in Ansehung des Dritten bestehen. Nach § 158 c IV VVG haftet der Versicherer jedoch nicht, wenn und soweit der Dritte in der Lage ist, Ersatz seines Schadens von einem anderen Schadensversicherer oder von einem Sozialversicherungsträger zu erlangen. Im Fall eines Anspruches des Sozialversicherungsträgers nach § 640 RVO kann diese Vorschrift nicht eingreifen. Der Zweck der Bestimmung des § 158 c I VVG geht nämlich dahin, dem Geschädigten – der sonst Ersatz möglicherweise nur von einem wirtschaftlich schwach gestellten Schädiger erhalten könnte – eine günstigere, aber doch subsidiäre Ersatzmöglichkeit einzuräumen. In den Fällen, in denen der Sozialversicherungsträger die ihm nach Gesetz und Satzung obliegenden Versicherungsleistungen erbracht hat und dafür Aufwendungsersatz – sogar nach billigem Ermessen (§ 640 II RVO) – geltend macht, ginge eine Verpflichtung des Haftpflichtversicherers zum Ersatz dieser Aufwendungen an der Zielsetzung des § 158 c VVG vorbei. Auch bei nach § 1542 RVO übergegangenen Ansprüchen kann die Vorschrift des § 158 c I VVG keine Anwendung finden, weil eine Haftung bis zur Höhe erlangter Sozialversicherungsleistungen ausgeschlossen ist; diese sind hier jedoch gerade der Grund der Forderung.

[165] BGH, NJW 1969, 1065.

II. Ansprüche gegen A

1. Ansprüche im Fall des C

Die AOK in D kann gegen A Ansprüche auf Ersatz der aus Anlaß der Verletzung des C gewährten Leistungen nach § 640 RVO haben. Nach § 640 I RVO haftet ein Unternehmer, dessen Ersatzpflicht nach § 636 RVO beschränkt ist – sofern er den Arbeitsunfall vorsätzlich oder grobfahrlässig herbeigeführt hat –, für alles, was der Träger der Sozialversicherung nach Gesetz oder Satzung infolge des Arbeitsunfalles hat aufwenden müssen. Haftungsansprüche gegen den Unternehmer sind ausgeschlossen, wenn Personenschäden durch einen Arbeitsunfall verursacht werden, es sei denn, der Unternehmer hat den Arbeitsunfall vorsätzlich herbeigeführt oder der Arbeitsunfall ist bei der Teilnahme am allgemeinen Verkehr eingetreten (§ 636 RVO).

Im vorliegenden Fall ereignete sich der Unfall nicht bei Teilnahme am allgemeinen Verkehr[166]; er stand vielmehr im wesentlichen Zusammenhang mit einer betrieblichen (versicherten) Tätigkeit. A handelte auch nicht vorsätzlich. Die Ersatzpflicht des A ist damit gemäß § 636 RVO beschränkt bzw. ausgeschlossen. Andererseits handelte A grobfahrlässig, so daß er dem Träger der Sozialversicherung nach § 640 I RVO für alles haftet, was dieser infolge des Arbeitsunfalles hat aufwenden müssen[167].

Der Anspruch aus § 640 RVO wird nicht dadurch ausgeschlossen, daß – wie hier – ein Zweitschädiger vorhanden ist, der vom Sozialversicherungsträger gemäß § 1542 RVO in Anspruch genommen werden kann. In einem solchen Fall kann der Sozialversicherungsträger vielmehr zwischen dem Ersatzanspruch nach § 640 RVO und dem nach § 1542 RVO übergegangenen Anspruch wählen[168]. Da im vorliegenden Fall keine Anhaltspunkte dafür vorliegen, billigkeitshalber ganz oder teilweise auf den Anspruch zu verzichten (§ 640 II RVO)[169], wird die AOK die Krankenhauspflegekosten i. H. v. 980,– DM und das Sterbegeld, das sie nach § 203 RVO in voller Höhe (2 200,– DM) zu zahlen hatte, geltend machen. Die BG, die Sterbegeld nach § 589 I Nr. 1 RVO unter entsprechender Berücksichtigung des § 203 RVO zu zahlen hatte, wird Ersatz i. H. v. 2 000,– DM verlangen.

2. Ansprüche im Fall des B

Bestehende Schadensersatzansprüche des B sind gemäß § 1542 I RVO bis zur Höhe der von der AOK zu gewährenden Leistungen auf diese über-

166 Vgl. dazu BGH, NJW 1973, 1326; NJW 1976, 673.

167 Es handelt sich um einen originären Anspruch. Vgl. BGH, NJW 1969, 1069.

168 BGH, USK 71252.

169 Die Träger der Sozialversicherung sind zum Verzicht auf den Rückgriffsanspruch nicht nur ermächtigt, sondern, wenn billiges Ermessen es gebietet, verpflichtet. Vgl. BGH, NJW 1972, 107.

gegangen. Der Übergang als solcher und die Höhe der Ansprüche werden dabei bestimmt durch die Voraussetzungen „Gleichzeitigkeit" und „Gleichartigkeit", d. h. es muß zeitliche und sachliche Kongruenz der Schadensersatzansprüche (gegen den Ersatzpflichtigen) mit den Leistungen des Sozialversicherungsträgers bestehen[170]. In bezug auf die sachliche Kongruenz sind folgende Schadensgruppen, die sich aus den Bestimmungen der §§ 249, 251, 842, 843, 844 BGB ergeben, zu beachten:

— Heilungskosten
  Sie entsprechen dem Anspruch auf ambulante und stationäre Krankenpflege in der Krankenversicherung.
— Vermehrte Bedürfnisse
  Sie entsprechen den „zusätzlichen Aufwendungen", d. h. beispielsweise den Unterhaltskosten im Krankenhaus abzüglich der häuslichen Ersparnis, die sich der Geschädigte auf den Einwand des Schädigers im Rahmen der Vorteilsausgleichung anrechnen lassen muß. Dieser – in der Praxis mit 6,– bis 7,– DM täglich anzusetzende – Betrag ist jedoch nur dann zu berücksichtigen, wenn die Krankenhauspflegekosten in tatsächlicher Höhe gefordert werden[171].
— Erwerbsschaden
  Er entspricht in erster Linie dem Krankengeld (Übergangsgeld), das das ausfallende Erwerbseinkommen wenigstens teilweise ersetzen soll. Hierzu gehört auch der Teil der Krankenhauspflegekosten, der den häuslichen Ersparnissen bei stationärer Behandlung entspricht, d. h. der Teil, der sonst zu Hause vom Einkommen hätte bestritten werden müssen[172].
  Bei der Berechnung des Schadens i. S. d. § 249 BGB kommt es grundsätzlich auf den tatsächlichen wirtschaftlichen Schaden an, d. h. es ist vom Nettoverdienst als Grundlage für die Bemessung des Schadensersatzanspruches auszugehen. Der aus dem Nettolohn errechnete Schadensbetrag steht dem Versicherungsträger für den Ersatz des Krankengeldes (Übergangsgeldes) und der möglicherweise zu berücksichtigenden häuslichen Ersparnis zur Verfügung[173].
— Bestattungskosten
  Sie entsprechen dem Sterbegeld.

Die Mitverursachung des Unfalls durch B wirkt auch gegenüber der AOK (§§ 412, 404 BGB), so daß sich der Anspruch der AOK gegen A um $^1/_3$ vermindert. Bei der Schadensabwicklung hinsichtlich der erbrachten

170 BGH, NJW 1956, 219; SGb 1973, 376.
171 BGH, NJW 1965, 1592; NJW 1966, 2356.
172 BGH, VersR 1965, 786.
173 BGH, VersR 1967, 1095.

Geldleistungen[174] ist jedoch das (noch) geltende Quotenvorrecht der Sozialversicherungsträger zu beachten[175]. Das Quotenvorrecht bedeutet, daß sich eine Minderung des Schadensersatzanspruchs infolge Mitverschuldens des Geschädigten nicht unmittelbar auf die Höhe des auf den Sozialversicherungsträger übergegangenen Ersatzanspruchs auswirkt. Steht dem Geschädigten nicht der volle Ersatz seines Schadens zu, so geht der dem Verletzten verbleibende Teilanspruch bis zur Höhe der Aufwendungen des Versicherungsträgers auf diesen über, und zwar mit Vorrang vor dem etwa dem Verletzten verbleibenden Restanspruch[176].

Nach § 1542 II RVO i. V. m. § 1524 I RVO ist eine Pauschalierung der Aufwendungen des Versicherungsträgers möglich, d. h. für Krankenpflege (ambulant und stationär) sind $^3/_8$ des Grundlohns (§ 180 RVO) zu ersetzen; im Fall der Krankenhauspflege kann für den Teil des Unterhalts die Hälfte des Grundlohns gefordert werden. Dabei kann der Versicherungsträger höhere Kosten geltend machen, sofern er sie nachweist (§ 1542 II RVO). Auch ist es möglich, eine Berechnung der Aufwendungen teilweise nach den tatsächlichen Kosten (z. B. Krankenhauspflege) vorzunehmen und teilweise (z. B. Krankenpflege) zu pauschalieren.

Die Abrechnung der pauschalierten Forderung ist unzulässig, wenn sie in einem auffälligen Mißverhältnis zu den Kosten einer hypothetischen privatärztlichen Behandlung steht. Ein solches Mißverhältnis wird regelmäßig dann angenommen, wenn die sich aus der Pauschalierung ergebende Forderung die Kosten wesentlich übersteigt, die bei privater ärztlicher Behandlung des Verletzten entstanden wären[177]. Ist der Pauschbetrag niedriger als die Kosten einer fiktiven privatärztlichen Behandlung, kann nur der pauschalierte Betrag gefordert werden, es sei denn, es sind höhere Kosten nachweisbar. Sind die Kosten privatärztlicher Behandlung niederiger, können nur diese gefordert werden.

Im Rahmen der *Heilungskosten* und der *vermehrten Bedürfnisse* kann die AOK Krankenhauspflegekosten und ambulante Krankenpflegekosten geltend machen. Die tatsächlichen Kosten der Krankenhauspflege sind im vorliegenden Fall höher als $^7/_8$ des Grundlohnes ($^3/_8$ Krankenpflege; $^4/_8$ Unterhalt im Krankenhaus), so daß die AOK die tatsächlichen Kosten abrechnen wird. Da die häusliche Ersparnis des Verletzten den Anspruch der

[174] Vgl. BGH, NJW 1972, 1860 m. w. N.

[175] Bedenken in BGH, NJW 1969, 98, ablehnend jüngst LG Frankfurt, NJW 1976, 1097 = JuS 1976, 682 mit Anm. *Ruland.*

[176] Die Anerkennung des Quotenvorrechts ist ständige Rechtsprechung. Vgl. auch *Wussow* (Fußn. 120), S. 104.

[177] BGH, SGb 1954, 26; DOK 1956, 201; BG 1965, 315; OLG Bamberg, DOK 1966, 493.

Krankenkasse auf Ersatz der tatsächlichen Krankenhauspflegekosten mindert[178], beträgt der Ersatzanspruch der AOK, gemindert um den Teil des Mitverschuldens des B ($^1/_3$), 1072,– DM (12 Tage x 140,– DM; abzüglich 12 Tage x 6,– DM; davon $^2/_3$).

Für Krankenpflege können $^3/_8$ des Grundlohnes gefordert werden, und zwar für jeden Kalendertag der bestehenden behandlungsbedürftigen Krankheit[179], sofern nicht höhere Aufwendungen nachgewiesen werden. Die behandlungsbedürftige Krankheit endet hier am 22. 7. 1976. Für die Dauer der ambulanten Behandlung vom 7. 7. bis 22. 7. 1976 kann somit ein pauschalierter Betrag von 360,– DM gefordert werden (16 Tage x 22,50 DM), da die tatsächlichen Kosten für Krankenpflege (§ 182 I Nr. 1 RVO) i. H. v. 254,– DM niedriger sind. Vermindert um den Teil des Mitverschuldens wären für ambulante Krankenpflege somit 240,– DM zu fordern. Da die fiktiven Kosten einer privatärztlichen Behandlung 380,– DM betragen hätten und damit in keinem wesentlichen Mißverhältnis zur Höhe der Pauschalforderung der AOK in D stehen, liegt eine unzulässige Rechtsausübung durch die Forderung pauschalierter Kosten nicht vor.

Der Anspruch des Verletzten auf Ersatz des *Erwerbsschadens* (§ 842 BGB) ist für die Zeit der Lohnfortzahlung in Höhe seiner Aufwendungen auf den AG übergegangen (§ 4 LFZG), wobei davon auszugehen ist, daß auch – wie im Fall des Forderungsübergangs nach § 1542 RVO – dem AG gegenüber der Einwand eines Mitverschuldens erhoben werden kann (§§ 412, 404 BGB)[180].

Im Rahmen des Erwerbsschadens stehen damit zunächst dem auf den AG übergegangenen Schadensersatzanspruch hinsichtlich der Lohnfortzahlung vom 25. 6. bis 30. 6. 1976 Aufwendungen der AOK für den Unterhalt im Krankenhaus in Höhe der häuslichen Ersparnis des Verletzten kongruent gegenüber. Soweit nämlich der Anspruch auf Ersatz der Krankenhauspflegekosten wegen der Berücksichtigung der häuslichen Ersparnis – dem angenommenen Teil der Unterbringungskosten, der zu Hause als Unterhaltskosten aufzubringen gewesen wäre und vom Einkommen hätte bestritten werden müssen – gemindert ist, kann die Krankenkasse, da es sich hierbei um einen Teil der Deckung des allgemeinen Lebensbedarfs handelt, auf den Anspruch des Verletzten auf Ersatz des Verdienstausfallschadens zurückgreifen. Insoweit hat die Krankenkasse mit ihrer Forderung – grundsätzlich gleich, ob der Schädiger nur teilweise oder vollen

[178] BGH, NJW 1966, 2356.
[179] BGH, SGb 1954, 26; DOK 1954, 180.
[180] BGH, NJW 1970, 1546 und 1917 mit Anm. *Helle.*

Schadensersatz zu leisten hat[181] – Vorrang vor den Forderungen des AGs[182], allein weil der Anspruch der Krankenkasse durch die Zession des § 1542 RVO schon mit dem Zeitpunkt des schädigenden Ereignisses entstanden ist, die Forderung des AGs durch die Bestimmung des § 4 LFZG hingegen erst mit dem Zeitpunkt der Lohnfortzahlung[183].

Die angenommene häusliche Ersparnis als die dem Erwerbsschaden kongruente „Kassenleistung" geht daher für die Zeit vom 25. 6. bis 30. 6. 1976 i. H. v. 36,– DM (6 Tage x 6,– DM) mit Vorrang gegenüber der Forderung des AGs auf die AOK in D über.

Für die Bestimmung der Höhe der Forderungen der AOK in D ab 1. 7. 1976 ist besonders das den Sozialversicherungsträgern (angenommen) zustehende Quotenvorrecht zu beachten. Für die Zeit vom 1. 7. bis 6. 7. 1976 betrug der Nettoverdienst-Ausfallschaden 450,– DM (6 Tage x 75,– DM) und der Schadensersatzanspruch, gemindert um $^1/_3$ (Mitverschulden), 300,– DM. Kongruente Kassenleistungen sind das Krankengeld i. H. v. 288,– DM (6 Tage x 48,– DM) und die Leistung für den Unterhalt im Krankenhaus i. H. d. angenommenen häuslichen Ersparnis während der stationären Behandlung des Geschädigten i. H. v. 36,– DM (6 Tage x 6,– DM), zusammen also 324,– DM. Damit steht ein Schadensersatzanspruch i. H. v. 300,– DM Kassenleistungen i. H. v. 324,– DM kongruent gegenüber. Unter Berücksichtigung des Quotenvorrechts gehen somit 300,– DM auf die AOK über.

Für die Zeit vom 7. 7. bis 14. 7. 1976 betrug der Nettoverdienst-Ausfallschaden 600,– DM (8 Tage x 75,– DM) und der Schadensersatzanspruch, gemindert um $^1/_3$ (Mitverschulden), 400,– DM. Das Krankengeld betrug für diesen Zeitraum 384,– DM (8 Tage x 48,– DM). Der übergangsfähige Erwerbsschadensanspruch beträgt damit unter Berücksichtigung des Quotenvorrechts 384,– DM, da die AOK nicht mehr als ihren täglichen Leistungsaufwand für den jeweiligen zeitgleichen Zeitraum ersetzt verlangen kann.

[181] Bei teilweiser Schadensersatzpflicht würde der Vorrang der Sozialversicherungsträger auch durch das Quotenvorrecht begründet; bei voller Schadensersatzpflicht geht die Rechtsprechung – soweit Ansprüche zum gleichen Zeitpunkt sowohl auf den AG als auch auf die Krankenkasse übergegangen sind (wenn z. B. sowohl § 87 a BBG als auch § 1542 RVO anzuwenden sind) – jedoch von einem Gesamtgläubigerverhältnis bei konkurrierenden Umfang des Anspruchs aus. BGH, NJW 1961, 216; VersR 1963, 239; NJW 1971, 240.

[182] Zur allgemein anerkannten Vorrangstellung der Sozialversicherungsträger: BGH, VersR 1961, 628; NJW 1965, 1592; VersR 1971, 637; NJW 1972, 1860.

[183] Zu dieser Problematik insgesamt: *Wussow*, DOK 1971, 633 ff.; *Marburger*, BB 1972, 320 ff.

Die dem Erwerbsschaden des Geschädigten gegenüberstehenden Kassenleistungen und der damit gegebene Ersatzanspruch der AOK in D ist somit auf insgesamt 720,– DM zu beziffern. Hinzu käme der vom AG nach § 12 LFZG abgetretene Anspruch im Zusammenhang mit dem Erstattungsanspruch des AGs des B gegen die AOK nach § 10 LFZG. Ein solcher Anspruch der AOK setzt einen Forderungsübergang nach § 4 LFZG und eine entsprechende, d. h. anteilige Abtretung des übergegangenen Anspruchs nach § 4 LFZG voraus.

Der Anspruch des Geschädigten auf Ersatz des Erwerbsschadens ist für die Zeit der Lohnfortzahlung auf den AG in Höhe seiner Aufwendungen (hier 420,– DM) übergegangen (§ 842 BGB; § 4 LFZG). Unter Beachtung des zu berücksichtigenden Mitverschuldensanteils ($^1/_3$) könnte der AG des B, die Firma E KG, somit 280,– DM vom Schädiger, dem A, fordern. Dieser Betrag vermindert sich jedoch um den bevorrechtigten Anspruch der AOK bezüglich der zu berücksichtigenden häuslichen Ersparnis für die Zeit der stationären Krankenhausbehandlung i. H. v. 36,– DM, so daß für den AG lediglich ein Anspruch i. H. v. 244,– DM verbleibt.

Die Erstattung der AOK nach § 10 LFZG ist von einer anteiligen Abtretung des nach § 4 LFZG übergegangenen Schadensersatzanspruchs an den Sozialversicherungsträger, die AOK, abhängig (§ 12 LFZG). Unter „anteilig" ist dabei das Verhältnis des Erstattungsbetrages nach § 10 LFZG zu den Arbeitgeberaufwendungen i. S. d. § 4 LFZG anzusehen. Die AOK erstattete gemäß § 10 LFZG 252,– DM von den Gesamtaufwendungen des AGs nach § 4 LFZG i. H. v. 420,– DM, das sind 60 %. Da der AG den auf ihn übergegangenen Schadensersatzanspruch anteilig an die AOK abgetreten hatte, kann die AOK 60 % des auf den AG nach § 4 LFZG übergegangenen Anspruchs i. H. v. 244,– DM, also 146,40 DM aufgrund der Abtretungserklärung geltend machen.

Der Anspruch der AOK hinsichtlich dieses abgetretenen Anspruchs richtet sich grundsätzlich gegen den Schädiger, den A. Nach § 158 c I VVG könnte jedoch auch der Haftpflichtversicherer – anders als in den Fällen der Ansprüche nach § 640 RVO und der nach § 1542 RVO übergegangenen Ansprüche – verpflichtet sein. Nach § 158 c I VVG ist der Versicherer, der von der Verpflichtung zur Leistung dem Versicherungsnehmer gegenüber ganz oder teilweise frei ist, trotzdem zur Leistung gegenüber einem Dritten verpflichtet, soweit dieser nicht in der Lage ist, Ersatz seines Schadens von einem anderen Schadensversicherer oder von einem Sozialversicherungsträger zu erlangen (§ 158 c IV VVG). Bei fehlendem Versicherungsschutz vermindert sich zwar der Anspruch des Geschädigten um Sozialversicherungsleistungen, nicht aber um fortgezahlten Lohn. Daher sind die nach § 4 LFZG auf den AG übergegangenen und nach § 12 LFZG an die Krankenkasse abgetretenen Schadensersatzansprüche des Geschädigten auch bei fehlendem Versicherungsschutz unmittelbar vom Haftpflichtversicherer zu erfüllen (§ 158 c I VVG).

Die AOK in D kann somit ihre durch die Abtretung erworbenen Ansprüche nach ihrer Wahl auch gegenüber dem Haftpflichtversicherer des A geltend machen.

III. Ansprüche gegen B

Die AOK könnte Leistungsaufwendungen, die sie im Fall des Verletzten und Verstorbenen C zu machen hatte, gegen den am Unfall mitbeteiligten B geltend machen.

Ein Anspruch nach § 640 RVO (hier der Anspruch gegen A) schließt einen Anspruch gegen einen Zweitschädiger im Rahmen des § 1542 RVO nicht aus[184]. Unter Berücksichtigung des Anteils des Verschuldens des B wäre der Anspruch der AOK jedoch auf die Quote des Mitverschuldens ($^1/_3$) begrenzt. Bei der Möglichkeit, den A nach § 640 RVO voll in Anspruch zu nehmen, d. h. alle Aufwendungen in vollem Umfang geltend zu machen, wird die AOK keine Ansprüche gegen B erheben.

IV. Mögliche Durchsetzung der Ansprüche

Rückgriffsansprüche der Sozialversicherungsträger nach § 640 RVO unterliegen der Zuständigkeit der Zivilgerichte, nicht der der Sozialgerichte oder der Arbeitsgerichte[185]. Da die Ansprüche der Sozialversicherungsträger im Rahmen des § 1542 RVO auch nach dem Rechtsübergang bürgerlich-rechtliche Forderungen bleiben, ist auch für sie der ordentliche Rechtsweg gegeben.

V. Soziale Entschädigung

Gesetzliche Grundlagen

Bundesversorgungsgesetz – BVG – vom 20. 12. 1950 (BGBl. S. 791) i. d. F. vom 22. 6. 1976 (BGBl. I S. 1633)

Gesetz über die Errichtung der Verwaltungsbehörden in der Kriegsopferversorgung – KBKOV – vom 12. 3. 1951 (BGBl. I S. 169), zuletzt geändert durch Gesetz vom 24. 7. 1972 (BGBl. I S. 1284)

[184] BGH, USK 71252.

[185] Ständige Rechtsprechung. Z. B. BGH, NJW 1968, 251; SGb 1968, 561; BAG, NJW 1968, 908.

Gesetz über das Verwaltungsverfahren der Kriegsopferversorgung – KOVVfG – vom 2. 5. 1955 (BGBl. I S. 202) i. d. F. vom 6. 5. 1976 (BGBl. I S. 1169)
Häftlingshilfegesetz – HHG – vom 6. 8. 1955 (BGBl. I S. 498) i. d. F. vom 29. 9. 1969 (BGBl. I S. 1793)
Soldatenversorgungsgesetz – SVG – vom 26. 7. 1957 (BGBl. I S. 785) i. d. F. vom 5. 3. 1976 (BGBl. I S. 457)
Zivildienstgesetz – ZDG – vom 13. 1. 1960 (BGBl. I S. 10) i. d. F. vom 9. 8. 1973 (BGBl. I S. 1015)
Bundes-Seuchengesetz – BSeuchG – vom 18. 7. 1961 (BGBl. I S. 1012, ber. S. 1300)
Bundesgrenzschutzgesetz – BGSG – vom 18. 8. 1972 (BGBl. I S. 1834)
Gesetz über die Entschädigung für Opfer von Gewalttaten – OEG – vom 11. 5. 1976 (BGBl. I S. 1181)

Literatur

a) Kommentare und Lehrbücher

Kühne/Wolff, Die Gesetzgebung über den Lastenausgleich, 1952 ff. (Losebl.-Slg.)
Harmening/Schubert, Lastenausgleich, 1956 ff. (Losebl.-Slg.)
Rohr/Beuster/Strässer, Bundesversorgungsrecht mit Verfahrensrecht, 1956 ff. (Losebl.-Slg.)
Blessing/Giessler, Bundesschädigungsschlußgesetz, 1967
Vorberg/van Nuis, Das Recht der Kriegsbeschädigten und Kriegshinterbliebenen, 1970 ff. (Losebl.-Slg.)
Wilke/Wunderlich, Bundesversorgungsgesetz, 4. Aufl. 1973
Schieckel/Gurgel, Das Bundesversorgungsgesetz, 4. Aufl., 1974 (Losebl.-Slg.)
Wertenbruch, Sozialverfassung-Sozialverwaltung, 1974, S. 159 ff.
Tichy, Das soziale Entschädigungsrecht im Rahmen des SGB, 1975
Hauck/Haines, Sozialgesetzbuch, 1976, § 5
Wertenbruch, Sozialverwaltungsrecht, in: *v. Münch*, Besonderes Verwaltungsrecht, 4. Aufl., 1976, S. 356 f., 411 ff.
Schoreit/Düsseldorf, Gesetz über die Entschädigung für Opfer von Gewalttaten, 1977

b) Weitere Literatur

Gitter/Schnapp, Erhöhte Verantwortung der Allgemeinheit für Personenschäden als Problem sozialer Sicherung, JZ 1972, 474 ff.
Heussner, Verhandlungen des 49. Deutschen Juristentages, Band II/2 (1972), Thesen, S. P 129
Leisner, Schadensausgleich in der Kriegsopferversorgung als Musterregelung für eine soziale Entschädigung?, KOV 1972, 49 ff.
Rüfner, Empfiehlt es sich, die soziale Sicherung für den Fall von Personenschäden, für welche die Allgemeinheit eine gesteigerte Verantwortung trägt, neu zu regeln? Gutachten E zum 49. Deutschen Juristentag, 1972, S. 33 ff. und Verhandlungen des 49. Deutschen Juristentages, Band II, 1972, S. 7 ff.

Schäfer, Soziale Schäden, soziale Kosten und soziale Sicherung, Argumente für ein Modell zur Integration aller Ausgleichsleistungen für Personenschäden in das soziale Sicherungssystem, 1972
Schnapp, Staatliche Entschädigung und Sozialgesetzgebung, in: Das neue Sozialgesetzbuch, 1972, S. 144 ff.
Wertenbruch, Schadensausgleich in der Kriegsopferversorgung als Musterregelung für eine soziale Entschädigung?, SGb 1972, 241 ff.
Wulfhorst, Das BundesversorgungsG als ,,Grundgesetz" für öffentlich-rechtliche Personenschadensregelungen, DRiZ 1972, 267 ff.
Zacher, Die Frage nach der Entwicklung eines sozialen Entschädigungsrechts, DÖV 1972, 461 ff.
Der Bundesminister für Arbeit und Sozialordnung (Hrsg.), Anhaltspunkte für die ärztliche Gutachtertätigkeit im Versorgungswesen, 1973
Krasney, Ausgleich des immateriellen Schadens in einem sozialen Entschädigungsrecht, ZSR 1973, 681 ff.
Rüfner, Die Abgrenzung von Unfallversicherung und sozialer Entschädigung, ZSR 1973, 565 ff.
Tichy, Gedanken zur Gestaltung des ,,Sozialen Entschädigungsrechts", in: VdK Mitteilungen, 1973, S. 352 ff.
Bley, Die öffentlich-rechtliche Risikohaftung als Teil eines sozialen Entschädigungsrechts, SGb 1974, 45 ff.
ders., Sind unechte Unfallversicherung und Entschädigung von Tumultschäden soziales Entschädigungsrecht im Sinne des geplanten Sozialgesetzbuches?, ZSR 1974, 193 ff.
Haueisen, Zur Reform des Staatshaftungsrechts, DÖV 1974, 454 ff.
Wolfgang Meyer, Soziales Entschädigungsrecht, Ein Teilsystem öffentlich-rechtlicher Ersatzleistungen, Diss. 1974
Rohwer-Kahlmann, Das soziale Entschädigungsrecht im geplanten Sozialgesetzbuch, ZSR 1974, 82 ff., 139 ff.
Schulte, Soziale Entschädigung nach dem SGB für Tumult- und Gewaltschäden, ZSR 1974, 588 ff.
Wallerath, Zurechnung und Kausalität im Versorgungsrecht, VSSR 2 (1974), 233 ff.
Harald Bogs, Anrecht und Gestaltungsfragen eines besonderen staatlichen Tumultschadens-Ausgleichs, ZSR 1975, 593 ff.
Schnapp/Meyer, Perspektiven des Rechts der sozialen Entschädigung, BlStSozArbR 1975, 359 ff.
Bracht, Auszahlung von Sozialleistungen bei Verletzung der Unterhaltspflicht, NJW 1976, 1252
Brockelmann, Entschädigung für Opfer von Gewalttaten, SozSich. 1976, 75 ff.
Gleitze, Die Entschädigung für Opfer von Gewalttaten, ZSR 1976, 193 ff.
Lange, Opfer von Gewalttaten erhalten Entschädigung, DOK 1976, 473 ff.
Rüfner, Die Entschädigung für Opfer von Gewalttaten, NJW 1976, 1249 ff.
Wuttke, Zur Frage der Umkehr der Beweislast in der Kriegsopferversorgung, ZfSH 1976, 161 f.
Becker, Sozialentschädigung für Opfer von Gewalttaten, NDV 1977, 59 ff.
Henke, Entwicklungstendenzen des Rechtsinstituts der sozialen Entschädigung in der Bundesrepublik Deutschland, SZS 1977, Nr. 2.

1. Überblick

Zu den rechtspolitisch bedeutsamsten Sozialleistungsbereichen des zu schaffenden SGB gehört das in § 5 AT-SGB angedeutete und in einem eigenen Buch auszuführende Rechtsinstitut der sozialen Entschädigung. Dazu heißt es in

§ 5 AT-SGB
(Soziale Entschädigung bei Gesundheitsschäden)

(1) Wer einen Gesundheitsschaden erleidet, für dessen Folgen die staatliche Gemeinschaft in Abgeltung eines besonderen Opfers oder aus anderen Gründen nach versorgungsrechtlichen Grundsätzen einsteht, hat ein Recht auf
 1. die notwendigen Maßnahmen zur Erhaltung, zur Besserung und zur Wiederherstellung der Gesundheit und der Leistungsfähigkeit und
 2. angemessene wirtschaftliche Versorgung.

(2) Ein Recht auf angemessene wirtschaftliche Versorgung haben auch die Hinterbliebenen eines Beschädigten.

Dieses soziale Recht auf Entschädigung bei Gesundheitsschäden hat übertriebene Erwartungen, aber auch übertriebene Kritik erfahren. Will man seiner rechtspolitischen Bedeutung gerecht werden, muß man den gesetzgeberischen Motiven nachgehen, die ihm zugrunde liegen. Danach will die Vorschrift des § 5 AT-SGB, die ebensowenig wie die anderen sozialen Rechte ein subjektives Recht einräumt[1], lediglich die grundsätzlichen Gesichtspunkte umschreiben, unter denen im Bereich des SGB staatliche Entschädigungsleistungen für Gesundheitsschäden erbracht werden[2]. Als gesetzgeberische Leitvorstellung will diese Vorschrift klarstellen, daß die verschiedenen Tatbestände, bei denen soziale Entschädigung geleistet wird, aus gleichen oder ähnlichen gesetzgeberischen Grundmotiven geschaffen wurden und als Teile eines einheitlichen sozialen Entschädigungsrechts zu interpretieren sind[3]. Entscheidend ist dabei der Gedanke, daß die staatliche Gemeinschaft für die Folgen eines Gesundheitsschadens einstehen soll, die aus dem staatlichen Gemeinschaftsleben erwachsen sind und von ihr nicht verhindert werden konnten. Soziale Entschädigung ist mithin Ausdruck freiwilligen Entstehens der Gemeinschaft für gesundheitliche Lebensrisiken, die aus dem Gemeinschaftsleben erwachsen sind, nicht verhindert werden konnten und – im allgemeinen – anderweitig rechtlich nicht abgesichert sind[4].

Hieraus ergibt sich die Abgrenzung sowohl zum Staathsaftungsrecht wie zur GUV: Staatshaftungsrecht ist Unrechtshaftung. Das Recht der GUV ist in seinem Kern substitutive Risikohaftung und entschädigt die in

[1] Vgl. oben I.
[2] Amtliche Begründung in BT-Drucks. 7/868, S. 23 (§ 5).
[3] *Hauck/Haines,* § 5 Rdnr. 8.
[4] Zur möglichen Anspruchskonkurrenz vgl. V 1 weiter unten.

einem inneren Zusammenhang mit einem Arbeitsunfall stehenden Personenschädigungen. Soziale Entschädigung ist ein – ebenfalls kausal orientiertes – System typisierter Leistungen für gesetzlich abgegrenzte Fälle von Personenschäden, für welche die Allgemeinheit eine gesteigerte Verantwortung trägt[5].

So eingängig diese in § 5 AT-SGB zum Ausdruck kommende Leitvorstellung des Gesetzgebers zur sozialen Entschädigung klingt, so wenig reicht sie aus, den Kreis der in das Recht der sozialen Entschädigung einzubeziehenden Lebensrisiken abzugrenzen. Hinzu kommt, daß die gesellschaftlichen Anschauungen darüber, welche Rechtsgutverletzungen wegen ihrer sozialen Bedeutung in das Recht der sozialen Entschädigung aufzunehmen sind oder nicht, dem Wandel unterliegen. Sprechen schon diese praktischen Gesichtspunkte dagegen, daß die konkrete Ausformung des Rechtsinstituts der sozialen Entschädigung durch den Rechtsanwender (Verwaltung und Rechtsprechung) erfolgt, so hat sich der Gesetzgeber gegen solche möglichen Tendenzen durch den ausdrücklichen Hinweis auf notwendige positivrechtliche Regelungen abgesichert[6]. Ihr Ausgangspunkt sind das Recht der Kriegsopferversorgung sowie jene Gesetze, die die entsprechende Anwendung der Leistungsvorschriften des Bundesversorgungsgesetzes (BVG) vorsehen[7]. Zurechnungsgrund ist in allen Fällen ein der staatlichen Gemeinschaft zurechenbarer Gefahrenzustand, der das übliche Lebensrisiko erheblich übersteigt. Damit ein Anspruch auf soziale Entschädigung zugesprochen werden kann, müssen folgende Voraussetzungen erfüllt sein[8]:

— **Gesetzlich anerkannter risikogeschützter Lebensbereich**
  Hierzu zählen die Ausübung des militärischen oder militärähnlichen Dienstes in der ehemaligen Reichswehr und der ehemaligen Wehrmacht sowie bestimmte ihr gleichgestellte Tatbestände[9], ferner die Wehrdiensttätigkeit in der Bundeswehr[10], der Bundesgrenzschutzdienst[11], die Zivildiensttätigkeit[12], das Sich-Impfen-Lassen[13] sowie das aus politischen Gründen Sich-in-Gewahrsam-Befinden[14].

[5] Beschluß der sozialrechtlichen Abteilung des 49. Deutschen Juristentages (1972); *Haueisen,* DÖV 1974, 454 (457).
[6] Vgl. § 2 I 2 AT-SGB.
[7] Vgl. Art. II § 1 Nr. 11 AT-SGB.
[8] Vgl. zum folgenden *Wertenbruch,* Sozialverwaltungsrecht, S. 411 ff.
[9] §§ 1 I, 2 ff. BVG.
[10] § 80 SVG.
[11] § 59 BGSG.
[12] § 47 ZDG.
[13] § 51 BSeuchG.
[14] §§ 4, 5 HHG.

— **Gesundheitliche Schädigung**
Anders als bei der GUV kommt es bei ihr nicht auf ein plötzliches, d. h. zeitlich begrenztes Ereignis an[15]; eine gesundheitliche Schädigung kann auch im Verschleiß der Bandscheiben durch jahrelange kriegsbedingte schwere Arbeit oder in einem Nierenleiden durch Aufenthalt in Nässe liegen.

— **Haftungsbegründende Kausalität**
Bei ihr geht es um die Frage der Verknüpfung von gesetzlich anerkannter Risikosituation und gesundheitlicher Schädigung; die risikogeschützte Sphäre muß für die gesundheitliche Schädigung eine wesentliche Bedingung gesetzt haben.

— **Gesundheitliche und wirtschaftliche Folgen**
Sofern das tatbestandlich umschriebene Risiko die wesentliche Bedingung für den Eintritt der gesundheitlichen Schädigung gewesen ist, ist in der Regel auf Antrag sowohl wegen der gesundheitlichen wie der wirtschaftlichen Folgen Versorgung zu leisten.

— **Haftungsausfüllende Kausalität**
Die gesundheitliche Schädigung muß allerdings für die eingetretenen gesundheitlichen und wirtschaftlichen Folgen die wesentliche Bedingung sein. Zwischen der Gesundheitsschädigung und der Beeinträchtigung der Erwerbsfähigkeit (MdE) muß also eine kausale Verknüpfung i. S. d. Theorie der wesentlichen Bedingung bestehen wie zwischen der Gesundheitsschädigung und dem besonderen beruflichen Betroffensein (§ 30 II BVG) oder dem nach § 30 III bis V BVG auszugleichenden Einkommensverlust. Beispiele kausaler Zurechnung im Bereich der haftungsausfüllenden Kausalität sind: Herzleiden als Folge eines anerkannten Rheumatismus, Notwendigkeit der Amputation eines Oberschenkels infolge einer arteriellen Verschlußkrankheit und eines schädigungsbedingten Unterschenkelgeschwürs, Verlust eines Beines eines wehrdienstgeschädigten Armamputierten durch einen Unfall, den der Betroffene ohne die Armamputation nicht erlitten hätte. Grobfahrlässiges Verhalten schließt haftungsausfüllende Kausalität aus; der Verletzte setzt in einem solchen Fall selbst die wesentliche Bedingung für den Nachschaden[16].

Für die Annahme, daß eine Gesundheitsstörung Folge einer Schädigung ist, genügt versorgungsrechtlich die Wahrscheinlichkeit des ursächlichen Zusammenhanges (§ 1 III 1 BVG); sie ist gegeben, wenn nach der

[15] Vgl. aber im Rahmen der GUV die Möglichkeit der Berufskrankheit (§ 551 RVO).

[16] *Wilke/Wunderlich*, § 1 Anm. 10. Vgl. auch *Wallerath*, VSSR 2 (1974), 233 (244 ff.).

geltenden medizinisch-wissenschaftlichen Lehrmeinung mehr für als gegen einen ursächlichen Zusammenhang spricht. Abweichend davon ist eine Versorgung nach § 1 III 2 BVG möglich (Kannversorgung), wenn die zur Anerkennung einer Gesundheitsschädigung als Folge einer Schädigung erforderliche Wahrscheinlichkeit nur deshalb nicht gegeben ist, weil über die Ursache des festgestellten Leidens in der medizinischen Wissenschaft Ungewißheit besteht; gleichlautende Bestimmungen sind in §§ 81 V 2 SVG, 47 VI 2 ZDG, 4 III 2 HHG und 52 II 2 BSeuchG enthalten. Eine häufige und wichtige Krankheit, bei der eine Kannversorgung in Frage kommt, ist die sog. Bechterew-Krankheit. Es ist eine chronisch entzündliche Erkrankung aus dem rheumatischen Formenkreis, deren Ätiologie noch weitgehend ungeklärt ist; ein ursächlicher Zusammenhang kann nur unter besonderen Voraussetzungen als wahrscheinlich angesehen werden, z. B. wenn sich die Spondylarthritis ankylopoetica in zeitlicher Verbindung mit einem schädigungsbedingten rheumatischen Fieber entwickelt hat; sonst ist jedoch eine Kannversorgung in Betracht zu ziehen[17].

Der noch keineswegs als Musterregelung anzusehende Leistungskatalog der sozialen Entschädigung umfaßt (§ 24 I AT-SGB): Heil- und Krankenbehandlung sowie andere Leistungen zur Erhaltung, Besserung und Wiederherstellung der Leistungsfähigkeit, einschließlich wirtschaftliche Hilfen (§§ 10 bis 24 a BVG), besondere Hilfen im Einzelfall, einschließlich Berufsförderung (§§ 25 bis 27 d BVG), Renten wegen Minderung der Erwerbsfähigkeit (§§ 30 bis 35 BVG), Renten an Hinterbiebene, Bestattungsgeld und Sterbegeld (§§ 36 bis 53 BVG), Kapitalabfindung insbesondere zur Wohnraumbeschaffung (§§ 72 bis 80 BVG)[18].

Dem Rechtsinstitut der sozialen Entschädigung ist vorgeworfen worden, es habe für das überkommene Sozialversorgungsrecht lediglich einen neuen Namen eingeführt; in der Sache habe sich nichts geändert; allenfalls sei die Verwirrung größer geworden. Eine solche Beurteilung wird dem Rechtsinstitut der sozialen Entschädigung nicht gerecht. Bereits wenige Monate nach Inkrafttreten des AT-SGB wurde das Gesetz über die Entschädigung für Opfer von Gewalttaten (OEG)[19] verabschiedet, das die rechtspolitische Bedeutung des Rechtsinstituts der sozialen Entschädigung unterstreicht. Anknüpfungspunkt für die Gewährung sozialer Entschädi-

[17] *Der Bundesminister für Arbeit und Sozialordnung (Hrsg.),* Anhaltspunkte für die ärztliche Gutachtertätigkeit im Versorgungswesen, S. 8, 171. Für noch größere Beweiserleichterung insgesamt tritt *Wuttke,* ZfS 1976, 161 ff. ein.

[18] Zur notwendigen Fortentwicklung des BVG vgl. Sozialpolitisches Rahmenprogramm des Verbandes der Kriegs- und Wehrdienstopfer, Behinderten und Sozialrentner Deutschlands (VdK), ZSR 1976, 376 ff., 482 ff.

[19] v. 11. 5. 1976 (BGBl. I S. 1181).

gung nach diesem Gesetz ist in der Regel der vorsätzliche, rechtswidrige Angriff auf eine Person; gleichgestellt sind Giftbeibringung und gemeingefährliche Verbrechen[20]. Keine Anwendung findet das OEG auf vorsätzliche tätliche Angriffe durch Gebrauch eines Kraftfahrzeugs (§ 1 VI OEG)[21]. Schuldhaftes Verhalten ist nicht erforderlich. Das bedeutet, daß auch der Angriff einer zurechnungsunfähigen Person[22] anspruchsbegründend sein kann. Da nach h. M. die irrtümliche Annahme der Voraussetzungen eines Rechtfertigungsgrundes zum Tatbestandsirrtum und damit zur Fahrlässigkeit führt[23], können im Einzelfall auch Fahrlässigkeitstaten zur Entstehung eines Anspruchs auf soziale Entschädigung führen[24]. Tat i. S. d. § 1 OEG können auch sog. unechte Unterlassungsdelikte sein[25].

Ausländer haben keinen Anspruch auf Versorgung, wenn die Gegenseitigkeit nicht gewährleistet ist (§ 1 IV OEG). Eine solche Einschränkung ist jedenfalls gegenüber Angehörigen der EG nicht zu rechtfertigen[26].

Die Vorschrift des § 2 OEG enthält bestimmte Versagungsgründe, die dem Gedanken des Mitverschuldens, soweit im Sozialrecht vertretbar, Rechnung tragen. So sind Leistungen zu versagen, wenn der Geschädigte die Schädigung (wesentlich) verursacht hat oder wenn es aus sonstigen im Verhalten des Anspruchsstellers liegenden Gründen unbillig wäre, Entschädigung zu gewähren (§ 2 I OEG; vgl. auch § 1 IV BVG und § 81 V SVG). Darüber hinaus können Leistungen versagt werden, wenn der Geschädigte es unterlassen hat, das ihm Mögliche zur Aufklärung des Sachverhalts und zur Verfolgung des Täters beizutragen, insbesondere unverzüglich Anzeige bei einer für die Strafverfolgung zuständigen Behörde zu erstatten (§ 2 II OEG)[27].

Im Gegensatz zu Ansprüchen nach dem BVG (§ 81 BVG), aber parallel zu Ansprüchen nach dem BSeuchG (§ 54 IV BSeuchG), konkurrieren Ansprüche nach dem OEG mit Schadensersatzansprüchen, insbesondere Amtshaftungsansprüchen und sonstigen Ansprüchen gegen den Leistungsträger (§ 3 III OEG). Ansprüche aus unmittelbarer Anwendung des BVG gehen Ansprüchen nach dem OEG vor (§ 3 II OEG). Treffen Ansprüche nach dem OEG mit Ansprüchen nach dem BVG oder anderen Gesetzen zusammen, die das BVG für anwendbar erklären, so ist eine einheitliche

[20] § 1 II OEG.
[21] Vgl. jedoch § 12 PflVG.
[22] §§ 20, 21 StGB.
[23] Vgl. dazu BGHSt. 3, 106; *Engisch*, ZStW 70, 588.
[24] § 1 I 2 OEG.
[25] § 13 StGB. Vgl. dazu *Brockelmann*, SozSich. 1976, 75 (76).
[26] Bedenken auch bei *Lange*, DOK 1976, 473 (474).
[27] Weitere Einzelheiten bei *Rüfner*, NJW 1976, 1249 (1250); *Brockelmann*, SozSich. 1975, 60 f.; *ders.*, SozSich. 1976, 75 ff.

Rente festzusetzen (§§ 3 I OEG, 54 I 1 BSeuchG). Entgegen der in § 3 IV OEG ausgeschlossenen Regelung des § 541 I Nr. 2 RVO besteht Anspruchskonkurrenz auch zu Ansprüchen nach dem Recht der GUV. Das bedeutet z. B.: Nothilfe (§ 539 I Nr. 9 RVO) und ehrenamtliche Tätigkeit (§ 539 I Nr. 13 RVO) können zu Ansprüchen sowohl nach dem Recht der GUV wie nach dem OEG führen. Allerdings ruhen die Ansprüche nach dem OEG, soweit die GUV eintritt (§ 65 BVG). Im übrigen gilt § 81 a BVG, wonach gesetzliche Schadensersatzansprüche auf den Kostenträger (§ 4 OEG) übergehen, soweit dieser nach dem OEG leistungspflichtig ist (§ 5 OEG)[28]. Etwaige Ersatzansprüche der Träger der GKV gegen die Versorgungsverwaltung richten sich nach §§ 19, 20 BVG. Das bedeutet: Für bei ihr versicherte Gewaltopfer erhält die Krankenkasse Ersatz ihrer Aufwendungen für Krankenhauspflege, Haushaltshilfe, Heilmittel und Geldleistungen nach Einzelabrechnung; die übrigen Leistungen, insbesondere die ambulante Versorgung werden pauschal abgegolten (§ 19 I BVG); für nicht gesetzlich versicherte Entschädigungsberechtigte werden der Krankenkasse alle entstehenden Aufwendungen zuzüglich 8 % dieser Kosten als Verwaltungsaufwand ersetzt (§ 20 I BVG)[29].

Wie immer man das OEG würdigt: Es läßt sich nicht bestreiten, daß es eine empfindliche Lücke im deutschen Recht der sozialen Sicherung geschlossen hat. Das Rechtsinstitut der sozialen Entschädigung hat damit bereits kurz nach Inkrafttreten des AT-SGB eine erste rechtspolitisch bedeutsame Erweiterung erfahren. Es besteht Anlaß zu der Erwartung, daß mit Hilfe dieses Rechtsinstituts – entgegen der bislang laut gewordenen Kritik – weitere rechtspolitische Fortschritte erzielt werden.

Da sich Bestrebungen, den Anwendungsbereich der sozialen Entschädigung zu erweitern, wie beim OEG nur über Gesetzeserweiterungen verwirklichen lassen, fragt sich, welche weiteren Lebensbereiche in Zukunft für eine Einbeziehung in das Recht der sozialen Entschädigung in Betracht kommen.

Sicherlich wären im Rechtsinstitut der sozialen Entschädigung folgende Tatbestände dogmatisch richtig untergebracht, die jetzt noch zum Recht der GUV gehören:

— Tätigkeiten in Unternehmen zur Hilfe bei Unglücksfällen, einschließlich Teilnahme an Ausbildungsveranstaltungen (§ 539 I Nr. 8 RVO)
— Hilfeleistungen bei Unglücksfällen oder gemeiner Gefahr oder Not sowie Rettung(sversuch) eines anderen aus gegenwärtiger Lebensgefahr oder erheblicher gegenwärtiger Gefahr für Körper oder Gesundheit (§ 539 I Nr. 9 a RVO)

[28] *Rüfner*, NJW 1976, 1249 (1250).
[29] *Lange*, DOK 1976, 473 (475). Vgl. auch X 2 b).

— Hilfeleistung für einen Bediensteten einer juristischen Person des öffentlichen Rechts aufgrund Heranziehung zur Unterstützung (§ 539 I Nr. 9 b RVO)
— persönlicher Einsatz bei Verfolgung oder Festnahme einer Person, die einer strafbaren Handlung verdächtig ist, oder zum Schutz eines widerrechtlich Angegriffenen (§ 539 I Nr. 9 c RVO)
— Spenden von Blut und körpereigenen Geweben (§ 539 I Nr. 10 RVO)
— Leistung von Luftschutzdienst bei Heranziehung oder Gefahr im Verzug (§ 539 I Nr. 12 a RVO)
— Tätigkeit als freiwilliger Helfer des Bundesluftschutzverbandes (§ 539 I Nr. 12 b RVO)
— Teilnahme an Ausbildungsveranstaltungen von Institutionen zum Bevölkerungsschutz (§ 539 I Nr. 12 c RVO)
— ehrenamtliche Tätigkeit für juristische Personen des öffentlichen Rechts (§ 539 I Nr. 13 RVO) sowie
— von einer berechtigten Stelle zur Beweiserhebung herangezogener Zeugen (§ 539 I Nr. 13 RVO)
— Tätigkeit als Entwicklungshelfer (§ 539 I Nr. 16 RVO).

Die genannten Tätigkeiten stehen, von Einzelfällen abgesehen, mit dem Arbeitsleben nicht in innerem Zusammenhang; selbst der Besuch von Ausbildungsveranstaltungen und die ehrenamtliche Lehrtätigkeit innerhalb solcher Veranstaltungen (§ 539 I Nr. 8 und 12 c RVO) stellen keine Vorbereitung auf das Arbeitsleben, sondern auf die Erbringung helfender Dienste dar. Dagegen zeichnen sich die genannten Tätigkeiten durch das gemeinsame Merkmal altruistischen Handelns im Interesse der Allgemeinheit aus, so daß es gerechtfertigt wäre, bei ihnen im Fall von Gesundheitsschäden eine gesteigerte Verantwortung der staatlichen Gemeinschaft für ungleich belastende Einbußen an körperlicher Integrität anzunehmen[30]. Ob sich der Gesetzgeber entschließt, diesen dogmatischen Überlegungen Rechnung zu tragen, die genannten Tatbestände aus der GUV herauszunehmen und in den Rechtsbereich der sozialen Entschädigung zu überführen, bleibt allerdings abzuwarten.

Als Standort für die Frage der Haftung für Tumultschäden hat die von der Bundesregierung eingesetzte Kommission[31] das zu überarbeitende Staatshaftungsrecht vorgeschlagen[32]. Danach soll das Land Entschädigung leisten, wenn die öffentliche Sicherheit durch das unfriedliche Verhalten einer Menschenmenge in der Öffentlichkeit gestört und jemand durch dabei ausgeübte Gewalt (oder deren Abwehr) Schaden erleidet[33]. Zur Begrün-

[30] *Bley*, ZSR 1974, 193 (218 f.).
[31] Kommissionsbericht zur Reform des Staatshaftungsrechts.
[32] Vgl. §§ 19 bis 23 EzStHG.
[33] § 19 I EzStHG.

dung wird ausgeführt, Tumultschäden seien häufig Unrechtsschäden, die der Staat zwar nicht verursache, aber mitzuverantworten habe, weil ihm die Nichtverhütung eines Tumults oder eines Tumultschadens als Versagen zur Last zu legen sei.

Eine solche Begründung überzeugt jedoch nicht. Wenn der Staat als „Garant für Sicherheit und Ordnung" für die Folgen von Tumultschäden einzustehen hätte, so müßte etwa die Entschädigung von Verbrechensopfern in gleicher Weise erfolgen; sie ist aber der sozialen Entschädigung unterstellt. Das gleiche gilt für Schäden durch Umweltverschmutzung und bestimmte Verkehrsunfälle, die der Kommissionsbericht an anderer Stelle[34] als Fälle bezeichnet, die lediglich Rechtsgrund staatlicher Fürsorgemaßnahmen sein könnten; das aber sei ein völlig anderer Rechtsgrund als der Rechtsgrund der Unrechtshaftung.

Entgegen der Auffassung der Sachverständigenkommission mehren sich daher die Stimmen, die die Frage der Tumultschäden nicht der Staatshaftung (Unrechtshaftung), sondern der Sozialhaftung (sozialen Entschädigung) zuordnen möchten[35]. Ob sich der Gesetzgeber dieser in der Literatur überwiegenden Meinung anschließen wird, kann allerdings z. Z. nicht gesagt werden.

Neben Personenschäden aus Gewaltverbrechen und Tumulten gibt es weitere Lebensrisiken, die Gegenstand des Rechtsinstituts der sozialen Entschädigung werden könnten. Zu denken ist etwa, wie erwähnt, an Risiken aus Umweltverschmutzung, bestimmten Verkehrsunfällen (Unfallflucht), ferner aus Naturkatastrophen, gefährlichen Pharmaka, Resozialisierung, Produkten, Forschungsunternehmungen[36]. In seiner Öffnung zur Bewältigung solcher künftig möglicherweise eintretender Lebensrisiken, für die die Gemeinschaft eine gesteigerte Verantwortung trägt, liegt also der eigentliche rechtspolitische Wert des Rechtsinstituts der sozialen Entschädigung[37].

2. Praktische Fälle

a) Risikogeschützter Lebensbereich (Wehrerfassung)

Sachverhalt

A wird für den 9. 11. 1976, 12.00 Uhr, zum Zweck der Wehrerfassung zur Gemeindeverwaltung G bestellt. Er fährt mit seinem PKW an diesem Tag von X, wo er als Arbeiter bei einer Brauerei beschäftigt ist, zu seiner Wohnung im Elternhaus und

[34] S. 63 f.

[35] *Haueisen,* DÖV 1974, 454 (457); *Rohwer-Kahlmann,* ZSR 1974, 139 (154 ff.); *Bley,* ZSR 1974, 193 (222 ff.).

[36] *Wertenbruch,* Sozialverfassung-Sozialverwaltung, S. 164 f.

[37] *Gleitze,* ZSR 1976, 193 (195).

von dort zur Wehrerfassung. Nach deren Beendigung will er zur Wohnung zurückfahren, sich umziehen, die Erfassungsunterlagen zurückbringen und das Mittagessen einnehmen. Auf dem direkten Weg zu seinem Elternhaus verunglückt er gegen 12.15 Uhr. Er erleidet Verletzungen am Kopf und linken Bein, ist mehrere Monate arbeitsunfähig und beantragt beim Wehrbereichsgebührnisamt (WBG-Amt) die Anerkennung der Gesundheitsstörungen als Wehrdienstbeschädigung und eine Entschädigung, weil eine MdE von mindestens 25 % bestehe.

Das VersA lehnt den Antrag mit der Begründung ab, die Wehrerfassung gehöre nicht zu den nach §§ 80, 81 SVG versorgungsrechtlich geschützten Tatbeständen. Der dagegen eingelegte Widerspruch des A wird vom LVersA zurückgewiesen. Darauf erhebt A vor dem örtlich zuständigen SG Klage mit dem Antrag, unter Aufhebung des Bescheids vom ... sowie des Widerspruchsbescheids vom ... das Land L zu verurteilen, ihm für die Folgen des am 9. 11. 1976 erlittenen Unfalls eine Entschädigung nach den Vorschriften des BVG zu gewähren[38].

Lösungsvorschlag

Da die Parteien um die Rechtsfolgen aus den versorgungsrechtlichen Tatbeständen der §§ 80, 81 SVG streiten, ist der Rechtsweg vor den SGen eröffnet (§ 88 V SVG)[39]. Als richtige Klageart kommt die kombinierte Anfechtungs- und Leistungsklage in Betracht (§ 54 IV SGG). Ein Vorverfahren ist in Angelegenheiten der Kriegsopferversorgung und den ihnen verfahrensrechtlich gleichgestellten Angelegenheiten zwar stets zulässig, aber nur noch in 2 Fällen erforderlich: 1. wenn mit der Anfechtungsklage die Aufhebung oder Änderung eines VAs begehrt wird, der nicht eine Leistung betrifft, auf die ein Rechtsanspruch besteht; 2. wenn der Antrag auf Vornahme des VAs abgelehnt worden ist und deshalb Verpflichtungsklage erhoben wird[40]. Da – sofern die Tatbestandsvoraussetzungen vorliegen – auf Soldatenversorgung ein Anspruch besteht, war im vorliegenden Fall ein Vorverfahren zwar nicht erforderlich, andererseits aber auch nicht unzulässig (§ 78 II 1 SGG). Davon, daß die für die Klageerhebung vorgesehene Frist eingehalten wurde (§ 87 SGG), wird ausgegangen. Die von A erhobene Klage ist daher zulässig.

Damit die Klage des A begründet ist, müßte die Wehrerfassung zu den nach den §§ 80, 81 SVG versorgungsrechtlich geschützten Lebensrisiken gehören. Da A nicht Soldat der Bundeswehr ist, kommt es also darauf an, ob er im Zeitpunkt des Unfallereignisses eine der „Ausübung des Wehrdienstes" gesetzlich gleichgestellte risikogeschützte Tätigkeit wahrnahm

[38] BSG, Breithaupt 65 (1976), 878 = SGb 1976, 32 mit Anm. *Getrost.*

[39] Die Ausnahme der §§ 25–27 f BVG (§ 51 II 2 SGG) liegt nicht vor.

[40] In den übrigen Fällen, wenn also ein – nicht mit der Verpflichtungsklage angreifbarer – VA ergangen ist, der eine Leistung betrifft, auf die ein Anspruch besteht, ist das Vorverfahren nicht vorgeschrieben. Der Betroffene hat vielmehr die Wahl zwischen Vorverfahren und unmittelbarer Klageerhebung.

(§ 81 IV SVG). Nach § 81 IV Nr. 1 SVG gehört zum Wehrdienst auch das Erscheinen zur Feststellung der Wehrtauglichkeit, zu einer Eignungsprüfung oder zur Wehrüberwachung auf Anordnung der zuständigen Dienststelle, nach § 81 IV Nr. 2 SVG außerdem das Zurücklegen des mit dem Wehrdienst zusammenhängenden Weges nach und von der Dienststelle. Diese vom Gesetzgeber abgesteckte Risikosphäre schließt jedoch nicht die Wehrerfassung ein, auch nicht den Weg oder den Rückweg zur Erfassungsbehörde; die Wehrerfassung ist von der Feststellung der Wehrtauglichkeit und den weiteren im SVG genannten Risiken vielmehr zu unterscheiden und ihnen sowohl zeitlich wie organisatorisch vorgeschaltet. Es besteht auch keine planwidrige Gesetzeslücke, die durch eine entsprechende Anwendung der genannten Vorschriften des SVG geschlossen werden müßte. Die Wehrerfassung ist zwar notwendige Voraussetzung eines ordnungsmäßigen Wehrersatzwesens; sie ist aber ein mehr büromäßiges Geschehen und anderen staatsbürgerlichen, nicht gesetzlich geschützten Pflichten vergleichbar, etwa der Anmeldung des Wohnsitzes oder der Anmeldung schulpflichtiger Kinder bei der zuständigen Schule; von den für den Wehrdienst eigentümlichen Gefahrenquellen ist die Wehrerfassung recht weit entfernt. Es liegt zwar nahe, daß der Gesetzgeber eines Tages den Hin- und Rückweg zur Erfassungsstelle in den öffentlich-rechtlich geschützten Lebensraum einbezieht. Für eine solche soziale Absicherung käme aber sowohl eine Erweiterung des § 81 SVG wie eine Erweiterung der Tatbestände der sog. unechten Unfallversicherung nach § 539 RVO in Betracht. In einem solchen Fall verbietet sich eine Lückenschließung durch die Rechtsprechung schon mit Rücksicht auf das Prinzip der Gewaltengliederung; die Rechtsprechung muß es dem Ermessen des Gesetzgebers überlassen, ob und wie er die Lücke schließt. Mangels gesetzlich anerkannten risikogeschützten Lebensbereichs ist die Klage des A daher unbegründet.

b) Risikogeschützter Lebensbereich (nicht zu vertretender politischer Gewahrsam)

Sachverhalt

Der vermindert zurechnungsfähige H, der in Hamburg wohnt, aber zahlreiche Male in die DDR gereist ist, wird im April 1969 am S-Bahnhof Friedrichstraße in Ostberlin festgenommen und im April 1970 vom Militärobergericht in Ost-Berlin zu 4 Jahren Freiheitsstrafe verurteilt. Die wesentlichen Ursachen, die zu seiner Festnahme und Verurteilung führen, sind:

- daß er der Polizei in Westberlin und dem Bundesgrenzschutz meldete, der Staatssicherheitsdienst der DDR habe ihn im Jahre 1968 für Spionagezwecke anzuwerben versucht
- daß er in den Jahren 1965 bis 1968 ca. 400 westliche Druckerzeugnisse in die DDR einführte

— daß er in der Zeit vom 12. bis 14. 4. 1969 am S-Bahnhof Friedrichstraße in Ostberlin mindestens 10 Plakataufkleber anheftete mit Sätzen wie: „Grenzsperre, Strafe ohne rechtliches Gehör, Urteilsbegründung!" oder: „Man schenke mir einen Zeitungskonzern, dann habe ich bessere Möglichkeiten, meiner Meinung Ausdruck zu geben."

Nachdem H einen Teil der Strafe verbüßt hat, wird er in die Bundesrepublik abgeschoben. Hier stellt er Antrag auf Ausstellung einer Häftlingshilfebescheinigung nach § 10 IV HHG (mit der er den Nachweis darüber führen kann, daß er die Voraussetzungen der §§ 1 I Nr. 1 und 9 I HHG erfüllt). Sein Antrag wird von der Freien und Hansestadt Hamburg mit der Begründung abgelehnt, daß er den von ihm in der DDR erlittenen Gewahrsam selbst zu vertreten habe. Nach erfolglosem Widerspruchsverfahren erhebt H Klage vor dem VG mit dem Antrag, die Freie und Hansestadt Hamburg unter Aufhebung des Bescheids vom ... und des Widerspruchsbescheids vom ... zu verpflichten, ihm eine Häftlingshilfebescheinigung nach § 10 IV HHG auszustellen. H ist der Auffassung, daß der politische Gewahrsam von ihm nicht zu vertreten sei[41].

Lösungsvorschlag

Die Klage des H ist begründet, wenn H einen Anspruch auf eine Häftlingshilfebescheinigung nach § 10 IV HHG hat. Ein solcher Anspruch setzt voraus, daß H unter den in § 1 I Nr. 1 HHG näher beschriebenen risikogeschützten Lebensbereich fällt, daß er die weiteren Voraussetzungen des § 9 I HHG erfüllt und daß Ausschließungsgründe nach § 2 I Nr. 1 und 2 HHG weder gegeben noch gemäß § 2 IV HHG wirksam sind.

Risikogeschützter Lebensbereich i. S. d. § 1 I Nr. 1 HHG ist die – nach dem 8. 5. 1945 in der DDR erfolgte und – nicht zu vertretende politisch bedingte Ingewahrsamnahme. Daß die 3 Gründe, die zur Festnahme und Verurteilung des H führten, politisch motiviert waren, ist nicht zweifelhaft. Fraglich ist allein, ob H die Gründe für seine politische Ingewahrsamnahme zu vertreten hat.

Der Begriff des Vertretenmüssens wird dadurch bestimmt, bis zu welchem Grad dem Betroffenen zugemutet werden kann, sich an das System des Gewahrsamsstaates anzupassen. Im Rahmen dieser Bewertung ist nicht auf die im Geltungsbereich des GG geltenden Rechtsauffassungen abzustellen. Auszugehen ist vielmehr von den im Gewahrsamsstaat herrschenden Verhältnissen. Danach ist eine politisch bedingte Ingewahrsamnahme zu vertreten, wenn die Verhaftung überwiegend auf ein Verhalten des Betroffenen zurückzuführen ist, das er hätte vermeiden können und müssen, weil er mit einer Verhaftung nach Art und Dauer der erlittenen Haft rechnen mußte. Dagegen ist eine politisch bedingte Ingewahrsamnahme nicht zu vertreten, wenn dem Betroffenen ein anderes Verhalten nicht zuzumuten gewesen ist[42].

[41] BVerwG, DÖV 1976, 528.
[42] BVerwGE 9, 132 (140).

Nach diesem Maßstab sind H die Meldung der Anwerbungsversuche des Staatssicherheitsdienstes der DDR sowie die Erbringung von westlichen Druckschriften in die DDR nicht anzulasten. Anders verhält es sich jedoch mit dem Anheften der Flugblätter am S-Bahnhof Friedrichstraße. Eine solche Betätigung stellt sich als Übertreibung dar. Der Text: „Grenzsperre, Strafe ohne rechtliches Gehör, Urteilsbegründung!" wird von der DDR nicht als Protest eines Bürgers der Bundesrepublik gegen die Durchreisegenehmigungen, sondern als Aufruf gegen den Mauerbau verstanden. Der andere Satz: „Man schenke mir einen Zeitungskonzern, dann habe ich bessere Möglichkeiten, meiner Meinung Ausdruck zu geben!" hat für einen Bewohner der DDR nicht den Sinn einer Anspielung auf einen Zeitungskonzern in der Bundesrepublik, sondern eher den eines Protestes gegen eingeschränkte Äußerungsfreiheit. Bei dieser Sachlage war das Anheften der Flugblätter durch H unüberlegt, ja leichtsinnig und stand zu dem verfolgten Zweck in einem offenbaren Mißverhältnis. Dem geringen Gewicht des verfolgten Ziels stand ein ungewöhnlich hohes Risiko auf seiten des H gegenüber. Vertretenmüssen setzt schließlich kein Verschulden voraus[43]. H hätte trotz verminderter Zurechnungsfähigkeit das Aufkleben der Zettel unterlassen können und müssen.

Treffen politische Gründe des Gewahrsams, die der Häftling nicht zu vertreten hat, mit solchen zusammen, die er zu vertreten hat, so kommt es darauf an, welcher Grund überwiegt. Überwiegt der zu vertretende Grund, so hat der Häftling den Gewahrsam insgesamt zu vertreten. Im vorliegenden Fall überwiegt das Anheften der Flugblätter am S-Bahnhof Friedrichstraße. Erst von der Aktion am S-Bahnhof Friedrichstraße her bekamen die anderen Gründe ihre für H gefährliche Bedeutung. Diese Tat wog aus der Sicht der DDR besonders schwer; sie hätte für die gegen H verhängte Strafe ausgereicht. H hat die politischen Gründe seines Gewahrsams daher insgesamt zu vertreten[44]. Er ist nicht durch die vom Gesetzgeber anerkannte Risikosituation des § 1 I Nr. 1 HHG geschützt und hat damit keinen Anspruch auf eine Häftlingshilfebescheinigung nach § 10 IV HHG. Seine Klage ist nicht begründet.

c) Haftungsbegründende Kausalität (Ausgangssperre als Disziplinarmaßnahme)

Sachverhalt

Der in X wohnhafte A ist ab Januar 1971 als Soldat auf Zeit in der Bundeswehrkaserne in Y stationiert. Am 19. 9. 1971, einem Sonntag, unterliegt er der Vollstrekkung einer als Disziplinarmaßnahme gegen ihn verhängten Ausgangsbeschränkung. Er darf die Kaserne nicht verlassen und muß sich an diesem Tag um 13.00 Uhr letzt-

[43] BVerwGE 15, 336 (341).

[44] BVerwGE, DÖV 1976, 528 (530).

malig beim Unteroffizier vom Dienst (UvD) melden; die nächste Meldung hat erst am darauffolgenden Montag zu erfolgen. Kurz nach 13.00 Uhr verläßt A die Kaserne und fährt mit seinem Motorrad heim nach X. Auf der Rückfahrt zur Kaserne verunglückt er am Sonntagabend mit dem Motorrad und erblindet auf dem rechten Auge. Am 31. 3. 1972 wird er wegen Dienstunfähigkeit aus der Bundeswehr entlassen. Sein Antrag, ihm für die Zeit vom 1. 9. 1971 bis zum 31. 3. 1972 Ausgleich zu gewähren, wird vom WBG-Amt durch Bescheid vom 22. 5. 1973 abgelehnt mit der Begründung, A sei nicht auf einem versorgungsrechtlich geschützten Weg verunglückt. Den Widerspruch weist die Wehrbereichsverwaltung durch Bescheid vom 26. 9. 1973 zurück. Hat eine Klage des A Aussicht auf Erfolg[45]?

Lösungsvorschlag

Nach § 85 I SVG erhält ein Soldat wegen der Folgen einer Wehrdienstbeschädigung während seiner Dienstzeit einen Ausgleich i. H. d. Grundrente und der Schwerstbeschädigtenzulage nach § 30 I und § 31 BVG. Eine von A vor dem örtlich zuständigen SG rechtzeitig erhobene kombinierte Anfechtungs- und Leistungsklage (§ 54 IV SGG) ist daher begründet, wenn

— A eine gesetzliche anerkannte risikogeschützte Tätigkeit ausgeübt hat
— eine gesundheitliche Schädigung erlitten hat
— eine „Wehr"dienstbeschädigung vorliegt, d. h. eine gesundheitliche Schädigung, die durch eine Wehrdienstverrichtung, durch einen während der Ausübung des Wehrdienstes erlittenen Unfall oder durch die dem Wehrdienst eigentümlichen Verhältnisse herbeigeführt worden ist (§ 81 I SVG). Zwischen der Ausübung der risikogeschützten Tätigkeit und der gesundheitlichen Schädigung muß also ein innerer Zusammenhang bestehen in dem Sinne, daß die risikogeschützte Tätigkeit für die gesundheitliche Schädigung eine wesentliche Bedingung gesetzt hat (haftungsbegründende Kausalität)[46].

Da A Soldat war und während dieser Zeit das rechte Auge einbüßte, fragt sich, ob seine risikogeschützte Tätigkeit, d. h. sein Soldatsein, eine wesentliche Bedingung für die gesundheitliche Schädigung gesetzt hat. Ein örtlicher und zeitlicher Zusammenhang zwischen der Tätigkeit des A als Soldat und dem Verlust des Auges besteht. Es muß jedoch auch ein innerer Zusammenhang gegeben sein. Daran fehlt es aber. Versorgungsschutz bleibt nur solange erhalten, als die ausgeübte Tätigkeit ihrem Wesen und Erfolg nach dem Dienst zugerechnet werden kann. A unterlag am Unfalltag einer Ausgangssperre i. S. d. § 21 WDO, also dem Verbot, die dienstliche Unterkunft ohne Erlaubnis zu verlassen. Gemäß § 48 WDO erfolgte die Vollstreckung durch Befehl, der die Anordnung des Zeitraumes der Aus-

[45] BSG, Breithaupt 65 (1976), 692.
[46] Vgl. dazu OVG Lüneburg, NJW 1976, 276 m. w. N.

gangsbeschränkung, die Verschärfung dieser Maßnahme durch das Verbot, Gemeinschaftsräume zu betreten bzw. Besuch zu empfangen, und die zur Überwachung angeordneten Meldungen beim UvD enthielt. Diesen Befehl, der zwangsläufig auch die Verfügbarkeit des Klägers in der Kaserne bei Katastrophenfällen bewirkte, führte A am 19. 9. 1971 bis zu dem Zeitpunkt aus, als er kurz nach erfolgter Meldung beim UvD die Kaserne verließ. Durch das heimliche Verlassen der Kaserne setzte er sich dann aber in direkten Gegensatz zu dem erteilten Befehl. Seine Tätigkeit in der folgenden Zeit bis zum Unfall war mit dem Befehl, die dienstliche Unterkunft nicht ohne Erlaubnis zu verlassen, schlechthin unvereinbar. Sie führte deshalb zu einer Lösung vom Wehrdienst und hob damit den Versorgungsschutz auf[47]. Die Klage des A ist daher unbegründet.

d) Haftungsbegründende Kausalität (Kameradschaftsabend von Soldaten)

Sachverhalt

A, verheiratet, ist am Abend des 13. 12. 1975 mit 9 Kameraden seiner in X stationierten Bundeswehr-Kompanie im Gasthaus „Bucher" in Y eingekehrt; man feiert, ohne daß es sich um einen organisierten Kameradschaftsabend handelt, die bevorstehende Entlassung aus der Bundeswehr. Die Soldaten tragen bei diesem Zusammensein Zivilkleidung. Auf der Rückfahrt zur Kaserne stößt der PKW des Gefreiten G, in dem A mitfährt, mit einem Sattelschlepper zusammen. Bei diesem von G verschuldeten Unfall kommen G und A ums Leben. Der Blutalkoholgehalt beträgt bei G 1,78, bei A 1,26 Promille. Versorgungsansprüche der Witwen von A und G werden vom VersA mit der Begründung abgelehnt, der Unfall habe sich nicht in Ausübung des Wehrdienstes, sondern in der Freizeit ereignet. Die beim LVersA eingelegten Widersprüche bleiben ohne Erfolg[48].

Lösungsvorschlag

Die vor dem örtlich zuständigen Sozialgericht einzureichenden Klagen sind begründet, wenn A und G an den Folgen einer Wehrdienstbeschädigung verstorben sind (§§ 80, 81 SVG; §§ 1 V, 38 ff. BVG). Das setzt voraus, daß zumindest „wehrdiensteigentümliche" Verhältnisse die wesentliche Bedingung für den Tod der beiden Soldaten waren (§ 81 I SVG). Wehrdiensteigentümlich sind solche Verhältnisse, die für die Eigenart und für die Besonderheiten des militärischen Dienstes typisch und im allgemeinen zwangsläufig oder eng mit ihm verbunden und deshalb den Bedingungen des zivilen Lebens regelmäßig fremd sind und sonst überhaupt nicht oder nicht in dem Maße wie im Wehrdienst wirksam werden[49].

Die Teilnahme an der Zusammenkunft im Gasthaus, mit der der Unfall auf der Rückfahrt wesentlich zusammenhing, war nicht etwa deshalb

[47] BVerwGE 17, 59 (67); *Plog/Wiedow*, Kommentar zum BBG, § 135 Anm. 15.
[48] BSG, Breithaupt 63 (1974), 699.
[49] BSGE 26, 4 (6); 33, 239 (244).

wehrdiensteigentümlich, weil die Beteiligten derselben Kompanie angehörten und die bevorstehende Entlassung aus der Bundeswehr feierten. Das Zusammensein einiger Soldaten, das kein dienstlich angeordneter oder wenigstens organisierter „Kameradschaftsabend" und damit keine „dienstliche Veranstaltung", „Dienstverrichtung" oder „Ausübung des Dienstes" war[50], ist vielmehr ihrer Freizeit und damit ihrer Privatsphäre zuzuordnen. Aus bloßer Zugehörigkeit zur selben Bundeswehr-Kompanie kann kein wehrdiensteigentümlicher Zwang zur Teilnahme hergeleitet werden, der als „Sachzwang" den Willen des einzelnen Soldaten überlagert. Kameradschaft ist zwar ein „tragendes Element einer jeden Wehrgemeinschaft"[51], wovon auch § 12 Satz 1 SoldatenG ausgeht. Jedoch umfaßt Kameradschaft nach § 12 Satz 2 SoldatenG andere Pflichten als den „Zwang", jeder Aufforderung von Kompanie-Kameraden zum gemeinsamen Feiern Folge zu leisten, vor allem die Pflicht zur gegenseitigen Hilfeleistung in Not und Gefahr.

Ein weiteres Argument dafür, daß Wege von einer privaten Verrichtung in der Freizeit zur Dienststelle (Arbeitsstätte) unfallversicherungsrechtlich nicht geschützt sind, ergibt sich aus §§ 27 III Nr. 1, 81 IV Nr. 2 SVG: Wenn der Weg zu und von einer privaten Verrichtung in der Freizeit den inneren Zusammenhang mit der Dienstverrichtung nicht unterbräche, hätte es dieser Bestimmungen nicht bedurft. Schließlich ist nicht zu übersehen, daß der militärische „Wegeunfall" dem unfallversicherungsrechtlichen (§ 550 RVO) und dem beamtenversorgungsrechtlichen Wegeunfall (§ 135 BBG) nachgebildet ist. Für beide Rechtsgebiete aber ist uneingeschränkt anerkannt, daß der Weg zur Dienststelle mit dem Dienst (der versicherten Tätigkeit) wesentlich ursächlich zusammenhängen muß[52].

Da die versorgungsrechtlich geschützte Tätigkeit der beiden Soldaten nicht die wesentliche Bedingung für ihren Tod war, erübrigt sich die Prüfung der Frage, ob der Unfall wegen alkoholbedingten Verhaltens vom Versorgungsschutz ausgenommen ist[53]. Die Klagen der beiden Witwen sind nicht begründet.

e) Haftungsausfüllende Kausalität (spätere Epilepsie)

Sachverhalt

Frau A erleidet am 18. 3. 1945 bei einem Fliegerangriff auf die Stadt S einen Schädelbasisbruch. Sie war bei dem Fliegerangriff mit ihrem Ehemann die einzige Überlebende in dem betreffenden Luftschutzkeller, während alle 19 übrigen Personen, darunter ihr Sohn sowie ihr Schwiegervater, ums Leben kamen. Ab 1960 leidet sie an

[50] BSGE 8, 264 (267).
[51] BSGE 33, 239 (244, 246 f.); OVG Koblenz, NJW 1966, 1475.
[52] BSGE 8, 53 (53 f.) einerseits und BSGE 28, 190 (196 f.) andererseits.
[53] BSG, Breithaupt 63 (1974), 699 (703).

Krampfanfällen epileptischer Art. Im Februar 1962 beantragt sie Versorgung wegen Krampfanfällen nach Schädelbasisbruch. Das VersA lehnt ihren Antrag mit der Begründung ab, zwischen der gesundheitlichen Schädigung (Schädelbasisbruch) und den epileptischen Krampfanfällen bestehe kein ursächlicher Zusammenhang. Nachdem ihr Widerspruch vom LVersA zurückgewiesen ist, erhebt A Klage vor dem örtlich zuständigen SG.

Feststeht, daß die epileptischen Krampfanfälle der A nicht etwa auf einen Unfall zurückzuführen sind. Ferner geht aus einem ärztlichen Gutachten hervor, daß bei A eine angeborene, durch Entzündung oder sonst etwa durch einen Tumor verursachte Epilepsie nicht angenommen werden kann. Andererseits ist in der Medizin anerkannt, daß nach einem Schädelbasisbruch als Nachfolgeschaden Epilepsie auftreten kann[54].

Lösungsvorschlag

Da Frau A bei einem Fliegerangriff im 2. Weltkrieg einen Schädelbasisbruch erlitt, ist zwischen gesetzlich anerkanntem risikogeschütztem Lebensbereich (§§ 1 II, 5 I BVG) und gesundheitlicher Schädigung ein haftungsbegründender Kausalzusammenhang i. S. d. Theorie der wesentlichen Bedingung gegeben. Fraglich ist allein, ob zwischen gesundheitlicher Schädigung (Schädelbasisbruch) und nachfolgender Gesundheitsstörung (Epilepsie) ein ursächlicher Zusammenhang i. S. d. Theorie der wesentlichen Bedingung anzunehmen ist (haftungsausfüllende Kausalität). Dabei genügt zur Anerkennung einer Gesundheitsstörung als Folge einer Schädigung die Wahrscheinlichkeit des ursächlichen Zusammenhanges (§ 1 III BVG). Sie ist aber auch erforderlich; die bloße Möglichkeit des Ursachenzusammenhanges genügt nicht.

Daß ein Schädelbasisbruch geeignet ist, eine Epilepsie – auch nach 10 bis 12 Jahren – herbeizuführen, ist medizinisch anerkannt. Da eine angeborene, durch Entzündung hervorgerufene oder durch Tumor verursachte Epilepsie nach ärztlichem Gutachten nicht angenommen werden kann, spricht die Wahrscheinlichkeit dafür, daß die Epilepsie durch den Schädelbasisbruch wesentlich verursacht wurde. Für eine solche Wahrscheinlichkeit des wesentlich ursächlichen Zusammenhanges sprechen auch die weiteren Umstände der gesundheitlichen Schädigung: Wenn alle Personen bis auf A und ihren Ehemann in dem betreffenden Luftschutzkeller umkamen, müssen erhebliche Gewalteinwirkungen unterstellt werden. „Hat aber die Klägerin (A) bei dieser Gelegenheit eine Gewalteinwirkung auf den Kopf erlitten, dann ist eine Hirnprellung sehr wahrscheinlich. Eine solche Schädigung ist, auch ohne daß es zu einer Verletzung der Schädeldecke selbst gekommen ist, erfahrungsgemäß geeignet, eine Epilepsie hervorzurufen[55]. Die Klage der A ist daher (sofern eine MdE von 25 % erreicht wird) begründet.

[54] LSG Rheinland-Pfalz, Breithaupt 57 (1968), 502.
[55] LSG Rheinland-Pfalz, Breithaupt 57 (1968), 502 (504).

f) BVG-Rente, Pflegezulage der Stufe I, Ausgleichsrente

Sachverhalt

A hat als Soldat schädigungsbedingt das linke Auge verloren. Er wird deshalb nach einer MdE um 30 % nach dem BVG berentet. Er erleidet während seiner Freizeit mit seinem Motorrad infolge eines technischen Versagens einen Unfall, der zu einer Hirnschädigung führt (Teil-MdE 80 %), so daß er eine Erwerbstätigkeit nicht mehr ausüben kann. Er möchte wissen, ob er mit Aussicht auf Erfolg beim VersA

a) BVG-Rente nach einer MdE um 100 %
b) Pflegezulage der Stufe I
c) Ausgleichsrente

beantragen kann.

Lösungsvorschlag

A hat Anspruch auf BVG-Rente nach einer MdE um 100 %, wenn es sich bei der Hirnschädigung und ihren Folgen um einen Nachfolgeschaden der Wehrdienstbeschädigung handelt (§ 30 I BVG); die Wehrdienstbeschädigung müßte eine wesentliche Bedingung dafür gesetzt haben, daß A nunmehr eine Erwerbstätigkeit nicht mehr ausüben kann (haftungsausfüllende Kausalität). Das ist jedoch nicht der Fall. Die Hirnschädigung und ihre Folgen sind wesentlich durch die Privatsphäre des A herbeigeführt worden; es handelt sich um einen sog. schädigungsunabhängigen Nachschaden. Dieser erhöht die MdE, die aus der Wehrdienstbeschädigung resultiert, nicht[56].

Erwerbsunfähige Hirnbeschädigte erhalten nach § 35 I 4 BVG eine Pflegezulage mindestens nach Stufe I. Voraussetzung auch für einen solchen Anspruch ist jedoch, daß die Hirnschädigung und ihre Folgen wesentlich auf die Wehrdienstbeschädigung zurückzuführen sind (haftungsausfüllende Kausalität). Daran fehlt es. A hat daher keinen Anspruch auf Pflegezulage nach Stufe I.

Schließlich erfüllt A nicht die Voraussetzungen für einen Anspruch auf (einkommensabhängige) Ausgleichsrente (§§ 32 I, 33 BVG). Zum einen ist er nicht schädigungsbedingt Schwerbeschädigter. Zum anderen ist die Tatsache, daß er jetzt eine Erwerbstätigkeit nicht mehr ausüben kann, von ihm selbst zu vertreten.

In allen drei Punkten hat ein Antrag des A beim VersA daher keine Aussicht auf Erfolg.

g) Orthopädische Versorgung im weiteren Sinne – Besitz eines Kraftfahrzeugs

Sachverhalt

A, langjährig in leitender Stellung beim AG X, bezieht wegen Verlustes des linken Oberarmes im oberen Drittel eine Beschädigtenrente nach einer MdE um 70 %. Im

[56] Vgl. hierzu *Wilke/Wunderlich*, § 1 Anm. 10 a).

Januar 1972 beantragt er bei der Versorgungsverwaltung die Übernahme von Kosten i. H. v. 500 DM für die Änderung an Bedienungseinrichtungen eines PKW (Mercedes 200/8) den ihm X zur Ausübung seiner Tätigkeit in üblicher Ausführung (mit automatischer Schaltung) zur Verfügung gestellt hat. Zur Begründung legt A einen als Bestandteil seines Dienstvertrages bezeichneten Überlassungsvertrag vom 21. 1. 1972 und eine an ihn gerichtete Rechnung des X über 2054,92 DM vor.

Nach § 2 II des Überlassungsvertrages darf die Führung des Fahrzeuges nur unter eingeschränkten Bedingungen dritten Personen überlassen werden. Die Bestimmung des § 5 I regelt die Gründe für eine Beendigung des Vertrages; es heißt darin u. a.: „Das Vertragsverhältnis über den dem A zur Verfügung gestellten Kraftwagen kann ... durch einseitige Erklärung des Arbeitgebers beendet werden." Die Vorschrift des § 5 II enthält die Verpflichtung, das Fahrzeug und die dazu gehörigen Papiere bei Beendigung des Vertrages unverzüglich an den AG zurückzugeben. Nach § 1 II des Vertrages schließlich können bei einer Beendigung die auf eigene Rechnung beschafften und eingebauten Gegenstände aus dem Fahrzeug entfernt werden.

Der Antrag des A wird vom LVersA[57] mit der Begründung abgelehnt, die vertragliche Überlassung des Fahrzeugs genüge nicht dem Begriff des „Besitzes", der für eine Kostenübernahme vom Gesetzgeber vorausgesetzt werde. Der Widerspruch des A bleibt ohne Erfolg[58].

Lösungsvorschlag

Maßgebend für die Frage, ob A einen Anspruch auf Übernahme der Kosten für den Fahrzeugumbau i. H. v. 500 DM hat, ist § 11 III BVG i. V. m. § 2 Nr. 3 und § 5 III Nr. 1 der Verordnung zur Durchführung des § 11 III und des § 13 BVG (DVO)[59]. Nach § 11 III BVG können Beschädigten zur Ergänzung der orthopädischen Versorgung an Stelle bestimmter Hilfsmittel (§ 13 I BVG) Zuschüsse zu den Kosten der Beschaffung, Instandhaltung und Änderung von Motorfahrzeugen gewährt werden. Nach § 2 Nr. 3 DVO kommen als solche Ersatzleistungen u. a. auch die Übernahme der Kosten für die Ausstattung von Motorfahrzeugen mit einer automatischen Kuppelung in Betracht. Nach § 5 III Nr. 1 DVO setzt die Übernahme der für die in § 2 Nr. 3 DVO genannten Leistungen u. a. voraus, daß sich das Fahrzeug im Besitz des Beschädigten befindet.

Ob die Klage des A vor dem SG Erfolg hat, hängt also davon ab, ob A im „Besitz" des ihm vom AG X überlassenen Fahrzeugs ist. Was unter „Besitz" in diesem Sinne zu verstehen ist, hat sich nach dem Zweck der orthopädischen Versorgung (§ 13 I BVG) zu richten, zu deren Ergänzung die Ersatzleistungen nach § 11 III BVG i. V. m. § 2 DVO gewährt werden kön-

[57] Die Zuständigkeit des LVersAs ergibt sich aus § 1 Nr. c der VO über die sachliche Zuständigkeit in der Kriegsopferversorgung vom 20. 5. 1963 (BGBl. I S. 367), geändert durch VO vom 21. 1. 1968 (BGBl. I S. 104).

[58] BSG, BlStSozArbR 1976, 244.

[59] Abgedruckt u. a. in *Luber*, Deutsche Sozialgesetze, Nr. 911.

nen. Dieser wird vom Gesetzgeber in § 10 I 1 BVG genannt: Die Versorgungsleistungen sollen – ebenso wie die Heilbehandlung – dazu dienen, die Gesundheitsstörungen oder die durch sie bewirkte Beeinträchtigung der Berufs- oder Erwerbsunfähigkeit zu beseitigen oder zu bessern, eine Zunahme der Leiden zu verhüten, körperliche Beschwerden zu beheben oder die Folgen der Schädigung zu erleichtern. Diesem versorgungsrechtlichen Schutzgedanken ist nicht zu entnehmen, daß der zu fordernde „Besitz" des Kraftfahrzeugs nach den Begriffen des Straßenverkehrs- oder Haftpflichtrechts oder des bürgerlichen Rechts zu bestimmen sei. Ausreichend ist vielmehr ein Mindestmaß an Sachherrschaft von gewisser Dauer.

Angesichts seiner langjährigen Beschäftigung, seiner leitenden Stellung und seiner Schwerbeschädigteneigenschaft ist nicht davon auszugehen, daß A die ihm vom AG X eingeräumte Rechtsposition alsbald wieder verliert. Wenngleich AG X den Überlassungsvertrag durch einseitige Erklärung ohne Einhaltung einer Kündigungsfrist beenden kann (§ 5 I), so ist doch aus arbeitsrechtlicher Sicht mit einer alsbaldigen Ausübung dieses Rechts nicht zu rechnen. Es ist deshalb zur Zeit der Entscheidung über die Versorgungsleistung auf eine gewisse Dauer ein Mindestmaß an Sachherrschaft für A sichergestellt.

Da es sich bei der Anspruchsgrundlage um eine „Kann"-Bestimmung handelt[60], ist die orthopädische Versorgungsstelle zwar ermächtigt, bei ihrer Entscheidung nach ihrem „Ermessen" zu handeln. Sie hat jedoch ihr Ermessen entsprechend dem Zweck der Ermächtigung auszuüben (§ 39 I 1 AT-SGB). Da die Versorgungsstelle mit Ausnahme der Voraussetzung „Besitz" selbst davon ausgeht, daß die sonstigen Voraussetzungen für eine Gewährung des Zuschusses von 500 DM vorliegen, hat sich ihr Ermessen auf „Null" reduziert; sie kann nur noch eine richtige Entscheidung treffen, nämlich die Gewährung der 500 DM an A. Die Klage des A ist daher begründet[61].

VI. Zuschuß für eine angemessene Wohnung

Gesetzliche Grundlagen

Zweites Wohngeldgesetz – 2. WoGG – vom 14. 12. 1970 (BGBl. I S. 1637) i. d. F. vom 14. 12. 1973 (BGBl. I S. 1862, ber. 1974 I S. 106)

[60] Weshalb vor Klageerhebung ein Vorverfahren durchzuführen ist.
[61] BSG, BlStSozArbR 1976, 244.

Wohngeldverordnung – WoGV – vom 21. 12. 1971 (BGBl. I S. 2065) i. d. F. vom 21. 2. 1975 (BGBl. I S. 607)

Literatur

a) Kommentare und Lehrbücher

Stadler/Gutekunst/Forster, 2. Wohngeldgesetz, 1971 ff. (Losebl.-Slg.)
Schwerz, Das neue Wohngeldrecht, 1972 ff. (Losebl.-Slg.)
Wertenbruch, Sozialverfassung-Sozialverwaltung, 1974, S. 172 ff.
Bley, Sozialrecht, 1975, S. 288 ff.
Wertenbruch, Sozialverwaltungsrecht, in: *v. Münch,* Besonderes Verwaltungsrecht, 4. Aufl., 1976, S. 375, 415 f.

b) Weitere Literatur

Maetzel, Wohngeld im System der sozialen Leistungen, ZfSH 1973, 225 ff.
Glaser, Das neue Wohngeldrecht, MDR 1974, 283 f.
Casper, Das Zweite Wohngeldgesetz, BlWohlPfl. 1975, 95 ff.
Der Bundesminister für Arbeit und Sozialordnung (Hrsg.), Übersicht über die soziale Sicherung, 1975, S. 293 ff.
Stademann, Mehr Wohngeld für Schwerbehinderte, ZfF 1975, 250 ff.

1. Überblick

Die Zielrichtung des Wohngeldrechts, das im 2. Wohngeldgesetz (2. WoGG) niedergelegt ist, ergibt sich aus § 7 AT-SGB: „Wer für eine angemessene Wohnung Aufwendungen erbringen muß, die ihm nicht zugemutet werden können, hat ein Recht auf Zuschuß zur Miete oder zu vergleichbaren Aufwendungen." Angemessen ist ein Wohnraum, der den jeweiligen Familien- und Einkommensverhältnissen seiner Bewohner gerecht wird, dessen Preis insbesondere tragbar ist[1]. Obwohl das Wohngeld nach dem Willen des Gesetzgebers keine Leistung der Sozialhilfe i. S. d. BSHG ist (§ 1 Satz 2 2. WoGG), steht es – als sozial sichernder Ausgleich unzumutbarer Aufwendungen für die Befriedigung eines speziellen Bedarfs – der Sozialhilfe in besonderen Lebenslagen nahe. Da größere Familien bei im übrigen gleichen Familieneinkommen Wohngeld eher erhalten als kleinere Familien oder alleinstehende Personen, dient das Wohngeld auch dem Familienlastenausgleich[2].

Wohngeld wird als Miet- oder Lastenzuschuß zu der zu berücksichtigenden Miete oder Belastung gewährt (§ 2 2. WoGG). Demgemäß ist zwischen Antragsberechtigung für einen Mietzuschuß und Antragsberechtigung für einen Lastenzuschuß zu unterscheiden (§ 3 2. WoGG).

[1] *Der Bundesminister für Arbeit und Sozialordnung (Hrsg.),* Übersicht über die soziale Sicherung, S. 294.
[2] *Bley,* Sozialrecht, S. 288.

Für einen Mietzuschuß sind antragsberechtigt: der Mieter von Wohnraum; der Nutzungsberechtigte von Wohnraum bei einem dem Mietverhältnis ähnlichen Nutzungsverhältnis einschließlich dem Inhaber eines mietähnlichen Dauerwohnrechts und dem Bewohner eines Heims, das überwiegend Wohnzwecken dient; der Wohnbesitzberechtigte; der Eigentümer eines Mehrfamilienhauses, der im eigenen Haus wohnt (§ 3 I 2. WoGG).

Für einen Lastenzuschuß sind antragsberechtigt: der Eigentümer eines Eigenheims, einer Kleinsiedlung oder einer landwirtschaftlichen Nebenerwerbsstelle; der Eigentümer einer Eigentumswohnung; der Eigentümer eines eigentumsähnlichen Dauerwohnrechts für die eigengenutzte Wohnung (§ 3 II 2. WoGG). Ferner erhalten für die von ihnen genutzten Wohnungen die Personen einen Lastenzuschuß, die einen Anspruch auf Übereignung eines Gebäudes als Eigentum, Kleinsiedlung, landwirtschaftliche Nebenerwerbsstelle, auf Bestellung oder Übertragung eines Wohnungseigentums oder eines eigentumsähnlichen Dauerwohnrechts haben, wenn sie die Belastungen bereits tragen. Der Erbbauberechtigte steht dem Eigentümer oder dem Anspruchsberechtigten gleich (§ 3 III 2. WoGG).

Anders als im Kindergeldrecht ist im Wohngeldrecht ein Antrag materiellrechtliche Anspruchsvoraussetzung (§ 1 2. WoGG). Zur Antragstellung berechtigt ist der Haushaltsvorstand, d. h. das Familienmitglied, das im Zeitpunkt der Antragstellung den größten Teil der Unterhaltskosten für die zum Haushalt rechnenden Familienmitglieder trägt (§ 3 IV 2. WoGG).

Das Wohngeld richtet sich nach der Höhe der Miete oder Belastung. Miete ist das Entgelt für die Gebrauchsüberlassung des Wohnraums ohne die Kosten für Heizung, Warmwasser, Zuschläge für Untermiete und Benutzung zu anderen als Wohnzwecken, Vergütungen für Möblierung (§ 5 2. WoGG); Belastung ist die Belastung aus Kapitaldienst und Bewirtschaftung (§ 6 I 2. WoGG).

Miete und Belastung werden bis zu Höchstbeträgen berücksichtigt, in denen sich der Wohnwert der jeweiligen Wohnung widerspiegelt, die aber um der Verwaltungsvereinfachung willen als Tabellenwerk ausgestaltet sind. In dieses Tabellenwerk sind als Bezugsgrößen zum Wohnwert eingebaut (§ 8 2. WoGG): das Jahr der Bezugsfertigkeit der Wohnung, die Ausstattung mit Heizung, Bad oder Duschraum, die Größe des Haushalts und die Einwohnerzahl der Wohngemeinde. Dem Raumbedarf wird dadurch Rechnung getragen, daß je nach Wohnungsart Höchstbeträge der Miete oder Belastung angegeben werden. Darüber hinausgehende Aufwendungen bleiben unberücksichtigt.

Beispiel a: Bei einem Alleinstehenden, der in einer Gemeinde unter 100 000 Einwohnern in einem Altbau – vor 1948 bezugsfertig – ohne Heizung, Bad oder Duschraum wohnt, wird die Miete bis zum Höchstbetrag von 90 DM monatlich bei der Ermittlung des Wohngelds berücksichtigt.

Beispiel b: Bei einem Haushalt mit 5 Familienmitgliedern, die in einer Großstadt über 500 000 Einwohner in einem Neubau – nach 1971 bezugsfertig – mit Heizung und Bad wohnen, wird die Miete bis zum Höchstbetrag von 460 DM monatlich bei der Ermittlung der Höhe des Wohngelds berücksichtigt[3].

Erfordert eine schwere körperliche, geistige oder seelische Behinderung oder eine Dauererkrankung von Familienmitgliedern (§ 4 2. WoGG) besonderen Wohnbedarf, so werden diese Familienmitglieder doppelt gezählt (§ 8 II 2. WoGG). Verringert sich die Zahl der zum Haushalt rechnenden Familienmitglieder durch Tod, so ist das für die Dauer von 36 Monaten nach dem Sterbemonat ohne Einfluß auf die Haushaltsgröße (§ 8 III 2. WoGG).

Die Höhe des Wohngelds ergibt sich ebenfalls aus umfangreichen Tabellenwerken, denen das Verhältnis von tragbarer Miete und Belastung einerseits zum verfügbaren Familieneinkommen und zur Größe des Haushalts andererseits zugrunde liegt.

Zum Familieneinkommen zählt das gesamte Einkommen der zum Haushalt gehörenden Personen (§ 9 2. WoGG). Eine große Zahl von Sozialleistungen und anderen Einkünften werden jedoch nicht mitgerechnet, z. B. Leistungen der gesetzlichen Kranken- und Unfallversicherung (§ 14 I Nr. 2 2. WoGG), Grundrenten an Witwen, Witwer und Waisen der Beschädigten nach dem BVG (§ 14 I Nr. 6 2. WoGG), Leistungen zur Förderung der beruflichen Bildung (§ 14 I Nr. 9 2. WoGG), Prämien aufgrund des Spar-Prämiengesetzes und des Wohnungsbau-Prämiengesetzes (§ 14 I Nr. 30 2. WoGG).

Vor der Ermittlung des Familieneinkommens sind die Jahreseinkommen der einzelnen Haushaltsmitglieder um einen Werbungskostenbetrag, bestimmte Kinderfreibeträge (in Höhe des Kindergeldes), um einen allgemeinen Freibetrag von 30 % des Jahreseinkommens, um Aufwendungen zur Erfüllung gesetzlicher Unterhaltsverpflichtungen bis zu Höchstsätzen und um Freibeträge für besondere Personengruppen (Behinderte, Heimkehrer, Verfolgte, Flüchtlinge, Vertriebene) zu kürzen (§§ 12 ff., 15 ff. 2. WoGG).

Fraglich ist, ob Studenten und andere in der Ausbildung stehende Personen zur Familie zu rechnen sind oder nicht. Die Rechtsprechung vertritt die Auffassung, daß der Umstand, daß ein Auszubildender außerhalb der elterlichen Wohnung lebt, weder für noch gegen das Tatbestandsmerkmal

[3] Beide Beispiele finden sich in: *Der Bundesminister für Arbeit und Sozialordnung (Hrsg.),* Übersicht über die soziale Sicherung, S. 295.

„vorübergehend abwesend" (§ 4 II 2 2. WoGG) spricht. Es komme vielmehr darauf an, ob nach dem Umständen des Einzelfalles mit einer Rückkehr in die Familienwohnung zu rechnen ist oder nicht[4].

Sind tragbare Miete oder Belastung, Familieneinkommen und Größe des Haushalts festgestellt, so kann die Höhe des Wohngelds unmittelbar im Tabellenwerk des 2. WoGG abgelesen werden. Hat der Alleinstehende im obengenannten Beispiel a ein monatliches Einkommen von 410 DM, so beträgt das Wohngeld bei einer Miete von 90 DM monatlich 20 DM. Im Beispiel b würde die Familie bei einem Familieneinkommen von 1310 DM und einer Miete von 460 DM monatlich 94 DM Wohngeld erhalten[5].

Ein Anspruch auf Wohngeld besteht nicht, wenn das Familieneinkommen (§ 9 2. WoGG) jährlich den Betrag von 9600 DM übersteigt. Diese Grenze erhöht sich für das 2. und jedes weitere zum Haushalt rechnende Familienmitglied um je 2400 DM jährlich (§ 19 2. WoGG). Ein Anspruch besteht ferner nicht, wenn ein Familienmitglied im Jahr der Antragstellung zur Vermögenssteuer herangezogen wird (§ 20 2. WoGG). Schließlich besteht kein Anspruch, soweit seine Gewährung zur Vermeidung sozialer Härten nicht erforderlich ist (§ 18 2. WoGG)[6].

Zuständig für die Zahlung des Wohngeldes sind die durch Landesrecht bestimmten Behörden (§ 26 II AT-SGB; § 23 Satz 1 2. WoGG). Das sind in allen Ländern die Kreise und kreisfreien Gemeinden[7]. Die Länder tragen die Kosten für den Leistungs- und Verwaltungsaufwand. Der Bund erstattet den Ländern jährlich die Hälfte des gezahlten Wohngeldes (§ 34 2. WoGG).

Seiner Struktur nach hat das 2. WoGG eine Fassung erhalten, die als zufriedenstellend, von manchen sogar als Dauerlösung bezeichnet wird[8]. Das 2. WoGG sollte deshalb auf jeden Fall Bestandteil des Sozialrechts bleiben. Andererseits wirkt sich die Geldentwertung, mit der auch in Zukunft zu rechnen ist, auf dieses Gesetz negativ aus: Durch nominelle Lohnerhöhungen scheiden, weil sie die Einkommensgrenzen überschreiten, immer mehr Gruppen aus dem Kreis der Wohngeldberechtigten aus, ohne sozialrechtlich abgesichert zu sein. Der Gesetzgeber müßte deshalb den Änderungen

[4] BVerwGE 38, 18; 44, 265.

[5] *Der Bundesminister für Arbeit und Sozialordnung (Hrsg.)*, Übersicht über die soziale Sicherung, S. 297.

[6] Vgl. auch die Versagungsgründe der §§ 21, 22 2. WoGG.

[7] Vgl. z. B. für NW § 3 der VO vom 14. 1. 1969 (GV NW S. 103). Im übrigen siehe *Stadler/Gutekunst/Forster*, Anhang 5.

[8] *Maetzel*, ZfSH 1973, 225 (228).

[9] Da es sich bei der Aufstockung von Wohngeldansprüchen um eine „grundsätzliche" Entscheidung handelt, sollte die Anpassung nicht im Wege der Verordnung erfolgen, wie *Maetzel*, Fußn. 8, vorschlägt, sondern durch den Gesetzgeber.

im Preis- und Lohngefüge von Zeit zu Zeit Rechnung tragen. Ähnlich wie im BAföG (§ 35 BAföG) sollten die Sätze alle 2 Jahre überprüft und, soweit erforderlich, durch den Gesetzgeber neu festgesetzt werden[9]. Die nächste Wohngeldreform ist für 1978 geplant.

2. Praktische Fälle

a) Familienzugehörigkeit („nicht nur vorübergehend abwesend")

Sachverhalt

S wohnt bis zur Ablegung der Reifeprüfung bei seinen Eltern in X. Seit dem WS 1974/75 studiert er an der Universität U in Y Physik. Zunächst wohnt er dort in einem möblierten Zimmer, später in einem Studenten-Wohnheim. Im Dezember 1974 beantragt er die Gewährung von Wohngeld. Der Antrag wird vom Oberstadtdirektor (Bauförderungsamt) mit Bescheid vom 30. 10. 1975 mit der Begründung abgelehnt, S habe sich vom elterlichen Haushalt, mit dem er auch wirtschaftlich verbunden sei, nur vorübergehend gelöst. Als vorübergehend abwesendes Familienmitglied habe er keinen Anspruch auf Wohngeld. Sein Widerspruch wird durch Bescheid des Oberstadtdirektors vom 15. 11. 1976 zurückgewiesen[10]. Mit seiner beim VG am 3. 1. 1977 eingegangenen Klage beantragt er, unter Aufhebung des Bescheids vom 30. 10. 1975 und des Widerspruchsbescheids vom 15. 11. 1976 den Oberstadtdirektor zu verpflichten, ihm Wohngeld nach dem 2. WoGG zu gewähren. Zur Begründung trägt S vor: Er habe für die Dauer seines Studiums in Y Wohnung genommen; auch in den Semesterferien halte er sich dort überwiegend auf; in der Wohnung seiner Eltern stehe ihm gemeinsam mit seinem Bruder nur ein Zimmer zur Verfügung. Trotzdem kann in dem Prozeß nicht geklärt werden, ob S sich bereits dauernd vom Familienhaushalt gelöst hat oder nicht. Wie wird das VG entscheiden[11]?

Lösungsvorschlag

Verpflichtetes Zuordnungssubjekt aus den Vorschriften des 2. WoGG, um die es hier geht, ist ausschließlich ein Träger hoheitlicher Gewalt (Oberstadtdirektor). Da eine Streitigkeit über einen Anspruch auf Wohngeld nicht durch Bundesgesetz ausdrücklich einem anderen Gericht zugewiesen ist, ist der Verwaltungsrechtsweg eröffnet (§ 40 I 1 VwGO). Richtige Klageart ist die Verpflichtungsklage. Da die Vorschriften über die Gewährung von Wohngeld zumindest auch im Interesse des einzelnen erlassen worden sind, kann S geltend machen, durch die Ablehnung in seinen Rechten verletzt zu sein; er ist klagebefugt (§ 42 II VwGO). Davon, daß die für die Klageerhebung vorgeschriebene Einmonatsfrist eingehalten ist (§ 74 VwGO), wird ausgegangen. Die von S vor dem VG erhobene Klage ist zulässig.

[10] Der Fall soll in NW spielen. Hier kann die Bewilligungsbehörde selbst über den Widerspruch entscheiden, weil die Aufsicht über die Bewilligungsbehörde unmittelbar vom Innenminister ausgeübt wird.

[11] BVerwGE 44, 265.

Begründet ist die Klage, soweit die Ablehnung des Wohngeldantrags rechtswidrig und S dadurch in seinen Rechten verletzt ist (§ 113 IV 1 VwGO). Die Ablehnung ist rechtswidrig, wenn S einen Anspruch auf Wohngeld hat. Insoweit kommt es darauf an, ob S, der auswärts studiert und sich nur gelegentlich zuhause aufhält, i. S. d. §§ 4 II 2, 22 Nr. 2 2. WoGG als „vorübergehend abwesend" oder als „nicht mehr vorübergehend abwesend" anzusehen ist[12]. Zum Merkmal „vorübergehend abwesend" hat sich folgende Auffassung durchgesetzt: Es gibt keinen allgemeinen Erfahrungssatz des Inhalts mehr, daß sich Studenten während ihrer Ausbildung nur vorübergehend aus dem Familienhaushalt lösen, um später – jedenfalls zeitweise – zurückzukehren; es gibt auch keinen Erfahrungssatz, der das Gegenteil besagt. Auf die wirtschaftliche Abhängigkeit des Studenten von seinen Eltern kommt es nicht entscheidend an. Hat er erkennbare Entscheidungen getroffen, die einer Rückkehr in die Familienwohnung entgegenstehen, oder ergeben die Umstände, daß eine Rückkehr nicht möglich ist, so ist er nicht als „vorübergehend abwesend" anzusehen; fehlt es an den Umständen, die zwingend auf eine dauernde Lösung vom Familienhaushalt schließen lassen, so bedarf es einer Prognose, die das künftige Verhalten des Studenten betrifft, und einer Abwägung aller Anzeichen, die dafür oder dagegen sprechen[13]. Läßt sich nicht abschließend klären, ob der Student nicht nur vorübergehend vom Familienhaushalt abwesend ist, so trifft ihn – trotz der unklaren Gesetzesformulierung – die materielle Beweislast[14]. Ausschlaggebend dafür ist die Überlegung: Wer einen eigenen Wohngeldanspruch geltend macht, hat alle Tatsachen und Beweismittel vorzubringen, die für eine sachgerechte Entscheidung erforderlich sind (§ 60 I Nr. 1 und 3 AT-SGB)[15].

Im vorliegenden Fall hat S zwar vorgetragen, er habe für die Dauer seines Studiums in Y Wohnung genommen; auch in den Semesterferien halte er sich dort überwiegend auf; in der Wohnung seiner Eltern stehe ihm nur mit seinem Bruder ein gemeinsames Zimmer zur Verfügung. Letztlich konnte jedoch nicht geklärt werden, ob S sich schon jetzt dauernd aus dem Familienhaushalt gelöst hat oder nicht. Den Rechtsnachteil davon, daß der Sachverhalt unaufklärbar bleibt, hat der Antragsteller zu tragen. S hat daher keinen Wohngeldanspruch. Seine Klage ist unbegründet.

[12] Auf dem selben Gedanken wie § 22 Nr. 2 2. WoGG – Vermeidung doppelter Sozialleistungen – beruht § 22 Nr. 1 2. WoGG: Wohngeld wird nicht gewährt bzw. versagt, wenn für mehrere Wohnungen Miete zu zahlen ist und wenn für eine Wohnung bereits Wohngeld gewährt wird.

[13] BVerwGE 44, 265 (268 f.).

[14] Vgl. auch Bay. VGH, FEVS 23 (1975), 411 (413).

[15] BVerwGE 44, 265 (271) zum inzwischen mit Rücksicht auf § 60 AT-SGB gestrichenen § 24 II 2. WoGG.

b) Möglichkeit, höhere Einkünfte zu erzielen

Sachverhalt

W ist alleinstehend und geht einer von der zuständigen Wohngeldbehörde nicht bezweifelten wissenschaftlichen Tätigkeit nach. Sein Antrag auf Wohngeld wird jedoch vom Oberkreisdirektor des Kreises L mit der Begründung abgelehnt, es sei W zuzumuten, eine besser bezahlte Arbeit anzunehmen und die Miete für seine Wohnung selbst aufzubringen. Nach erfolglosem Widerspruchsverfahren erhebt W Klage vor dem örtlich zuständigen VG mit dem Antrag, den Oberkreisdirektor zu verpflichten, ihm Wohngeld nach dem 2. WoGG zu gewähren[16].

Lösungsvorschlag

Die Verpflichtungsklage des W ist begründet, soweit der Ablehnungsbescheid des Oberkreisdirektors rechtswidrig und W dadurch in seinen Rechten verletzt ist (§ 113 IV 1 VwGO). Die Ablehnung des Wohngelds durch den Oberkreisdirektor ist rechtswidrig, wenn W einen Anspruch auf Wohngeld hat. Insoweit kommt es darauf an, ob der Versagungsgrund des § 18 Satz 1 2. WoGG vorliegt. Danach wird Wohngeld (als Mietzuschuß) versagt, wenn seine Gewährung zur Vermeidung sozialer Härten nicht erforderlich ist. Das gilt nach § 18 Satz 2 2. WoGG insbesondere: 1. soweit die Familienmitglieder, die dieselbe Wohnung bewohnen, infolge eigenen schweren Verschuldens außerstande sind, die Miete zu bezahlen oder die Belastung aufzubringen; 2. soweit den Familienmitgliedern, die dieselbe Wohnung bewohnen, aufgrund besonderer Umstände des Einzelfalles zugemutet werden kann, die Miete zu bezahlen oder die Belastung aufzubringen. Der Zweck dieser Vorschrift liegt darin, daß die Bezahlung von Wohngeld verhindert werden soll, wenn seine Gewährung zur Vermeidung sozialer Härten nicht erforderlich ist; vor allem soll, wie es im Ausschußbericht zum 1. WoGG heißt[17], eine Gesetzesumgehung verhindert werden. Andererseits geht der Zweck des Wohngeldgesetzes nicht dahin, auf die Freiheit der Berufswahl und auf die selbstverantwortliche Gestaltung des eigenen Lebens (Art. 12 I, 2 I GG) mittelbar einzuwirken. In Einklang damit steht, daß sozialhilferechtliche Grundsätze, also auch der Gedanke des Nachranges der Hilfe (§ 2 BSHG), keine Anwendung finden (§ 1 Satz 2 2. WoGG). Aus dieser Zielrichtung des 2. WoGG ist abzuleiten: Wohngeld darf nicht allein mit der Begründung versagt werden, daß der Antragsteller in der Lage sei, höhere Einkünfte zu erzielen, wenn er sich aus persönlichen Gründen zu einer ihm als sinnvoll erscheinenden Tätigkeit entschlossen hat, die die Erzielung solcher Einkünfte nicht ermöglicht[18].

[16] BVerwGE 41, 220.
[17] BT-Drucks. IV/3018, S. 4.
[18] BVerwGE 41, 220 (225).

W ist alleinstehend und geht nach seinen – von der Wohngeldbehörde nicht bezweifelten – Angaben einer wissenschaftlichen Tätigkeit nach. Auch wenn sie noch nicht zu erkennbaren Ergebnissen – geschweige denn zu einem finanziellen Ertrag – geführt hat, darf die Wohngeldbehörde dem W nicht vorhalten, er habe durch einen – aus ihrer Sicht – „nützlichen" Einsatz seiner Arbeitskraft die Wohngeldleistungen entbehrlich zu machen. Der Wohngeldantrag des W ist daher zu Unrecht abgelehnt worden. W ist durch die rechtswidrige Ablehnung des VA auch in seinen Rechten verletzt (§ 113 IV 1 VwGO). Da sich aus dem Sachverhalt keine Angaben zur Höhe des Wohngeldanspruchs des W ergeben, diese im übrigen auch nicht streitig werden dürfte, ist die Sache allerdings nicht spruchreif. Das VG wird deshalb lediglich die Verpflichtung des Oberkreisdirektors aussprechen, den Wohngeldantrag des W unter Beachtung der Rechtsauffassung des Gerichts erneut zu bescheiden (§ 113 IV 2 VwGO)[19].

c) Verhältnis von 2. WoGG und BAföG

Sachverhalt

S erhält als Student Leistungen nach dem BAföG. In den monatlichen Förderungsbeträgen von 500 DM ist ein Zuschuß von monatlich 130 DM für die Unterkunft enthalten. Als Kosten für seine Unterkunft hat S eine Miete von 200 DM und Nebenkosten in Höhe von 25 DM zu tragen. Sein Antrag auf Wohngeld wird mit der Begründung abgewiesen, daß Leistungen nach dem BAföG den Bezug von Wohngeld ausschlössen. Nach erfolglosem Widerspruchsverfahren erhebt S Klage vor dem VG mit dem Antrag, den Oberstadtdirektor zu verpflichten, ihm Wohngeld nach dem 2. WoGG zu gewähren[20].

Lösungsvorschlag

Die Verpflichtungsklage des S ist begründet, soweit S einen Anspruch auf Wohngeld hat. Dem kann die Vorschrift des § 21 Satz 1 2. WoGG entgegen stehen. Danach wird Wohngeld versagt, wenn für die wirtschaftliche Sicherung von Wohnraum andere Leistungen aus öffentlichen Kassen gewährt werden, die mit dem Wohngeld vergleichbar sind[21].

Die Leistungen der Ausbildungsförderung, die S erhält – darunter der Unterkunftsbetrag von 130 DM –, werden aus öffentlichen Kassen gewährt. Sie werden auch, wie in § 13 II BAföG zum Ausdruck kommt, für

[19] Zu einem anderen Ergebnis müßte man kommen, wenn der von W betriebene finanzielle Aufwand nicht dem Betrag der von ihm nachgewiesenen Einnahmen entspräche. In diesem Fall müßte er sich so behandeln lassen, als hätte er Einkünfte, die dem Betrag seiner Aufwendungen für den Lebensunterhalt entsprechen (BVerwGE 41, 220 (226)).

[20] BVerwGE 44, 271.

[21] Es geht hier nicht um die Frage, ob § 21 2. WoGG auch dann anzuwenden ist, wenn Afö darlehensweise gewährt wird.

die wirtschaftliche Sicherung von Wohnraum gewährt. Fraglich ist allein, ob die nach § 13 II BAföG zu gewährenden Unterhaltsbeiträge dem nach dem 2. WoGG zu gewährenden Wohngeld „vergleichbar" sind. An solcher Vergleichbarkeit fehlt es, wenn die Unterhaltsbeiträge nach dem BAföG nur noch einen geringen Bruchteil des Wohngelds ausmachen, das dem Antragsteller ohne den Unterhaltsbeitrag des BAföG zu gewähren wäre[22]. Anders ausgedrückt: Die Gewährung eines Unterkunftsbeitrags nach dem BAföG führt dann zur Versagung von Wohngeld, wenn er – gemessen an den Bemessungsrichtlinien des 2. WoGG – noch geeignet ist, den am Studienort benötigten Wohnraum wirtschaftlich zu sichern[23].

Im vorliegenden Fall läßt sich zwar nicht feststellen, ob ein Wohngeld ohne Rücksicht auf die dem S nach § 13 II Nr. 2 BAföG gewährten Leistungen höher oder niedriger wäre als dieser Unterkunftsbeitrag. Der dem S monatlich in Höhe von 130 DM gewährte Unterkunftsbeitrag ist aber auf jeden Fall geeignet, den am Studienort benötigten Wohnraum wirtschaftlich zu sichern.

Schließlich kann das Wort „wenn" in § 21 Satz 1 2. WoGG nicht im Sinne eines „soweit" gelesen werden[24]. Der Gesetzgeber unterscheidet Rechtsfolgen, die durch ein „wenn" gekennzeichnet sind, deutlich von solchen, die es durch ein „soweit" sind. Im ersten Fall (§ 21 2. WoGG) entfällt – unter der durch „wenn' gekennzeichneten Voraussetzung – die Zahlung von Wohngeld schlechthin; im zweiten Fall (§ 18 2. WoGG) führt die durch „soweit" gekennzeichnete Voraussetzung nur zu einer Herabsetzung des Wohngelds bis zur Grenze der Nichtgewährung. Daß es sich bei dieser Unterscheidung nicht um ein gesetzgeberisches Versehen handelt, läßt sich anhand anderer sozialrechtlicher Gesetze nachweisen. Beispiele dafür sind:

— Ausbildungshilfe nach dem BSHG wird nicht gewährt, „wenn" die Ausbildung im Rahmen des BAföG oder des AFG dem Grunde nach förderungswürdig ist (§ 31 IV BSHG)[25]
— „Insoweit" der Anspruch des Kindes auf Erziehung von der Familie nicht erfüllt wird, tritt öffentliche Jugendhilfe ein (§ 1 III JWG)[26]
— Der Anspruch auf Krankengeld ruht, „wenn" und „soweit" der Versicherte während der Krankheit Arbeitsentgelt erhält (§ 189 Satz 1 RVO)[27].

[22] BVerwGE 44, 271 (275).
[23] BVerwGE 44, 271 (Leitsatz).
[24] Dann erhielte die Vorschrift des § 21 2. WoGG die Funktion einer Anrechnungsvorschrift.
[25] Vgl. dazu II.
[26] Vgl. dazu VIII.
[27] Vgl. dazu IV B.

Die Voraussetzungen des § 21 Satz 1 2. WoGG liegen demnach vor. S hat keinen Anspruch auf Wohngeld. Seine Klage ist unbegründet[28].

d) Berichtigung von Wohngeldbescheiden, Rückforderung von Wohngeld

Sachverhalt

W hat einen Anspruch auf monatlich 11 DM Wohngeld. Durch Bescheid vom 20. 1. 1976 wird ihm – zu Unrecht – ein monatliches Wohngeld in Höhe von 156 DM bewilligt. Der Fehler beruht darauf, daß die erste Ziffer des von W richtig angegebenen Brutto-Einkommens bei der computergefertigten Berechnung unberücksichtigt geblieben ist. Der – unrichtige – Bescheid vom 20. 1. 1976 wird später durch – richtigen – Bescheid vom 20. 5. 1976 ersetzt. Darin wird W gleichzeitig aufgefordert, 1450 DM überzahltes Wohngeld zurückzuzahlen. Gegen diesen Bescheid wendet sich W – nach erfolglosem Widerspruchsverfahren – im Wege der Klage vor dem örtlich zuständigen VG.

Zur Begründung seiner Klage trägt W vor: Für Rechtsfehler müsse die Verwaltung aufkommen; weiter habe er die ihm überwiesenen Wohngeldbeträge für dringende Renovierungsarbeiten verbraucht; schließlich sei ihm der Bescheid vom 20. 1. 1976 erst nach Eingang der 1450 DM auf seinem Konto zugestellt worden. Der Oberstadtdirektor ist demgegenüber der Auffassung, W habe aus der im Bescheid vom 20. 1. 1976 enthaltenen – teilweise unrichtigen – Einkommensberechnung ohne weiteres entnehmen können, daß dieser Bescheid auf einem Fehler beruhe[29].

Lösungsvorschlag

Die als Anfechtungsklage zulässige Klage des W ist begründet, soweit der Bescheid vom 20. 1. 1976 rechtswidrig und W dadurch in seinen Rechten verletzt ist (§ 113 I 1 VwGO). Bei der Frage, ob der angefochtene Bescheid rechtswidrig ist, ist zwischen „Fehlerkorrektur" und „Rückforderung" zu unterscheiden.

Soweit der Bescheid vom 20. 5. 1976 die im Bescheid vom 20. 1. 1976 ausgesprochene Bewilligung durch eine Ablehnung ersetzt, handelt es sich um „Fehlerkorrektur", die durch die Vorschriften des 2. WoGG über die Aufhebung eines Bewilligungsbescheides (§ 30 2. WoGG) nicht ausgeschlossen wird. Der prozessuale Grundsatz, nach dem offenbare Unrichtigkeiten die Berichtigung richterlicher Entscheidungen rechtfertigen (§§ 319 ZPO, 118 VwGO), gilt auch im Verwaltungsrecht[30]. Eine entsprechende Klarstellung findet sich in § 42 Satz 1 des am 1. 1. 1977 in Kraft getretenen VwVfG. Wenn – wie hier – bei einem computergefertigten Be-

[28] Zum Verhältnis von Graduiertenförderung und 2. WoGG vgl. BVerwG, ZfSH 1976, 214.

[29] BVerwG, DÖV 1975, 822.

[30] BVerwGE 40, 212 (216) m. w. N.

scheid ein Fehler ursächlich für die Bewilligung war, so steht das einem Schreib- oder Rechenfehler gleich. Der hier vorliegende Fehler ist auch „offenbar": Da die erste Ziffer des von W richtig angegebenen Brutto-Einkommens unberücksichtigt geblieben ist, war der Fehler erkennbar. Soweit der von W angefochtene Bescheid die Bewilligung vom 20. 1. 1976 durch Ablehnung ersetzt, ist er also rechtmäßig[31].

Die Rückforderung des überzahlten Wohngeldes könnte durch § 31 I 2. WoGG gerechtfertigt sein[32]. Danach sind Beträge, die der Wohngeldempfänger zu Unrecht erhalten hat, zurückzuzahlen, wenn und soweit die ungerechtfertigte Gewährung vom Wohngeldempfänger zu vertreten ist. Da die nachträgliche Berichtigung des Bescheids vom 20. 1. 1976 zu einem Fortfall der Bewilligung der 1450 DM Wohngeld führte, kommt es darauf an, ob W die ungerechtfertigte Gewährung „zu vertreten" hat. Eine ungerechtfertigte Gewährung ist zu vertreten, wenn der Betroffene bei Empfang der Zahlung erkennt oder den Umständen nach erkennen muß, daß sie ihm nicht oder nicht in der erfolgten Höhe zusteht. Im Fall der Überweisung, die der Bargeldzahlung gleichzuachten ist, hat der Empfänger die ungerechtfertigte Gewährung zu vertreten, wenn er bei der Kenntnisnahme von der Buchung erkennt oder erkennen muß, daß ihm der überwiesene Betrag nicht oder nicht in dieser Höhe zusteht, ohne daß er daraus die gebotene Folgerung zieht, den gezahlten oder überzahlten Betrag zurückzuweisen oder den Einzahler von seinen Zweifeln in Kenntnis zu setzen.

Die 1450 DM, um die es hier geht, wurden zu einem Zeitpunkt überwiesen, in dem der Bescheid vom 20. 1. 1976, dessen Inhalt an der Rechtmäßigkeit der Bewilligung ernsthafte Zweifel auslösen mußte, noch nicht zugestellt war. Da W einen Anspruch auf Wohngeld hatte, konnte von ihm auch nicht erwartet werden, daß er erst den Bewilligungsbescheid abwartete, um sich von der Rechtmäßigkeit der Zahlung zu überzeugen. Schließlich erscheint der zuviel überwiesene Betrag nicht so hoch, daß W an der Richtigkeit der Berechnung zweifeln mußte. W hat die ungerechtfertigte Gewährung von Wohngeld daher nicht zu vertreten[33].

Die Regelung des § 31 2. WoGG hat abschließenden Charakter. Hat der Wohngeldempfänger die ungerechtfertigte Gewährung von Wohngeld nicht zu vertreten, so entsteht der Rückforderungsanspruch nicht. Insbe-

[31] Die Vorschrift des § 30 IV 2. WoGG steht dem nicht entgegen.

[32] Daß die Behörde gegen W durch VA vorgehen kann, ergibt sich aus der „Kehrseitentheorie": Da die Bewilligung von Wohngeld durch VA erfolgt, kann auch die Rückforderung überzahlten Wohngeldes durch VA erfolgen.

[33] Die materielle Beweislast liegt bei der Wohngeldbehörde. Ist in tatsächlicher Hinsicht nicht abschließend zu klären, ob der Wohngeldempfänger die ungerechtfertigte Gewährung von Wohngeld zu vertreten hat, so entfällt daher der Rückforderungsanspruch.

sondere ist ein Rückgriff auf den allgemeinen öffentlich-rechtlichen Erstattungsanspruch nicht möglich. Das ergibt sich einmal aus der Überlegung, daß die einschränkende Regelung des § 31 2. WoGG die Funktion hat, dem Wohngeldempfänger – unter den tatbestandlich vorgeschriebenen Voraussetzungen – einen besonderen Vertrauensschutz zu gewähren. Zum anderen spricht für die Nichtanwendbarkeit des öffentlich-rechtlichen Erstattungsanspruches die Regelung des § 31 IV 2. WoGG. Danach gelten die „allgemeinen Grundsätze über die Rückforderung zu Unrecht gewährter Leistungen" nur dann, wenn § 31 2. WoGG den Rückforderungsanspruch rechtfertigt. Hätte der Gesetzgeber etwas anderes gemeint, so wäre § 31 I 2. WoGG überflüssig[34]. Die Anfechtungsklage des W ist daher begründet.

VII. Minderung des Familienaufwands

Gesetzliche Grundlage

Bundeskindergeldgesetz – BKGG – vom 14. 4. 1964 (BGBl. I S. 265) i. d. F. vom 31. 1. 1975 (BGBl. I S. 412)

Literatur

a) Kommentare und Lehrbücher

Schieckel, Kindergeldgesetze, Sammlung des Kindergeldrechts des Bundes und der Länder sowie Kommentar zum Bundeskindergeldgesetz, 1971 ff. (Losebl.-Slg.)
Wickenhagen/Krebs, Bundeskindergeldgesetz, 1971 ff. (Losebl.-Slg.)
Sixtus/Haep, Die Kindergeldgesetze und ihre Anwendung, 4. Aufl., 1973
Maschler, Kindergeldrecht, 1974
Wertenbruch, Sozialverfassung-Sozialverwaltung, 1974, S. 170 ff.
Bley, Sozialrecht, 1975, S. 282 ff.
Käss/Schroeter, Bundeskindergeldgesetz, 1975 ff. (Losebl.-Slg.)
Richter, Das Kindergeld, 1975
Wertenbruch, Sozialverwaltungsrecht, in: *v. Münch*, Besonderes Verwaltungsrecht, 4. Aufl., 1976, S. 473 f., 414 f.

b) Weitere Literatur

Ruland, Familiärer Unterhalt und Leistungen der sozialen Sicherheit, zugleich ein Beitrag zur Reform der sozialen Sicherung der Ehegatten und zur Reform des Familienlastenausgleichs, 1973.

[34] BVerwG, DÖV 1975, 822 (823).

Engelhart, Neues Kindergeldrecht ab 1. 1. 1975, KrV 1974, 325 ff.
Der Bundesminister für Arbeit und Sozialordnung (Hrsg.), Übersicht über die soziale Sicherung, 1975, S. 198 ff.
Hoppe, Neues Kindergeldrecht ab 1. 1. 1975 in Kraft, ZfSH 1975, 1 ff.
ders., Neues Bundeskindergeldgesetz in Kraft getreten, BB 1975, 97 ff.
Leder, Kindergeld. Für Ausländer weniger? BABl. 1975, 33 ff.
Huvale, Wandel im Unterhaltsrecht, Überlegungen zur Reform des Unterhaltsrechts aus der Sicht der Kinder alleinstehender Elternteile, ZblJugR 1976, 381 ff.
Marburger, Das neue Kindergeldrecht – Ein Überblick, ZfF 1976, 100 ff.
Meurer, Einschränkungen bei Kindergeld, Kinderzuschuß und Kinderzulage durch das Haushaltsstrukturgesetz, DRV 1976, 21 ff.
Müller, Unser Kindergeld – Weg, Abweg und Ausweg einer Hilfe für die Familie, ZblJugR 1976, 151 ff.
Schulte, Familienrecht und Sozialrecht: ihre Interdependenz aus rechtsvergleichender Sicht, FamRZ 1977, 106 ff.

1. Überblick

„Wer Kindern Unterhalt zu leisten hat oder leistet, hat ein Recht auf Minderung der dadurch entstehenden wirtschaftlichen Belastungen". In diesem in § 6 AT-SGB angekündigten und hohe Erwartungen auslösenden Leistungsbereich[1], in dem längerfristig der enge Verbund von Steuerrecht und Sozialrecht aufzudecken und angemessen zu verwirklichen sein wird[2], spielt bislang nur die Zahlung von Kindergeld eine Rolle. Dieses soll die wirtschaftliche Belastung mindern und den wirtschaftlichen Vorsprung Lediger und Verheirateter ohne Kinder bei der Verwendung ihres Einkommens wenigstens teilweise ausgleichen[3]. Neben diesem Leistungsbereich tragen zu dem erst zu schaffenden Familienlastenausgleich – neben den schadensausgleichenden Bereichen „Sozialversicherung" und „soziale Entschädigung" – schon heute die Leistungsbereiche „Ausbildungsförderung" und „Zuschuß für eine angemessene Wohnung" bei[4].

Das Kindergeld, das seit 1975 unabhängig vom Einkommen der Eltern gezahlt wird und steuerfrei ist, beträgt derzeitig monatlich für das erste Kind 50,– DM, das zweite 70,– DM, jedes weitere 120,– DM (§ 10 BKGG). Berücksichtigt werden Kinder bis zur Vollendung des 18. Lebensjahres. Für Kinder, die sich in Schul- oder Berufsausbildung befinden, wird Kindergeld bis zur Vollendung des 27. Lebensjahres gezahlt (§ 2 II Nr. 1 BKGG). Ausgenommen sind Jugendliche, die aus dem Ausbildungsverhältnis eine Vergütung von 750,– DM oder mehr erhalten (§ 2 II 2

[1] *Wertenbruch,* Sozialverwaltungsrecht, S. 374.
[2] *Wertenbruch,* Sozialverfassung-Sozialverwaltung, S. 170.
[3] *Der Bundesminister für Arbeit und Sozialordnung (Hrsg.),* Übersicht über die soziale Sicherung, S. 198.
[4] *Bley,* Sozialrecht, S. 283.

Halbs. 1 BKGG). Die Altersgrenze von 27 Jahren für die in Ausbildung befindlichen Jugendlichen kann sich noch erhöhen, z. B. um die Zeit des geleisteten Grundwehr- oder Ersatzdienstes (§ 2 III BKGG). Keine Altersgrenze gibt es für Kinder, die durch körperliche, geistige oder seelische Behinderung außerstande sind, sich selbst zu versorgen (§ 2 IV BKGG).

Anspruch auf Kindergeld hat, wer in der Bundesrepublik oder Westberlin einen Wohnsitz oder seinen gewöhnlichen Aufenthalt i. S. d. §§ 13, 14 I SteueranpassungsG hat oder – wenn das nicht der Fall ist – von seinem in der Bundesrepublik oder Westberlin ansässigen AG oder Dienstherrn zur vorübergehenden Dienstleistung ins Ausland entsandt[5] oder als Bediensteter der Deutschen Bundesbahn, der Deutschen Bundespost oder der Bundesfinanzverwaltung in einem der Bundesrepublik benachbarten Staat beschäftigt ist. Anspruch auf Kindergeld hat ferner, wer Versorgungsbezüge nach beamten- oder soldatenrechtlichen Vorschriften oder Grundsätzen oder eine Versorgungsrente von einer Zusatzversorgungsanstalt des öffentlichen Dienstes erhält oder als Entwicklungshelfer Unterhaltsleistungen i. S. d. § 4 Nr. 1 des Entwicklungshelfer-Gesetzes[6] erhält (§ 1 BKGG).

Als Kinder i. S. d. BKGG werden berücksichtigt: leibliche Kinder (§ 2 I Nr. 1, 2 und 4 BKGG) und Adoptivkinder (§ 2 I Nr. 3 BKGG); Stiefkinder und Pflegekinder, die der Berechtigte in seinen Haushalt aufgenommen hat (§ 2 I Nr. 5 und 6 BKGG); Enkel und Geschwister, die der Berechtigte in seinen Haushalt aufgenommen hat oder überwiegend unterhält (§ 2 I Nr. 7 BKGG).

Für jedes Kind wird nur *eine* Leistung des Familienausgleichs gezahlt. Der Kindergeldanspruch entfällt daher, wenn nach anderen Bestimmungen dem Kindergeld vergleichbare Zuschläge zum Arbeitsverdienst oder zur Rente zu zahlen sind, wie z. B. Kinderzuschläge im öffentlichen Dienst, Kinderzuschläge der gesetzlichen Rentenversicherung oder Kinderzulagen der gesetzlichen Unfallversicherung (§ 8 BKGG).

Kindergeld wird vom Beginn des ersten Monats an gewährt, in dem die Anspruchsvoraussetzungen erfüllt sind, bis zum Ende des Monats, in dem die Anspruchsvoraussetzungen fortfallen (§ 9 I BKGG); die Anspruchsvoraussetzungen müssen für wenigstens einen Tag des Monats vorgelegen haben, für den Kindergeld gewährt werden soll. Rückwirkend wird Kindergeld nur für die letzten 6 Monate vor Beginn des Monats geleistet, in dem der Antrag auf Kindergeld bei einer Dienststelle der Bundesanstalt für Arbeit (BA) eingegangen ist (§ 9 II BKGG). Erfüllen für ein Kind Vater

[5] Dazu zählen auch „Abordnungen", „Versetzungen", „Kommandierungen".

[6] Vom 18. 6. 1969 (BGBl. I S. 549), zuletzt geändert durch Gesetz vom 29. 6. 1976 (BGBl. I S. 1701).

und Mutter die Anspruchsvoraussetzungen, so wird das Kindergeld demjenigen gewährt, den sie zum Berechtigten bestimmen. Solange sie diese Bestimmung nicht getroffen haben, wird das Kindergeld demjenigen gewährt, der das Kind überwiegend unterhält, der Mutter immer dann, wenn ihr die Sorge für die Person des Kindes allein zusteht (§ 3 III BKGG). In anderen Fällen, in denen für ein Kind mehrere Personen die Anspruchsvoraussetzungen erfüllen, bestimmt das Vormundschaftsgericht auf Antrag, welcher Person das Kindergeld zu gewähren ist. Das Jugendamt soll vor der Anordnung gehört werden (§ 3 IV BKGG).

Der Antrag auf Kindergeld ist schriftlich bei dem ArbA zu stellen, in dessen Bezirk der Berechtigte seinen Wohnsitz hat. Hat er keinen Wohnsitz im Geltungsbereich des BKGG, so ist das ArbA zuständig, in dessen Bezirk er seinen gewöhnlichen Aufenthalt hat. Trifft beides nicht zu, so ist das ArbA zuständig, in dessen Bezirk er erwerbstätig ist. In allen übrigen Fällen ist das ArbA Nürnberg zuständig (§§ 17 I 2, 24 BKGG). Bei einem Zuständigkeitsstreit von ArbÄn. entscheidet der Präsident des Landesarbeitsamtes, gehören die ArbÄ nicht demselben Landesarbeitsamts-Bezirk an, der Präsident der BA (§§ 24 I 5 BKGG, 129 IV AFG).

Das Kindergeld wird zweimonatlich im Laufe der 2 Monate, für die es bestimmt ist, bargeldlos oder durch die Post gezahlt (§ 20 I, II 1 BKGG). Kindergeld für ausländische AN kann an deren AG überwiesen werden, die verpflichtet sind, diesen das Kindergeld unverzüglich auszuzahlen, andernfalls das Kindergeld zurückzuzahlen ist (§ 20 II 2 und 3 BKGG). Übertragung, Verpfändung und Pfändung von Kindergeld richten sich nach allgemeinen Regeln (§§ 53 ff. AT-SGB). Unter engen Voraussetzungen, im wesentlichen bei grobem Verschulden des Empfängers, ist Kindergeld zurückzuzahlen (§ 13 BKGG). Zu erstattende Kindergeld-Beträge werden wie Gemeindeabgaben beigetrieben (§ 23 III BKGG).

Die BA führt das BKGG nach den fachlichen Weisungen des Bundesministers für Arbeit und Sozialordnung durch und führt dabei die Bezeichnung ,,Kindergeldkasse" (§ 15 BKGG). Die aus der Durchführung des BKGG entstehenden Aufwendungen, einschließlich eines zwischen Bundesregierung und BA zu vereinbarenden Pauschbetrages für die Verwaltungskosten, trägt der Bund (§ 16 BKGG). Mit Ausnahme eidlicher Vernehmungen sind die ArbÄ berechtigt, die Ermittlungen anzustellen, die zur Durchführung des Gesetzes erforderlich sind (§ 19 I BKGG). Dabei haben ihnen Behörden und Träger der Sozialversicherung Amtshilfe zu leisten (§ 19 II BKGG). Beurkundungs- und Beglaubigungsgebühren bei Gerichten entfallen. Außergerichtliche Verhandlungen und Urkunden, die nach dem BKGG erforderlich, sowie Vollmachten und Bescheinigungen, die zur Glaubhaftmachung beizubringen sind, sind gebührenfrei (§ 26 BKGG). Zuständig für öffentlich-rechtliche Streitigkeiten in Angelegenheiten des BKGG sind die Sozialgerichte (§ 27 I BKGG). Dementsprechend sind auch die Vorschriften über das Vorverfahren (Widerspruch) anzuwenden[7].

Die Vorschriften des BKGG sind auch auf ausländische AN anzuwenden, soweit in zwischen- oder überstaatlichen Abkommen nichts anderes vereinbart ist. Hinsichtlich der Höhe des Kindergelds gilt, daß ausländische AN für ihre im Geltungsbereich des BKGG lebenden Kinder das volle Kindergeld nach den in § 10 BKGG festgelegten Sätzen erhalten. AN aus Mitgliedstaaten der Europäischen Gemeinschaft (EG) erhalten das volle Kindergeld auch für ihre in den EG-Staaten lebenden Kinder (§ 42 BKGG). Das gleiche gilt – aufgrund zweiseitiger Abkommen – für AN aus Österreich und der Schweiz[8]. Schließlich bestehen auch Abkommen über soziale Sicherheit mit Griechenland, Jugoslawien, Portugal, Spanien und der Türkei, die die Höhe des Kindergeldes für AN aus diesen Staaten für ihre im Heimatland lebenden Kinder regeln (§ 2 VI BKGG). Danach werden für die in den Vertragsstaaten zurückbleibenden Kinder folgende Leistungen erbracht: für das 1. Kind 10 DM, für das 2. Kind 25 DM, für das 3. und 4. Kind je 60 DM, für jedes weitere Kind 70 DM. Diese Regelung ist nicht unbestritten geblieben. Einige halten die Unterscheidung zwischen Kindern, die im Inland, und solchen, die im Ausland leben, für schlechthin unangebracht[9]; andere halten die Regelung angesichts der angespannten Situation des Bundeshaushalts und des Finanzbedarfs für dringende innerstaatliche Aufgaben für zu hoch. Der Gesetzgeber hat sich um einen angemessenen Kompromiß bemüht. Mitgespielt haben dürfte dabei die Überlegung, daß die Integrationskraft der Bundesrepublik nicht dazu ausreicht, daß alle ausländischen AN in dem von ihnen gewünschten Umfang ihre Familien in das Bundesgebiet nachkommen lassen. Andererseits erfordert es die Billigkeit, allen ausländischen ANn einen für ihre im Heimatland lebenden Kinder angemessenen Betrag zu leisten, ohne – was bei Zahlung eines hohen Kindergeldes nicht auszuschließen wäre – in den Heimatländern soziale Spannungen hervorzurufen[10].

2. Praktische Fälle

a) Schulausbildung

Sachverhalt

A bezieht für seinen 23jährigen Sohn S Kindergeld. S ist Lehrling in einer Bauunternehmung, bricht die Lehre jedoch am 30. 4. 1976 an. Ab 2. 5. 1976 besucht er ein

[7] *Hoppe*, ZfSH 1975, 1 (6).
[8] *Hoppe*, ZfSH 1975, 1 (2); *Leder*, BABl. 1975, 33.
[9] Rechtlich dürfte diese Unterscheidung zu rechtfertigen sein, solange es sich nicht um Mitgliedstaaten der EG handelt.
[10] *Hoppe*, ZfSH 1975, 1 (2); *Leder*, BABl. 1975, 33; N. N., ZSR 1975, 54 (56).

Abendgymnasium mit dem Ziel, nach 8 Semestern die Reifeprüfung abzulegen. Die Unterrichtszeit beträgt 21 Stunden wöchentlich; der Unterricht findet an 5 Tagen von 16.15 bis 20.25 Uhr statt. Für die Unterrichtsvorbereitung benötigt S wöchentlich etwa 20 Stunden, für den Schulweg etwa $7^1/_2$ Stunden wöchentlich. Nach Auskunft des Leiters des Abendgymnasiums sollen die Schüler – gemäß staatlichen Bestimmungen – während der ersten 5 Semester berufstätig sein; in den letzten 3 Semestern wird von ihnen keine Berufstätigkeit mehr erwartet.

Mit Bescheid vom 15. 12. 1976 entzieht die BA dem A das für S gewährte Kindergeld mit Ablauf des Monats Oktober 1976. Zur Begründung heißt es, S könne nicht als Kind i. S. d. § 2 II Nr. 1 BKGG angesehen werden, weil der Besuch des Abendgymnasiums noch eine halbtägige Berufstätigkeit zulasse. Den Widerspruch des A gegen diesen Bescheid weist die Widerspruchsstelle als unbegründet zurück. Dagegen erhebt A Klage vor dem SG[11].

Lösungsvorschlag

Verpflichtetes Zuordnungssubjekt aus den Vorschriften über die Gewährung von Kindergeld, auch aus der hier in Streit befindlichen Norm des § 2 II Nr. 1 BKGG, ist ausschließlich ein Träger hoheitlicher Gewalt, nämlich die BA als Kindergeldkasse (§ 15 II BKGG), vertreten durch den Direktor des zuständigen ArbAs. (§ 24 BKGG); es handelt sich somit um eine öffentlich-rechtliche Streitigkeit. Öffentlich-rechtliche Streitigkeiten in Angelegenheiten des BKGG sind Streitigkeiten in Angelegenheiten der BA, so daß der Rechtsweg vor dem SG eröffnet ist (§ 51 I SGG; § 27 BKGG)[12]. A begehrt Aufhebung des Bescheids vom 15. 5. 1976 und Zahlung von Kindergeld für die Zeit, während der S ein Abendgymnasium besucht. Für dieses Klagebegehren wird von der sozialgerichtlichen Rechtsprechung die kombinierte Anfechtungs- und Leistungsklage als die richtige Klageart angesehen (§ 54 IV SGG)[13]. Da die Bestimmungen des BKGG zumindest auch im Interesse des Kindergeldempfängers erlassen worden sind, ist es möglich, daß A durch die im Bescheid vom 15. 12. 1976 enthaltene Versagung des Kindergeldes beschwert ist; er ist klagebefugt (§ 54 I 2 SGG). Ein erfolgloses Vorverfahren, Sachurteilsvoraussetzung auch im Kindergeldrecht (§ 78 SGG), hat stattgefunden[14]. Davon, daß A die für die Klageerhebung vorgeschriebene Frist eingehalten hat (§ 87 SGG), ist auszugehen. Die Klage des A ist somit zulässig.

Die Klage ist begründet, wenn A der Anspruch auf Kindergeld zusteht. Insoweit kommt es darauf an, ob S sich in „Schulausbildung" i. S. d. § 2 II

[11] BSGE 31, 152.

[12] Nach anderer Ansicht greift § 51 IV SGG ein. Vgl. hierzu *Maschler*, S. 250.

[13] Im verwaltungsgerichtlichen Verfahren, wo man diese Klageart nicht kennt, käme die Verpflichtungsklage in Betracht.

[14] Zuständig für die Durchführung des Vorverfahrens ist die vom Verwaltungsrat der Bundesanstalt für Arbeit bestimmte Stelle (§ 85 II Nr. 3 SGG). Das ist der Direktor des ArbA (Widerspruchsstelle).

Nr. 1 BKGG befindet. Unter „Schulausbildung" ist im allgemeinen die Teilnahme als Lernender an einer Unterrichtsveranstaltung zu verstehen, soweit diese die übliche Organisationsform einer Schule hat[15]. Ein Abendgymnasium hat die Organisationsform einer Schule, so daß sein Besuch den Begriff der Schulausbildung erfüllt. Jedoch hat der Begriff der Schulausbildung dadurch eine Einschränkung erfahren, daß das BSG – im Anschluß an die Rechtsprechung des RVA – zusätzlich fordert, die Ausbildung müsse die Arbeitskraft des Kindes zumindest „überwiegend" in Anspruch nehmen[16]. Von „überwiegender" Inanspruchnahme könne nicht gesprochen werden, wenn die Ausbildung so gestaltet ist, daß sie mindestens noch eine Halbtagsbeschäftigung zuläßt[17]. Diese einschränkende Auslegung wurde zunächst für die sog. „verlängerte Waisenrente" verlangt[18], für den Begriff der „Schulausbildung" später mit der Begründung übernommen, daß beide Leistungen ihrem Zweck nach dem Berechtigten nicht zur Verfügung stünden, sondern zum Unterhalt des Kindes gewährt würden.

Auf den vorliegenden Fall bezogen, bedeutet das: S befindet sich nur dann in einer Schulausbildung i. S. d. § 2 II Nr. 1 BKGG, wenn ihm neben dem Besuch des Abendgymnasiums die Übernahme einer Halbtagsbeschäftigung (etwa 20 Stunden) nicht zuzumuten ist. Rechnet man Schulweg, Unterrichtsdauer und Unterrichtsvorbereitung zusammen, so ergibt sich für S eine wöchentliche Arbeitsbelastung von 48½ Stunden. Bei Hinzurechnung einer Halbtagsbeschäftigung käme S auf 68½ Stunden. Damit ist die Grenze der Zumutbarkeit – selbst wenn man sie für Abendschüler mit Rücksicht auf ein abzuverlangendes Opfer mit 50 Stunden ansetzen würde – überschritten. S wird durch die Schulausbildung „überwiegend" in Anspruch genommen. A hat deshalb weiterhin Anspruch auf den Bezug von Kindergeld. Seine Klage vor dem VG ist begründet.

b) Rückzahlung von Kindergeld

Sachverhalt

A ist Bauunternehmer. Von 1971 bis zum 30. 4. 1976 ist der türkische Arbeitnehmer T bei ihm beschäftigt. T hat drei Kinder. Das ihm zustehende Kindergeld wird dem T jeweils durch A ausgezahlt, nachdem es zuvor dem A von der BA (Kindergeldkasse) zwecks Auszahlung an T überwiesen worden ist. Am 30. 5. 1976 überweist die BA an A Kindergeld für die Monate Mai und Juni 1976 zwecks Auszahlung an T. A teilt daraufhin dem zuständigen ArbA mit, T sei seit dem 30. 4. 1976 nicht mehr bei ihm beschäftigt, sein Aufenthaltsort unbekannt. Da er noch Gegenforderungen gegen T habe, habe er im übrigen in Höhe des für Mai und Juni 1976 überwiesenen Kinder-

[15] BSG SozR (alte Folge), § 1267 RVO, Nr. 33.
[16] BSGE 31, 152 (154) m. w. N. Vgl. auch SozR 5870, § 2 BKGG, Nr. 2.
[17] Vgl. auch BSGE 21, 185 (189); 23, 227 (228).
[18] Vgl. dazu die im Wortlaut mit § 2 II Nr. 1 BKGG übereinstimmenden Vorschriften des § 1267 Satz 2 RVO und des § 44 Satz 2 AVG.

geldes aufgerechnet. Daraufhin fordert die BA, vertreten durch den Direktor des ArbAs., mit Bescheid vom 15. 7. 1976 den überwiesenen Betrag zurück. Nach erfolglosem Widerspruchsverfahren erhebt A form- und fristgerecht Klage vor dem zuständigen SG.

A ist in der Durchschrift der Auszahlungsbescheinigung zur Kindergeld-Betriebszahlliste darauf hingewiesen worden, daß das in der Kindergeld-Betriebszahlliste ausgewiesene Kindergeld zur Vermeidung von Ersatzansprüchen nicht an AN ausgezahlt werden dürfe, die nicht wenigstens bis zum 25. Tag des letzten Monats, für den Kindergeld überwiesen wurde, bei ihm beschäftigt waren oder nicht in jedem Monat, für den Kindergeld überwiesen wurde, für wenigstens einen Tag Arbeitsentgelt zu beanspruchen hatten. In diesen Fällen sei das Kindergeld für die betroffenen AN zurückzuüberweisen[19].

Lösungsvorschlag

Der Rechtsweg vor dem SG ist eröffnet, wenn es sich um eine öffentlich-rechtliche Streitigkeit in Angelegenheiten der BA handelt (§ 51 I SGG; § 27 BKGG). Nach § 20 II 2 BKGG kann das Kindergeld für AN, die ihren Wohnsitz außerhalb des Geltungsbereichs des BKGG haben, ihren AGn überwiesen werden; die AG sind verpflichtet, das Kindergeld unverzüglich an die AN auszuzahlen. Es handelt sich um eine besondere Art der Übertragung von Verwaltungsaufgaben auf Private[20], ähnlich der Stellung des AGs bei der Einbehaltung von Lohnsteuer und Sozialversicherungsbeiträgen der AN. Hier wie dort bedient sich der Staat der AG zur Erfüllung einer öffentlichen Aufgabe, die durch öffentlich-rechtliche Vorschriften, hier § 20 II 2 BKGG, realisiert werden soll. Ist aber der „Hinweg" öffentlich-rechtlich geregelt, so gilt für den „Rückweg", die Rückabwicklung zu Unrecht erbrachter Leistungen, nichts anderes[21]. Das bedeutet für den vorliegenden Fall: Auch die Rückabwicklung zuviel gezahlten Kindergeldes stellt sich als öffentlich-rechtliche Streitigkeit in Angelegenheiten des BKGG dar, für die der Rechtsweg vor den SGen eröffnet ist. Da die BA (Kindergeldkasse) gegen A einen „Rückzahlungsbescheid" erlassen hat, ist die Anfechtungsklage die richtige Klageart. Als Adressat eines belastenden VA ist A auch klagebefugt (§ 54 I 2 SGG). Da Vorverfahren und Fristen eingehalten sind, ist die Klage des A zulässig.

Begründet ist die Anfechtungsklage, wenn der Rückzahlungsbescheid rechtswidrig ist. Das ist der Fall, wenn er nicht durch eine Rechtsgrundlage gedeckt ist. Als Rechtsgrundlage kommt das Rechtsinstitut des allgemein anerkannten öffentlich-rechtlichen Erstattungsanspruchs in Betracht. Dieser beruht auf dem allgemeinen Rechtssatz, daß eine mit der Rechtslage

[19] SG Kassel, RSpDienst 8450 zu § 20 BKGG (nicht rechtskräftig).
[20] *Maschler*, S. 243; *Käss/Schroeter*, § 20 Anm. 3.
[21] BVerwGE 4, 215 (219).

nicht übereinstimmende Vermögenslage auszugleichen ist[22]. Es gilt – mit anderen Worten – auch ohne ausdrückliche Normierung der Grundsatz, daß öffentlich-rechtliche Leistungen, die ohne rechtlichen Grund bewirkt worden sind, zu erstatten sind[23]. Nicht unbestritten ist dabei allerdings, ob der Erstattungsanspruch in allen Fällen durch VA geltend gemacht werden kann oder nur dann, wenn auch die vorausgegangene Leistung durch VA gewährt worden ist („Kehrseitentheorie")[24]. Im vorliegenden Zusammenhang braucht dieser Frage indessen nicht nachgegangen zu werden. Wegen eines etwaigen Erstattungsanspruches wegen zuviel gezahlten Kindergeldes gegen den AG hat der Gesetzgeber in den Bestimmungen der §§ 20 II 3 Halbs. 2, 23 III BKGG zu erkennen gegeben, daß überzahltes Kindergeld durch Leistungsbescheid zurückgefordert werden kann. Nach ihrem Wortlaut sind die Vorschriften der §§ 20 II 3 Halbs. 2, 23 III BKGG zwar auf den Fall zugeschnitten, in dem der AG das Kindergeld nicht innerhalb einer angemessenen Frist an den AN auszahlt. Wenn dem AG Kindergeld – wegen Auflösung des Arbeitsverhältnisses mit einem ausländischen AN – zu Unrecht überwiesen worden ist, trifft der gesetzgeberische Gedanke dieser Vorschriften jedoch erst recht zu.

Dahingestellt bleiben kann, ob der Erstattungsanspruch den Einschränkungen des § 13 Nr. 1 und 2 BKGG, eines Unterfalls des allgemeinen öffentlich-rechtlichen Erstattungsanspruchs[25], unterliegt. Da A – wie aus § 20 II 2 Halbs. 2 BKGG abzuleiten ist – nicht „Empfänger", sondern „verlängerter Arm" der Kindergeldkasse ist, kommt sicherlich keine direkte Anwendung dieser Vorschrift in Betracht. Selbst wenn man aber – unter dem Gesichtspunkt einer „planwidrigen Gesetzeslücke" – eine entsprechende Anwendung dieser Vorschrift für möglich und erforderlich hielte, wäre „Bösgläubigkeit" des A im Sinne dieser Bestimmung anzunehmen; A war in der Durchschrift der Auszahlungsbescheinigung zur Kindergeld-Betriebszahlliste darauf hingewiesen worden, daß das in der Kindergeld-Betriebszahlliste ausgewiesene Kindergeld zur Vermeidung von Ersatzansprüchen nicht an AN ausgezahlt werden dürfe, die nicht wenigstens bis zum 25. Tag des letzten Monats, für den Kindergeld überwiesen wurde, bei ihm tatsächlich beschäftigt waren oder nicht in jedem Monat, für den Kindergeld überwiesen wurde, für wenigstens einen Tag Arbeitsentgelt zu beanspruchen hatten; in diesen Fällen sei das Kindergeld für die betreffenden AN zurückzuüberweisen. Aufgrund dieser Hinweise wußte A, daß das

22 BVerwGE 4, 215 (219); 25, 72 (76); 30, 77 (79); BSGE 29, 6 (7 f.).

23 *Wolff/Bachof*, VerwR I, 9. Aufl., 1974, § 44 I b 6; *Erichsen/Martens*, Allg. VerwR, 1975, S. 186 ff.

24 Vgl. dazu § 48 II 8 VwVfG sowie *Erichsen/Martens*, Fußn. 23, und *Wallerath*, DÖV 1972, 221 (226).

25 BSG, SozR 5870, § 13 BKGG, Nr. 1.

Kindergeld für die Monate Mai und Juni 1976 zu Unrecht überwiesen worden war; falls er es nicht gewußt haben sollte, beruhte seine Unkenntnis im Hinblick auf die eindeutigen Hinweise der BA auf grober Fahrlässigkeit.

Da § 13 BKGG ein Unterfall des allgemeinen öffentlich-rechtlichen Erstattungsanspruchs ist und bei diesem eine Berufung auf den Wegfall der Bereicherung nicht durchgreift, dringt A schließlich nicht mit dem Einwand durch, er habe mit einer Gegenforderung gegen das Kindergeld aufgerechnet[26]. Ihm war zumindest aufgrund grober Fahrlässigkeit unbekannt, daß er das ihm für T für die Monate Mai und Juni 1976 überwiesene Kindergeld nicht behalten durfte[27].

Der Leistungsbescheid vom 15. 7. 1976 ist daher rechtmäßig und die Anfechtungsklage des A unbegründet.

VIII. Jugendhilfe

Gesetzliche Grundlage

Gesetz für Jugendwohlfahrt – JWG – vom 11. 8. 1961 (BGBl. I S. 1205, ber. S. 1875) i. d. F. vom 25. 4. 1977 (BGBl. I S. 633)

Literatur

a) Kommentare und Lehrbücher

Riedel, Jugendwohlfahrtsgesetz, 4. Aufl., 1965
Jans/Happe, Jugendwohlfahrtsgesetz, 2. Aufl., 1971 ff. (Losebl.-Slg.)
Abel, Grundriß der Jugendhilfe, 1972
Friedeberg/Polligkeit/Giese, Das Gesetz für Jugendwohlfahrt, 3. Aufl., 1972
H. J. Wolff, Verwaltungsrecht III, 3. Aufl., 1973, §§ 151 bis 153
Krug, Gesetz für Jugendwohlfahrt, 1974 ff. (Losebl.-Slg.)
Potrykus, Jugendwohlfahrtsgesetz, Kommentar, 2. Aufl., 1972, Nachtr. 1974
Wertenbruch, Sozialverfassung-Sozialverwaltung, 1974, S. 175 ff.
Hill, Jugendwohlfahrtsgesetz, Kommentar mit Länderausführungsbestimmungen, 1975
Wertenbruch, Sozialverwaltungsrecht, in: *v. Münch,* Besonderes Verwaltungsrecht, 4. Aufl., 1976, S. 358, 414 f.

b) Weitere Literatur

Becker, Ein neues Sozialgesetzbuch und sein Verhältnis zur Sozial- und Jugendhilfe, NDV 1971, 187 ff.

[26] Wie Fußn. 19.
[27] Vgl. auch § 48 II 7 VwVfG.

Der Bundesminister für Jugend, Familie und Gesundheit, Dritter Jugendbericht, 1973
Deutsches Jugendinstitut, Zur Reform der Jugendhilfe, Analysen und Alternativen, 1973
Fichtner, Jugendhilfe in der Bundesrepublik Deutschland, VSSR 1 (1973), 232 ff.
Der Bundesminister für Jugend, Familie und Gesundheit, Mehr Chancen für die Jugend – zu Inhalt und Begriff einer offensiven Jugendhilfe, 1974
Hasenclever, Das System der Leistungen im neuen Jugendhilferecht, Soziale Arbeit im sozialen Konflikt 1974, 31 ff.
Krämer, Jugendhilfe – Perspektiven 1975, ZfF 1975, 98 ff.
Giese, Die Jugend- und Sozialhilfe im AT-SGB, ZfF 1976, 53 ff.
Hasenclever, Das Jugendwohlfahrtsgesetz, Teil des Sozialgesetzbuches, Theorie und Praxis der sozialen Arbeit 1976, 24 ff.
Jans, Zur Frage der Jugendhilferechtsreform, NDV 1976, 304 ff.
Schellhorn, Die rechtliche Bedeutung der Vorschriften des AT-SGB für die Sozialhilfe und die Jugendhilfe, NDV 1976, 162 ff.
Carspecken, Jugendhilfe und Verwaltungsreform – Möglichkeiten und Grenzen, ZfF 1977, 33 ff.

1. Überblick

Nach gegenwärtigem Recht können als Leistungen der Jugendhilfe in Anspruch genommen werden (§§ 4 bis 8 JWG; § 27 I AT-SGB):
— Hilfen zur Erziehung innerhalb und außerhalb des Elternhauses vor und neben der Erfüllung der Schulpflicht
— Hilfen zur außerschulischen und außerberuflichen Bildung
— Hilfen zur Verhinderung und Beseitigung von Entwicklungsstörungen
— Hilfen zur Förderung von Einrichtungen und Veranstaltungen der Jugendwohlfahrt
— Vormundschafts- und Jugendgerichtshilfe.

Zuständig sind die Jugendämter und Landesjugendämter; sie arbeiten mit den Trägern der freien Jugendhilfe zusammen (§ 27 II AT-SGB).

Jugendhilfe ist ein typischer Bereich oder sollte es zumindest sein, dem im Interesse eines Ausgleichs sozialer Gegensätze in besonderer Weise die Beseitigung von Defiziten einzelner oder bestimmter Bevölkerungsgruppen an materieller Absicherung, Chancengleichheit und Entfaltungsmöglichkeit obliegt. Er ist deshalb, was nicht unbestritten war, zu Recht in das SGB aufgenommen worden. Allerdings ist das dem Jugendhilferecht seit rund 50 Jahren zugrundeliegende Jugendwohlfahrtsgesetz (JWG) in der Sache überholt und den Anforderungen einer modernen Jugendhilfe nicht mehr gewachsen. Das liegt vor allem daran, daß innerhalb der Jugendhilfe eine Gewichtsverlagerung von ursprünglich eingreifender Verwaltung zu leistender Verwaltung stattgefunden hat; mehr als etwaige Abwehransprüche gegenüber staatlichen Eingriffen interessiert im Jugendhilferecht heute die Frage, inwieweit Schutzansprüche des einzelnen auf positives Handeln des Staates anzuerkennen sind. Die Hoffnungen im Bereich der Jugendhilfe konzentrieren sich also darauf, daß ein Jugendhilfegesetz (JHG) geschaffen wird, in dem klar formulierte Ansprüche des jungen Menschen sowie der Eltern auf erzieherische Unterstützung im Bedarfsfall niedergelegt sind. Zu einem solchen Gesetz liegt bereits ein – wenn auch noch unvollkommener – Referentenentwurf vor. Dieser strebt insbesondere an[1]:

— Aufbau des JHG als Leistungsgesetz
— Gewährung von Rechtsansprüchen auf Leistungen der individuellen Erziehungshilfen
— Aufnahme eines detaillierten Katalogs von allgemeinen Hilfen für Kinder, allgemeiner Förderung der Jugend und der Erziehung in der Familie sowie die Verklammerung dieser allgemeinen Hilfen mit den individuellen Erziehungshilfen
— stärkere Mitwirkung junger Menschen
— gleichrangige partnerschaftliche Zusammenarbeit der Träger der Jugendhilfe mit den Vereinigungen der Jugendhilfe
— Gewährleistung der Fachlichkeit der Jugendhilfe und der angemessenen Bereitstellung der erforderlichen Einrichtungen, Dienste und Veranstaltungen
— Einführung von Jugendhilfeplänen bei allen Trägern der Jugendhilfe
— Einführung neuer Erziehungshilfen und einer psychosozialen Diagnose in allen Fällen von Erziehungshilfen außerhalb des Elternhauses
— verbesserte Hilfen für straffällige Kinder und Jugendliche
— bundeseinheitliche Regelung der Inobhutnahme junger Menschen bei Entfernung aus dem Elternhaus oder Gefährdung im Elternhaus
— einheitliche Zuständigkeit für alle Erziehungshilfen
— verbesserte, mit dem Sozialhilferecht abgestimmte Kostenregelungen
— einheitlichen Rechtsweg für alle Entscheidungen in Erziehungsfragen zum Vormundschaftsrichter einschließlich der Anfechtung von erzieherischen Entscheidungen innerhalb eines Erziehungsverhältnisses (z. B. Heimerziehung) und
— Anwendung des Gesetzes für alle jungen Menschen in der Bundesrepublik Deutschland, unabhängig von ihrer Staatsangehörigkeit.

Zu hoffen ist, daß es bald zur Verwirklichung eines zeitgemäßen JHG kommt. An den erforderlichen finanziellen Aufwendungen sollte gerade auf dem Gebiet der Jugendhilfe nicht gespart werden. Was heute im Bereich der Jugendhilfe versäumt wird, ist nicht aufzuholen und könnte in wenigen

[1] Vgl. Bundesarbeitsgemeinschaft der Landesjugendämter und überörtlichen Erziehungsbehörden, Gesetz für Jugendliche, Referentenentwurf, Begründung, 1974, S. 4.

Jahren in Form vielfach höherer „Wiedergutmachungskosten" auf die Gemeinschaft zurückfallen.

2. Praktische Fälle

a) Hilfe zur Erziehung und Pflege

Sachverhalt

Der 7 Jahre alte S ist nichteheliches Kind seiner auswärts studierenden Mutter M. Etwa 1 Jahr nach der Geburt nahmen die Großeltern mütterlicherseits den S in ihren Haushalt auf, wo er seitdem von ihnen erzogen und betreut wird. Nachdem der zuständige Oberkreisdirektor (Jugendamt) den Großeltern für S eine zeitlang Hilfe zur Erziehung und Pflege nach dem JWG gewährt hatte, stellte er später die Zahlungen mit der Begründung ein, M habe inzwischen die für ihr Studium vorgesehene Semesterzahl absolviert; es sei nunmehr die Aufgabe, selbst für die Erziehung und Betreuung des S zu sorgen. S erhält seitdem vom Sozialamt der Stadt X Hilfe zum Lebensunterhalt nach dem BSHG.

S begehrt vom Oberkreisdirektor (Jugendamt) Weitergewährung der Hilfe zur Erziehung und Pflege. Nach erfolglosem Vorverfahren beantragt er, vertreten durch M, vor dem örtlich zuständigen VG, den Oberkreisdirektor (Jugendamt) unter Aufhebung des Bescheids vom ... und des Widerspruchsbescheids vom ... zu verpflichten, ihm ab Oktober 1976 Hilfe zur Erziehung und Pflege nach dem JWG zu bewilligen[2].

Lösungsvorschlag

Ansprüche auf Hilfe zur Erziehung und Pflege sind im JWG geregelt. Dabei handelt es sich um Vorschriften, deren verpflichtetes Zuordnungssubjekt ausschließlich ein Träger hoheitlicher Gewalt ist (Oberkreisdirektor, Dezernat Jugendamt). Es handelt sich somit um eine öffentlich-rechtliche Streitigkeit (nichtverfassungsrechtlicher Art). Da der Gesetzgeber keine Zuweisung an ein anderes Gericht vorgesehen hat, ist der Verwaltungsrechtsweg gegeben (§ 40 I VwGO). Das Klagebegehren des S ist darauf gerichtet, daß ihm der Oberkreisdirektor ab Oktober 1976 Hilfe zur Erziehung und Pflege bewilligt. Da eine solche Bewilligung durch VA ausgesprochen wird, ist die Verpflichtungsklage die richtige Klageart (§ 42 I VwGO). Da die Anspruchsnormen über die Hilfe zur Erziehung und Pflege zumindest auch im Interesse des einzelnen liegen, kann S geltend machen, durch die Ablehnung des VA in seinen Rechten verletzt zu sein; S ist klagebefugt (§ 42 II VwGO). Das erforderliche Vorverfahren, Sachurteilsvoraussetzung, hat stattgefunden (§§ 68 ff. VwGO). Davon, daß die vom Gesetzgeber für die Klageerhebung vorgeschriebene Frist eingehalten ist (§ 74 VwGO), wird ausgegangen. Die Verpflichtungsklage ist daher zulässig.

[2] OVG Münster, ZfSH 1976, 178.

Die Verpflichtungsklage ist begründet, wenn dem S der aus § 5 I Nr. 3 und § 6 I, II JWG abzuleitende Anspruch auf Hilfe zur Erziehung und Pflege zusteht. In § 5 I Nr. 3 JWG ist bestimmt, daß es Aufgabe des Jugendamtes ist, die für die Wohlfahrt der Jugend erforderlichen Einrichtungen und Veranstaltungen anzuregen, zu fördern und ggf. zu schaffen, insbesondere für die „Pflege und Erziehung von ... Kleinkindern und von Kindern im schulpflichtigen Alter außerhalb der Schule". In § 6 I JWG heißt es, daß es zu den Aufgaben des Jugendamtes nach § 5 I JWG gehört, im Rahmen der Einrichtungen und Veranstaltungen „die notwendigen Hilfen zur Erziehung für einzelne Minderjährige" dem jeweiligen erzieherischen Bedarf entsprechend rechtzeitig und ausreichend zu gewähren. In § 6 II JWG schließlich ist geregelt, daß zu der einem einzelnen Minderjährigen nach § 5 JWG zu gewährenden Hilfe zur Erziehung der in einer Familie außerhalb des Elternhauses des Minderjährigen gewährte notwendige Lebensunterhalt gehört[3].

Bedenken gegen das Bestehen eines Anspruchs des S auf Hilfe zur Erziehung ergeben sich aus § 1 III JWG. Danach greift der (öffentlich-rechtliche) Anspruch des Kindes auf Erziehung nur insoweit ein, als der (privatrechtliche) Anspruch des Kindes auf Erziehung nicht von der „Familie" erfüllt wird. Zur Familie in diesem Sinn gehören aber außer den Eltern alle Personen, die dem Kind durch Verwandschaft oder Schwägerschaft eng verbunden sind, die sich für das Kind verantwortlich betrachten und die seine Erziehung tatsächlich ausüben[4].

Die Großeltern des S gehören zur „Familie" i. S. d. § 1 III JWG. Sie sind mit dem S in gerader Linie im zweiten Grad verwandt, sie betrachten sich als für S verantwortlich und haben seine Erziehung übernommen. Damit entfällt gemäß § 1 III JWG ein Anlaß für das Eingreifen der öffentlichen Jugendhilfe[5]. Darauf, mit welcher inneren Einstellung die Großeltern die Erziehung des S ausüben, kommt es in diesem Zusammenhang nicht an; der Gesetzgeber stellt lediglich darauf ab, ob der (privatrechtliche) Erziehungsanspruch des Kindes von der Familie „erfüllt" wird. Der Oberkreisdirektor hat die Bewilligung von Hilfe zur Erziehung an S daher zu Recht abgelehnt.

Ein Anspruch auf Hilfe zur Pflege, der die mit dem (öffentlich-rechtlichen) Erziehungsanspruch verbundenen materiellen Bedürfnisse abdecken soll, hat Annexcharakter. Er setzt voraus, daß zunächst ein Erziehungsanspruch gegeben ist. Besteht er, sind gleichzeitig die materiellen Bedürfnisse

[3] Diese Vorschriften liefern ein Beispiel für die unklare Anspruchsformulierung des JWG.

[4] *Jans/Happe,* § 1 Anm. 7 B a; *Friedberg/Polligkeit/Giese,* § 1 Anm. 8 c.

[5] Vgl. *Potrykus,* § 1 Anm. 9, wo die Großeltern ausdrücklich als zur „Familie" gehörig bezeichnet werden.

zu berücksichtigen. Das folgt u. a. aus § 6 II JWG, wonach die Deckung des notwendigen Lebensunterhalts als zusätzliche Maßnahme im Rahmen der zu Beginn des Absatzes erwähnten Hilfe zur Erziehung hingestellt wird[6]. Da S keinen (öffentlich-rechtlichen) Erziehungsanspruch hat, steht ihm also auch kein Anspruch auf Hilfe zur Pflege zu.

Die Verpflichtungsklage des S ist in beiden Punkten unbegründet[7].

b) Förderungswürdige Jugendgemeinschaft

Sachverhalt

Der eingetragene Verein V, der lediglich für den Raum der Stadt S in NW besteht, hat sich laut § 2 seiner Satzung zur Aufgabe gestellt, die erforderlichen Kenntnisse in der Fahnen- und Wappenkunde zu vermitteln, die staatspolitische Fortbildung innerhalb der Jugendpflege zu fördern und das Verantwortungsbewußtsein gegenüber der Bundesrepublik zu fördern. Satzungsmäßiges Ziel des V ist es, bei Veranstaltungen gesamtdeutschen Charakters mit den Fahnen der deutschen Länder einschließlich der Hoheitsfahne der Bundesrepublik aufzutreten.

Im November 1970 wird V auf Antrag vom Oberstadtdirektor der Stadt S (Jugendamt) als förderungswürdige Jugendgemeinschaft i. S. d. § 9 JWG anerkannt; die Anerkennung ist auf 1 Jahr befristet. Im November 1971 beantragt V, ihn für weitere 3 Jahre als förderungswürdige Jugendgemeinschaft anzuerkennen. Der Oberstadtdirektor lehnt mit der Begründung ab, V nehme die in seiner Satzung erklärten Ziele nicht mehr wahr. Nach erfolglosem Widerspruchsverfahren erhebt V vor dem örtlich zuständigen VG Klage mit dem Antrag, den Oberstadtdirektor (Jugendamt) unter Aufhebung des Bescheids vom 15. 3. 1972 und des Widerspruchsbescheids vom 30. 6. 1972 zu verpflichten, ihn als förderungswürdige Jugendgemeinschaft anzuerkennen.

Aus der von V zu den Gerichtsakten eingereichten Mitgliederübersicht ergibt sich, daß V 19 Mitglieder (56 %) im Alter von unter 25 Jahren und 15 (44 %) im Alter von über 25 Jahren hat; das Gesamtdurchschnittsalter liegt bei über 25 Jahren. Über die Zahl der jugendlichen Teilnehmer an seinen Veranstaltungen hat V trotz gerichtlicher Aufforderung keine Angaben gemacht. Die Vorschrift des § 2 der Vereinssatzung des V (Zweck und Ziel) lautet:

1. Die Gesamtdeutsche Fahnenstaffel ist eine demokratische, überparteiliche und überkonfessionelle Vereinigung.
2. Sie wirkt auf dem Gebiet der Jugendpflege i. S. d. Jugendwohlfahrtsgesetzes (JWG) mit und versucht, durch staatsbürgerliche, kulturelle, sportliche und gesellschaftliche Arbeit die Jugend zu einem eigenen und kritischen Verantwortungsbewußtsein gegenüber unserem Staat zu wecken und zu fördern[8].

Lösungsvorschlag

Verpflichtetes Zuordnungssubjekt aus den Vorschriften über die Anerkennung als förderungswürdige Jugendgemeinschaft ist ausschließlich ein Trä-

[6] *Krug*, § 6 Anm. 2.

[7] OVG Münster, ZfSH 1976, 178 (179).

[8] VG Gelsenkirchen, ZfSH 1976, 179 (§ 2 der Vereinssatzung ist dort nicht abgedruckt).

ger hoheitlicher Gewalt, nämlich der Oberstadtdirektor (Jugendamt)[9]; es handelt sich somit um eine öffentlich-rechtliche Streitigkeit (nichtverfassungsrechtlicher Art). Das JWG sieht keine Sonderzuweisung einer solchen Streitigkeit vor ein anderes Gericht vor, mithin ist der Verwaltungsrechtsweg gegeben (§ 40 I VwGO). V begehrt die Anerkennung als förderungswürdige Jugendgemeinschaft; also ist die Verpflichtungsklage die richtige Klageart (§ 42 I VwGO). Da die Vorschriften über die Anerkennung als förderungswürdige Jugendgemeinschaft auch im Interesse eines sich um Anerkennung bemühenden Zusammenschlusses erlassen worden sind, ist es möglich, daß V durch die Ablehnung der Anerkennung in seinen Rechten verletzt ist; er ist klagebefugt (§ 42 II VwGO). Ein erfolgloses Vorverfahren hat stattgefunden. Die für die Klageerhebung vorgeschriebene Frist soll eingehalten sein (§ 74 VwGO). Die Klage des V ist daher zulässig.

Begründet ist die Klage des V, soweit die versagte öffentliche Anerkennung des V als förderungswürdiger Jugendgemeinschaft rechtswidrig und V dadurch in seinen Rechten verletzt ist (§ 113 IV 1 VwGO). Die Nichtanerkennung als förderungswürdige Jugendgemeinschaft ist rechtswidrig, wenn V einen Anspruch auf Anerkennung hat. Da die Vorschrift des einschlägigen § 9 JWG keine ins einzelne gehende Regelung darüber enthält, unter welchen Voraussetzungen die öffentliche Anerkennung als Träger der freien Jugendhilfe zu erfolgen hat, und somit als Anspruchsgrundlage ausscheidet, hat der Oberstadtdirektor über den Antrag nach pflichtgemäßem Ermessen unter Berücksichtigung des Gleichheitssatzes nach Art. 3 GG zu entscheiden[10]. Dem entspricht, daß V zwar einen Anspruch auf pflichtgemäße Ausübung des Ermessens hat (§ 39 I 2 AT-SGB), aber einen Anspruch auf Anerkennung nur dann, wenn der Ermessensspielraum des Oberstadtdirektors sich auf „Null" reduziert hat, so daß es nur eine richtige Entscheidung, nämlich den Ausspruch der Anerkennung als förderungswürdige Jugendgemeinschaft gibt. Eine solche Ermessensschrumpfung setzt voraus, daß V einen unter den Begriff „Träger der freien Jugendhilfe" fallenden Zusammenschluß i. S. d. § 5 IV JWG darstellt. Als solcher kommt hier die „sonstige Jugendgemeinschaft" in Betracht (§ 5 IV Nr. 2

[9] Daß der Oberstadtdirektor (Jugendamt) für die öffentliche Anerkennung als Träger der freien Jugendhilfe zuständig ist, ergibt sich für NW aus § 21 I Nr. 1 des Gesetzes zur Ausführung des Gesetzes für Jugendwohlfahrt (AG-JWG) i. d. F. vom 1. 7. 1965 (GV NW S. 248), abgedruckt u. a. in *v. Hippel/Rehborn*, Gesetze des Landes NW, Nr. 165.

[10] In § 9 II JWG wird die Bundesregierung zwar ermächtigt, durch Rechtsverordnung mit Zustimmung des Bundesrates Grundsätze festzulegen, nach denen die Anerkennung als Träger der freien Jugendhilfe erfolgt. Eine solche Rechtsverordnung ist jedoch bislang nicht ergangen.

JWG). Darunter ist ein auf Freiwilligkeit beruhender, selbständig organisierter Zusammenschluß junger Menschen zu dem vorwiegenden Zweck jugendpflegerischer Arbeit zu verstehen[11]. Der Begriff des Jugendlichen ist dabei in dem Sinne zu verstehen, daß die obere Altersgrenze bei Vollendung des 25. Lebensjahres zu ziehen ist[12].

Im vorliegenden Fall bestehen erhebliche Zweifel daran, ob V einem „vorwiegenden Zweck jugendpflegerischer Arbeit" nachkommt. Nach der zu den Gerichtsakten gegebenen Mitgliederübersicht hat V 19 Mitglieder (56 %) im Alter von unter 25 Jahren und 15 Mitglieder (44 %) im Alter von über 25 Jahren; das Gesamtdurchschnittsalter liegt über 25 Jahren. Über die Zahl der jugendlichen Teilnehmer an seinen Veranstaltungen hat V trotz gerichtlicher Aufforderung keine Angaben gemacht. Unter diesen Umständen bestehen erhebliche Zweifel, ob es sich bei den von V durchgeführten Veranstaltungen insgesamt um „vorwiegend jugendpflegerische Tätigkeit" handelt oder um einen Zusammenschluß Erwachsener, der auch Jugendliche aufnimmt und auf Jugendliche zugeschnittene Veranstaltungen durchführt, weil er die Jugendlichen als Fahnenträger benötigt. Zweifel aber daran, ob es sich bei einem Antragsteller, der die Anerkennung als förderungswürdige Jugendgemeinschaft begehrt, um eine Jugendgemeinschaft i. S. d. JWG handelt, gehen – nach den Regeln der materiellen Beweislast – zu Lasten des Antragstellers[13]. V hat daher keinen Anspruch auf Anerkennung als förderungswürdige Jugendgemeinschaft i. S. d. § 5 IV Nr. 1 JWG. Seine Klage ist unbegründet.

IX. Sozialhilfe

Gesetzliche Grundlagen

Bundessozialhilfegesetz – BSHG – vom 30. 6. 1961 (BGBl. I S. 815, ber. S. 1875) i. d. F. vom 13. 2. 1976 (BGBl. I S. 289, ber. S. 1150)

[11] *Potrykus,* § 5 Anm. 13 b) m. w. N.; Textziffer 2.11 Satz 1 der Richtlinien für die Anerkennung von Jugendverbänden und sonstigen Jugendgemeinschaften auf Stadt- (Kreis-) und Landesebene gemäß Runderlaß des Ministerpräsidenten des Landes NW vom 15. 6. 1967 – IV B 3 a (LA) – 64.11.2/67 –, abgedruckt im Ministerialblatt für das Land NW 1967, S. 1140 ff.

[12] *Potrykus,* § 5 Anm. 5 m. w. N. Dem entspricht Textziffer 2.14 der Richtlinien des Ministerpräsidenten des Landes NW, Fußn. 10, wonach das Alter der Mitglieder eines Jugendverbandes oder einer sonstigen Jugendgemeinschaft zwischen 14 und 25 Jahren liegen soll.

[13] VG Gelsenkirchen ZfSH 1976, 179 (Leitsatz).

Verordnung nach § 47 des Bundessozialhilfegesetzes – Eingliederungshilfe-Verordnung – vom 27. 5. 1964 (BGBl. I S. 339) i. d. F. vom 1. 2. 1975 (BGBl. I S. 433)
Verordnung zur Durchführung des § 22 des Bundessozialhilfegesetzes – Regelsatzverordnung – vom 20. 7. 1962 (BGBl. I S. 515), geändert durch VO vom 10. 5. 1971 (BGBl. I S. 451)
Ausführungsgesetze der Länder zum BSHG

Literatur

a) Kommentare und Lehrbücher

Luber, Bundessozialhilfegesetz, 1961 ff. (Losebl.-Slg.)
Oestreicher, Bundessozialhilfegesetz, 1962 ff. (Losebl.-Slg.)
Seipp/Jirasek/Schellhorn, Praktische Sozialhilfe, 1963 ff. (Losebl.-Slg.)
Jehle, Sozialhilferecht, 4. Aufl., 1965 ff. (Losebl.-Slg.)
Berg/Sawusch, Sozialhilferecht des Bundes und der Länder, 1966 ff. (Losebl.-Slg.)
Mergler, BSHG, 7. Aufl., 1969
H. J. Wolff, Verwaltungsrecht III, 3. Aufl., 1973, §§ 146 bis 150
Gottschick/Giese, Das Bundessozialhilfegesetz, 5. Aufl., 1974
Keese/Kursawe/Bunicker, Sozialhilferecht, 4. Aufl., 1974
Knopp/Fichtner, Das Bundessozialhilfegesetz, 3. Aufl., 1974
Schellhorn/Jirasek/Seipp, Das Bundessozialhilfegesetz, 8. Aufl., 1974
Wertenbruch, Sozialverfassung-Sozialverwaltung, 1974, S. 178 ff.
Bley, Sozialrecht, 1975, S. 266 ff.
Mergler/Zink, Bundessozialhilfegesetz, 2. Aufl., 1975
Wertenbruch, Sozialverwaltungsrecht, in: *v. Münch,* Besonderes Verwaltungsrecht, 4. Aufl., 1976, S. 418 ff.

b) Weitere Literatur

Eckhardt, Die Sozialverwaltung in der Rechtsprechung des BVerwG, DVBl. 1968, 866 ff.
Roeßler, Sozialarbeit heute, Bochum 1971
Gross, Rechtsfragen des alten Menschen, 3. Aufl., 1975
Bär, Zum Ermessen und unbestimmten Rechtsbegriff im BSHG, Archiv für Wissenschaft und Praxis der sozialen Arbeit 1976, 85 ff.
Giese, Wohnungsrenovierung und Sozialhilfe, ZfF 1976, 205 ff.
Hans Meier, Die Mitwirkungspflichten des Sozialhilfeempfängers, Diss. 1976
Käthe Petersen, Vorschläge des Deutschen Vereins zur Weiterentwicklung der Sozialhilfe, NDV 1976, 297 ff.
Schäfer, Bedürfnisse und Bedürftigkeit, Überlegungen zur Reform des Sozialhilferechts, Archiv für Wissenschaft und Praxis der sozialen Arbeit 1976, 157 ff.

1. Überblick

a) Allgemeines

„Wer nicht in der Lage ist, aus eigenen Kräften seinen Lebensunterhalt zu bestreiten oder in besonderen Lebenslagen sich selbst zu helfen, und auch von anderer Seite keine ausreichende Hilfe erhält, hat ein Recht auf persönliche und wirtschaftliche Hilfe, die seinem besonderen Bedarf entspricht, ihn zur Selbsthilfe befähigt, die Teilnahme in der Gemeinschaft ermöglicht und die Führung eines menschenwürdigen Lebens sichert." Mit dieser in § 9 AT-SGB umschriebenen Leitvorstellung des Gesetzgebers[1], ist zwar keine Anspruchsgrundlage (§ 2 I 2 AT-SGB), wohl aber ein Maßstab für die Auslegung, Ermessensausübung und Lückenfüllung im Bereich der Sozialhilfe geschaffen worden (§ 2 II AT-SGB).

Der das gesamte Recht der Sozialhilfe beherrschende Grundgedanke geht von der „Würde des Menschen"[2] als einer gemeinschaftsbezogenen und gemeinschaftsgebundenen Person aus. Das Ziel, der Würde des Menschen durch Ermöglichung einer Teilnahme am Gemeinschaftsleben gerecht zu werden, versucht der Gesetzgeber auf zweierlei Weise sicherzustellen: durch das Prinzip der Individualisierung und den Grundsatz des Nachranges der Sozialhilfe. Das Prinzip der Individualisierung besagt: Art, Form und Maß der Sozialhilfe richten sich nach der Besonderheit des Einzelfalles, vor allem nach der Person des Hilfeempfängers, der Art seines Bedarfs und den örtlichen Verhältnissen (§ 3 I BSHG). Etwaigen Wünschen des Hilfeempfängers, die sich auf die Gestaltung der Hilfe richten, soll entsprochen werden, soweit sie angemessen sind und keine unvertretbaren Mehrkosten erfordern (§ 3 II BSHG)[3]. Das Prinzip des Nachranges der Sozialhilfe bedeutet: Sozialhilfe erhält nur, wer sich nicht selbst helfen kann und die erforderliche Hilfe nicht von anderen, insbesondere von Angehörigen oder Trägern anderer Sozialleistungen erhält (§ 2 I BSHG). Für die Praxis bedeutsam ist in diesem Zusammenhang die Vorschrift des § 2 II BSHG, worin klargestellt wird, daß selbst Ermessensleistungen anderer Sozialleistungsträger, also Sozialleistungen, auf die nicht ohne weiteres ein Anspruch besteht, nicht deshalb versagt werden dürfen, weil nach dem BSHG entsprechende Leistungen vorgesehen sind.

Als Formen der Sozialhilfe kommen persönliche Hilfe, Geldleistungen und Sachleistungen in Betracht (§ 8 I BSHG), also die in § 11 AT-SGB genannten Leistungsarten. Zur persönlichen Hilfe gehört außer der Beratung in Fragen der Sozialhilfe (§ 14 AT-SGB) die Beratung in sonstigen sozialen Angelegenheiten, soweit letztere nicht von anderen Stellen oder Personen wahrzunehmen sind (§ 8 II 1 BSHG).

[1] Vgl. auch § 1 II BSHG.

[2] Über die philosophischen bzw. weltanschaulichen Voraussetzungen der Menschenwürde besteht in der Rechtswissenschaft keine Einigkeit. Vgl. *Maunz/Dürig/Herzog*, Grundgesetz, Art. 1 m. w. N.; *Wertenbruch*, Grundgesetz und Menschenwürde, 1958; *Mühl*, Notwendigkeit und Möglichkeit der Erziehung geistig behinderter Kinder, Diss. Mainz 1968, S. 105.

[3] Vgl. hierzu BVerwGE 35, 287.

Die Sozialhilfe setzt – von Amts wegen – ein, sobald dem Träger der Sozialhilfe (SHTr) oder den von ihm beauftragten Stellen bekannt wird, daß die Voraussetzungen für die Gewährung von Sozialhilfe vorliegen (§ 5 BSHG). Zuständig sind die Kreise und kreisfreien Städte, die überörtlichen Träger der Sozialhilfe und für besondere Aufgaben die Gesundheitsämter (§§ 28 II Halbs. 1 AT-SGB; §§ 96 ff., 126 BSHG).

Das Verhältnis der SHTr zu den Verbänden der freien Wohlfahrtspflege wird durch die §§ 28 II Halbs. 2 AT-SGB, 10, 93 BSHG bestimmt. Nach § 28 II Halbs. 2 AT-SGB „arbeiten" die SHTr mit den Trägern der freien Wohlfahrtspflege „zusammen". Noch einen Schritt weiter geht die Vorschrift des § 10 III 2 BSHG, indem sie vorschreibt: „Die Träger der Sozialhilfe sollen die Verbände der freien Wohlfahrtspflege in ihrer Tätigkeit auf dem Gebiet der Sozialhilfe angemessen unterstützen." In § 10 IV BSHG schließlich wird der Hilfeleistung der freien Wohlfahrtspflege – abgesehen von der Gewährung von Geldleistungen – Vorrang vor eigenen Maßnahmen der SHTr gegeben. Diese Selbstbeschränkung des Staates auf dem Gebiet der Sozialhilfe ist nicht nur rechtmäßig[4], sondern auch von der Sache her gerechtfertigt[5]. Die Erfahrung lehrt, daß sozialer Fortschritt nicht immer durch staatliche Maßnahmen erreicht wird. Bevor der Staat sich zum Handeln entschließen konnte, wurden richtungsweisende soziale Errungenschaften oft schon durch freie gesellschaftliche Gruppen entwickelt und erprobt. Die Vorschrift des § 10 BSHG hat daher Modellcharakter dafür, daß Staat und freie Trägerschaften einander nicht ausschließen, sondern ergänzen. Es liegt im Interesse eines ausgewogenen Gemeinwesens, daß der Staat nur dann und nur insoweit eingreift, wie die Initiativen und Tätigkeiten freier gesellschaftlicher Gruppen sich als unzureichend erweisen.

Die wichtigsten Leistungen, die nach dem Recht der Sozialhilfe in Anspruch genommen werden können, sind (§ 28 I AT-SGB):

- Hilfe zum Lebensunterhalt (§§ 11 ff. BSHG)
- Hilfe in besonderen Lebenslagen (§§ 27 ff. BSHG)
- Beratung Behinderter oder ihrer Personensorgeberechtigten (§ 126 BSHG)
- Hilfe bei Beschaffung und Erhaltung einer Wohnung (§§ 40 I Nr. 6 a, 56 I Nr. 2, 72 II, 75 II Nr. 1 BSHG).

Die Durchsetzbarkeit von Sozialhilfeansprüchen ist vom Gesetzgeber unterschiedlich abgesichert. Zweckmäßigerweise unterscheidet man zwischen folgenden „Anspruchsverdichtungen"[6]:

- Ein Anspruch auf Sozialhilfe besteht – weil alle tatbestandsmäßigen Voraussetzungen vorliegen – dem Grunde nach (Frage des „Ob"). Da-

[4] BVerfGE 22, 180.

[5] *Wertenbruch*, in: Festschrift für Horst Peters, 1975, S. 203 (220 ff.).

[6] Vgl. hierzu *Wertenbruch*, Sozialverwaltungsrecht, S. 424 f.

gegen hat der Gesetzgeber der Verwaltung zu Form und Maß (Frage des „Wie") keine Maßstäbe an die Hand gegeben[7]. Beispiel: Hilfe zum Aufbau oder zur Sicherung der Lebensgrundlage (§ 30 BSHG). In diesem Fall hat der Hilfesuchende zwar einen Anspruch auf pflichtgemäße Ermessensausübung (§ 39 I 2 AT-SGB), nicht aber einen Anspruch auf Vornahme einer bestimmten Maßnahme zum Aufbau und zur Sicherung der Lebensgrundlage durch den Sozialhilfeträger.

— Ein Anspruch auf Sozialhilfe besteht dem Grunde nach. Der Gesetzgeber hat den Ermessensspielraum der Verwaltung jedoch durch „Soll"-Vorschriften eingeengt. Das sind sog. Beweislastregeln. Beispiele: Vorbeugende Gesundheitshilfe (§ 36 BSHG), Hilfe zur Weiterführung des Haushalts (§ 70 BSHG), Altenhilfe (§ 75 BSHG). Hier hat der SHTr im Streitfall darzutun und notfalls zu beweisen, daß ein Abweichen von der gesetzgeberischen Leitlinie sachlich gerechtfertigt ist.

— Ein Anspruch besteht dem Grunde nach. Der Gesetzgeber hat sich in bezug auf Form und Maß nur unbestimmt erklärt. Beispiele: Ausbildungshilfe (§ 31 ff. BSHG), Krankenhilfe (§ 37 BSHG), Hilfe zur Familienplanung (§ 37 b BSHG), Eingliederungshilfe für Behinderte (§§ 39 ff. BSHG), Tuberkulosehilfe (§ 48 BSHG). Der Ermessensspielraum der Verwaltung in bezug auf die Frage des „Wie" ist relativ groß.

— Ein Anspruch auf Sozialhilfe besteht dem Grunde nach. Der Gesetzgeber hat sich zu Form und Maß – wenn auch unter Verweisung auf andere Gesetze – ziemlich bestimmt erklärt. Beispiele: Hilfe bei Schwangerschaft oder bei Sterilisation (§ 37 a BSHG), Hilfe für werdende Mütter und Wöchnerinnen (§ 38 BSHG). Der Ermessensspielraum der Verwaltung ist stark eingeschränkt.

— Ein Anspruch besteht dem Grunde nach. Der Gesetzgeber hat den Ermessensspielraum der Verwaltung hinsichtlich Form und Maß der Hilfe durch gesetzliche Vorfixierung ausgeschlossen[8]. Beispiele: Blindenhilfe (§ 67 BSHG), Pflegegeld (§ 69 BSHG). In diesen Fällen hat sich der Ermessensspielraum der Verwaltung auf „Null reduziert", so daß nur eine Entscheidung noch richtig ist und damit ein einklagbarer Anspruch unzweifelhaft gegeben ist.

Unabhängig davon, ob sich der Anspruch des Hilfesuchenden auf pflichtgemäße Ermessensausübung (§ 39 I 2 AT-SGB) im Einzelfall zu einem Anspruch auf eine konkrete Sozialhilfeleistung verdichtet oder nicht, hat der Hilfesuchende gewisse Mitwirkungspflichten zu beachten. Zunächst treffen ihn die allgemeinen Mitwirkungspflichten des Leistungsbe-

[7] Grundfall des § 4 II BSHG.
[8] Ausnahmefall des § 4 II BSHG.

rechtigten (§§ 60 ff. AT-SGB)[9]. Jeder Hilfeempfänger hat darüber hinaus die Pflicht zur Selbsthilfe; er muß nach seinen Kräften mitwirken, mittels der gewährten Hilfe künftig unabhängig von ihr zu leben (§ 1 II 2 BSHG). Wer Hilfe zum Lebensunterhalt erhält, muß seine Arbeitskraft zur Beschaffung des Lebensunterhalts für sich und seine unterhaltsberechtigten Angehörigen einsetzen (§ 18 I BSHG) und sich um eine zumutbare Arbeit bemühen (§ 18 II 1, III 1 BSHG). Bei Hilfeempfängern, die sich unwirtschaftlich verhalten und dies Verhalten trotz Belehrung fortsetzen, kann die Hilfe bis auf das zum Lebensunterhalt Unerläßliche eingeschränkt werden (§ 25 II Nr. 2 BSHG). Wer sich weigert, zumutbare Arbeit zu leisten, hat überhaupt keinen Anspruch auf Hilfe zum Lebensunterhalt (§§ 25 I, 67 IV 1 BSHG).

Eine sich aus dem Prinzip des Nachranges der Sozialhilfe ergebende Folge sind die Ersatz- und übergeleiteten Ansprüche des SHTrs. Die wichtigsten sind:

— Der Hilfeempfänger ist zum Ersatz der – zurecht gezahlten – Sozialhilfekosten verpflichtet, wenn er nach Vollendung des 18. Lebensjahres die Voraussetzungen für die Gewährung der Sozialhilfe an sich selbst oder seine unterhaltsberechtigten Angehörigen durch vorsätzliches oder grobfahrlässiges Verhalten herbeigeführt hat (§ 92 a I 1 BSHG). Beispiele für vorsätzliches oder grobfahrlässiges Verhalten sind: grundloses Verlassen der Familie[10], Vernachlässigung der Unterhaltspflicht trotz ausreichenden Einkommens oder der Möglichkeit, solches durch Arbeit zu verdienen, Trunkenheit am Steuer. Von der Heranziehung zum Kostenersatz kann abgesehen werden, soweit sie eine Härte bedeuten würde (§ 92 a I 2 Halbs. 1 BSHG); aus dem Wort „soweit" ergibt sich, daß auch eine teilweise Heranziehung zum Kostenersatz möglich ist. Bei fortdauernder sozialer Gefährdung, vor allem im Rahmen der Resozialisierung von Strafgefangenen, kann es sich als wünschenswert erweisen, von einer Heranziehung zum Kostenersatz ganz abzusehen. Dem trägt die Vorschrift des § 92 a I 2 Halbs. 2 BSHG Rechnung, die festlegt, daß von der Heranziehung zum Kostenersatz abzusehen ist, soweit die Heranziehung die Fähigkeit des Ersatzpflichtigen beeinträchtigen würde, künftig unabhängig von Sozialhilfe am Leben in der Gemeinschaft teilzunehmen.

  Von dem Anspruch des SHTrs auf Ersatz der zu Recht gezahlten Sozialhilfekosten nach § 92 a BSHG ist der Anspruch auf Ersatz zu Unrecht gezahlter Sozialhilfe zu unterscheiden (§ 823 II BGB i. V. m. § 263

[9] Vgl. dazu oben I 3 g) und *Hans Meier,* Die Mitwirkungspflichten des Sozialhilfeempfängers, 1976.

[10] *Mergler/Zink,* BSHG, § 32 Anm. 18.

StGB; § 812 BGB). Dieser geht der Regelung des § 92 a BSHG vor (§ 92 I Halbs. 2 BSHG).

— Der Erbe des Hilfeempfängers kann vom SHTr unter bestimmten Voraussetzungen aus unselbständiger (§ 92 a II BSHG) wie selbständiger Erbenhaftung (§ 92 c BSHG) in Anspruch genommen werden. Allerdings haftet der Erbe in beiden Fällen nur mit dem Nachlaß.

— Unterhaltspflichtige Dritte können nach entsprechender Überleitungsanzeige in Anspruch genommen werden. So kann der SHTr nach § 90 BSHG durch entsprechende schriftliche Anzeige an den Verpflichteten Ansprüche auf sich überleiten, die der Hilfeempfänger für die Zeit der Hilfegewährung gegen einen anderen hatte, allerdings nur in Höhe seiner Aufwendungen und nur insoweit, als bei rechtzeitiger Leistung des Dritten entweder die Hilfe nicht gewährt worden wäre oder in den Fällen der §§ 11 II, 29, 43 I und des § 58 BSHG Aufwendungsersatz oder ein Kostenbeitrag zu leisten wäre (§ 90 I 3 BSHG). Ergibt sich die Unterhaltspflicht aus bürgerlichem Recht, ist die Möglichkeit der Überleitung auf Ansprüche gegen nahe Verwandte beschränkt (§ 91 I 1 BSHG). Für die Vergangenheit kann ein Unterhaltspflichtiger nur in Anspruch genommen werden, wenn ihm die Gewährung der Sozialhilfe unverzüglich schriftlich mitgeteilt worden ist (§ 91 II BSHG). Die Überleitungsanzeige ist, wie im Verfahren nach § 37 BAföG, privatrechtsgestaltender VA, der den SHTr an Stelle des Hilfeempfängers in die Gläubigerstellung versetzt. Demgemäß ist der übergeleitete Anspruch vor dem ordentlichen Gericht geltend zu machen[11].

— Träger der Sozialversicherung können unter bestimmten Voraussetzungen vom SHTr nach § 1531 RVO in Anspruch genommen werden. Dieser Ersatzanspruch entsteht kraft Gesetzes, ist ein selbständiger Anspruch eigener Art und geht der Regelung des § 90 BSHG vor[12]. Voraussetzung ist Kongruenz in dreifacher Beziehung: Kongruenz in der Person, in der Zeit, im Leistungsgrund. Kongruenz in der Person bedeutet Identität von Hilfeempfänger einerseits und Anspruchsberechtigtem in der Sozialversicherung andererseits. Kongruenz in der Zeit bedeutet Einheit der Zeiträume, für die einerseits Sozialhilfe gewährt wird und andererseits der Anspruch aus der Sozialversicherung besteht. Kongruenz des Leistungsgrundes schließlich besagt, daß die Sozialhilfe anläßlich desselben Umstandes (Krankheit, Unfall) gewährt wird, aus dem sich der Anspruch gegen den Sozialversicherungsträger ergibt[13].

— Die SHTr können schließlich untereinander ersatzpflichtig sein

[11] Knopp/Fichtner, § 90 Anm. 31.
[12] BSGE 21, 84 (85).
[13] *Bley*, Sozialrecht, S. 277.

(§§ 103 ff. BSHG)[14]. So sind die Kosten, die ein örtlicher SHTr für den Aufenthalt eines Hilfeempfängers in einer Anstalt, einem Heim oder einer gleichartigen Einrichtung oder im Zusammenhang hiermit aufgewendet hat, von dem sachlich zuständigen Träger zu erstatten, in dessen Bereich der Hilfeempfänger seinen gewöhnlichen Aufenthalt im Zeitpunkt der Aufnahme in die Einrichtung oder in den 2 Monaten vor der Aufnahme in die Einrichtung gehabt hat (§ 103 I 1 BSHG). Weiter hat ein Träger einem anderen Träger die aufgewendeten Kosten zu ersetzen, wenn diese durch eine pflichtwidrige Handlung eines SHTrs oder der von ihm beauftragten Stelle entstanden sind (§ 107 BSHG); Hauptanwendungsfall ist die „Abschiebung" eines Hilfesuchenden, der Reisegeld erhält, damit er einen anderen Aufenthaltsort wählt und dort um Hilfe nachsucht[15]. Tritt schließlich jemand, der weder im Ausland noch im Geltungsbereich dieses Gesetzes einen gewöhnlichen Aufenthalt hat, aus dem Ausland in den Geltungsbereich dieses Gesetzes über und bedarf er innerhalb eines Monats nach seinem Übertritt der Sozialhilfe, so sind die aufgewendeten Kosten von dem SHTr zu erstatten, in dessen Bereich der Hilfesuchende geboren ist (§ 108 BSHG).

Ein wichtiger Anspruch in umgekehrter Richtung, also gegen den SHTr, ist der Fall der „Geschäftsführung ohne Auftrag" (§ 121 BSHG). Der einspringende Dritte muß es nach der Besonderheit des Einzelfalles für notwendig halten dürfen, zu handeln statt abzuwarten, bis die Notlage dem SHTr bekannt wird. In einem solchen Fall ist es Pflicht des SHTrs, die Aufwendungen des „Nothelfers" im gebotenen Umfang zu erstatten. Ein mit § 1531 RVO korrespondierender Anspruch, d. h. ein Anspruch eines Sozialversicherungsträgers gegen einen SHTr ist dagegen vom Gesetzgeber nicht vorgesehen worden. Ein Sozialversicherungsträger hat daher gegen einen SHTr keinen Anspruch auf Erstattung der Kosten, die ihm in der irrtümlichen Erfüllung einer Leistungspflicht nach der RVO entstanden sind[16].

b) Hilfe zum Lebensunterhalt

Die Hilfe zum Lebensunterhalt, auf die Anspruch hat, wer seinen notwendigen Lebensunterhalt nicht oder nicht ausreichend aus eigenen Kräften und Mitteln (vor allem aus seinem Einkommen und Vermögen) beschaffen kann (§ 11 I 1 BSHG), umfaßt besonders Ernährung, Unterkunft, Kleidung, Körperpflege, Hausrat, Heizung und persönliche Bedürfnisse des täglichen Lebens. Zu den persönlichen Bedürfnissen des täglichen Lebens

[14] Dies ist allerdings keine Frage des Nachranges, sondern des materiellen Ausgleichs der Sozialhilfeträger untereinander.

[15] *Wertenbruch*, Sozialverfassung-Sozialverwaltung, S. 182.

[16] BVerwGE 32, 279; *Knopp/Fichtner*, § 121 Anm. 3.

gehören in vertretbarem Umfang Beziehungen zur Umwelt und eine Teilnahme am kulturellen Leben (§ 12 I BSHG). Bei Kindern und Jugendlichen umfaßt der notwendige Lebensunterhalt den besonderen, vor allem den durch das Wachstum bedingten Bedarf (§ 12 II BSHG). Neben diesen ausdrücklich erwähnten Bedürfnissen können andere Bedürfnisse berücksichtigt werden, z. B. Beiträge für die Krankenversicherung, einschließlich freiwilliger Krankenversicherung (§ 13 BSHG), Alters- und Sterbegeldversicherung (§ 14 BSHG), Bestattungskosten (§ 15 BSHG). Die Vorschrift des § 15 a BSHG schließlich gestattet eine Schuldenübernahme, z. B. wenn diese zur Sicherung der Unterkunft gerechtfertigt ist; die erforderlichen Leistungen können als Beihilfe oder Darlehen gewährt werden.

Die Hilfe zum Lebensunterhalt wird durch einmalige und laufende Leistungen gewährt (§ 21 I BSHG). Die laufenden Leistungen zum Lebensunterhalt werden außerhalb von Anstalten, Heimen und gleichartigen Einrichtungen nach Regelsätzen gewährt (§ 22 I 1 BSHG). Einzelheiten über Zusammensetzung und Aufbau der Regelsätze sind in der Regelsatzverordnung niedergelegt[17]. Die Regelsätze werden ergänzt durch Mehrbedarfszuschläge (§§ 23 f. BSHG) für

— Personen, die das 65. Lebensjahr vollendet haben
— Personen unter 65 Jahren, die erwerbsunfähig i. S. d. GRV sind
— werdende Mütter
— Personen, die mit zwei oder mehr Kindern unter 16 Jahren zusammenleben und für deren Betreuung sorgen
— Blinde und Behinderte.

Anders als bei den Hilfen in besonderen Lebenslagen (§§ 1 I, 27 ff. BSHG) verlangt das BSHG im Rahmen der Hilfe zum Lebensunterhalt vor dem Einsatz der Sozialhilfe den vollen Einsatz von Einkommen und Vermögen (§ 11 I BSHG). Allerdings darf die Sozialhilfe nicht abhängig gemacht werden vom Einsatz oder der Verwendung bestimmter Vermögenssubstanzen, etwa eines kleinen Hausgrundstücks, besonders eines Familienheims, wenn der Hilfesuchende das Hausgrundstück allein oder zusammen mit Angehörigen ganz oder teilweise bewohnt, denen es nach seinem Tode weiter als Wohnung dienen soll (§ 88 II Nr. 7 BSHG). Bei nicht getrennt lebenden Ehegatten sind Einkommen und Vermögen beider Ehegatten zu berücksichtigen; soweit minderjährige unverheiratete Kinder, die dem Haushalt ihrer Eltern oder eines Elternteiles angehören, den notwendigen Lebensunterhalt aus ihrem Einkommen und Vermögen nicht beschaffen können, sind auch das Einkommen und das Vermögen der Eltern oder des Elternteils zu berücksichtigen (§ 11 I 2 BSHG). Lebt ein Hilfesuchender in Haushaltsgemeinschaft mit Verwandten oder Verschwägerten,

[17] Abgedruckt u. a. in *Luber,* Deutsche Sozialgesetze, Nr. 121.

so wird vermutet, daß er von ihnen Leistungen zum Lebensunterhalt erhält, soweit dies nach ihrem Einkommen und Vermögen erwartet werden kann. Soweit der Hilfesuchende von den Verwandten oder Verschwägerten, in deren Haushaltsgemeinschaft er lebt, Leistungen zum Lebensunterhalt nicht erhält, hat er Anspruch auf Hilfe zum Lebensunterhalt (§ 16 BSHG). Ist nicht zu klären, ob Hilfsbedürftigkeit vorliegt, so geht dies im Streitfall – nach den Regeln der materiellen Beweislast – zu Lasten des Hilfesuchenden[18].

c) Hilfe in besonderen Lebenslagen

Der entscheidende Unterschied zwischen Hilfe zum Lebensunterhalt und Hilfe in besonderen Lebenslagen liegt darin, daß bei der Hilfe in besonderen Lebenslagen grundsätzlich nicht der volle Einsatz von Vermögen und Einkommen verlangt wird, sondern aufgrund von Einkommensgrenzen (§§ 79 bis 81 BSHG) festzustellen ist, ob dem Hilfesuchenden die Aufbringung der Mittel aus dem Einkommen und Vermögen zuzumuten ist (§ 28 BSHG). Die in § 27 I BSHG aufgeführten Arten der Hilfe in besonderen Lebenslagen sind nicht als Rangfolge gedacht. Es ging dem Gesetzgeber vielmehr darum, ein einheitliches zusammengefaßtes Gesetz der Sozialhilfe zu schaffen und erprobte Hilfeleistungen tatbestandsmäßig zu kodifizieren[19]. Kommt im Einzelfall sowohl Gewährung von Hilfe zum Lebensunterhalt wie Gewährung von Hilfe in besonderen Lebenslagen in Betracht, so sind die betreffenden Bestimmungen selbständig nebeneinander anzuwenden. Das gilt jedoch nicht, wenn die Hilfe zum Lebensunterhalt vom Gesetzgeber ausdrücklich zum Bestandteil der Hilfe in besonderen Lebenslagen gemacht worden ist (§§ 27 III, 33 I, 41 I, 48 II Nr. 3 BSHG)[20]. In den §§ 30 ff. BSHG werden die in § 27 I BSHG aufgezählten Hilfearten in besonderen Lebenslagen wie folgt umschrieben:

— **Hilfe zum Aufbau oder zur Sicherung der Lebensgrundlage** (§ 30 BSHG)
  Sie kann solchen Personen gewährt werden, denen eine ausreichende wirtschaftliche Grundlage fehlt oder bei denen sie gefährdet ist. Die Hilfe soll dazu dienen, dem Hilfesuchenden Aufbau oder Sicherung einer Lebensgrundlage durch eigene Tätigkeit zu ermöglichen, und soll in der Regel nur gewährt werden, wenn dem Hilfesuchenden sonst voraussichtlich Hilfe zum Lebensunterhalt gewährt werden müßte. Geldleistungen können als Beihilfe oder als Darlehen gewährt werden.

[18] BVerwGE 21, 208.
[19] *Mergler*, Einführung, S. XVI.
[20] *Gottschick/Giese*, vor § 27 Anm. 2.

— **Ausbildungshilfe** (§§ 31 ff. BSHG)
Sie ist dem Auszubildenden für einen angemessenen Beruf oder für eine sonstige angemessene Tätigkeit zu gewähren (§ 31 BSHG) und setzt voraus, daß der Auszubildende für den Beruf geeignet ist, die Leistungen des Auszubildenden die Gewährung der Hilfe rechtfertigen, der beabsichtigte Ausbildungsweg faktisch notwendig ist und der Beruf eine ausreichende Lebensgrundlage bietet (§ 32 I BSHG). Die Ausbildungshilfe umfaßt die erforderlichen Leistungen für Lebensunterhalt und Ausbildung (§ 33 I BSHG). Ausbildungshilfe wird nicht gewährt, wenn die Ausbildung im Rahmen des BAföG oder des AFG dem Grunde nach förderungsfähig ist (§ 31 IV BSHG)[21].

— **Vorbeugende Gesundheitshilfe** (§ 36 BSHG)
Sie soll Personen gewährt werden, bei denen nach ärztlichem Urteil eine Erkrankung oder ein sonstiger Gesundheitsschaden einzutreten droht. Zu den Maßnahmen der vorbeugenden Gesundheitshilfe gehören vor allem die nach ärztlichem Gutachten im Einzelfall erforderlichen Maßnahmen der Erholung, besonders für Kinder, Jugendliche und alte Menschen sowie für Mütter in geeigneten Müttergenesungsheimen. Weiter können Vorsorgekuren zur Früherkennung von Krankheiten gewährt werden; sie sind zu gewähren, soweit Versicherte nach den Vorschriften der §§ 181 bis 181 b RVO Anspruch auf diese Maßnahmen haben.

— **Krankenhilfe, sonstige Hilfe** (§§ 37, 37 a BSHG)
Die Krankenhilfe umfaßt ärztliche und zahnärztliche Behandlung, Versorgung mit Arzneimitteln, Verbandsmitteln und Zahnersatz, Krankenhausbehandlung sowie sonstige zur Genesung, Besserung oder Linderung der Krankheitsfolgen erforderliche Leistungen. Unter sonstiger Hilfe ist die Hilfe bei Schwangerschaft oder Sterilisation zu verstehen. Sie umfaßt die in § 200 f Satz 2 RVO genannten Leistungen, nämlich ärztliche Beratung über die Erhaltung und den Abbruch der Schwangerschaft, ärztliche Untersuchung und Begutachtung zur Feststellung der Voraussetzungen für eine nicht rechtswidrige Sterilisation oder für einen nicht rechtswidrigen Schwangerschaftsabbruch, ärztliche Behandlung, Versorgung mit Arznei-, Verbands- und Heilmitteln sowie Krankenhauspflege[22].

— **Hilfe zur Familienplanung** (§ 37 b BSHG)
Sie zeichnet sich dadurch aus, daß sie in ihrem Umfang weiter reicht als die entsprechende Hilfe der GKV. Während die Kosten der empfängnis-

[21] Anders noch zu Recht BVerwG, NJW 1975, 2035 mit Anm. *Pagenkopf* (andere Gesetzeslage). Vgl. auch oben II 2) f).

[22] Zu den durch die sonstigen Hilfen nach §§ 200 e ff. RVO entstehenden Problemen vgl. *Henke*, NJW 1976, 1773 ff.

regelnden Mittel nach § 200 e RVO nicht zu den Leistungen gehören, die von den GKVen zu gewähren sind[23], gehört zu den Maßnahmen der Hilfe zur Familienplanung i. S. d. § 37 b BSHG die Übernahme der Kosten sowohl der notwendigen ärztlichen Beratung einschließlich der erforderlichen Untersuchung und Verordnung wie der ärztlich verordneten empfängnisregelnden Mittel, was sozialpolitisch gerechtfertigt erscheint.

— **Hilfe für werdende Mütter und Wöchnerinnen** (§ 38 BSHG)
Sie umfaßt ärztliche Betreuung sowie Hebammenhilfe, Versorgung mit Arznei-, Verbands- und Heilmitteln, einen Pauschbetrag für die im Zusammenhang mit der Entbindung stehenden Aufwendungen, Pflege in einer Anstalt oder einem Heim sowie häusliche Wartung und Pflege nach den Bestimmungen des § 69 II BSHG sowie Mutterschaftsgeld. Diese Leistungen sollen in der Regel den Leistungen entsprechen, die Versicherten für ihre Familienangehörigen nach den Vorschriften der GKV gewährt werden.

— **Eingliederungshilfe für Behinderte** (§§ 39 ff. BSHG)
Personen, die nicht nur vorübergehend körperlich, geistig oder seelisch wesentlich behindert sind, ist Eingliederungshilfe zu gewähren. Personen mit einer anderen körperlichen, geistigen oder seelischen Behinderung kann sie gewährt werden (§ 39 I BSHG). Wer als körperlich, geistig oder seelisch behindert anzusehen ist, ist in den §§ 1 ff. Eingliederungshilfe-Verordnung näher bestimmt[24]. Als nicht nur vorübergehend gilt ein Zeitraum von mehr als 6 Monaten (§ 4 Eingliederungshilfe-Verordnung). Behinderten stehen die von einer Behinderung Bedrohten gleich (§ 39 II 1 BSHG). Aufgabe der Eingliederungshilfe ist es, eine drohende Behinderung zu verhüten oder eine bevorstehende Behinderung oder deren Folgen zu beseitigen oder zu mildern und den Behinderten in die Gesellschaft einzugliedern. Hierzu gehört vor allem, dem Behinderten die Teilnahme am Leben in der Gemeinschaft zu ermöglichen oder zu erleichtern, ihm die Ausübung eines angemessenen Berufs oder einer sonstigen angemessenen Tätigkeit zu ermöglichen oder ihn soweit wie möglich unabhängig von Pflege zu machen (§ 39 III BSHG). Als Maßnahmen der Eingliederungshilfe sind vom Gesetzgeber vor allem vorgesehen: ambulante oder stationäre Behandlung oder sonstige ärztliche oder ärztlich verordnete Maßnahmen zur Verhütung, Beseitigung oder Milderung der Behinderung; Versorgung mit Körperersatzstücken sowie mit orthopädischen oder anderen Hilfsmitteln; heilpäd-

[23] Ausnahme: Die empfängnisregelnden Mittel sind zur Verhütung einer Krankheit erforderlich.

[24] Abgedruckt u. a. in *Luber*, Deutsche Sozialgesetze, Nr. 126.

agogische Maßnahmen für Kinder, die noch nicht im schulpflichtigen Alter sind; Hilfe zu einer angemessenen Schulbildung, vor allem im Rahmen der allgemeinen Schulpflicht und durch Hilfe zum Besuch weiterführender Schulen einschließlich der Vorbereitung hierzu[25]; Hilfe zur Ausbildung für einen angemessenen Beruf oder für eine sonstige angemessene Tätigkeit; Hilfe zur Fortbildung im früheren oder in einem diesem verwandten Beruf oder zur Umschulung für einen angemessenen Beruf oder eine sonstige angemessene Tätigkeit; Hilfe kann auch zum Aufstieg im Berufsleben gewährt werden, wenn die Besonderheit des Einzelfalles dies rechtfertigt; Hilfe bei der Beschaffung und Erhaltung einer Wohnung, die den besonderen Bedürfnissen des Behinderten entspricht; nachgehende Hilfe zur Sicherung der Wirksamkeit der ärztlichen oder ärztlich verordneten Maßnahmen und zur Sicherung der Eingliederung des Behinderten in das Arbeitsleben; Hilfe zur Teilnahme am Leben in der Gemeinschaft (§ 40 I BSHG). Behinderten, bei denen wegen der Art oder Schwere ihrer Behinderung arbeits- und berufsfördernde Maßnahmen mit dem Ziel der Eingliederung auf dem allgemeinen Arbeitsmarkt nicht in Betracht kommen, soll nach Möglichkeit Gelegenheit zur Ausübung einer der Behinderung entsprechenden Beschäftigung, insbesondere in einer Werkstatt für Behinderte gegeben werden (§ 40 II BSHG). Zur Durchführung der einzelnen Maßnahmen hat der SHTr, was in der Praxis noch nicht immer durchgeführt wird, einen Gesamtplan aufzustellen. Dabei und bei der Durchführung der Maßnahmen hat er mit dem Behinderten und den sonst im Einzelfall Beteiligten, vor allem mit dem behandelnden Arzt, dem Gesundheitsamt, dem Landesarzt (§ 126 a BSHG), dem Jugendamt und den Dienststellen der Bundesanstalt für Arbeit zusammenzuarbeiten (§ 46 II BSHG)[26].

— **Tuberkulosehilfe** (§§ 48 ff. BSHG)
Während die Sozialhilfe im allgemeinen allein dem Bedarf des Hilfesuchenden Rechnung trägt, dient die Tuberkulosehilfe (Tb-Hilfe), bedingt durch die Übertragbarkeit der Tb, unmittelbar auch den Personen in der Umgebung des Kranken. Das erklärt den Umfang der Leistungen,

[25] Die Bestimmungen über die Ermöglichung der Schulbildung im Rahmen der allgemeinen Schulpflicht bleiben unberührt.

[26] Grundlegend zur Eingliederung von Behinderten in die Gemeinschaft: *Institut für Sozialrecht* der Ruhr-Universität Bochum, Die Werkstatt für Behinderte, 1972; *dass.*, Sozialrechtliche Probleme der Rehabilitation psychisch Kranker und geistig Behinderter unter besonderer Berücksichtigung der „Teilarbeitsfähigkeit", 1974; *dass.*, Richtlinien zur Errichtung von Wohnstätten für erwachsene geistig Behinderte, 1975; *Wertenbruch*, Sozialverfassung-Sozialverwaltung, S. 105 ff.

die z. T. beträchtlich über anderen nach dem BSHG gewährten Leistungen liegen. Im einzelnen umfaßt die Tb-Hilfe Heilbehandlung, Hilfe zur Eingliederung in das Arbeitsleben, Hilfe zum Lebensunterhalt, Sonderleistungen, vorbeugende Hilfe (§ 48 II BSHG). Diese Leistungen, die in den §§ 49 ff. BSHG präzisiert werden, schließen die Anwendung von vorbeugender Gesundheitshilfe (§ 36 BSHG) und Krankenhilfe (§ 37 BSHG) im Grundsatz aus (§ 48 III BSHG). Jedoch kommt ein Nebeneinander der genannten Hilfearten etwa im Fall einer Blinddarmentzündung eines wegen Tb ambulant behandelten Kranken in Betracht[27].

— **Blindenhilfe** (§ 67 BSHG)
Blinde, die das erste Lebensjahr vollendet haben, haben zum Ausgleich der durch die Blindheit bedingten Mehraufwendungen Anspruch auf Blindenhilfe, soweit sie keine gleichartigen Leistungen nach anderen Rechtsvorschriften erhalten. Blinden, die das 18. Lebensjahr vollendet haben, wird Blindenhilfe in Höhe des Mindestbetrages der Pflegezulage für Blinde nach dem BVG gewährt; Blinden, die das 18. Lebensjahr noch nicht vollendet haben, wird Blindenhilfe in Höhe von 50 % dieses Betrages gewährt (§ 67 II BSHG). Für Blinde, die sich in einer Anstalt, einem Heim oder einer gleichartigen Einrichtung befinden, gelten Sonderregelungen.

— **Hilfe zur Pflege** (§§ 68 f. BSHG)
Sie ist solchen Personen zu gewähren, die infolge Krankheit oder Behinderung so hilflos sind, daß sie nicht ohne Wartung und Pflege bleiben können. Pflegebedürftigen sollen auch die Hilfsmittel zur Verfügung gestellt werden, die zur Erleichterung ihrer Beschwerden wirksam beitragen. Ferner sollen ihnen „nach Möglichkeit angemessene Bildung und Anregungen kultureller oder sonstiger Art vermittelt werden" (§ 68 BSHG). Der Träger der Sozialhilfe soll darauf hinwirken, daß Wartung und Pflege durch Personen, die dem Pflegebedürftigen nahestehen, oder im Wege der Nachbarschaftshilfe übernommen werden. In diesen Fällen sind dem Pflegebedürftigen die angemessenen Aufwendungen der Pflegeperson zu erstatten; auch können angemessene Beihilfen gewährt und Beiträge der Pflegeperson für eine angemessene Alterssicherung übernommen werden (§ 69 II Sätze 1 und 2 BSHG). Ist ein Pflegebedürftiger, der das 1. Lebensjahr vollendet hat, so hilflos, daß er für die gewöhnlichen und regelmäßig wiederkehrenden Verrichtungen im Ablauf des täglichen Lebens in erheblichem Umfange der Wartung und Pflege dauernd bedarf, so ist ihm ein Pflegegeld zu gewähren. Zusätzlich sind dem Pflegebedürftigen die Aufwendungen für die Beiträge einer

[27] Vgl. § 49 III BSHG sowie *Gottschick/Giese,* § 48 Anm. 3.

Pflegeperson oder einer besonderen Pflegekraft für eine angemessene Alterssicherung zu erstatten (§ 69 III 1 und 2 BSHG). Das Pflegegeld beträgt 180 DM; es ist angemessen zu erhöhen, wenn der Zustand des Pflegebedürftigen außergewöhnliche Pflege erfordert (§ 69 IV 1 BSHG).

— **Hilfe zur Weiterführung des Haushalts** (§§ 70 f. BSHG)
Sie soll Personen mit eigenem Haushalt zur Weiterführung des Haushalts gewährt werden, wenn keiner der Haushaltsangehörigen den Haushalt führen kann und die Weiterführung des Haushalts geboten ist. Die Hilfe soll in der Regel nur vorübergehend gewährt werden (§ 70 I BSHG). Sie umfaßt die persönliche Betreuung von Haushaltsangehörigen sowie die sonstige zur Weiterführung des Haushalts erforderliche Tätigkeit (§ 70 II BSHG). Sie kann auch durch Übernahme der angemessenen Kosten für eine vorübergehende anderweitige Unterbringung von Haushaltsangehörigen gewährt werden, wenn diese Unterbringung in besonderen Fällen neben statt der Weiterführung des Haushalts geboten ist (§ 71 BSHG).

— **Hilfe zur Überwindung besonderer sozialer Schwierigkeiten** (§ 72 BSHG)
Sie ist denen zu gewähren, die besondere soziale Schwierigkeiten in bezug auf Teilnahme am Leben in der Gemeinschaft haben und diese Schwierigkeiten aus eigener Kraft nicht überwinden können (§ 72 I BSHG). Mit dieser umfassenden Zielsetzung soll die Gefährdetenhilfe mehr und mehr ausgebaut werden. Gedacht ist hauptsächlich an Obdachlose, Alkoholiker, Nichtseßhafte, Drogenabhängige, Strafentlassene[28]. Dementsprechend umfaßt diese Hilfeart alle Maßnahmen, die notwendig sind, um die Schwierigkeiten abzuwenden, zu beseitigen, zu mildern oder ihre Verschlimmerung zu verhüten, vor allem Beratung und persönliche Betreuung des Hilfesuchenden und seiner Angehörigen, sowie Maßnahmen bei der Beschaffung und Erhaltung einer Wohnung (§ 72 II BSHG). Soweit persönliche Hilfe in Frage kommt, wird sie ohne Rücksicht auf Einkommen und Vermögen erbracht; Einkommen und Vermögen von Angehörigen sind auch bei Geld- und Sachleistungen nicht zu berücksichtigen, wenn die Inanspruchnahme der Unterhaltspflichtigen den Erfolg der Hilfe gefährden würde (§ 72 III BSHG). Schließlich ist im Interesse besonderer Wirksamkeit dieser Hilfeart vom Gesetzgeber die Verpflichtung der Sozialhilfeträger zur Zusammenarbeit mit den Vereinigungen verankert worden, die sich gleiche Aufgaben zum Ziel gesetzt haben (§ 72 IV BSHG).

[28] *Der Bundesminister für Arbeit und Sozialordnung (Hrsg.)*, Übersicht über die soziale Sicherung, 1975, S. 308.

— **Altenhilfe** (§ 75 BSHG)
Infolge der veränderten Altersstruktur in der Bundesrepublik gewinnt die Betreuung älterer Menschen und damit die Altenhilfe i. S. d. BSHG eine immer größere Bedeutung[29]. Sie soll dazu beitragen, Schwierigkeiten, die durch das Alter entstehen, zu verhüten, zu überwinden oder zu mildern, und alten Menschen die Möglichkeit erhalten, am Leben in der Gemeinschaft teilzunehmen (§ 75 I BSHG). Als Maßnahmen der Altenhilfe sind vom Gesetzgeber vor allem vorgesehen: Hilfe zur Vorbereitung auf das Alter, Hilfe bei der Beschaffung und Erhaltung einer altersgerechten Wohnung oder bei der Aufnahme in ein Altenheim, Hilfe zum Besuch von Veranstaltungen geselliger und kultureller Art, zur Erhaltung der Verbindung mit nahestehenden Menschen oder zu einer vom älteren Menschen gewünschten Betätigung (§ 75 II BSHG). Die Möglichkeiten, die der Gesetzgeber der Verwaltung mit der Altenhilfe an die Hand gegeben hat, sind von der Praxis bislang bei weitem nicht ausgeschöpft worden.

d) Beratung Behinderter

Neben Hilfe zum Lebensunterhalt und Hilfe in besonderen Lebenslagen nennt der AT-SGB als wesentliche Leistungen der Sozialhilfe die Beratung Behinderter oder ihrer Personensorgeberechtigten (§ 28 I Nr. 3 AT-SGB, § 126 BSHG). Die Aufgabe der Beratung obliegt schwerpunktmäßig den Gesundheitsämtern. Sie haben die Behinderten oder ihre Personensorgeberechtigten über alle in Betracht kommenden Eingliederungsmaßnahmen, seien sie ärztlicher, schulischer, beruflicher oder sonstiger Art, in der Weise zu beraten, daß ihnen die Entscheidung über die Inanspruchnahme von Diensten (Facharzt, Sonderschule, Berufsberatung des Arbeitsamtes, Träger der Sozialhilfe) ermöglicht wird. Liegt die Zustimmung des Behinderten oder des Personensorgeberechtigten vor, ist die Beratung im Benehmen mit den an der Durchführung der Eingliederungsmaßnahme beteiligten Stellen oder Personen durchzuführen (§ 126 Nr. 1 BSHG). Dazu können, je nach Lage des Einzelfalles, z. B. Sozialleistungsträger, Träger von Sondereinrichtungen für Behinderte, Jugendamt und Heilpädagogen gehören[30]. Die Gesundheitsämter haben ferner die Aufgabe, sich – falls der Behinderte oder der Personensorgeberechtigte einverstanden ist – zur Einleitung der erforderlichen Eingliederungsmaßnahmen mit den zuständigen Sozialleistungsträgern in Verbindung zu setzen. Das gleiche gilt, wenn berufliche Eingliederungsmaßnahmen in Betracht kommen, im Verhältnis

[29] Für 1977 wird der Anteil der über 65jährigen Personen auf 14,7 % der Gesamtbevölkerung geschätzt.
[30] *Mergler/Zink*, § 126 Anm. 3.

zur zuständigen Dienststelle der Arbeitsverwaltung (§ 126 Nr. 2 BSHG), damit diese ihrem Auftrag zur Beratung über berufliche Bildungsmaßnahmen nachkommen kann. Das Gesundheitsamt hat damit – jedenfalls rechtlich – die Funktion einer Schaltstelle zwischen den von ihm zu beratenden Behinderten oder Personensorgeberechtigten und den genannten Trägern[31].

In der Praxis verfügen die Gesundheitsämter bislang nicht über den personellen und materiellen Apparat, der notwendig wäre, um den ihnen in § 126 BSHG übertragenen Aufgaben auch nur annähernd gerecht zu werden[32]. Es ist sogar zweifelhaft, ob sie der ihr zugedachten Funktion als „Schaltstelle" im obengenannten Sinn überhaupt entsprechen können. Es ist deshalb unumgänglich, zur sozialen Integration Behinderter kommunale Planungskonzepte zu entwickeln[33]; für alle Behinderten bzw. ihre Personensorgeberechtigten ist eine kommunale „Anlaufstelle" zu schaffen, die Koordinations-, Beratungs- und Organisationsaufgaben im Interesse der Behinderten wahrnimmt und damit konkret dem einzelnen Behinderten bzw. seinem Personensorgeberechtigten bei der Bewältigung der komplexen Lebensrealität hilft[34]. Die rechtliche Möglichkeit zur Schaffung solcher „Anlaufstellen" für Behinderte bietet § 15 AT-SGB. Danach sind neben den Trägern der GKV „die nach Landesrecht zuständigen Stellen" verpflichtet, über alle sozialen Angelegenheiten im Sinne des SGB „Auskünfte zu erteilen" (§ 15 I AT-SGB)[35]. Die nach Landesrecht zuständigen Stellen, die noch durch die jeweilige Landesgesetzgebung zu bestimmen sind, werden voraussichtlich die „Versicherungsämter" sein. Auch die Versicherungsämter sind derzeitig jedoch weder personell noch sachlich so ausgestattet, daß sie den Anliegen der Behinderten auf umfassende Auskunft oder gar Beratung nachkommen könnten.

So stellt die vom Gesetzgeber in § 28 I Nr. 3 AT-SGB angesprochene „Beratung der Behinderten und ihrer Personensorgeberechtigten" ein Problem dar, das im Interesse aller baldiger Lösung bedarf[36].

[31] *Mergler/Zink*, § 126 Anm. 4.

[32] *Institut für Sozialrecht*, Sozialrechtliche Probleme der Rehabilitation, S. 227 f.; *dass.*, Richtlinien für die Errichtung von Wohnstätten für erwachsene geistig Behinderte, S. 587.

[33] *Kraus*, Kommunalpolitische Blätter 1975, 581.

[34] *Institut für Sozialrecht*, Richtlinien für die Errichtung von Wohnstätten für erwachsene geistig Behinderte, S. 209.

[35] Vgl. auch oben IX I 2 a).

[36] Die Vorschrift des § 29 AT-SGB, auf die hier nicht näher eingegangen werden kann, konkretisiert die in den §§ 19 bis 24 und 28 AT-SGB gegebenen allgemeinen Hinweise auf Rehabilitationsleistungen.

e) Hilfe bei der Beschaffung und Erhaltung einer Wohnung

„Hilfe bei der Beschaffung und Erhaltung einer Wohnung" kommt nach dem Wortlaut des Gesetzes – entweder in Form einer „Soll"-Bestimmung oder einer „Ist"-Bestimmung – für Behinderte (§ 40 I Nr. 6 a BSHG), Tuberkulosekranke (§ 56 I Nr. 2 BSHG), ältere Menschen (§ 75 II Nr. 1 BSHG) und solche Personen in Betracht, denen aus anderen Gründen bei der Teilnahme am Leben in der Gemeinschaft besondere soziale Schwierigkeiten entgegenstehen (§ 72 BSHG). Im Rahmen dieser Hilfeart liegt nun, wie oben angedeutet[37], selbst bei einer „Ist"-Bestimmung eine besondere Schwierigkeit darin, daß die Frage des „Wie" offen ist. Der Sozialhilfeträger hat nur das nach den Umständen Mögliche, Erforderliche, Ausreichende und Zweckmäßige zur Beschaffung und Erhaltung einer Wohnung zu tun. Demgemäß ist auch der Anspruch des Hilfesuchenden auf pflichtgemäße Ermessensausübung (§ 39 I 2 AT-SGB) nur darauf gerichtet, daß der Sozialhilfeträger das Mögliche, Erforderliche, Ausreichende und Zweckmäßige zur Beschaffung und Erhaltung einer Wohnung in die Wege leitet. Ein solcher Anspruch ist nicht gleichbedeutend mit einem Anspruch auf Beschaffung und Erhaltung einer „angemessenen" Wohnung. Dementsprechend hängt der Erfolg der „Hilfe bei der Beschaffung und Erhaltung einer Wohnung" letztlich davon ab, daß für die betroffenen Personenkreise angemessene Wohnstätten gebaut werden, an denen es zur Zeit noch fehlt. Durch die Grundentscheidungen der Verfassung, die amtlichen Erklärungen und Leitvorstellungen des AT-SGB sind nun allerdings zugunsten der Betroffenen Programmsätze aufgestellt worden, aus denen sich berechtigte Erwartenshaltungen auf baldige Errichtung angemessener Wohnstätten und Einrichtungen zur sozialen Integration ableiten lassen[38].

2. Praktische Fälle

a) Hilfe zum Lebensunterhalt (Klagebefugnis)

Sachverhalt

Der 1938 geborene H ist mit F verheiratet. Aus der Ehe stammt der 1972 geborene Sohn S. Außerdem hat F eine nichteheliche minderjährige Tochter T. Da H weder Einkommen noch Vermögen hat, gewährt der Oberstadtdirektor der Stadt X (Sozialamt) dem H, der F und dem S laufende Hilfe zum Lebensunterhalt nach dem BSHG. T wird von ihrem Vater unterhalten. Bis November 1973 wurde die laufende Hilfe zum Lebensunterhalt für alle drei Personen zu Händen des H ausgezahlt. Im Laufe des November 1973 beantragte F, die sich zwischenzeitlich zur Scheidung entschlossen hat, ihr künftig die ihr zustehende Sozialhilfe gesondert auszuzahlen. Dar-

[37] Vgl. oben IX 1 a).

[38] *Institut für Sozialrecht,* Richtlinien für die Errichtung von Wohnstätten für erwachsene geistig Behinderte, S. 453 ff. (463).

aufhin berechnet und zahlt das Sozialamt die Sozialhilfe für H und F getrennt. Am 11. 2. 1974 erhebt H, ohne daß es zu einem Vorverfahren gekommen ist, vor dem örtlich zuständigen VG Klage mit der Begründung, ihm werde seit Januar 1974 die Sozialhilfe für seine Ehefrau rechtswidrig vorenthalten. Dadurch sei er in eine wirtschaftliche Notlage geraten und könne insbesondere die Miete nicht mehr zahlen. Da er zudem den Weggang seiner Frau nicht verschuldet habe und die Ehe noch fortbestehe, müsse der Oberstadtdirektor die Sozialhilfe für seine Frau an ihn weiterzahlen. Eine Vollmacht der F darüber, daß er ihre Rechte in ihrem Namen geltend machen könne, legt H dem VG trotz Aufforderung nicht vor[39].

Lösungsvorschlag

H macht für F Hilfe zum Lebensunterhalt geltend. Verpflichtetes Zuordnungssubjekt der Vorschriften über die Hilfe zum Lebensunterhalt, die in den §§ 1 I, 11 ff. BSHG geregelt ist, ist ausschließlich ein Träger hoheitlicher Gewalt. Es handelt sich somit um eine öffentlich-rechtliche Streitigkeit (nichtverfassungsrechtlicher Art). Da diese Streitigkeit nicht durch Bundesgesetz ausdrücklich einem anderen Gericht zugewiesen ist, ist der Rechtsweg vor den Verwaltungsgerichten eröffnet (§ 40 I 1 VwGO). Eine Verpflichtungsklage, die als Klageart allein in Betracht kommt, ist nur zulässig, wenn H geltend macht, durch die Ablehnung eines VA „in seinen (eigenen) Rechten" verletzt zu sein (§ 42 II VwGO). Nach § 11 I 1 BSHG steht der Anspruch auf Sozialhilfe jedem Hilfsbedürftigen selbständig zu. Dagegen spricht nicht die Bestimmung des § 11 I 2 BSHG; sie regelt lediglich die Berücksichtigung von Einkommen und Vermögen des Ehegatten bzw. der Eltern. Die Praxis der Sozialhilfebehörden geht gleichwohl davon aus, dem Haushaltsvorstand Sozialhilfe zugleich auch für seine Familienangehörigen zu gewähren; derartige Bewilligungsbescheide sind dahin auszulegen, daß sie unter der Adresse des Haushaltsvorstands an alle Familienangehörigen gerichtet sind, denen Sozialhilfe gewährt wird; der Haushaltsvorstand wirkt dabei „gleichsam als Bevollmächtigter seines Ehegatten und als gesetzlicher Mitvertreter der gemeinsamen Kinder mit"[40]. Soweit handlungsfähige Familienmitglieder (§ 36 AT-SGB) jedoch darauf bestehen, haben sie Anspruch auf einen gesonderten Bewilligungsbescheid[41]. Im vorliegenden Fall war der Oberstadtdirektor (Sozialamt) auf Antrag der F daher berechtigt und sogar verpflichtet, die Sozialhilfe spätestens ab Dezember 1973 für H und F getrennt zu berechnen und auszuzahlen. Bei dieser Sachlage hätte – selbst wenn der Oberstadtdirektor die Sozialhilfegewährung an F zu Unrecht eingestellt hätte – nur F selbst hiergegen mit Aussicht auf Erfolg rechtlich vorgehen können. Sie hätte H insoweit allerdings auch

[39] Hess. VGH, FEVS 23 (1975), 315.
[40] Hess. VGH, ZfSH 1972, 88.
[41] *Knopp/Fichtner,* § 11 Anm. 6.

bevollmächtigen können, ihre Rechte in ihrem Namen geltend zu machen. Indessen hat H eine solche Vollmacht trotz Hinweises des VG nicht beigebracht, sondern an der Geltendmachung der Rechte der F in seinem eigenen Namen festgehalten. Schon aus dem eigenen Vortrag des H und dem offen zutage liegenden Sachverhalt ergibt sich daher, daß eine Verletzung der (eigenen) Rechte des H nicht möglich ist. Die Voraussetzungen des § 42 II VwGO sind nicht erfüllt; H ist mithin nicht klagebefugt. Hinzu kommt, daß H nicht das nach §§ 68 ff. VwGO vorgeschriebene Vorverfahren eingeleitet hat. Ein solches Vorverfahren ist insbesondere im Hinblick auf die Beteiligung sozial erfahrener Personen (§ 114 II BSHG) eine wesentliche und grundsätzlich unverzichtbare Sachurteilsvoraussetzung. Die Verpflichtungsklage des H ist daher unzulässig.

b) Krankenhilfe, Unterkunft, Berufsberatung, Stellensuche, Ausbildungshilfe

Sachverhalt

Die 18jährige Ulrike X hat bis Weihnachten 1976 unentgeltlich den Haushalt ihres Vaters Ernst X geführt, der als Schlosser in Y arbeitet und Mitglied der Innungskrankenkasse (IKK) in Y ist. Nach einem Streit mit ihrer Stiefmutter fährt Ulrike nach Z, wo ihre Mutter Anna X als Stationshilfe in einem Krankenhaus beschäftigt ist und dort ein Zimmer hat. Anna X ist bei der Ortskrankenkasse (AOK) krankenversichert. Gleich nach ihrer Ankunft erkrankt Ulrike an einer Lungenentzündung. Das Sozialamt der Stadt Z veranlaßt die stationäre Behandlung. Nach der Heilung kann Ulrike nicht bei ihrer Mutter bleiben. Auch das Krankenhaus sieht keine Möglichkeit, Ulrike zu beschäftigen. Schließlich ist auch eine Rückkehr zu ihrem Vater Ernst X ausgeschlossen. Deshalb bringt das Sozialamt der Stadt Z Ulrike in einem örtlichen Mädchenheim unter. Nach mehrfacher Aussprache über die Möglichkeiten einer Berufsausbildung kommt Ulrike in eine Haushaltsstelle (mit 3 Kindern), zu deren Erlangung eine Anzeige in der örtlichen Tageszeitung aufgegeben werden muß. In dieser Familie kann Ulrike auch wohnen. Zur Vorbereitung der Ausbildung für einen pflegerischen Beruf holt Ulrike den Hauptschulabschluß nach. Fahrt- und Teilnehmerkosten der Volkshochschulkurse werden vom Sozialamt getragen[42].

Fragen:

aa) Nach welchen Grundsätzen und gesetzlichen Grundlagen ist das Sozialamt tätig geworden

(1) bei Veranlassung der stationären Behandlung?
(2) bei Unterbringung in einem Mädchenheim?
(3) bei der Berufsberatung?
(4) bei der Stellensuche?
(5) bei der Hilfe zur Erlangung des Hauptschulabschlusses?

bb) Für welche Kosten und nach welchen Grundsätzen kann das Sozialamt eine Erstattung verlangen

(1) vom Vater Ernst X?

[42] Mit diesem Fall soll die Spannbreite des BSHG aufgezeigt werden. Der Sachverhalt weicht deshalb bewußt von den anderen Sachverhalten ab.

(2) von der Mutter Anna X?
(3) von Ulrike selbst?
(4) von einem Träger der GKV?
cc) In welcher Weise kann das Sozialamt die ggf. bestehenden Ansprüche geltend machen, und welcher Rechtsweg ist jeweils gegeben?
dd) Welche Einwände können die Inanspruchgenommenen ggf. erheben[43]?

Lösungsvorschlag

aa) Nach welchen Grundsätzen und gesetzlichen Grundlagen ist das Sozialamt tätig geworden?

(1) Veranlassung der stationären Behandlung

Die Erkrankung Ulrikes verlangt stationäre Behandlung. Dafür ist Krankenhilfe (§ 37 I BSHG) die richtige Hilfeart, die nach der zum Ausdruck gekommenen Vorstellung des Gesetzgebers Krankenhausbehandlung mitumfaßt (§ 37 II BSHG). Krankenhilfe ist eine spezielle Form der „Hilfe in besonderen Lebenslagen" (§§ 1 I, 27 I Nr. 4 BSHG), worunter – in negativer Abgrenzung – alle vom Gesetzgeber vorgesehenen Hilfearten außer Hilfe zum Lebensunterhalt zu verstehen sind. Voraussetzung für die Gewährung von Hilfe in besonderen Lebenslagen ist, daß dem Hilfesuchenden die Aufbringung der Mittel aus Einkommen und Vermögen nicht zuzumuten ist (§ 28 BSHG)[44]. Davon, daß Ulrike weder Einkommen noch Vermögen hat, ist auszugehen. Zu Form und Maß der Krankenhausbehandlung hat sich der Gesetzgeber nur unbestimmt erklärt. Im Fall einer Lungenentzündung ist der Ermessensspielraum des SHTrs jedoch insoweit eingeengt, als er dafür Sorge zu tragen hat, daß das Krankenhaus das zur Ausheilung der Lungenentzündung Erforderliche, Ausreichende und Zweckmäßige durchführt.

(2) Unterbringung in einem Mädchenheim

Die Unterbringung in einem Mädchenheim stellt sich als eine Form der Wohnungsbeschaffung dar. Da eine Wohnungsbeschaffung nach den Hilfearten „Eingliederungshilfe für Behinderte" (§ 40 I Nr. 6 a BSHG), „Tuberkulosehilfe" (§ 56 I Nr. 2 a BSHG), „Hilfe zur Überwindung besonderer sozialer Schwierigkeiten" (§ 72 II BSHG) und „Altenhilfe" (§ 75 II Nr. 1 BSHG) nicht in Betracht kommt, greift „Hilfe zum Lebensunter-

[43] Es ist lediglich auf die Einwände einzugehen, die die spezifischen Fragen der Erstattung betreffen.
[44] In Ausnahmefällen kann die Hilfe auch bei Zumutbarkeit gewährt werden. Die Aufwendungen sind dem SHTr jedoch dann zu ersetzen (§ 29 BSHG).

halt" ein (§§ 1 I, 11 ff. BSHG), die u. a. auch „Unterkunft" umfaßt. Die Gewährung der Hilfe zum Lebensunterhalt ist von strengeren Voraussetzungen als die Hilfe in besonderen Lebenslagen abhängig. Der Hilfesuchende darf nicht in der Lage sein, seinen notwendigen Lebensunterhalt in ausreichendem Maß aus eigenen Kräften und Mitteln zu beschaffen (§ 11 I 1 BSHG). Im vorliegenden Fall ist davon auszugehen, daß diese Voraussetzungen vorliegen, ferner davon, daß das Sozialamt den Anspruch Ulrikes auf fehlerfreie Ermessensausübung mit der Unterbringung im Mädchenheim ordnungsgemäß erfüllt hat (§§ 1 I, 11 I 1 BSHG, 39 I 2 AT-SGB).

(3) Berufsberatung

Solange keine Veränderung in den Verhältnissen der Ulrike eintritt, hat das Sozialamt die Kosten zu tragen. Um diese möglichst gering zu halten, wird das Sozialamt überlegen, wie es diesen Zustand baldmöglichst beenden kann. Das ist am ehesten möglich, wenn es Ulrike in den Stand setzt, aus eigener Arbeit Einkünfte zu erzielen. Darauf hat das Sozialamt hinzuwirken (§ 18 II 1 BSHG). Auch Ulrike selbst ist verpflichtet, sich um Arbeit zu bemühen und ihre Arbeitskraft zur Beschaffung des Lebensunterhalts für sich einzusetzen (§ 18 I BSHG). Da Ulrike keinerlei Ausbildung hat, wird es jedoch kaum gelingen, für sie eine angemessene Tätigkeit bzw. einen angemessenen Beruf zu finden. Sie benötigt also zunächst eine entsprechende Ausbildung. Bevor aber diese durchgeführt werden kann, ist erst eine umfassende Beratung notwendig, um Neigung und Eignung Ulrikes festzustellen. Eine solche Beratung für eine berufliche Tätigkeit ist eine persönliche Hilfe und damit eine Dienstleistung (§ 8 I BSHG, § 11 Satz 2 AT-SGB), bei der das Sozialamt mit den Dienststellen der Bundesanstalt für Arbeit zusammenzuarbeiten hat (§ 18 II 2 BSHG). Die angestrebte berufliche Tätigkeit muß dem Hilfesuchenden schließlich zumutbar sein (§ 18 III 1 BSHG). Davon, daß das der Fall ist, wird im vorliegenden Fall ausgegangen. Auch der Anspruch Ulrikes auf pflichtgemäße Ermessensausübung bei der Beratung ist daher vom Sozialamt ordnungsgemäß erfüllt worden.

(4) Stellensuche

Die Kosten für die Anzeige in der Tageszeitung, die das Sozialamt übernommen hat, könnten sowohl durch „Ausbildungshilfe" (§§ 31 ff. BSHG) wie durch „Hilfe zum Aufbau oder zur Sicherung der Lebensgrundlage" (§ 30 BSHG) gedeckt sein. „Ausbildungshilfe" erfolgt zwar regelmäßig in Form von Geldleistungen, ohne daß Sachleistungen ausgeschlossen wären. Jedoch setzt § 31 BSHG nach seinem Wortlaut voraus, daß eine Ausbildung bzw. eine Vorbereitungsmaßnahme tatsächlich stattfindet. Diese Voraussetzung ist im Zeitpunkt der Zeitungsannonce nicht erfüllt. Dagegen umfaßt § 30 BSHG, der die „Hilfe zum Aufbau oder zur Sicherung der Lebensgrundlage" regelt, auch das zeitlich davorliegende Stadium. Hierbei kann es sich um die Aufnahme einer selbständigen oder unselbständigen Tätigkeit handeln. In der Bestimmung des § 30 III BSHG ist zwar nur von Geldleistungen die Rede; andere Formen der Hilfe sind jedoch nicht ausgeschlossen. Das Inserat ist mithin eine nach § 30 BSHG mögliche Sachleistung. Da sich die Unterbringung im Mädchenheim als eine Hilfe zum Lebensunterhalt darstellt, liegt schließlich auch die besondere Voraussetzung des § 30 II BSHG vor.

(5) Hilfe zur Erlangung des Hauptschulabschlusses

Da Ulrike für einen pflegerischen Beruf ausgebildet werden soll, ist der Hauptschulabschluß erforderlich; er ist eine Vorbereitungsmaßnahme, die notwendig ist, um die vorgesehene Ausbildung durchführen zu können. Es handelt sich um eine Ausbildungshilfe nach § 31 III BSHG, die die notwendigen Fahrt- und Teilnehmerkosten für die Volkshochschulkurse einschließt. Voraussetzung einer Hilfe zur Ausbildung für einen angemessenen Beruf ist ferner (§ 32 I BSHG), daß
— der Auszubildende für den Beruf geeignet ist
— die Leistungen des Auszubildenden die Gewährung der Hilfe rechtfertigen
— der beabsichtigte Ausbildungsweg fachlich notwendig ist
— der Beruf voraussichtlich eine ausreichende Lebensgrundlage bietet.

Das Sozialamt hat das Vorliegen dieser Voraussetzungen geprüft und bejaht. Schließlich ist davon auszugehen, daß sich das Sozialamt vor Gewährung der Ausbildungshilfe mit den Dienststellen der Bundesanstalt für Arbeit in Verbindung gesetzt hat (§ 35 BSHG).

bb) Für welche Kosten und nach welchen Grundsätzen kann das Sozialamt eine Erstattung verlangen?

(1) SHTr/Vater Ernst X:

Ein Anspruch auf Kostenersatz nach § 92 a I 1 BSHG scheidet aus. Ulrike hat den Haushalt ihres Vaters freiwillig verlassen. Ernst X hat die Gewährung der Sozialhilfe an seine unterhaltsberechtigte Tochter Ulrike nicht durch vorsätzliches oder grobfahrlässiges Verhalten herbeigeführt.

Das Sozialamt kann jedoch einen bürgerlich-rechtlichen Unterhaltsanspruch Ulrikes gegen ihren Vater Ernst nach § 90 BSHG auf sich überleiten. Wäre nämlich Ernst X seiner gesetzlichen Unterhaltspflicht (§§ 1601, 1610 BGB) rechtzeitig nachgekommen, so hätte das Sozialamt an Ulrike keine Leistungen zu erbringen brauchen (§ 90 I 3 BSHG). Der Übergang dieses Unterhaltsanspruchs darf allerdings nur in dem Umfang erfolgen, in dem ein Hilfesuchender sein Einkommen und Vermögen einzusetzen hätte (§ 91 I 2 BSHG); das Sozialamt hat zu prüfen, ob diese Voraussetzungen vorliegen. Ferner kann Vater Ernst X für die Vergangenheit – von den Möglichkeiten des bürgerlichen Rechts abgesehen (§ 1613 BGB) – nur in Anspruch genommen werden, wenn ihm die Gewährung unverzüglich schriftlich mitgeteilt worden ist (§ 91 II BSHG). Schließlich sind die Einschränkungen des § 91 III BSHG zu beachten. Danach soll der Träger der Sozialhilfe u. a. davon absehen, einen nach bürgerlichem Recht Unterhaltspflichtigen in Anspruch zu nehmen, soweit dies eine „Härte" bedeuten würde. Soweit das Sozialamt alle die Überleitung einschränkenden Bestimmungen beachtet, bewirkt die schriftliche Anzeige den Übergang des Anspruchs für die Zeit der ununterbrochenen Hilfeleistung (§ 90 II BSHG).

(2) SHTr/Mutter Anna X:

Da die Mutter Anna X ebenso wie Ernst X gegenüber Ulrike unterhaltspflichtig ist und es keine Rolle spielt, bei wem Ulrike vorher gewohnt hat, gilt für die Mutter Anna X das gleiche wie für Vater Ernst X.

(3) SHTr/Ulrike:

Es ist schon fraglich, ob Ulrike die Auseinandersetzung mit der Stiefmutter und das Verlassen des Hauses in dem Sinne angelastet werden kann, daß sie grobfahrlässig oder gar vorsätzlich die Gewährung der Sozialhilfe an sich herbeigeführt hat. Auf jeden Fall dürfte von der Geltendmachung eines Anspruchs unter dem Gesichtspunkt Abstand zu nehmen sein, daß die Heranziehung den Erfolg der Hilfe gefährden würde (§ 92 a I 2 Halbs. 2 BSHG). Von Ulrike wird das Sozialamt daher kaum mit Aussicht auf Erfolg eine Kostenerstattung verlangen können.

(4) SHTr/GKV:

Ulrike selbst ist nicht krankenversichert (§ 165 RVO). Geht man davon aus, daß sie noch über die Familienhilfe krankenversichert ist (§ 205 RVO), geht sowohl der Anspruch des Ernst X gegen die IKK wie der Anspruch der Mutter gegen die AOK dahin, daß Ulrike Krankenhausbehandlung im selben Umfang erhält wie sie selbst (§§ 205, 184 RVO); der Anspruch auf Krankenhausbehandlung ist doppelt begründet. Für einen solchen Fall bestimmt § 205 IV RVO, daß die Leistung nur einmal gewährt wird, und zwar ist die Kasse leistungspflichtig, die zuerst in Anspruch genommen wird. Das Sozialamt kann somit wählen, ob es den Anspruch gegen die IKK in Y oder den Anspruch gegen die AOK in Z geltend machen will (§§ 1531 ff. RVO).

cc) In welcher Weise kann das Sozialamt die ggf. bestehenden Ansprüche geltend machen und welcher Rechtsweg ist jeweils gegeben?

Das Sozialamt hat die Möglichkeit, den Unterhaltsanspruch Ulrikes gegen ihre Eltern gemäß § 90 BSHG durch schriftliche Anzeige an die Eltern auf den SHTr überzuleiten. Die Überleitungsanzeige ist VA (§ 90 III BSHG), gegen den – falls ein Ermessensfehler vorliegt – mit Aussicht auf Erfolg Anfechtungsklage erhoben werden kann. Der übergeleitete Unterhaltsanspruch als solcher ist im Zivilrechtsweg einzuklagen.

Für den Ersatzanspruch gegen die Krankenkassen gelten die §§ 1531 ff. RVO. Der Anspruch wird durch Anmeldung bei der Krankenkasse geltend gemacht, und zwar muß eine Frist von 6 Monaten nach Ablauf der Unterstützung eingehalten werden (§ 1539 RVO). Kommt es hierbei zum Streit, so ist der Rechtsweg vor den Gerichten der Sozialgerichtsbarkeit gegeben (§ 51 SGG).

dd) Welche Einwände können die Inanspruchgenommenen erheben?

Die Eltern Ulrikes können möglicherweise einwenden:

(1) die Inanspruchnahme für die Vergangenheit sei nicht möglich, weil es an einer Mitteilung nach § 91 II BSHG fehle
(2) die Aufbringung der Mittel sei trotz Überschreitung der Einkommensgrenze nicht zumutbar (§§ 91 I, 84 I BSHG)
(3) es würden keine Aufwendungen für den häuslichen Lebensunterhalt erspart (§§ 91 I, 85 Nr. 3 Satz 1 BSHG)
(4) der Einsatz eines Vermögens dürfe nicht verlangt werden (§§ 91 I, 88 BSHG)
(5) die Inanspruchnahme bedeute eine Härte (§ 91 III BSHG)
(6) das Sozialamt habe sein Ermessen im Fall des § 90 nicht pflichtgemäß ausgeübt.

Die Krankenkassen können möglicherweise einwenden, der Ersatzanspruch sei überhöht (§ 1533 Nr. 2 RVO).

c) Teilnahme am kulturellen Leben

Sachverhalt

Der 63jährige H ist erwerbsunfähig und bezieht eine kleine Rente. Er leidet an Lungentuberkulose (Tb), die das Gesundheitsamt als aktiv und ambulant behandlungsbedürftig bezeichnet hat. Im Rahmen von Tb-Hilfe erhält H vom Sozialamt außer einer Ernährungszulage Hilfe zum Lebensunterhalt. Im April 1972 bittet H das Sozialamt um Übernahme der Kosten von 90 DM für die Anschaffung eines Fernsehgerätes (Gelegenheitskauf). Zur Begründung legt er eine Bescheinigung des Gesundheitsamts vor, aus der sich ergibt, daß er an einer offenen Lungentuberkulose leidet und wegen Ansteckungsgefahr öffentliche Veranstaltungen zu meiden hat. Der Oberstadtdirektor (Sozialamt) lehnt den Antrag des H mit der Begründung ab, der Erwerb eines Fernsehgeräts sei für den täglichen Lebensunterhalt nach allgemeiner Lebensanschauung nicht notwendig. Um die Beziehungen zur Umwelt und die Teilnahme am kulturellen Leben aufrechtzuerhalten, stünden andere Informationsquellen zur Verfügung. Nach erfolglosem Widerspruchsverfahren[45] erhebt H vor dem VG Klage mit dem Antrag, unter Aufhebung des Bescheids vom ... und des Widerspruchsbescheids vom ... den Oberstadtdirektor (Sozialamt) zu verpflichten, Mittel für den Erwerb eines Fernsehgeräts zur Verfügung zu stellen[46].

Lösungsvorschlag

Verpflichtetes Zuordnungssubjekt der Vorschriften über Sozialleistungen nach dem Recht des BSHG, das hier allein in Betracht kommt, ist ein Träger hoheitlicher Gewalt, nämlich der Oberstadtdirektor als örtlicher SHTr (§§ 96, 99 BSHG). Es liegt eine öffentlich-rechtliche Streitigkeit (nichtverfassungsrechtlicher Art) vor. Mangels ausdrücklicher Zuweisung an ein anderes Gericht ist der Rechtsweg vor den VGen eröffnet (§ 40 I VwGO). H erstrebt im Rahmen der Tb-Hilfe, einer Hilfe in besonderer Lebenslage, eine Beihilfe zum Erwerb eines Fernsehgeräts. Für dieses Begehren ist die Verpflichtungsklage die richtige Klageart (§ 42 I VwGO)[47]. Da die Bestimmungen über die Tb-Hilfe zumindest auch im Interesse des einzelnen erlassen sind, kann H geltend machen, durch die Ablehnung der Beihilfe zum Erwerb des Fernsehgeräts in seinen Rechten verletzt zu sein; er ist klagebefugt (§ 42 II VwGO). Ein erfolgloses Vorverfahren hat stattgefunden. Die Klage des H vor dem VG ist daher zulässig.

Begründet ist die Verpflichtungsklage des H, wenn H auf Gewährung einer Beihilfe zum Erwerb eines Fernsehgeräts einen Anspruch hat. Bei der Prüfung dieser Frage sind 2 Unterpunkte auseinanderzuhalten: 1. Besteht ein Anspruch dem Grunde nach (Frage des „Ob")? 2. Ist der Ermessensspielraum des Sozialhilfeträgers in bezug auf Form und Maß (Frage des „Wie") so eingeschränkt (Ermessensreduzierung auf Null), daß nur noch eine Entscheidung richtig ist[48]?

[45] In NW entscheidet über den Widerspruch der sog. Beschlußausschuß. Vgl. §§ 6 ff. 1. VereinfachungsG.

[46] BVerwG, ZfS 1976, 26.

[47] Das BVerwG spricht – in Vorwegnahme seiner Ausführungen zur Begründetheit der Klage – von „Klage auf Neubescheidung unter Beachtung der Rechtsauffassung des Gerichts" (§§ 42 I, 113 IV 2 VwGO).

[48] Im vorliegenden Fall beschränkt sich die Klage des H auf die Frage des „Ob".

Ein Anspruch dem Grunde nach auf Gewährung einer Beihilfe zum Erwerb eines Fernsehgeräts kann sich hier aus §§ 48 II Nr. 3, 51, 12 I BSHG ergeben. Dann müßte ein Fernsehgerät zu den „persönlichen Bedürfnissen" in Gestalt der Pflege von „Beziehungen zur Umwelt" und der „Teilnahme am kulturellen Leben" gehören (§ 12 I 2 BSHG). Für den Normalfall der Hilfe zum Lebensunterhalt wird man das – noch – nicht bejahen können[49]. Im allgemeinen kann die Befriedigung persönlicher Bedürfnisse in Gestalt der Pflege von Beziehungen zur Umwelt und der Teilnahme am kulturellen Leben nach heutiger Lebensauffassung mit anderen Mitteln der Kommunikation, Information und Unterhaltung ermöglicht werden, etwa durch Bezug einer Tageszeitung (er ist aus der Regelsatzhilfe zu bestreiten), Hören des Rundfunks, Benutzen einer öffentlichen Leihbücherei, gelegentliche Besuche eines Filmtheaters. Die „Beschränkung" darauf, sich solchermaßen über das Geschehen in Politik und Wirtschaft, im kulturellen und sportlichen Bereich zu unterrichten und zu unterhalten, ist nicht unangemessen. Sich darüber hinaus auch der Vermittlung durch das Fernsehen bedienen zu können, ist als Annehmlichkeit zu empfinden, ist aber nicht eine von der Menschenwürde her gebotene Notwendigkeit. Eine andere Beurteilung läßt sich auch nicht aus der Rechtsprechung der Zivilgerichte zur Frage der Pfändbarkeit eines Fernsehgerätes herleiten. Abgesehen davon, daß die Regelung über die Unpfändbarkeit von dem persönlichen Gebrauch und dem Haushalt dienenden Sachen (§ 811 Nr. 1 ZPO) nicht in jeder Hinsicht zweckidentisch ist mit der Regelung des notwendigen Lebensunterhalts nach § 12 BSHG, ist ein Fernsehgerät jedenfalls dann pfändbar, wenn noch ein Rundfunkgerät vorhanden ist[50]. Eine andere Beurteilung kann sich jedoch u. a. im Rahmen der Tb-Hilfe ergeben, die eine „entsprechende" Anwendung der Vorschriften über die Hilfe zum Lebensunterhalt vorsieht und zu Form und Maß festlegt, daß sie den durch die Krankheit verursachten „besonderen Bedürfnissen" des Kranken entsprechen muß (§ 53 BSHG). So wird man einen Anspruch eines Tb-Kranken auf Vermittlung von Fernsehen als Mittel zur Befriedigung persönlicher Bedürfnisse dann anzunehmen haben, wenn der Kranke auf die herkömmlichen Möglichkeiten der Kommunikation, Information und Unterhaltung wegen der bei ihm vorliegenden besonderen Umstände nicht zurückgreifen kann. Zu denken ist etwa an einschränkende Maßnahmen, die dem Hilfesuchenden wegen seiner Krankheit aus seuchenhygienischen Gründen auferlegt sind und die es ihm unmöglich machen, mit der Außenwelt in den auch

[49] Schon 1968 sollen allerdings 60 % der statistisch erfaßten Haushalte von Rentnern und Sozialhilfeempfängern ein Fernsehgerät gehabt haben. Vgl. *Petersen,* Die Regelsätze nach dem BSHG, Kleinere Schriften des Deutschen Vereins für öffentliche und private Fürsorge, Heft 43, S. 28.

[50] *Thomas/Putzo,* ZPO, 8. Aufl., 1975, § 811 Anm. 4 m. w. N.

visuell notwendigen Kontakt zu treten. Da H über eine vom Gesundheitsamt ausgestellte Bescheinigung verfügt, aus der sich ergibt, daß er an offener Tb leidet und wegen Ansteckungsgefahr öffentliche Veranstaltungen zu meiden hat, macht der Lebensunterhalt des H unter dem Aspekt des „Ob" die Vermittlung eines Fernsehgeräts notwendig. Damit ist die Klage des H in bezug auf die Frage des „Ob", die allein zur Entscheidung des Gerichts gestellt ist, begründet. Das VG wird den Oberstadtdirektor verurteilen, den H unter Beachtung der Rechtsauffassung des Gerichts neu zu bescheiden (§§ 42 I, 113 IV 2 VwGO).

Die Frage des „Wie" ist nicht zur Entscheidung des Gerichts gestellt. Der Vollständigkeit halber soll jedoch auf sie eingegangen werden. Über Form und Maß der Hilfe zum Lebensunterhalt hat der SHTr unter Berücksichtigung dessen, was die durch die Krankheit verursachten besonderen Bedürfnisse erfordern, nach pflichtgemäßem Ermessen zu entscheiden (§§ 53 I, 4 II BSHG, § 39 I 1 AT-SGB). Dem entspricht, daß H zwar einen Anspruch auf pflichtgemäße Ausübung des Ermessens hat (§ 39 I 2 AT-SGB), nicht aber auf Durchführung einer bestimmten Maßnahme. So könnte der SHTr im Rahmen seiner Ermessensausübung dem H einen bestimmten Geldbetrag zur Verfügung stellen. Er könnte H aber auch darauf hinweisen, daß er sich an die „Rundfunkhilfe e. V." wenden solle, eine Einrichtung, die es sich zur Aufgabe gemacht hat, alte, kranke und behinderte Menschen mit Hörfunk und Fernsehgeräten auszustatten. Schließlich könnte der SHTr erwägen, ob er H ein Fernsehgerät uneingeschränkt oder nur für die Zeit zur Verfügung stellt, während der sich H wegen Ansteckungsgefahr Beschränkungen unterwerfen muß. In bezug auf die Frage des „Wie" wäre die Klage des H daher nicht begründet.

d) Altenhilfe

Sachverhalt

Der völlig mittellose 66jährige H beantragt beim Sozialamt der Stadt S 40 DM für die Anschaffung des Buches „Christ sein" von Prof. Küng. Zur Begründung trägt er vor: Er sei in ungewöhnlichem Maße an religiöser Literatur interessiert; er sei kirchlicherseits zur Widerlegung dieses Buches aufgefordert worden; er sei nur bei Anschaffung des Buches in der Lage, am geistigen Kulturleben teilzunehmen und sich aktiv zu betätigen. Nach erfolglosem Widerspruchsverfahren erhebt er vor dem VG Klage gegen den Oberstadtdirektor (Sozialamt) mit dem Antrag, unter Aufhebung des Bescheides vom ... und des Widerspruchsbescheides vom ... ihm 40 DM für den Erwerb des Buches „Christ sein" von Prof. Küng zur Verfügung zu stellen[51].

Lösungsvorschlag

Im Rahmen der Frage, ob H einen Anspruch auf Gewährung von 40 DM für den Erwerb des Buches hat, sind wiederum 2 Fragen auseinanderzuhal-

[51] Bay.VG, ZfF 1975, 255.

ten: 1. Besteht ein solcher Anspruch dem Grunde nach? 2. Ist der Ermessensspielraum des Sozialhilfeträgers in bezug auf Form und Maß so eingeschränkt (Ermessensreduzierung auf Null), daß nur eine Entscheidung, nämlich die Gewährung der 40 DM zur Anschaffung des Buches richtig ist?

Ein Anspruch auf Beihilfe nach den Bestimmungen über die „Hilfe zum Lebensunterhalt" dürfte zu verneinen sein. Zwar gehören zu den persönlichen Bedürfnissen des täglichen Lebens in vertretbarem Umfang auch die Beziehungen zur Umwelt und eine Teilnahme am kulturellen Leben (§ 12 I 2 BSHG). Dazu zählen aber – in reduziertem Umfang – nur die Mittel für die im privaten Bereich übliche kulturelle Betätigung. Soweit die kulturelle Betätigung und die Beziehungen zur Umwelt wie bei H zum Lebensmittelpunkt werden und zum beruflichen Schaffen rechnen, ist die Abdeckung dieses Bedarfs nicht durch eine individuelle Sonderbehandlung möglich. In Betracht kommt allein „Altenhilfe", und zwar in Form der Hilfe zu einer Betätigung oder zum Besuch von Veranstaltungen und Einrichtungen, die den kulturellen Bedürfnissen älterer Menschen dienen (§ 75 II Nr. 4 BSHG) und in Form der Hilfe zu einer Betätigung, die von älteren Menschen gewünscht wird (§ 75 II Nr. 6 BSHG). Diese Hilfen, deren Voraussetzungen vorliegen, sind vom Gesetzgeber zwar nicht als „Ist"-Bestimmungen, sondern lediglich als „Soll"-Bestimmung deklariert worden. Dennoch besteht auch in bezug auf sie eine starke Erkenntnis- und Handlungsbindung; „Soll"-Vorschriften stellen insbesondere eine Regelung der (materiellen) Beweislast dar. Wer sich auf eine Besonderheit beruft, trägt für deren Vorliegen (Beweisbarkeit) das Prozeßrisiko[52]. Geht man davon aus, daß ein Abweichen von der gesetzlich vorgeschriebenen und möglichen Altenhilfe nach § 75 II Nr. 4 und Nr. 6 BSHG mangels besonderer Anhaltspunkte im vorliegenden Fall nicht geboten ist, wird man einen Anspruch des H auf Vermittlung des Buches von Prof. Küng dem Grunde nach annehmen dürfen.

Es bleibt die Frage, ob der Ermessensspielraum des Sozialhilfeträgers in bezug auf Form und Maß der Altenhilfe so eingeschränkt ist, daß die Gewährung einer Beihilfe von 40 DM die allein richtige Entscheidung ist. Das ist zu verneinen. Anstelle des gewünschten Geldbetrages kommen u. a. Ablichtung, Buchausleihe aus der Stadtbibliothek, Fernausleihe und dergleichen mehr in Betracht. Angesichts dieser Vielfalt möglicher Unterstützung kann von einer Ermessensreduzierung auf Null nicht die Rede sein.

H hat daher keinen Anspruch auf Beihilfe in Höhe von 40 DM zur Anschaffung des Buches, sondern lediglich einen Anspruch auf seine Vermittlung dem Grunde nach. Da der Oberstadtdirektor die Erfüllung dieses Anspruchs schlechthin ablehnt, wird das VG ihn verurteilen, den H unter Be-

[52] *Wertenbruch*, Sozialverwaltungsrecht, S. 425.

achtung der Rechtsauffassung des Gerichts neu zu bescheiden (§§ 42 I, 113 IV 2 VwGO)[53].

e) Überleitungsanzeige nach § 90 BSHG

Sachverhalt

M, verheiratet (1 Kind), ist nach Abschluß eines Studiums an einer höheren Fachschule für Sozialarbeit und nach Erlangung der Anerkennung als Sozialarbeiter (grad.) bei einem Kreisjugendamt tätig. Im SS 1975 nimmt er an der Pädagogischen Hochschule H das Studium der Sozialpädagogik auf mit dem Ziel, Diplom-Pädagoge (Fachrichtung Sozialarbeit) zu werden. Zum 30. 9. 1975 gibt er im Einvernehmen mit seiner Ehefrau F seine Stellung beim Kreisjugendamt auf, weil er seine berufliche Arbeit nicht mit den Anforderungen des Studiums in Einklang bringen kann. Ab 1. 10. 1975 erhält er Ausbildungsförderung nach dem BAföG.

Auf Antrag der F gewährt der Stadtdirektor der Stadt S der F und ihrer Tochter T mit Wirkung vom 1. 10. 1975 Hilfe zum Lebensunterhalt nach dem BSHG. Gleichzeitig leitet er den Unterhaltsanspruch der F und der T gegen M auf den örtlichen SHTr über.

Der von M gegen diesen Bescheid eingelegte Widerspruch wird vom Beschlußausschuß des Kreises zurückgewiesen. Darauf erhebt M am 25. 7. 1976 beim örtlich zuständigen VG gegen die Überleitung der Unterhaltsansprüche Klage mit dem Antrag, den Bescheid des Stadtdirektors (Sozialamt) vom 31. 10. 1975 und den Widerspruchsbescheid des Kreisbeschlußausschusses vom 28. 6. 1976 aufzuheben. Zur Begründung trägt M vor: Er führe mit seinem Studium die frühere Ausbildung in der gleichen Fachrichtung fort. Der Abbruch des Studiums würde für ihn eine große Härte bedeuten. Schließlich könne seine Ehe dadurch in Mitleidenschaft gezogen werden; dies sei ein Verstoß gegen das Grundgesetz[54].

Lösungsvorschlag

M wendet sich gegen die Überleitung der Unterhaltsansprüche von F und T auf den SHTr. Die Überleitungsanzeige, die aufgrund des § 90 I BSHG erfolgte, ist anfechtbarer VA (§ 90 III BSHG)[55]. Richtige Klageart ist die Anfechtungsklage (§ 42 I VwGO). Als Adressat eines belastenden VAs[56] ist M auch klagebefugt (§ 42 II VwGO). Ein erfolgloses Vorverfahren hat stattgefunden. Die vom Gesetzgeber zur Klageerhebung vorgeschriebene Einmonatsfrist (§ 74 VwGO) wurde eingehalten. Die von M vor dem VG erhobene Klage ist zulässig.

Begründet ist die Anfechtungsklage des M, soweit der VA (Überleitung der Unterhaltsansprüche der F und der T auf den SHTr) rechtswidrig und

[53] Bay.VG, ZfF 1975, 255 (257), allerdings im Rahmen einer einstweiligen Verfügung (§ 123 III VwGO; § 938 I ZPO).

[54] OVG Münster, ZfSH 1976, 54.

[55] *Knopp/Fichtner*, § 90 Anm. 18.

[56] Nach BVerwGE 29, 229 (231) bleibt der Unterhaltspflichtige allerdings berechtigt, auch nach der Überleitung seinen Unterhaltspflichtigen gegenüber dem Unterhaltsberechtigten nachzukommen.

M dadurch in seinen Rechten verletzt ist (§ 113 I 1 VwGO). Formelle Mängel bei der Anspruchsüberleitung sind nicht ersichtlich. In materieller Hinsicht ist die Anspruchsüberleitung rechtswidrig, wenn die Vorschrift des § 91 III 1 Halbs. 1 BSHG im Rahmen der Überleitung anzuwenden ist und in ihren Voraussetzungen vorliegt („Härte")[57].

Ob § 91 III 1 Halbs. 1 BSHG schon im Rahmen des Überleitungsverfahrens oder erst innerhalb des zivilrechtlichen Verfahrens Berücksichtigung zu finden hat, ist nicht abschließend geklärt. In der Literatur wird das Problem zum Teil übergangen. Zum Teil wird die Anwendbarkeit im Rahmen der Überleitung angenommen[58]. Zum Teil wird die Auffassung vertreten, die Frage der „Härte" sei erst im zivilrechtlichen Verfahren zu prüfen[59]. Dieser letzten Auffassung ist zu folgen: Wenn § 90 I BSHG davon spricht, daß mit der Überleitung ein Anspruch übergeht, und § 91 III 1 Halbs. 1 BSHG davon, daß der SHTr davon absehen kann, einen Unterhaltspflichtigen in Anspruch zu nehmen, so liegt diesem unterschiedlichen Sprachgebrauch offensichtlich die Vorstellung zugrunde, daß die Überleitung als solche und die Realisierung des übergeleiteten Anspruchs verschieden zu behandeln sind. Eine solche unterschiedliche Behandlung ist auch von der Sache her geboten. Würde der SHTr in Anwendung des § 91 III BSHG davon Abstand nehmen, einen Unterhaltspflichtigen in Anspruch zu nehmen, und wäre mit dieser sozialrechtlichen Entscheidung zugleich der sich im Bereich des bürgerlichen Rechts bewegende Gläubigerwechsel betroffen, wäre das Ziel des § 91 III BSHG nicht zu erreichen. Dann nämlich müßte der SHTr im Fall der Härte von der Überleitung selbst absehen; der Hilfeempfänger aber könnte trotz der Härte und neben den Leistungen der Sozialhilfe den Unterhaltsanspruch geltend machen[60]. Der SHTr ist somit nicht nur berechtigt, sondern sogar verpflichtet, durch eine Überleitung auf sich dem Hilfeempfänger die Aktivlegitimation zur Verfolgung des Unterhaltsanspruches zu entziehen, auch wenn die Verfolgung für den Unterhaltsschuldner eine „Härte" bedeutet[61]. M kann sich demnach nicht mit Erfolg darauf berufen, die Überleitung bedeute für ihn eine „Härte".

Zu prüfen bleibt, ob dem SHTr im Rahmen der Überleitung ein Ermessensfehler unterlaufen ist (§ 114 VwGO). Ermessensmißbrauch (Ermessensfehlgebrauch), der hier allein in Betracht kommt, wäre anzunehmen,

[57] Das OVG Münster hatte diesen Fall noch nach der alten Fassung des § 91 III BSHG zu entscheiden. Sie lautete: „Der Träger der Sozialhilfe kann davon absehen, einem nach bürgerlichem Recht Unterhaltspflichtigen in Anspruch zu nehmen, soweit dies eine *besondere* Härte bedeuten würde."

[58] So offensichtlich OVG Münster, ZfSH 1976, 54 (55).

[59] *Gottschick/Giese*, § 91 Anm. 10; *Merkler/Zink*, § 91 Anm. 10.

[60] BVerwGE 34, 219 (223).

[61] *Giese*, ZfS 1973, 108 (109).

wenn die Überleitung – worauf sich M beruft – gegen Grundrechte verstieße. Zu denken ist an eine Verletzung der Art. 12 I und 6 I GG.

Eine Verletzung des Art. 12 I GG kommt nur dann in Betracht, wenn das Grundrecht der Berufswahl die Verpflichtung des Staates enthielte, alle Hindernisse zu beseitigen, die einer Fortführung des Studiums entgegenstehen. Selbst wenn man mit der vordringenden Meinung die Beteiligung des einzelnen an staatlichen Leistungen als notwendige Voraussetzung für die Verwirklichung der Grundrechte ansieht, reicht der Schutzbereich des Art. 12 I GG jedoch nicht soweit, daß er dem einzelnen „hindernisfreie" Berufswahl garantierte. Im vorliegenden Fall ebnet der Staat dem M die grundsätzliche Möglichkeit zur Weiterbildung auf zweierlei Weise: zum einen durch die Gewährung von Afö an M selbst (§ 7 II BAföG), zum anderen durch die Gewährung von Sozialhilfe für seine Familie. Es ist nicht unangemessen, daß der Staat mit Hilfe der Überleitungsanzeige Vorkehrungen dafür trifft, daß M die finanziellen Opfer, die die Gemeinschaft während der Dauer seines Studiums für ihn erbringt, später – sofern keine Härte vorliegt – ausgleicht.

Ähnliche Erwägungen gelten in bezug auf Art. 6 I GG, wonach Ehe und Familie unter dem besonderen Schutze der staatlichen Ordnung stehen. Die in diesem Grundrechtsartikel getroffene Wertentscheidung wirkt sich – gemeinsam mit dem in Art. 3 I GG niedergelegten Gleichheitsgrundsatz – dahin aus, daß Ehegatten und Familienangehörige gegenüber Ledigen oder Nichtfamilienangehörigen nicht benachteiligt werden dürfen. Dies hat etwa für den Fall freiwilliger Förderungsmaßnahmen des Staates zur Folge, daß Verheiratete nicht allein deshalb, weil sie verheiratet sind, weniger erhalten dürfen als Ledige. Andererseits bezweckt Art. 6 I GG nicht, Verheiratete von allen ihnen unangenehmen Belastungen zu befreien, die sich aus ihrer Stellung als Ehegatten und Eltern ergeben; Verheiratete sollen nur vor solchen Belastungen geschützt werden, die nach den Gerechtigkeitsvorstellungen der Gemeinschaft auf eine Diskriminierung von Ehe und Familie hinauslaufen[62]. Diesen Grundsätzen wurde durch den Erlaß der Überleitungsanzeige nicht zuwidergehandelt. M steht zwar insoweit schlechter da als ein Lediger, als er nach Abschluß seiner Studien damit rechnen muß, vom SHTr wegen nicht geleisteten Unterhalts in Anspruch genommen zu werden. Diese Belastung bewegt sich jedoch noch im Rahmen der Gerechtigkeitsvorstellungen der Gemeinschaft, zumal sie nicht zum Tragen kommt, „soweit" eine „Härte" anzunehmen ist.

Die Frage, inwieweit der Erlaß der Überleitungsanzeige mit Berufswahl und Schutz der Ehe in Einklang zu bringen ist, ist in den Art. 12 I und 6 I

[62] BVerfGE 17, 210 (217).

GG abschließend geregelt. Eine Anwendung der Art. 2 I und 3 I GG kommt daneben nicht in Betracht.

Das Ergebnis wird bestätigt durch einen Blick auf die zur Parallelbestimmung des § 37 BAföG ergangene Rechtsprechung. Danach können die Eltern gegen den Überleitungsbescheid nur im Fall der sog. Negativ-Evidenz vorgehen, d. h. wenn ein Unterhaltsanspruch offensichtlich nicht in Betracht kommt[63]. Von einer solchen Rechtssituation kann im vorliegenden Fall, wo ein Unterhaltsanspruch objektiv gegeben ist, nicht die Rede sein.

Nach alledem ist die Überleitung nicht rechtswidrig. Die Anfechtungsklage des M ist unbegründet.

X. Verfahren und Beziehungen der Leistungsträger zueinander und zu Dritten

Gesetzliche Grundlage

Verwaltungsverfahrensgesetz – VwVfG – vom 25. 5. 1976 (BGBl. I S. 1253), geändert durch Gesetz vom 2. 7. 1976 (BGBl. I S. 1749)

Literatur

a) Kommentare und Lehrbücher

Wolff, VerwR III, 3. Aufl., 1973, § 156
Wertenbruch, Sozialverfassung-Sozialverwaltung, 1974, S. 190 ff.
Badura, in: *Erichsen/Martens,* Allg. VerwR, 1975, S. 235 ff.
Eichler, Verwaltungsverfahrensgesetz, 1976 ff. (Losebl.-Slg.)
Knack, Verwaltungsverfahrensgesetz, 1976
Kopp, Verwaltungsverfahrensgesetz, 1976
Meyer/Borgs-Maciejewski, Kommentar zum Verwaltungsverfahrensgesetz, 1976
v. Oertzen, Verwaltungsverfahrensgesetz, 1976
Leonardt/Stelkens/Bonk, Kommentar zum Verwaltungsverfahrensgesetz, 1977

b) Weitere Literatur

Thieme, Das Verfahren in der Sozialverwaltung, in: Das neue Sozialgesetzbuch, 1972, S. 68 ff.
Hadré, Rechtshandlungen Privater im Rahmen des Verwaltungsverfahrens eines Sozialgesetzbuchs?, VSSR 1 (1973), 183 ff.
Peters, Neues Verfahrensrecht im Sozialrecht, ZSR 1973, 445 ff.

[63] Vgl. II 1 b) (Fußn. 9).

Watermann, Zum Problem eines neuen Verfahrensrechts für den Bereich des Sozialrechts, BG 1973, 265 ff.
Barnewitz, Zur Rechtsstellung und Funktion der Widerspruchsstelle in der Sozialversicherung, Der Kompaß 1975, 142 ff.
Lorenz, Das Verwaltungsverfahren in der Rechtsprechung des Bundessozialgerichts, VSSR 3 (1975), 255 ff.
Götz, Das neue Verwaltungsverfahrensgesetz, NJW 1976, 1425 ff.
Götz, Das Verwaltungshandeln, 1976
Maurer, Das Verwaltungsverfahrensgesetz des Bundes, JuS 1976, 485 ff.
Ule, Das Verwaltungsverfahrensgesetz, DVBl. 1976, 421 ff.
Schmidt-Aßmann, Der Anwendungsbereich des neuen Verwaltungsverfahrensrechts, Deutscher Städte- und Gemeindebund, Sonderdruck, 1977, 9 ff.
Thieme, Aktuelle Probleme des sozialrechtlichen Verwaltungsverfahrens, SGb 1977, 1 ff.
ders., Der Einfluß des Sozialgesetzbuches auf das Verfahrensrecht der Knappschaftsversicherung, Der Kompaß 1977, 33 ff.

1. Überblick

Das Sozialverwaltungsverfahren und die Regelung der Beziehungen der Sozialleistungsträger zueinander und zu Dritten, vorgesehen für das X. Buch des SGB, sind bislang nur in Umrissen erkennbar. Es kann daher insoweit auch nur auf einige Schwerpunkte hingewiesen werden.

a) Zum Verfahren

Für die öffentlich-rechtliche Verwaltungstätigkeit der Behörden
— des Bundes, der bundesunmittelbaren Körperschaften, Anstalten und Stiftungen des öffentlichen Rechts,
— der Länder, der Gemeinden und Gemeindeverbände, der sonstigen der Aufsicht des Landes unterstehenden juristischen Personen des öffentlichen Rechts, wenn sie Bundesrecht im Auftrag des Bundes ausführen,

gilt, soweit nicht Rechtsvorschriften des Bundes inhaltsgleiche oder entgegenstehende Bestimmungen enthalten, das am 1. 1. 1977 in Kraft getretene Verwaltungsverfahrensgesetz (§ 1 I VwVfG). Dies Gesetz gilt jedoch, wie sich aus § 2 II Nr. 4 VwVfG ergibt, nicht für die Sozialverwaltungen des gesamten Sozialleistungsbereichs, der Gegenstand des SGB ist. Wegen der sich aus diesem differenzierten Verwaltungsbereich notwendig ergebenden Fülle zu beachtender – meist durch soziale Erwägungen bedingter – Abweichungen von einem für die allgemeine Verwaltung ausreichenden und zweckmäßigen Verfahrensrecht[1], der notwendigen engen Bindung zum materiellen Sozialrecht und aus Gründen der Vereinheitlichung und Zusammenfassung des gesamten Sozialrechts in einer Kodifikation sollen die

[1] Amtliche Begründung, BT-Drucks. 7/910, S. 34.

erforderlichen Verfahrensbestimmungen zu diesem Rechtsbereich ihre besondere Regelung im SGB – und dort voraussichtlich im X. Buch – finden[2]. Doch kann gesagt werden, daß viele Bestimmungen eines zukünftigen Verfahrensgesetzes für den Sozialrechtsbereich mit dem VwVfG Übereinstimmung aufweisen werden, wo immer das sachlich möglich sein wird. Nur dort, wo die Besonderheiten des Sozialrechts es bedingen oder erforderlich erscheinen lassen, werden die entsprechenden Bestimmungen des Verfahrensrechts für den Bereich der Sozialverwaltung vom VwVfG abweichen[3].

Unter diesem Gesichtspunkt werden besonders Teil III Abschnitt 2 („Bestandskraft des Verwaltungsakts"), Teil IV („Öffentlich-rechtlicher Vertrag") und Teil V („Besondere Verfahrensarten") teilweise entfallen bzw. wesentlich modifiziert werden. Ein dem Teil VII („Ehrenamtliche Tätigkeit, Ausschüsse") entsprechender Abschnitt, der allerdings nur für einen Teil der Sozialleistungsträger (Sozialversicherungsträger) – unter der Voraussetzung einer notwendigen Anpassung hinsichtlich der Berücksichtigung der Besonderheiten der Selbstverwaltung im Sozialversicherungsbereich – beachtlich wäre, ist bisher für die Regelung des Verwaltungsverfahrens im Sozialrechtsbereich nicht vorgesehen. Obwohl eine Vereinheitlichung der Vorschriften bezüglich ehrenamtlicher Tätigkeit insgesamt wünschenswert wäre – zumal es vornehmlich im allgemeinen Verwaltungsverfahrensrecht an einer Kodifikation fehlt –, sind diese Fragen für den Bereich der Sozialversicherung stark mit der organisierten Selbstverwaltung auf der Grundlage der Bestimmungen des SGB IV (§§ 29 ff.) verbunden. Mit einer durch solche Regelungen in einem besonderen Verfahrensgesetz verstärkten Zersplitterung des Rechts der Selbstverwaltung im Bereich der Sozialversicherung kann jedoch nicht gedient sein, so daß ein besonderer Abschnitt im künftigen Verwaltungsverfahrensrecht der Sozialleistungsträger nicht gerechtfertigt erscheint.

Inhaltlich werden nicht nur Verfahrensbestimmungen getroffen, sondern auch Fragen des materiellen Verwaltungsrechts berührt werden, soweit notwendige enge Bezüge zwischen verfahrensrechtlichen und materiellrechtlichen Vorschriften beachtlich oder unvermeidlich herzustellen sind.

Unter Berücksichtigung der geltenden besonderen Vorschriften zum Verwaltungsverfahren in den verschiedenen einschlägigen Sozialgesetzen dürfte das am 1. 1. 1977 in Kraft getretene Verwaltungsverfahrensgesetz in seinen Grundsätzen und zentralen Bestimmungen (vorerst) auch im Sozialrechtsbereich zu beachten sein.

[2] Bislang liegt lediglich ein Referentenentwurf vor.

[3] So die Begründung des Referentenentwurfs.

b) Zu den Beziehungen der Leistungsträger zueinander

Die Beziehungen der Leistungsträger zu Dritten sind nach noch geltendem Recht in den einzelnen Sozialleistungsbereichen geregelt und wurden wegen ihrer Sachnähe zu diesen Gebieten dort behandelt[4]. Die Beziehungen der Leistungsträger zueinander[5], die eher als die Beziehungen der Leistungsträger zu Dritten vom jeweiligen Sozialleistungsbereich losgelöst betrachtet werden können und deshalb hier angesprochen werden, beruhen im wesentlichen darauf, daß die verschiedenen Träger wegen gleicher Tatbestände – wie Krankheit, Arbeitsunfähigkeit, Entbindung, Tod – gleiche oder vergleichbare Leistungen zu erbringen haben. Um in solchen Fällen Doppelansprüche zu vermeiden, mußten vom Gesetzgeber Abgrenzungen der Leistungsverpflichtungen und ergänzende Regelungen zum Ausgleich erfüllter Leistungsansprüche vorgesehen werden.

Maßgebende Vorschrift, die die Beziehungen zwischen den SHTrn und den Sozialversicherungsträgern regelt, ist § 1531 RVO: Unterstützt ein Träger der Sozialhilfe nach gesetzlicher Pflicht einen Hilfsbedürftigen für eine Zeit, für die dieser einen Anspruch gegen einen Sozialversicherungsträger hatte oder noch hat, so kann der SHTr, jedoch nur bis zur Höhe dieses Anspruchs, nach näherer Bestimmung der §§ 1532 bis 1537 RVO Ersatz beanspruchen. Durch diese Regelung erwirbt der SHTr nicht einen auf Forderungsübergang beruhenden, sondern einen eigenen Anspruch gegen den Sozialversicherungsträger. Voraussetzungen für einen solchen Anspruch sind:

- der Anspruch darf nicht wegen verspäteter Geltendmachung verwirkt sein (§ 1539 RVO)
- die unterstützte und die anspruchsberechtigte Person muß identisch sein, soweit es sich nicht um Familienhilfeleistungen handelt (Personengleichheit)
- der SHTr muß den Hilfsberechtigten aufgrund gesetzlicher Pflicht (d. h. nach den Vorschriften des BSHG) unterstützt haben
- der Leistungsgrund für die Sozialhilfe und für die Versicherungsleistungen nach der RVO muß gleich sein (Einheit des Leistungsgrundes)
- es muß Gleichzeitigkeit der Sozialhilfeleistungen und der Versicherungsleistungen gegeben sein (Gleichzeitigkeit der Leistungen)
- die Sozialhilfeleistungen und die Versicherungsleistungen müssen gleichartig sein, d. h. die Leistungen des Sozialhilfeträgers und die des Sozialversicherungsträgers müssen „ihrer Art nach gleich" sein (Gleichartigkeit der Leistungen).

[4] Vgl. z. B. IV E 2 e und IX 2 e.

[5] Die Beziehungen der Sozialversicherungsträger zueinander wurden wegen der Sachnähe zur Sozialversicherung ebenfalls unter IV E behandelt.

Für den Bereich der sozialen Entschädigung sind die Leistungsabgrenzungen zwischen der Verwaltungsbehörde und den Trägern der Krankenversicherung in § 18 c BVG geregelt. Soweit die Krankenkassen auch nach den Vorschriften der RVO zur Leistungsgewährung verpflichtet sind, sieht § 19 BVG einen Aufwendungsersatz für die Leistungen vor, die die Krankenkasse wegen der Schädigungsfolgen zu erbringen hatte. Soweit die Krankenkasse nur nach den Vorschriften des BVG Leistungen zu erbringen hatte, ist ein entsprechender Kostenersatz in § 20 BVG vorgesehen.

2. Praktische Fälle

a) Ersatzanspruch eines Sozialhilfeträgers nach § 1531 RVO

Sachverhalt

H, geboren am 3. 2. 1951, wird am 3. 7. 1975 bewußtlos und – äußerlich nicht erkennbar – verletzt im Stadtpark der Großstadt X aufgefunden. Er wird in das Städtische Krankenhaus eingeliefert, aus dem er am 2. 1. 1976 – mit 10 Tagen weiterer Arbeitsunfähigkeit – entlassen wird. Da weder er noch seine Ehefrau F Auskunft über die Arbeitsstelle oder die Krankenkassenzugehörigkeit geben können, übernimmt die Stadt X – Sozialamt – vorläufig die Kosten der stationären Behandlung.

Das Sozialamt kann erst nach Beendigung der stationären Behandlung ermitteln, daß H in der Zeit vom 2. 5. bis 16. 6. 1975 bei dem Subunternehmer Y beschäftigt war und daß weder Steuern noch Sozialversicherungsbeiträge entrichtet worden sind. Die AOK in X stellt aufgrund der Ermittlungen des Sozialamts die Versicherungspflicht in der Kranken-, Renten- und Arbeitslosenversicherung während der genannten Zeit fest.

Am 16. 1. 1976 übersendet das Sozialamt der Stadt X der AOK in X eine Ersatzkostenrechnung mit folgenden Aufwendungsposten:

1) Krankenhausbehandlung
   vom 3. 7. 1975 bis 2. 1. 1976
2) Fahr- und Transportkosten
   am 3. 7. 1975
   am 4. 12. 1975 (Besuchsfahrt der Ehefrau F)
   am 2. 1. 1976
3) ambulante ärztliche Behandlung
   am 3. 1. 1976
   am 6. 1. 1976
   am 12. 1. 1976
4) Arzneien nach ärztlichen Verordnungen
   vom 3. 1. 1976
   vom 10. 1. 1976
5) Hilfe zum Lebensunterhalt
   vom 3. 7. 1975 bis 14. 1. 1976

6) Mietbeihilfe
vom 3. 7. 1975 bis 14. 1. 1976
7) ärztliche Beratung über Fragen der Empfängnisregelung (Leistungsempfänger: Ehefrau F)
am 16. 12. 1975
8) empfängnisregelnde Mittel laut ärztlicher Verordnungen (Leistungsempfänger: Ehefrau F)
vom 16. 12. 1975
vom 12. 1. 1976

Ergänzende Angabe: Die Vorversicherungszeit für einen Leistungsanspruch nach § 214 RVO ist erfüllt; im übrigen ist H wegen Erwerbslosigkeit aus der GKV ausgeschieden.

Frage: Ist ein Ersatzanspruch des SHTrs gegen die AOK in X gegeben und, wenn ja, in bezug auf welche Aufwendungsposten? Auf die Höhe ist nicht einzugehen.

Lösungsvorschlag

Als Rechtsgrundlage für einen Ersatzanspruch des SHTrs (Stadt X) gegenüber der AOK in X kommt § 1531 RVO in Betracht. Es handelt sich um einen Leistungsanspruch, der im Wege der schlichten Leistungsklage (§ 54 V SGG) vor den SGen zu verfolgen ist (§ 51 I SGG). Dieser Anspruch beruht nicht etwa auf Forderungsübergang; er tritt vielmehr selbständig neben den Anspruch des Versicherten, ist aber von ihm insoweit abhängig, als er dessen Bestehen voraussetzt. Die Krankenkasse hat deshalb grundsätzlich nicht mehr aufzubringen, als sie bei unmittelbarer Leistung aufgewendet haben würde. Im einzelnen müssen, damit ein Ersatzanspruch aus § 1531 RVO begründet ist, folgende Voraussetzungen erfüllt sein:

— Der Anspruch darf nicht verwirkt sein; er muß spätestens 6 Monate nach Ablauf der Unterstützung bei dem Leistungsträger geltend gemacht werden (§ 1539 RVO).

— Die unterstützte und anspruchsberechtigte Person muß identisch sein. Eine Ausnahme hiervon gibt es im Rahmen der Familienkrankenpflege.

— Der SHTr muß den Hilfeberechtigten aufgrund gesetzlicher Pflicht (d. h. nach den Vorschriften des BSHG) unterstützt haben.
Der SHTr hat, soweit dies ohne Gefahr für Leben und Gesundheit des Hilfesuchenden möglich ist, vor der Gewährung der Unterstützung z. B. zu prüfen, ob ein Leistungsanspruch gegen eine Krankenkasse besteht und diese bereit ist, die Leistung zu erbringen.

— Der Leistungsgrund für die Sozialhilfe und für die Versicherungsleistung muß gleich sein.
Ein Ersatzanspruch ist nur gegeben, wenn die Sozialhilfe wegen der Krankheit (oder Entbindung usw.) gewährt worden ist, auf die sich der Anspruch des Sozialhilfeempfängers gegen die Krankenkasse gründet.

— Es muß Gleichzeitigkeit der Sozialhilfeleistung und der Versicherungsleistung gegeben sein.

Gleichzeitigkeit der Leistungen liegt z. B. nicht vor, wenn die Leistungspflicht der Krankenkasse abgelaufen ist, der Anspruch ruht, die satzungsmäßige Wartezeit nicht erfüllt ist oder das Krankengeld versagt wird.

— Die Sozialhilfeleistungen und die Versicherungsleistungen müssen gleichartig sein, d. h. der Ersatzanspruch muß sich auf eine „entsprechende" Leistung der Krankenkasse gründen.
Gleichartig sind z. B. Leistungen für den Lebensunterhalt und Krankengeld, Krankenpflege nach § 37 BSHG und Krankenpflege nach §§ 182, 205 RVO, Hilfe für werdende Mütter und Wöchnerinnen nach § 38 BSHG und Mutterschaftshilfe nach den §§ 195 ff., 205 a RVO, Bestattungskosten nach § 15 BSHG und Sterbegeld nach den §§ 201 ff., 205 b RVO.
Da der SHTr der AOK die Ersatzkostenrechnung am 16. 1. 1976 übersandte, ist der Ersatzanspruch nach § 1531 RVO nicht verwirkt (§ 1539 RVO).

Soweit das Sozialamt der Stadt X Leistungen an F gewährt hat, liegt die für den Bereich der Familienkrankenhilfe erwähnte Ausnahme vom Erfordernis der „Personenidentität" vor.

Weiter hat das Sozialamt der Stadt X den H aufgrund gesetzlicher Pflicht, nämlich nach folgenden Vorschriften des BSHG unterstützt:

— Krankenhausbehandlung: § 37 II BSHG
— Fahr- und Transportkosten: § 37 II BSHG
— ambulante ärztliche Behandlung: § 37 II BSHG
— Arzneien nach ärztlichen Verordnungen: § 37 II BSHG
— Hilfe zum Lebensunterhalt: §§ 11, 12 I 1 BSHG
— Mietbeihilfe: §§ 11, 12 I 1 BSHG
— ärztliche Beratung über Fragen der Empfängnisregelung (Leistungsempfänger: F): § 37 b Nr. 1 BSHG
— empfängnisregelnde Mittel laut ärztlicher Verordnungen (Leistungsempfänger: F): § 37 b Nr. 2 BSHG.

Ein Ersatzanspruch ist nur gegeben, wenn die Sozialhilfe wegen des Versicherungsfalles gewährt wird, auf den sich der Anspruch des Sozialhilfeempfängers gründet; der Leistungsgrund für die Sozialhilfe und für die Versicherungsleistung muß gleich sein. Dies trifft zu auf die Aufwendungsposten

— Krankenhausbehandlung
— Fahr- und Transportkosten
— ambulante ärztliche Behandlung
— Arzneien nach ärztlichen Verordnungen
— Hilfe zum Lebensunterhalt
— Mietbeihilfe.

H ist wegen Erwerbslosigkeit aus der GKV ausgeschieden; die erforderliche Versicherungszeit ist erfüllt; der Versicherungsfall – die Krankheit – ist innerhalb von 3 Wochen nach dem Ausscheiden und während der Erwerbslosigkeit eingetreten. H hat also für die am 3. 7. 1975 eingetretene Krankheit Anspruch auf die Regelleistungen der Kasse. Dagegen besteht, weil die versicherungsrechtlichen Voraussetzungen nicht gegeben sind, kein Anspruch auf Ersatz der Aufwendungsposten

— ärztliche Beratung über Fragen der Empfängnisregelung (Leistungsempfänger: F) am 16. 12. 1975
— empfängnisregelnde Mittel laut ärztlichen Verordnungen (Leistungsempfänger: F) vom 16. 12. 1975 und 12. 1. 1976.

Der Versicherungsfall der ,,persönlichen Bereitschaft und Absicht zur ärztlichen Beratung" (§ 200 e RVO) ist bei F am 16. 12. 1975, also später als 3 Wochen nach dem Ausscheiden des H aus der versicherungspflichtigen Beschäftigung eingetreten. Daher besteht kein Leistungsgrund und damit kein Anspruch auf die Regelleistungen der Kasse. Im übrigen würde es für einen Ersatzanspruch wegen der empfängnisregelnden Mittel an ,,Gleichartigkeit von Sozialhilfeleistung und Versicherungsleistung" fehlen. Die Vorschrift des § 200 e RVO sieht – im Gegensatz zu § 37 b Nr. 2 BSHG – keine Übernahme der Kosten von empfängnisregelnden Mitteln vor.

,,Gleichzeitigkeit der Leistungen" ist im vorliegenden Fall nicht etwa deshalb ausgeschlossen, weil der Anspruch des H auf Krankengeld ,,ruht" (§ 189 Satz 1 RVO). H stand am 3. 7. 1975 nicht mehr in einem Arbeitsverhältnis. Er hatte deshalb keinen Anspruch auf Lohnfortzahlung (§§ 1, 6 LFG). ,,Gleichzeitigkeit der Leistungen" kann hier jedoch aufgrund der Bestimmung des § 214 I RVO eingeschränkt sein. Im Fall des § 214 I RVO endet die Krankenhilfe spätestens 26 Wochen nach Ablauf der 3-Wochen-Frist. H schied am 16. 6. 1976 aus der versicherungspflichtigen Beschäftigung aus. Der Ablauf der 3-Wochen-Frist trat am 7. 7. 1975, der Ablauf der 26-Wochen-First am 5. 1. 1976 ein. Das bedeutet: Die Ansprüche des H auf Krankenhilfe endeten am 5. 1. 1976. Die zeitliche Kongruenz fehlt demnach bei folgenden Aufwendungsposten:

— ambulante ärztliche Behandlung am 6. und 12. 1. 1976
— Arzneien nach ärztlicher Verordnung vom 10. 1. 1976
— Hilfe zum Lebensunterhalt ab 6. 1. 1976
— Mietbeihilfe ab 6. 1. 1976.

Zu prüfen bleibt die ,,Gleichartigkeit der Leistungen" in bezug auf die bislang nicht ausgesonderten Aufwendungsposten:

— Der Ersatzanspruch des SHTrs für die Krankenpflege und den Unterhalt im Krankenhaus ist aus der Krankenhauspflege nach § 184 RVO zu befriedigen (§§ 1533 Nr. 2; 1524 I 2 bis 4 RVO).

Der Ersatzanspruch beträgt 7/8 des Grundlohnes, nämlich 3/8 für die Krankenpflege und 4/8 für den Unterhalt im Krankenhaus. Der nach den §§ 1533, 1524 I RVO maßgebende Grundlohn wird nach § 180 RVO berechnet.

— Während die Fahr- und Transportkosten vom 3. 7. 1975 und vom 2. 1. 1976 aus dem Anspruch des H nach § 194 I RVO zu ersetzen sind, sind die Kosten der Besuchsfahrt der F vom 4. 12. 1975 aus dem Anspruch des H nach § 194 III RVO zu ersetzen, weil H länger als 8 Wochen von seiner Familie getrennt lebte (§ 1533 Nr. 3 RVO).
— Die Kosten der ambulanten ärztlichen Behandlung am 3. 1. 1976 sind aus dem Anspruch des H nach § 182 I Nr. 1 a RVO zu ersetzen (§ 1533 Nr. 2 RVO).
— Die Kosten der Arzneien nach ärztlicher Verordnung vom 3. 1. 1976 sind – unter Berücksichtigung des Rabattes gemäß § 375 I RVO – nach § 182 I Nr. 1 b RVO zu ersetzen (§ 1533 Nr. 3 RVO).
— Die Kosten der Hilfe zum Lebensunterhalt vom 3. 7. 1975 bis zum 5. 1. 1976 sowie der Mietbeihilfe vom 3. 7. 1975 bis zum 5. 1. 1976 sind aus dem Anspruch des H auf Krankengeld gemäß § 186 I RVO zu ersetzen (§ 1533 Nr. 3 RVO).

Ergebnis: Der vom SHTr geltend gemachte Ersatzanspruch ist, ohne daß damit nähere Aussagen zur Höhe gemacht werden, in bezug auf folgende Aufwendungsposten begründet:

— Krankenhausbehandlung vom 3. 7. 1975 bis 2. 1. 1976
— Fahr- und Transportkosten am 3. 7. 1975, 4. 12. 1975 (Besuchsfahrt der F) und 2. 1. 1976
— ambulante ärztliche Behandlung am 3. 1. 1976
— Arzneien nach ärztlicher Verordnung vom 3. 1. 1976
— Hilfe zum Lebensunterhalt vom 3. 7. 1975 bis 5. 1. 1976
— Mietbeihilfe vom 3. 7. 1975 bis 5. 1. 1976.

b) Leistungsabgrenzung zwischen Krankenkassen und Versorgungsverwaltung (§ 18 c RVO), Aufwendungsersatz nach §§ 19, 20 BVG

Sachverhalt

Der kriegsbeschädigte kaufmännische Angestellte K ist seit vielen Jahren Mitglied der AOK in B. Seit einigen Monaten leidet er erneut unter starken Kreislaufstörungen und ist deshalb in ärztlicher Behandlung. Bei dieser Krankheit handelt es sich um eine Gesundheitsstörung, die als Folge einer Schädigung i. S. d. § 1 BVG anerkannt ist. Ebenso als Schädigungsfolge ist anerkannt „Amputation des linken Oberschenkels".

Zur Verbesserung seines wegen der Kreislaufstörungen erheblich angegriffenen Gesundheitszustandes stellt K auf Anraten seines Arztes am 26. 11. 1975 einen Antrag auf Bewilligung einer Badekur; die entsprechende ärztliche Bescheinigung legt er der AOK vor, die sie an das VersA weiterleitet.

Im Januar 1976 machen sich am Amputationsstumpf Beschwerden bemerkbar, die ihre Ursache in der nicht vollen Funktionsfähigkeit des Oberschenkelkunstbeines (Prothese) haben. Der Arzt rät, eine neue Prothese (Körperersatzstück) zu beantragen.

Inzwischen ist der Amputationsstumpf jedoch entzündet und vereitert. Der behandelnde Arzt stellt wegen dieser mit der Verletzung unmittelbar in Zusammenhang stehenden Krankheit am 19. 1. 1976 Arbeitsunfähigkeit ab 20. 1. 1976 fest. Mit Schreiben vom 20. 1. 1976, das am 21. 1. 1976 bei der AOK eingeht, beantragt K unter Beifügung der Arbeitsunfähigkeitsmeldung die ihm zustehenden Leistungen.

Bis zum 1. 3. 1976 erhält K sein übliches Arbeitsentgelt (§ 63 HGB).

Am 20. 2. 1976 wird dem K mitgeteilt, daß die Badekur am 10. 3. 1976 beginnen solle. Der behandelnde Arzt hat wegen des Termins zunächst Bedenken, weil die Entzündungen am Stumpf des linken Oberschenkels des K noch nicht voll abgeheilt sind. Darüber hinaus hält er K wegen der unzureichend sitzenden Prothese nicht mehr für ausreichend orthopädisch versorgt. Wegen des gut fortschreitenden Heilungsprozesses stimmt er der Badekur jedoch schließlich zu. K tritt die Badekur daraufhin am 10. 3. 1976 an. Über die Aufnahme in die Kuranstalt erhält die Krankenkasse am 12. 3. 1976 eine entsprechende Bestätigung. Für die Dauer der Badekur besteht Arbeitsunfähigkeit. Am 7. 4. 1976 wird K arbeitsfähig mit einer Schonungszeit bis zum 21. 4. 1976 entlassen. Am 22. 4. 1976 nimmt er seine Arbeit wieder auf.

Während der Schonungszeit bemüht sich K um Beschaffung der erforderlichen Prothese. Er legt der AOK in B eine entsprechende ärztliche Verordnung vor und bittet um Kostenübernahme.

Fragen:

1. Welche Sachleistungen und welche Geldleistungen (ggf. für welchen Zeitraum) kann K beanspruchen und von welcher Stelle sind die Leistungen zu gewähren?
2. Hat die AOK in B eventuell einen Ersatzanspruch gegenüber der Versorgungsverwaltung?

Lösungsvorschlag

I. Leistungsansprüche des K

1. Sachleistungen

Nach § 182 I Nr. 1 RVO wird Versicherten Krankenpflege vom Beginn der Krankheit an gewährt. Da K Mitglied der AOK ist und ärztliche Behandlung zunächst wegen der Kreislaufstörungen, später wegen des entzündeten Amputationsstumpfes (also wegen Krankheit) erforderlich ist, besteht Anspruch auf Krankenpflege, der die ärztliche Behandlung einschließt (§ 182 I Nr. 1 a RVO). Desgleichen ist im Rahmen der Krankenpflege auch grundsätzlich ein Anspruch auf Kostenübernahme für die Prothese gegeben (§ 182 I Nr. 1 c RVO).

Heilbehandlung, die auch ärztliche Behandlung und orthopädische Versorgung umfaßt (§ 11 I Nr. 1 und 8 i. V. m. § 13 BVG), wird nach § 10 I

BVG Beschädigten für Gesundheitsstörungen, die als Folge einer Schädigung anerkannt sind, gewährt, um die Gesundheitsstörungen oder die durch sie bewirkte Beeinträchtigung der Berufs- oder Erwerbsfähigkeit zu beseitigen oder zu bessern, eine Zunahme des Leidens zu verhüten, körperliche Beschwerden zu beheben, die Folgen der Schädigung zu erleichtern oder um die Beschädigten möglichst auf Dauer in Arbeit, Beruf und Gesellschaft einzugliedern.

K ist Beschädigter i. S. d. BVG. Ärztliche Behandlung, die sich mindestens auf Besserung der körperlichen Beschwerden richtet, ist wegen der bei K anerkannten Gesundheitsstörungen erforderlich. Ebenso ist die orthopädische Versorgung (§ 13 BVG, hier: Versorgung mit einer Oberschenkelprothese) zur Erleichterung der Folgen der Schädigung und auch zur dauerhaften Eingliederung des K in Arbeit, Beruf und Gesellschaft notwendig. Daher besteht auch Anspruch auf Heilbehandlung nach § 10 I BVG, und zwar auf ärztliche Behandlung wegen der Gesundheitsstörungen, soweit sie Folge der anerkannten Schädigung sind, sowie auf Kostenübernahme für ein Oberschenkelkunstbein (§ 11 I Nr. 1 und 8 BVG).

Da auch entsprechende Anträge gestellt wurden (§ 1545 I Nr. 2 RVO; § 18 a I BVG), sind mithin zwei im wesentlichen inhaltsgleiche Ansprüche gegeben: der Anspruch auf Krankenpflege nach der RVO und der Anspruch auf Heilbehandlung nach dem BVG. Sie sind jedoch nicht beide zu erfüllen.

Ärztliche Behandlung ist nach § 18 c II BVG von den Trägern der GKV (Krankenkassen) durchzuführen, d. h. mit Bezug auf die in § 19 I BVG vorgesehene Regelung des Ersatzes für Aufwendungen vorrangig (Ausnahme: § 18 c III BVG) von der Krankenkasse zu gewähren, bei der der Berechtigte Mitglied ist. Anspruch auf ärztliche Behandlung besteht daher gegen die AOK.

Leistungen im Rahmen der orthopädischen Versorgung werden dagegen von der zuständigen (Versorgungs-)Verwaltungsbehörde, der orthopädischen Versorgungsstelle gewährt (§ 24 II AT-SGB). Den Antrag auf Kostenübernahme für die Oberschenkelprothese hat die AOK daher an die zuständige orthopädische Versorgungsstelle weiterzuleiten (§§ 24 II 2, 16, 17 AT-SGB).

Unter den Voraussetzungen des § 10 I BVG kann den Beschädigten stationäre Behandlung in einer Kureinrichtung (Badekur) gewährt werden, wenn sie notwendig ist, um den Heilerfolg zu sichern oder um einer in absehbarer Zeit zu erwartenden Verschlechterung des Gesundheitszustandes oder dem Eintritt einer Arbeitsunfähigkeit vorzubeugen (§ 11 II BVG). Dem K als Beschädigten i. S. d. BVG wurde eine zur Sicherung des Heilerfolges und zur Besserung seines durch die anerkannten Schädigungsfolgen hervorgerufenen Gesundheitszustandes notwendige Badekur gewährt. Der

Anspruch auf diese Badekur war nach den Vorschriften des BVG begründet. Demgegenüber ist für die Badekur ein Anspruch nach der RVO nicht gegeben, da § 184 a RVO (Behandlung mit Unterbringung und Verpflegung in Kur- und Spezialeinrichtungen) lediglich einen gegenüber dem BVG subsidiären Anspruch vorsieht.

2. Geldleistungen

Nach § 182 I Nr. 2 RVO haben Versicherte Anspruch auf Krankengeld, wenn die Krankheit sie arbeitsunfähig macht. K, versichert bei der AOK in B, ist ab 20. 1. 1976 wegen der Beschwerden am Amputationsstumpf arbeitsunfähig. Anspruch auf Krankengeld besteht damit ab 20. 1. 1976.

Beschädigte erhalten nach § 16 I a BVG Übergangsgeld, wenn sie wegen einer Gesundheitsstörung, die als Folge einer Schädigung anerkannt ist, arbeitsunfähig i. S. d. Vorschriften der GKV sind. K ist ab 20. 1. 1976 wegen einer Gesundheitsstörung, die als Folge einer Schädigung anerkannt ist, arbeitsunfähig i. S. d. Vorschriften der GKV. Er stellte rechtzeitig einen entsprechenden Antrag auf Übergangsgeld (§ 18 a I, III BVG), so daß ab 20. 1. 1976 ebenfalls ein Anspruch auf Übergangsgeld besteht.

Allerdings ist folgendes zu beachten: Der Anspruch auf Krankengeld ruht, wenn und soweit der Versicherte während der Krankheit Arbeitsentgelt erhält (§ 189 Satz 1 RVO). Das Übergangsgeld ist, wenn der Berechtigte Arbeitsentgelt erhält, um das um die gesetzlichen Abzüge verminderte Arbeitsentgelt zu kürzen (§ 16 f I 1 Halbs. 1 BVG). Da K bis einschließlich 1. 3. 1976 Arbeitsentgelt in voller Höhe erhielt, kommt Zahlung von Krankengeld und Übergangsgeld erst für die Zeit ab 2. 3. 1976 in Betracht. Nach § 183 VI RVO ruht der Anspruch auf Krankengeld, solange der Versicherte Übergangsgeld bezieht. Im Ergebnis ist daher ab 2. 3. 1976 lediglich Übergangsgeld zu zahlen.

Als arbeitsunfähig i. S. d. Vorschriften des BVG ist auch der Beschädigte anzusehen, der wegen der Durchführung einer Badekur keine ganztägige Erwerbstätigkeit ausüben kann oder dem eine an stationäre Behandlungsmaßnahmen anschließende Schonungszeit zugebilligt worden ist (§ 16 II BVG). Danach war K auch für die ihm zugebilligte Schonungszeit im Anschluß an die stationäre Behandlungsmaßnahme (Badekur) als arbeitsunfähig anzusehen. Es besteht somit auch für diese Zeit (8. 4. bis 21. 4. 1976) Anspruch auf Übergangsgeld nach dem BVG. Dagegen ist ein Anspruch auf Krankengeld während der Schonungszeit nicht gegeben, weil Arbeitsunfähigkeit i. S. d. GKV nicht mehr vorliegt.

Anspruch auf Krankengeld besteht danach vom 20. 1. bis 7. 4. 1976; der Anspruch ruht nach § 189 Satz 1 RVO jedoch wegen der Entgeltfortzahlung bis einschließlich 1. 3. 1976, danach wegen des Übergangsgeldbezuges bis einschließlich 7. 4. 1976. Anspruch auf Übergangsgeld besteht ebenfalls ab 20. 1. 1976; das Übergangsgeld ist jedoch bis zum 1. 3. 1976 um das um die gesetzlichen Abzüge verminderte Arbeitsentgelt zu kürzen (§ 16 f I BVG). Im Anschluß daran ist Übergangsgeld vom 2. 3. bis einschließlich 21. 4. 1976 (Wegfall der Voraussetzungen, § 18 a VII 1 BVG) nach näherer Bestimmung der §§ 16 ff. BVG zu gewähren.

Nach § 18 c II BVG werden die §§ 16 bis 16 f BVG von den Trägern der GKV durchgeführt. Zuständig ist die Krankenkasse, bei der der Berechtigte Mitglied ist. Da K Mitglied der AOK in B ist, hat diese Kasse das Übergangsgeld nach den Vorschriften des BVG zu zahlen.

II. Ersatzansprüche

Sind die Krankenkassen nicht nur nach den Vorschriften des BVG verpflichtet, Heilbehandlung zu gewähren, so werden ihnen diese Aufwendungen ersetzt, soweit sie durch die Behandlung anerkannter Schädigungsfolgen entstanden sind. Dabei werden die Aufwendungen für die Krankenpflege versicherter Beschädigter wegen Schädigungsfolgen pauschal abgegolten (§ 19 I BVG).

K war laufend wegen Schädigungsfolgen in ambulanter ärztlicher Behandlung. Er erhielt als Mitglied der AOK Leistungen aufgrund dieses Versicherungsverhältnisses nach den Vorschriften der RVO. Für die in diesem Zusammenhang notwendigen Krankenpflegeaufwendungen hat die AOK somit Anspruch auf (pauschalen) Ersatz.

Die dem K bewilligte Badekur wurde nach § 18 c I BVG unmittelbar von der Versorgungsverwaltung zur Verfügung gestellt. Aufwendungen für die Behandlung anerkannter Schädigungsfolgen sind der AOK im Zusammenhang mit der Badekur nicht entstanden; ein Ersatzanspruch nach § 19 I BVG ist deshalb nicht gegeben.

Soweit die Krankenkassen Leistungen nur nach den Vorschriften des BVG zu erbringen haben, werden ihnen diese Aufwendungen zuzüglich eines Betrages von 8 % dieser Aufwendungen als Ersatz für Verwaltungskosten und für sonstige mit der Durchführung zusammenhängende Kosten von der Verwaltungsbehörde ersetzt (§ 20 BVG). Ausschließlich nach den Vorschriften des BVG (der Anspruch auf Krankengeld nach der RVO ruhte) gewährte die AOK Übergangsgeld für die Zeit vom 2. 3. bis 21. 4. 1976. Damit besteht ein Ersatzanspruch der AOK in Höhe dieser Aufwendungen zuzüglich 8 % dieser Aufwendungen.

Bei etwaigen Streitigkeiten hinsichtlich des zu leistenden Ersatzes ist die Leistungsklage nach § 54 V SGG gegeben.

XI. Überblick über den Rechtsschutz im Sozialrecht

Gesetzliche Grundlagen

Sozialgerichtsgesetz – SGG – vom 3. 9. 1953 (BGBl. I S. 1239) i. d. F. vom 23. 9. 1975 (BGBl. I S. 2535)
Verwaltungsgerichtsordnung – VwGO – vom 21. 1. 1960 (BGBl. I S. 17), zuletzt geändert durch Gesetz vom 25. 5. 1976 (BGBl. I S. 1253)

Literatur

a) Kommentare und Lehrbücher
aa) Sozialgerichtliches Verfahren

Brackmann, Handbuch der Sozialversicherung, 1949 ff., Bd. I/2, 231 ff. (Losebl.-Slg.)
Dapprich, Das sozialgerichtliche Verfahren, 1959
Peters/Sautter/Wolff, Kommentar zur Sozialgerichtsbarkeit, 3. Aufl., 1962 ff. (Losebl.-Slg.)
Rohwer-Kahlmann/Schroeder-Printzen/Frentzel, Aufbau und Verfahren der Sozialgerichtsbarkeit, 4. Aufl., 1967 ff. (Losebl.-Slg.)
Wertenbruch, Sozialverfassung-Sozialverwaltung, 1974, S. 193 ff.
Bley, Sozialrecht, 1975, S. 293 ff.
Baumgartner/Wilm, Sozialgerichtsfibel – ein Leitfaden für Rechtsuchende, 2. Aufl., 1976
Bley, Grundzüge der Sozialgerichtsbarkeit, Funktion, Institution, Verfahren, 1976
Wertenbruch, Sozialverwaltungsrecht, in: *v. Münch,* Besonderes Verwaltungsrecht, 4. Aufl., 1976, S. 427 ff.

bb) Verwaltungsgerichtliches Verfahren

Eyermann/Fröhler, Verwaltungsgerichtsordnung, 7. Aufl., 1977
Grunsky, Grundlagen des Verfahrensrechts, 2. Aufl., 1974
Redeker/v. Oertzen, Verwaltungsgerichtsordnung, 5. Aufl., 1975
Tschira/Schmitt-Glaser, Verwaltungsprozeßrecht, 2. Aufl., 1975
Ule, Verwaltungsprozeßrecht, 6. Aufl., 1975
Kopp, Verwaltungsgerichtsordnung, 2. Aufl., 1976
Schunck/de Clerck, Verwaltungsgerichtsordnung, 3. Aufl., 1977

b) Weitere Literatur
aa) Sozialgerichtliches Verfahren

Haueisen, Die praktische Bedeutung der Klagen nach § 54 Abs. 1 und Abs. 4 SGG, NJW 1957, 10 ff.
Merten, Zur Abgrenzung von öffentlich-rechtlichen und bürgerlich-rechtlichen Streitigkeiten im Sozialversicherungsrecht – Dargestellt am Beispiel des § 405 RVO – VerwArch. 66 (1975), 387 ff.

Schwankhart, Die Klagearten im Rechtsschutzsystem der Sozialgerichtsbarkeit, ZfSH 1975, 161 ff.
Ule, Zur Vereinheitlichung der drei Verwaltungsgerichtsordnungen, SGb 1975, 473 ff.
Walter Bogs, Wiederbelebung sozialrechtlicher Gerichtsverfahren zur Entscheidung abstrakter Rechtsfragen von grundsätzlicher Bedeutung, SGb 1976, 205 ff.
Freitag, Zur Bedeutung subjektiver öffentlicher Rechte und des Verfahrensrechts für das Verhältnis von Verpflichtungsklage und verbundener Leistungsklage im Sozialgerichtsverfahren, DVBl. 1976, 6 ff.

bb) Verwaltungsgerichtliches Verfahren
Kopp, Änderungen im Verwaltungsprozeßrecht, NJW 1976, 1961 ff.
Schenk/Meyer-Ladewig, Die verwaltungsgerichtliche Normenkontrolle, DVBl. 1976, 198 f.

Im folgenden wird – ohne Anspruch auf Vollständigkeit – ein Überblick über die wichtigsten Fragen der Zulässigkeit einer Klage sowohl vor dem Sozialgericht wie dem Verwaltungsgericht gegeben. Voraussetzungen, die immer erörtert werden sollten, sind: „Rechtswegeröffnung", „Klageart" (nebst „Klagebefugnis" und „Vorverfahren") sowie „Klagefrist"; sie sind wegen ihrer Bedeutung im folgenden mit einem * versehen. Die nicht mit einem * versehenen Voraussetzungen sollten nur dann erwähnt werden, wenn dafür entsprechende Anhaltspunkte vorliegen. In Ausnahmefällen können Fragen zu behandeln sein, die nicht in der Übersicht aufgeführt sind[1].

[1] Vgl. etwa *Schwerdtfeger,* JuS 1969, 474.

Gerichtliches Verfahren	Sozialgericht	Verwaltungsgericht
* 1) Rechtswegeröffnung		
a) Ausbildungsförderung		§ 54 I BAföG
b) Arbeitsförderung	§ 51 I SGG	
c) Sozialversicherung (einschließlich Kassenarztrecht)	§§ 51 I, II SGG; 30 GAL; 78 II KVLG; 227 a II BEG	
d) Soziale Entschädigung		
- Kriegsopferversorgung	§ 51 I SGG	§ 51 II 2 SGG
- Soldatenversorgung	§ 88 V SVG	
- Bundesgrenzschutz	§ 59 BGSG	
- Zivildienst	§ 51 III ZDG	
- Impfschaden	§ 61 II BSeuchG	
- Häftlingshilfe	§ 10 III HHG	
- Opfer von Gewalttaten	§ 7 I OEG	
e) Wohngeld		§ 40 I VwGO
f) Minderung des Familienaufwands (Kindergeld)	§ 27 I BKGG § 51 I SGG	
g) Jugendhilfe		§ 40 I VwGO
h) Sozialhilfe		§ 40 I VwGO
i) Beziehungen der Leistungsträger zueinander (beide Verfahrensarten möglich)[2]	§ 51 SGG	§ 40 I VwGO
* 2) Klageart		
Hinweis des Gerichts auf Stellung sachdienlicher Anträge	§ 106 I SGG	§ 86 III VwGO
a) Anfechtungsklage	§ 54 I SGG	§ 42 I VwGO
- Klagebegehren: Aufhebung eines VA	§ 131 I SGG	§ 113 I 1 VwGO

2) Für Rechtsbeziehungen der Leistungsträger zu Dritten kommt neben dem sozialgerichtlichen und dem verwaltungsgerichtlichen Verfahren auch das arbeitsgerichtliche und das zivilgerichtliche Verfahren in Betracht (§§ 405, 1542 RVO).

Gerichtliches Verfahren	Sozialgericht	Verwaltungsgericht
- Klagebefugnis (Möglichkeit der Rechtsverletzung bzw. der Beschwer)	§ 54 I 2 SGG	§ 42 II VwGO
- Vorverfahren	§§ 77 ff. SGG	§§ 68 ff. VwGO
Keines Vorverfahrens bedarf es bei VAen oberster Bundes- und Landesbehörden und des Präsidenten der BA sowie dann, wenn ein Land oder ein Versicherungsträger klagen will.	§ 78 I 2 SGG	
In Angelegenheiten der GUV, der GRV und der Kriegsopferversorgung ist die Anfechtungsklage auch ohne Vorverfahren zulässig, wenn die Aufhebung oder die Abänderung eines VA begehrt wird, der eine Leistung betrifft, auf die ein Anspruch besteht.	§ 78 II SGG	
- Antrag: „den Bescheid der Beklagten vom . . . in der Fassung des Widerspruchsbescheids vom . . . aufzuheben".		
b) Verpflichtungsklage	§ 54 I 1 SGG	§ 42 I VwGO
aa) Vornahmeklage (kombinierte Anfechtungs- und Verpflichtungsklage)		
- Klagebegehren: Verpflichtung des Leistungsträgers, einen abgelehnten VA *bestimmten* Inhalts zu erlassen oder einen abgelehnten		

Gerichtliches Verfahren	Sozialgericht	Verwaltungsgericht
Antrag auf Erlaß eines VA erneut zu bescheiden	§ 131 II SGG	§ 113 IV VwGO
- Klagebefugnis	§ 54 I 2 SGG	§ 42 II VwGO
- Vorverfahren	§ 78 III SGG	§ 68 II VwGO
- Anträge:		
(1) „den Beklagten unter Aufhebung des Bescheids vom . . . in der Fassung des Widerspruchsbescheids vom . . . zu verurteilen, den beantragten Bescheid zu erlassen“[3]	§ 131 II SGG	§ 113 IV 1 VwGO
(2) „den Beklagten unter Aufhebung des Bescheids vom . . . und des Widerspruchsbescheids vom . . . zu verurteilen, den Antrag des Klägers unter Beachtung der Rechtsauffassung des Gerichts erneut zu bescheiden”.	§ 131 II SGG	§ 113 IV 2 VwGO
bb) Untätigkeitsklage		
- Klagebegehren: Verpflichtung des Leistungsträgers, auf einen unbeschiedenen Antrag einen VA *bestimmten* Inhalts zu erlassen oder einen unbeschiedenen Antrag auf Erlaß	§ 131 III SGG	§ 113 IV 1 VwGO

3) Besteht ein Anspruch auf Gewährung der Sozialleistung (gleichgestellt ist der Fall der Ermessensreduzierung auf Null), so ist allein die kombinierte Anfechtungs- und Leistungsklage die richtige Klageart. *Bley,* Grundzüge der Sozialgerichtsbarkeit, S. 74.

Gerichtliches Verfahren	Sozialgericht	Verwaltungsgericht
eines VA zu bescheiden	§ 131 III SGG	§ 113 IV 2 VwGO
- Klagebefugnis	§ 54 I 2 SGG	§ 42 II VwGO
- kein Vorverfahren		
- Anträge: (1) „den Beklagten zu verurteilen, den beantragten VA zu erlassen"	gegen Wortlaut des § 131 III SGG	§ 113 IV 1 VwGO
(2) „den Beklagten zu verurteilen, den Antrag des Klägers unter Beachtung der Rechtsauffassung des Gerichts erneut zu bescheiden".	§ 131 III SGG	§ 113 IV 2 VwGO
c) Kombinierte Anfechtungs- und Leistungsklage (unechte Leistungsklage) 4) Diese Sonderregelung des sozialgerichtlichen Verfahrens besteht darin, daß mit der Aufhebung nicht die Verpflichtung zum Erlaß eines positiven Leistungsbescheids verknüpft wird, sondern die Verurteilung zur Leistung selbst; der bei erfolgreicher Klage ergehende Leistungsbescheid vollzieht dann lediglich das Leistungsurteil. Da auf die meisten Sozialleistungen ein Anspruch besteht und hierüber zunächst durch VA entschieden wird, ist die kombinierte Anfechtungs- und Lei-	§ 54 IV SGG	

4) Diese Klage kommt nicht bei Leistungen in Betracht, auf die ein Anspruch nicht besteht. In diesen Fällen bleibt es, abgesehen vom Fall der Ermessensschrumpfung auf Null, bei der kombinierten Anfechtungs- und Verpflichtungsklage. *Bley* (Fußn. 3), S. 76.

Gerichtliches Verfahren	Sozialgericht	Verwaltungsgericht
stungsklage die häufigste Klageart im sozialgerichtlichen Verfahren.	§ 54 IV SGG	
- Klagebegehren: Verurteilung zur Leistung selbst		
- Klagebefugnis	§ 54 I 2 SGG	
- Vorverfahren	§§ 77 ff. SGG	
- Antrag: „den Beklagten unter Aufhebung (bzw. Änderung) des Bescheids vom . . . in der Fassung des Widerspruchsbescheids vom . . . zu verurteilen, dem Kläger ab . . . die begehrte Sozialleistung zu gewähren".		
d) Echte Leistungsklage	§ 54 V SGG	§§ 111, 113 II und III, 169 II VwGO
- Klagebegehren: Verpflichtung des Leistungsträgers, eine Leistung zu erbringen, die kein VA ist		
- Klagebefugnis (Möglichkeit eines Anspruchs auf ein Tun, Handeln oder Unterlassen)	§ 54 I 2 SGG entspr.	§ 42 II VwGO entspr.
- kein Vorverfahren		
- Antrag: „den Beklagten zu verurteilen, an den Kläger DM . . . zu zahlen".		
e) Feststellungsklage[5]	§ 55 SGG	§ 43 I VwGO
- Klagebegehren: Gerichtliche Feststellung des Bestehens oder Nichtbestehens eines Rechtsverhältnisses		

5) Beispiel dazu bei *Henke,* JuS 1977, 40 (41).

Gerichtliches Verfahren	Sozialgericht	Verwaltungsgericht
- Klagebefugnis (Berechtigtes Interesse an alsbaldiger Feststellung)	§ 55 I SGG	§ 43 II VwGO
- kein Vorverfahren		
- Antrag (Beispiel): „festzustellen, daß der Beklagte verpflichtet ist, der Ehefrau des Klägers Familienbeihilfe zu gewähren".		
f) Fortsetzungsfeststellungsklage[6)]	§ 131 I 3 SGG	§ 113 I 4 VwGO
- Klagebegehren: Gerichtliche Feststellung der Rechtswidrigkeit eines zwischenzeitlich erledigten VAs		
- Klagebefugnis (Berechtigtes Interesse auch noch an dieser Feststellung) (häufig problematisch)		
- Antrag (Beispiel): „festzustellen, daß der Beschluß des Verwaltungsrats der BA vom ... rechtswidrig war"		
3) Örtliche, sachliche, instanzielle Zuständigkeit des angerufenen Gerichts	§§ 2, 8, 51 ff. SGG	§§ 2, 45 ff. VwGO
4) Beteiligtenfähigkeit Eine landesrechtliche Sonderregelung i. S. d. § 61 Nr. 3 VwGO besteht z. B. in NW (§ 5 AG VwGO NW)	§ 70 SGG	§ 61 VwGO
5) Prozeßführungsbefugnis Bei Streit um Schlechtwetter-		

6) Vgl. dazu III 2 d).

Gerichtliches Verfahren	Sozialgericht	Verwaltungsgericht
geld und Kurzarbeitergeld nach dem AFG sind die AN trotz materieller Berechtigung nicht prozeßführungsbefugt; der AG handelt in Prozeßstandschaft.	§§ 72, 88 AFG	
6) Prozeßfähigkeit, Prozeßvertretung, Beistand	§§ 71 ff. SGG	§§ 62, 67 VwGO
7) Ordnungsgemäße Klageerhebung	§§ 90 ff. SGG	§§ 81 ff. VwGO
8) Allgemeines Rechtsschutzbedürfnis Das Klagebegehren darf nicht auf einfacherem und schnellerem Weg als durch Klage erreichbar sein. Demgemäß fehlt es z. B. am Rechtsschutzinteresse, wenn ein Leistungsträger das mit der Klage Erstrebte auch ohne gerichtliche Hilfe erreichen kann (z. B. durch Rücknahme oder Berichtigung eines VA oder durch Erlaß eines solchen).		
9) Fehlende Rechtshängigkeit und Rechtskraft	§§ 94 II, 141 SGG	§§ 90 II, 121 VwGO
*10) Klagefrist	§§ 87 ff. SGG	§§ 74 ff. VwGO

Anhang: **Übersicht über die wesentlichen inhaltlich vergleichbaren Sozialleistungen**

Leistungsarten[1)]	Arbeitsförderung	GKV[3)]	GUV	GRV	Soziale Entschädigung	Sozialhilfe
Maßnahmen zur Krankheits- und Unfallverhütung	–	§§ 187 Nr. 4; 205 RVO §§ 7 Nr. 1; 11; 32; 33 KVLG	§§ 537 Nr. 1; 546 RVO	§ 1305 RVO § 84 AVG § 97 RKG § 9 GAL	§ 10 VI BVG	–
Vorsorgemaßnahmen	–	§§ 179 I Nr. 1; 181; 181 a; 205 RVO §§ 7 Nr. 1; 8; 9; 32; 33 KVLG	§§ 537 Nr. 1; 551 V Nr. 4 RVO	–	§§ 10; 11 II BVG § 27 b BVG i. V. m. § 36 BSHG	§§ 27 I Nr. 3; 36 BSHG
Krankenpflege; Heilbehandlung; Medizinische Leistungen zur Rehabilitation; Heilbehandlung/Krankenbehandlung[2)]	–	§§ 179 I Nr. 2; 182 I Nr. 1; 182 b; 205 RVO §§ 7 Nr. 2; 12 Nr. 1; 13 I; 16; 32; 33 KVLG	§§ 547; 557 RVO	§§ 1235 Nr. 1; 1237; 1244 a RVO §§ 12 Nr. 1; 14; 21 a AVG §§ 34 Nr. 1; 36; 43 a RKG §§ 6; 7 GAL	§§ 10; 11; 12; 18 BVG § 27 b BVG i. V. m. §§ 37; 40 I Nr. 1–2 a BSHG	§§ 27 I Nr. 4; 37; 40 I Nr. 1–2 a; 48; 49 BSHG

Leistungsarten[1]	Arbeitsförderung	GKV[3]	GUV	GRV	Soziale Entschädigung	Sozialhilfe
Hauspflege/ Anstaltspflege/ Pflegegeld	–	§§ 185; 205 RVO §§ 18; 32; 33 KVLG	§§ 557 I Nr. 6; 558 RVO	–	§§ 10; 11 I Nr. 7 BVG	§§ 27 I Nr. 9; 68; 69 BSHG
Stat. Behandlung, Unterbringung u. Verpflegung (Krankenhauspflege, Behandlung in Kur- oder Spezialeinrichtungen, Badekur)	–	§§ 184; 184 a; 205 RVO §§ 12 Nr. 2 u. 3; 17; 17 a KVLG	§§ 547; 558; 559 RVO	§§ 1235 Nr. 1; 1237; 1244 a RVO §§ 12 Nr. 1; 14; 21 a AVG §§ 34 Nr. 1; 36; 43 a RKG §§ 6; 7 GAL	§§ 10; 11 I Nr. 5 u. 6; II; 12; 18 BVG § 27 b BVG i. V. m. § 37 II BSHG	§§ 27 I Nr. 4, 7; 37 II; 48 48 II Nr. 1; 49 II Nr. 5 BSHG
Haushaltshilfe	–	§ 185 b RVO	§§ 569 a Nr. 4; 779 c; 779 d RVO	§ 1237 b I Nr. 5 RVO § 14 b I Nr. 5 AVG § 36 b I Nr. 5 RKG §§ 6, 7 III, IV GAL	§§ 10; 11 IV; 12 IV BVG	§§ 27 I Nr. 7 u. 10; 56 I Nr. 1; 70 BSHG

Maßnahmen zur Erhaltung der Gesundheit; Genesendenfürsorge, Leibesübungen	–	§§ 187 Nr. 2; 193 RVO §§ 12 Nr. 5 u. 6; 21; 21 a KVLG	§ 569 a Nr. 3 RVO	§§ 1236; 1237 RVO §§ 13; 14 AVG §§ 35; 36 RKG §§ 6; 7 GAL	§§ 10, insbesondere 10 III; 11 II; 11 a; 27 a BVG § 27 b BVG i. V. m. §§ 36 I, II; 39 II; 40 I Nr. 1 u. 2 a BSHG	§§ 27 I Nr. 3 u. 6; 36; 39 II; 40 I Nr. 1 u. 2 a BSHG
Berufshilfe/ Berufsfördernde Leistungen zur Rehabilitation	§§ 56, 58 AFG	–	§§ 556; 567 RVO	§§ 1236; 1237 a; 1244 a RVO §§ 13; 14 a; 21 a AVG §§ 35; 36 a; 43 a RKG §§ 6; 9 GAL	§ 26 BVG	§§ 19; 20; 27 I Nr. 2, 6; 31; 39 III; 40 I Nr. 3, 4, 5, 6, 7; II BSHG
Nebenkosten der Berufshilfe bzw. der berufsfördernden Leistungen	§ 56 III AFG	–	§§ 569 a; 569 b RVO	§§ 1237 b I Nr. 2; 1244 a RVO §§ 14 b I Nr. 2; 21 a AVG §§ 36 b I Nr. 2; 43 a RKG § 9 GAL	§ 26 III BVG	§ 70 BSHG

Leistungsarten[1]	Arbeits-förderung	GKV[3]	GUV	GRV	Soziale Ent-schädigung	Sozialhilfe
Reisekosten/ Familien-heimfahrten	§ 56 III Nr. 4 AFG	§§ 194; 205 RVO §§ 21 b; 32; 33 KVLG	§§ 569 a Nr. 2; 569 b RVO	§§ 1237 b I Nr. 3, 1244 a RVO §§ 14 b I Nr. 3; 21 a AVG §§ 36 b I Nr. 3; 43 a RKG § 7 II GAL	§§ 24; 26 III Nr. 6 BVG	jeweils als notwendige ergänzende Leistung
Krankengeld/ Übergangsgeld/ Lebensunter-halt	§§ 56 III Nr. 1; 59 AFG	§§ 179 I Nr. 2; 182 I Nr. 2; 185 c RVO §§ 7 Nr. 2; 12 Nr. 4; 19 ; 20 a KVLG	§§ 547; 560 RVO	§§ 1237 b I Nr. 1; 1244 a RVO §§ 14 b I Nr. 1; 21 a AVG §§ 36 b I Nr. 1; 43 a RKG	§§ 16; 26 III Nr. 1; 26 a BVG	§§ 12; 21 BSHG
Mutterschafts-hilfe	-	§§ 195 ff.; 205 a RVO §§ 22 ff.; 32; 33 KVLG	-	-	§ 10 VI BVG	§§ 27 I Nr. 5; 38 BSHG

Leistungsarten[1]	Arbeitsförderung	GKV[3]	GUV	GRV	Soziale Entschädigung	Sozialhilfe
Renten	-	-	§§ 580 ff.; 590 ff. RVO	§§ 1245 ff.; 1263 ff. RVO §§ 22 ff.; 40 ff. AVG §§ 44 ff.; 63 ff. RKG	§§ 29 ff.; 38 ff. BVG	-
Sterbegeld/ Bestattungskosten	-	§§ 201 ff.; 205 b RVO § 37 KVLG	§ 589 RVO	-	§§ 36; 37 BVG	§ 15 BSHG

Fußnoten
1 In den verschiedenen Gesetzen werden unterschiedliche Begriffe gebraucht, die sich jedoch inhaltlich weitgehend decken.
2 Hiermit werden im wesentlichen ärztliche und zahnärztliche Behandlung, Versorgung mit Arzneien und Heilmittel, Körperersatzstücke, orthopädische Versorgung und Versorgung mit anderen Hilfsmitteln, Zahnprothetische Versorgung und Belastungsproben und Arbeitstherapie erfaßt.
3 Vgl. hierzu auch Jahn, WzS 1976, 65 ff. (Die Leistungen der gesetzlichen Krankenversicherung bei Krankheit, Entbindung und Tod).

Sachregister

FSC
www.fsc.org
MIX
Papier | Fördert gute Waldnutzung
FSC® C083411

Kolibri 360 GmbH
Ferdinand-Jühlke-Straße 7
99095 Erfurt, Deutschland
produktsicherheit@kolibri360.de